U0465645

同心协契 笃行致远

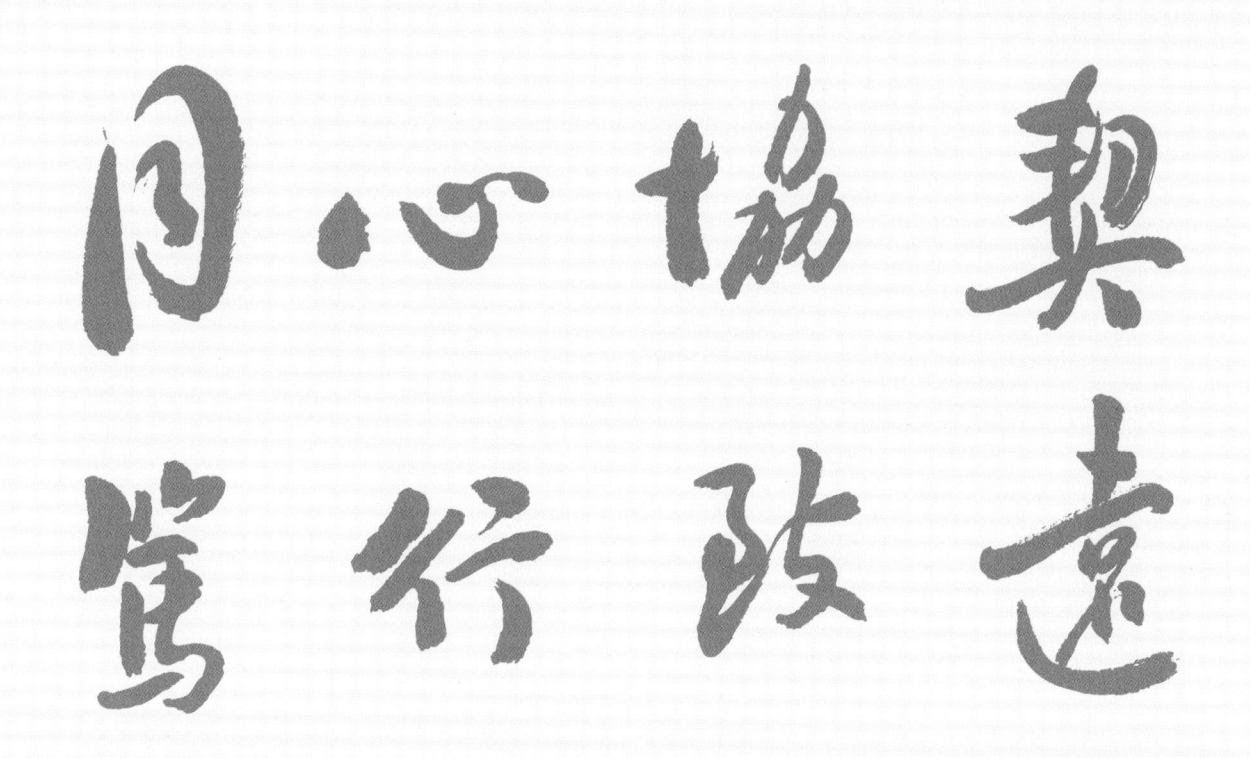

中国博物馆协会四十年

中国博物馆协会 编

江苏凤凰文艺出版社

图书在版编目（CIP）数据

同心协契　笃行致远：中国博物馆协会四十年 / 中国博物馆协会编. — 南京：江苏凤凰文艺出版社，2022.4
ISBN 978-7-5594-6680-8

Ⅰ.①同… Ⅱ.①中… Ⅲ.①博物馆事业 — 协会 — 概况 — 中国 Ⅳ.①G269.2

中国版本图书馆CIP数据核字（2022）第045952号

同心协契　笃行致远——中国博物馆协会四十年
中国博物馆协会　编

主　　编	刘曙光
执行主编	安来顺
出 版 人	张在健
责任编辑	高竹君　张　遇
特约编辑	赵卓娅
责任印制	刘　巍
书籍设计	郭　凡
封面题字	吕章申
封面油画	陈燮君
图片提供	本书编委会
出版发行	江苏凤凰文艺出版社
	南京市中央路165号，邮编：210009
网　　址	http://www.jswenyi.com
印　　刷	南京爱德印刷有限公司
开　　本	889 毫米 × 1194 毫米　1/16
印　　张	19.25
字　　数	475 千字
版　　次	2022 年 4 月第 1 版
印　　次	2022 年 4 月第 1 次印刷
书　　号	ISBN 978-7-5594-6680-8
定　　价	180.00 元

江苏凤凰文艺版图书凡印刷、装订错误，可向出版社调换，联系电话 025-83280257

同心协契　笃行致远——中国博物馆协会四十年编委会

主 任 委 员：刘曙光

副主任委员：安来顺

编　　　委：丁鹏勃　万　捷　马萧林　王力军　王建平　王　勇
　　　　　　毛　敏　方　勤　叶　杨　白　杰　吕建中　朱学文
　　　　　　朱鸿文　任万平　刘　栋　刘超英　刘曙光　刘　鹭
　　　　　　闫宏斌　安远远　安来顺　孙芮英　杜鹏飞　李　竹
　　　　　　李　岗　李金光　李政育　李洪军　李　哲　李　峰
　　　　　　杨　丹　杨丹丹　杨志刚　吴为山　吴志跃　吴　明
　　　　　　吴　健　吴瑞虎　何　琳　张小朋　张元成　张东苏
　　　　　　张　翔　张鹏宇　陈百超　陈俊旗　陈特明　陈　浩
　　　　　　陈瑞近　邵　红　罗存康　罗向军　罗　静　金瑞国
　　　　　　庞晓东　郑伟军　赵　丰　赵　纲　胡　江　钟　玲
　　　　　　段晓明　侯宁彬　夏　鑫　钱　卫　陶　颖　黄　琛
　　　　　　龚　良　龚张念　梁　永　蒋奇栖　程　希　傅柒生
　　　　　　游庆桥　赖生亮　蔡　琴　臧杰斌　谭　平　谭前学
　　　　　　潘伟玲　（按姓氏笔画排序）

主　　　编：刘曙光

执 行 主 编：安来顺

副　主　编：李金光　金瑞国

编辑办公室：艾静芳　顾　婷　黄　洋　王思怡　宋汉泽

目 录

前言 012

踏浪潮头　继往开来——中国博物馆协会四十年回顾与展望 015

履行职能　不负众望 034
坚持协会发展的正确政治方向 035
引领博物馆学术研究和学科建设 043
规范博物馆行业领域专业化发展 052
搭建博物馆各利益相关方的桥梁 059
促进博物馆对外学术交流与合作 069
组织多种学术研究成果的出版 082
支持青年博物馆专业人才的成长 096
提供全方位多层次会员服务管理 103

锻造品牌　扩大影响 106
博物馆定级评估与运行评估工作 107
全国博物馆十大陈列展览精品推介活动 116
全国最具创新力博物馆推介活动 122
《中国大百科全书》博物馆学科编纂 126
全国博物馆学优秀学术成果推介活动综述 128
国际博物馆协会第二十二届大会暨第二十五次全体会议 138
国际博物馆协会藏品保护委员会第十九届大会 148
国际博物馆日中国主会场活动（2009—2021） 154
国际博物馆协会培训中心（2013—2021） 160
中国博物馆协会西安培训中心 168
中国第一批生态博物馆建设 174
中国博物馆及相关产品与技术博览会 180

历届全国博物馆讲解大赛　　188
　　"牵手历史——中国博物馆十佳志愿者之星"推介活动（2009—2021）　　192
　　中国博协—美国克莱蒙特研究生大学博物馆领导力学院合作培训项目　　200
　　中国博物馆协会博物馆陈列展览设计施工资质推介活动　　203

人文荟萃　岁月有痕　　208

纪念专稿　　209
　　"中国博物馆终身成就奖"获得者苏东海先生　　209
　　国际博物馆协会终身荣誉会员张文彬先生　　215
　　中国博物馆友好使者肯尼斯·贝林先生　　220

回忆采访　　224
　　国家文物局党组成员、副局长宋新潮同志访谈录　　224
　　国家文物局党组成员、副局长关强同志访谈录　　228
　　部分中国博物馆协会老领导访谈摘录　　233
　　部分中国博物馆协会老专家访谈摘录　　243
　　国际博物馆协会前主席汉斯－马丁·辛兹教授访谈录　　252
　　国际博物馆协会前主席苏埃·阿克索伊教授访谈录　　257
　　青年博物馆学人谈"我与中国博协"　　264

附录　　276
　　中国博物馆协会大事记（1982—2021）　　277
　　中国博物馆协会历届理事会名录（第一至第七届）　　295

后记　　306

饶宗颐先生 2006 年为中国博协题写会名

周士琦先生贺词

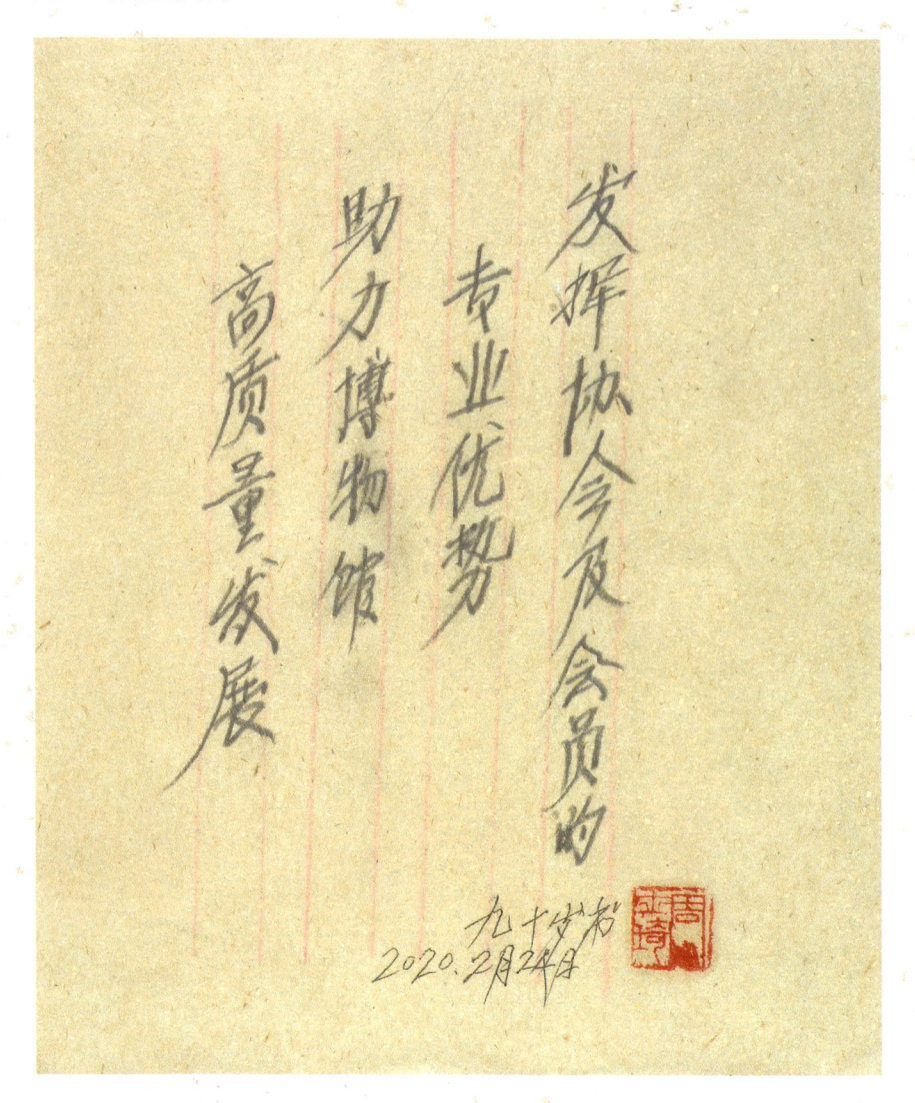

发挥协会及会员的专业优势
助力博物馆高质量发展

九十岁书
2020.2月24日

第四届副理事长郭得河贺词

贺中国博物馆协会辉煌四十年

传承中华文明
建功百年伟业

壬寅春月 郭得河

第五届名誉理事长吕章申贺词

中国博协四十年
四十载风雨兼程
为文博贡献智慧

壬寅春吕章申书贺

第四届副理事长陈燮君《千山万壑》 纸上油画 2022 年

美好的事业与美好的灵魂
——写给中国博协40年庆

王川平（第五届副理事长）

一

学会转协会那阵，有幸
服务这个机构几年，忙着
转型，开了不少会
干了几件事，（有些还很大）
某天，张理事长说——
招几个人吧，由你主持

此刻，林子里传来美妙歌声
仙女们采摘鲜花，洋溢着
青春和朝气，把美好的事业
四海传扬

二

我们的文化之灵与历史之魂
何处安放？城市化率和
获得感怎样提升？在不能修造
庙宇的时候如何满足积德行善的凡人之心？
你一次次游说地方主政者说——
建一座有模有样的博物馆吧

四十年来，数十座博物馆
上百个展陈在你案头形成
这是你的乐趣，你的积德
你的修行

三

四十岁的博协正是壮年
中国博物馆的园子繁花似锦
近六千座的大花园！看着那
一尊尊如花似玉的博物馆
刘理事长说——
请川平写首诗吧

在奔向2035年的路上
我们都还年轻
为了这美好的事业
奉献我们美好的灵魂

2022.3.8 于重庆

第六届副理事长强跃贺词

中国博物馆协会四十年纪念

探索博物馆之未来

立足未知领域努力探索

在已知领域重新发现

陕西历史博物馆 强跃 书贺

前言

2022年，是中国博物馆协会的不惑之年。在不平凡的四十年中，中国博协始终与国家的改革、开放、发展和现代化建设进程相律动，与国家文化遗产事业、公共文化构建、对外文化交流、博物馆学科建设相同步，为推动博物馆学术研究、引领博物馆行业发展发挥了独特的作用。在中国博协成立四十周年之际，回顾其发展历程、总结历史经验、展望发展前景，将对文化强国背景下博物馆事业的高质量发展具有重要参考和借鉴价值。为此，中国博协第七届常务理事会编辑出版了《同心协契　笃行致远——中国博物馆协会四十年》纪念文集。

本书将全景式扫描与重大事件相结合，线性梳理与业务功能相统一，历史回顾与未来展望相衔接，点线面照应，纵横向交错，比较全面系统地反映中国博协四十年走过的历程以及对未来发展的愿景。通过综述性文字，配以档案资料、历史图片，我们全面展现了国家文物局、各地文博行政主管部门、博协团体会员单位领导以及社会热心人士对中国博协工作宝贵而重要的关心、指导、支持和帮助，呈现了中国博协作为学术团体在推动博物馆学术研究和学科建设方面的核心作用，作为一个行业组织在博物馆事业改革发展中的辅助作用，作为一个社会组织在沟通政府—业界—会员之间的桥梁和纽带作用，作为国际博协中国国家委员会在推动国际学术交流和业务合作的重要平台作用。以中国博协各分支机构为载体，通过近20篇专述性文字和大量图片，比较翔实地还原了中国博协一系列重大项目或活动的基本脉络。同时，本书还通过对中国博协杰出代表人物的追忆，对部分老领导、老专家、国际友人和青年博物馆学人的采访，以更直观鲜活的形式呈现有关中国博协的群体和个体记忆。此外，本书搜集整理了中国博协四十年大事记和机构沿革情况，希望它们能成为中国博物馆事业成长与进步历程中具有档案价值的基础性资料。

四十年并不是一段很长的历程，但回首来时路却并非易事。虽然我们努力想把中国博协四十年发展的历史画卷和真实历史完美呈现给广大读者，但博协机构的屡次变迁、人事的不断调整尤其是常设办公地的数次更址等原因造成部分档案资料缺失，无形中增加了书中所涉人与事在完整性、准确性上的难度。请允许我诚恳地为本书在资料搜集、内容叙述和图文表达等诸多方面存在的遗漏、失准甚至错讹向各位关心呵护博协的领导、专家、会员和志愿者们表达歉意。让我们共同祝贺中国博协不惑之年生日快乐。让我们同心协契，笃行致远，更加紧密地团结在以习近平总书记为核心的党中央周围，迎接中国博物馆事业更加美好的明天！

第七届中国博物馆协会理事长

2022年3月26日于北京阜内宫门口二条邻鲁居

踏浪潮头　继往开来
——中国博物馆协会四十年回顾与展望

中国博物馆协会第七届常务理事会

1982年中国博物馆学会的成立（2010年更名为中国博物馆协会），是新中国博物馆事业和博物馆学科发展史上的一座重要里程碑，是改革开放基本国策在文博领域呈现的早期成果。2022年，作为中国博物馆学术研究的核心引领者和博物馆行业发展的重要推动者，中国博协已走过整整四十个春秋。

时光荏苒，中国博协诞生于中国改革开放初期的滚滚春潮中；岁月有痕，我们见证了中国博物馆专业化、现代化发展每一个重要节点；春华秋实，中国博协在国家文博事业的繁荣进步中发挥了应有的独特作用；矢志前行，我们将在中国博物馆事业高质量可持续发展的伟大进程中做出更多的新贡献。

一、走近中国博物馆协会

同其他领域一样，博物馆学术和行业组织的诞生与发展，离不开特定的社会环境和专业需求，并在特定的文化背景下发挥着学术引领和行业指导作用。

中国全国性博物馆组织的历史，可以追溯至1935年在北平诞生的中国博物馆协会，当年它首批发展的团体会员有30多个，个人会员120多人。在1936年第一届博协年会上设计的代表博物馆三字的标识，至今还被沿用为协会的会徽。这个一度踌躇满志的"老博协"，最终由于战乱的时代而成为中国博物馆事业的雪爪鸿泥，为我们留下了一段扼腕叹息的珍贵回忆。

民国时期的中国博物馆协会于1935年在北平成立

中国博物馆协会会徽

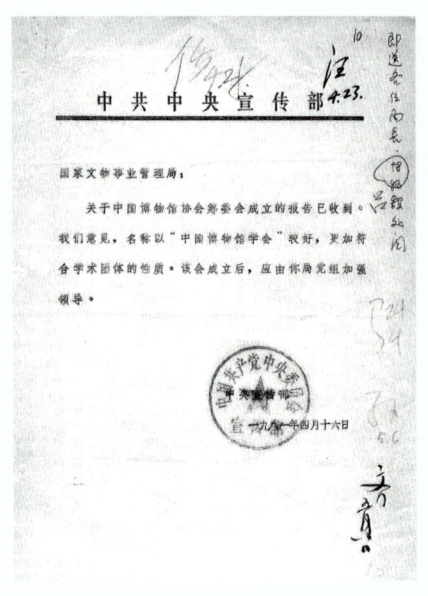

中共中央宣传部关于同意成立中国博物馆学会的批复

1982年3月23日至27日中国博物馆学会在北京召开成立大会暨学术讨论会

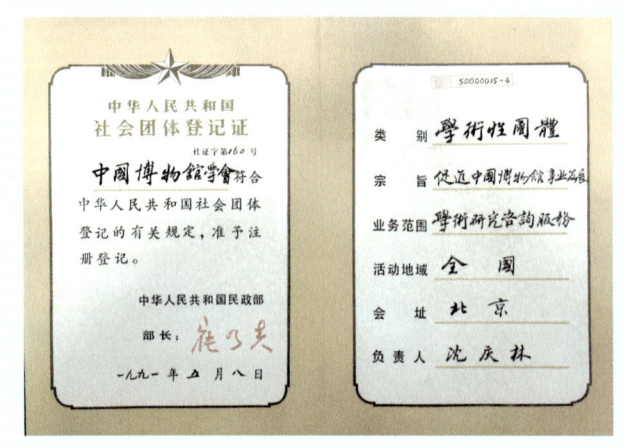

中国博物馆学会社会团体登记证书

中国博物馆学会成立大会上投票选举理事会

中国博物馆学会成立大会代表合影

中华人民共和国的成立，为博物馆事业的恢复、重建和发展带来了勃勃生机，但全国性博物馆行业组织的建立，却是晚在改革开放之后的春回大地。1979年前后，中国历史博物馆、中国革命博物馆、故宫博物院、中国人民革命军事博物馆、中国地质博物馆、北京鲁迅博物馆、上海博物馆和南京博物院等八家有影响力的博物馆共同发起成立中国博物馆协会的倡议，并于1980年在成都举行筹备会议。经过两年多的筹备工作，在国家文物局、文化部的支持下，中共中央宣传部于1982年3月正式批准成立学会，这是文化领域较早成立的社会团体之一。为强调这一新生博物馆组织的学术属性，中宣部特意将筹备时期的中国博物馆协会更名为中国博物馆学会。

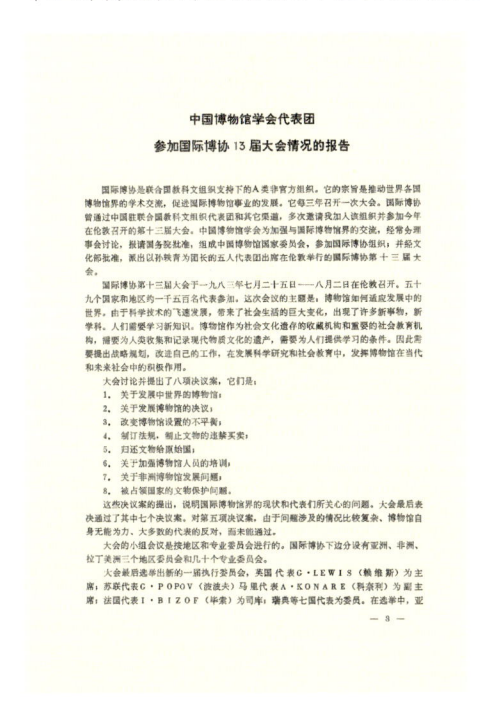

1983年7月，作为中国博物馆领域的代表，中国博物馆学会正式加入国际博物馆协会，并代行国际博物馆协会中国国家委员会的职责。这是中国对外开放政策在文博领域的迎春花，也是中国博物馆学会及中国博物馆事业具有划时代意义的大事件。

进入21世纪以来，中国博物馆学会作为"国家文物局主管的、由开展博物馆有关业务的组织和个人自愿结成的，并依法登记的行业性、全国性的非营利社会团体法人"的性质和地位得到了进一步明确。为了更好地发挥学会兼具的学术团体和行业组织功能，进一步加强与世界同行特别是国际博物馆协会在组织架构上和合作范围上的紧密衔接，在文化部和国家文物局的积极支持下，2010年7月，民政部批准中国博物馆学会更名为"中国博物馆协会"。一字之变，含义非凡。在秉持作为全国性学术团体根本属性的同时，新名称更积极地丰富和拓展了我们在博物馆行业领域的职能：博物馆行业信息的提供者、行业合作的协调者、

1983年中国代表团出席在伦敦举行的国际博协第十三届大会，标志着国际博协中国国家委员会的建立。此为代表团出访报告

2010年8月30日中国博物馆协会特别会员代表大会在北京召开，完成"中国博物馆学会"更名为"中国博物馆协会"的法律程序，修改《中国博物馆协会章程》

行业利益的维护者、行业规划和发展政策的谋划者、体制改革和对外合作的促进者以及行业创新发展的服务者。国家文物局从事业发展的全局出发，对我们提出了新要求；博物馆行业从推动业务建设的角度，对我们充满了新期待。

为此，当时的中国博协常务理事会确定了"坚持三性，增强三力，搞好三个服务"的办会方针：坚持学术性，增强工作的创新力，使协会成为中国博物馆领域的学术中心；坚持服务性，增强博物馆专业队伍的凝聚力，使协会成为服务于全国博物馆界的工作平台；坚持开放性，不断增强社会影响力，树立面向全社会和面向国际博物馆界的良好形象。2011年3月，根据国家文物局党组要求，中国博协第五届理事会第七次常务理事会会议进一步明确了协会建设的总体思路，在会员工作、领导机构、会费缴纳、秘书处工作与财务管理，以及协会章程修改等方面提出新要求。2020年9月，第七届理事会第一次会议通过了新的《中国博物馆协会章程》，明确提出：要把中国博协建设成为促进我国博物馆学和博物馆事业繁荣进步的、带有智库色彩的学术机构，建成在博物馆领域沟通中国和世界的"国际机构"，建成让广大会员信得过、靠得住、用得上的服务平台。

四十年来，中国博物馆协会（学会）的常设机构（秘书处）先后挂靠国家文物局、中国革命博物馆、故宫博物院、北京新文化运动纪念馆和北京鲁迅博物馆等单位，具体承担各项学术业务和服务管理的组织协调工作。其间，我们也根据国家对社会组织的法规政策，在国家文物局的领导和民政部的指导下，持续进行了管理体制和工作机制的改革探索。截至2022年，协会实有34个专业委员会（最多时38个），还有《中国博物馆》杂志和中国博协西安培训中心两个分支机构，共有个人会员14 485个，单位会员2 107家，其中包括国有博物馆993家，非国有博物馆513家，高校博物馆94家，科研机构18个，公司477个，其他文博相关机构12个，成为我国文物考古博物馆领域会员数量最多、覆盖专业领域最多、行业影响力最广的行业组织和学术团体。

中国博物馆协会（学会）秘书处的先后四处办公地点：

北京五四大街29号　　　　　　　　　　　　故宫博物院东华门南三所

雍和宫大街柏林寺斋堂　　　　　　　　　　　　北京鲁迅博物馆

　　我们所经历的四十年，是中国特色社会主义现代化建设突飞猛进的四十年，是中国社会主义文化大发展大繁荣的四十年，是中国文化遗产保护利用传承事业前所未有快速发展的四十年。党和国家的高度重视、不断优化的政策环境、持续增长的行业内生动力，强力支持着中国博物馆协会的各项学术、业务、服务和管理工作。在业务主管机关国家文物局的领导和支持下，在登记管理机关民政部的指导和监督下，在理事会、常务理事会、所属各专业委员会、协会秘书处和全体会员的共同努力下，我们紧密团结全国各行业、各类型的博物馆工作者和其他关心支持博物馆事业的社会人士，根据协会章程所赋予的职责，积极发挥行业和学术组织的功能，在改善会员服务、促进行业发展、推动学术交流、拓展对外交流、发挥桥梁作用等方面取得了可喜的成绩。

二、同心协契，见证中国博物馆事业四十年的跨越式发展

　　20世纪80年代，中国博物馆学会根据事业发展趋势与需要，先后成立了四个专业委员会，分别是1984年成立的陈列艺术委员会、1986年成立的地质博物馆专业委员会、1987年成立的保管专业委员会和1988年成立的社会教育专业委员会。20世纪90年代，高等学校博物馆专业委员会、史前遗址博物馆专业委员会相继成立。

　　21世纪前十年，中国博物馆快速发展全面启动，博物馆的数量持续剧增、类型不断丰富，直接带动中国博物馆协会成立诸多专业委员会。2003年，博物馆数字化专业委员会成立；2006年，名人故居专业委员会、钱币与银行博物馆委员会、服装专业委员会（现服装与设计博物馆专业委员会）、民族博物馆专业委员会、美术馆专业委员会成立；2007年，藏品保护专业委员会、城市博物馆专业委员会、博物馆管理专业委员会、纪念馆专业委员会、区域博物馆专业委员会、市场推广与公共关

系专业委员会成立；2008 年，传媒专业委员会、博物馆学专业委员会、博物馆安全专业委员会成立；2009 年，考古与遗址博物馆专业委员会、志愿者工作委员会、文学博物馆专业委员会成立；2010 年，展览交流专业委员会、登记著录专业委员会、丝绸之路沿线博物馆专业委员会、博物馆建筑空间与新技术专业委员会、兵器与军事历史专业委员会、民办博物馆专业委员会（现非国有博物馆专业委员会）成立；2009 年，原中国博物馆学会讲解员培训基地拓展提升成为中国博物馆协会西安培训中心。

2010 年以后，华侨博物馆专业委员会、乐器专业委员会、文创产品专业委员会、航海博物馆专业委员会、出版专业委员会、法律专业委员会、流动博物馆专业委员会、博物馆图文典籍与金石拓片专业委员会成立分别于 2011 年至 2018 年相继成立。在刚刚过去的 2021 年，陶瓷专业委员会成为博协大家庭的新成员。

各个专业委员会和分支机构的相继建立和发展，是我国博物馆事业进步繁荣的缩影，也从一个重要侧面反映了我们与时俱进的自觉与努力，对带动不同类型博物馆、不同博物馆专业领域的学术研究和业务实践发挥了重要的积极作用。

三、在推动博物馆学术研究和学科建设中发挥核心作用

开展形式多样的学术研讨活动、组织实施科研课题研究、编辑学术出版物，这是我们四十年来形成和秉承的优良传统，也使博协建设全国博物馆学术中心的努力得到了普遍认同。通过多种渠道、利用多方资源，我们倡导、举办、参与和协调了一系列综合性或专题性学术活动，取得了可喜的科研成果。据不完全统计，四十年间，由协会（学会）及其专业委员会单独举办或与兄弟单位联合主办的全国性学术年会及研讨活动超过 400 次，组织实施各级科研课题约 50 项，编辑出版博物馆学术论著超过 30 部，论文集等著述百余部，在推动中国博物馆学术研究和学科建设中发挥了核心作用。

（一）组织开展形式多样的学术研究活动

中国博物馆协会受委托或自主设计了多项研究课题，如"中国生态博物馆调研规划课题""不可移动文物拍摄课题""博物馆社会影响力调查""革命文物工作保护状态调研""博物馆等级评估项目""民族文物定级项目""民间收藏文物鉴定管理项目""博物馆安全状况和安全防护工程实施研究""革命博物馆纪念馆定级评估情况分析研究""博物馆研学发展与政策研究课题项目"等，都取得了良好的研究成果。为推动专委会组织开展学术研究，从 2018 年开始，中国博协在每年的预算中列入专项资金，用于资助专委会的项目和课题研究。作为 2005 年 10 月"南通博物苑一百年暨中国博物馆事业发展百年"纪念庆典活动的主要筹办单位之一，我们策划、组织和实施了"中国博物馆事业发展百年展"，第一次以展览方式较为系统、全面地向全社会介绍了中国博物馆事业 100 年的发展历程；通过在全国范围内征集学术论文、组织学术讨论会和编辑出版论文集等方式，回顾历史，研究今天，展望未来，使博物馆学术研究成为当年的热点。

2005年9月"中国博物馆事业发展百年展"在南通博物苑开幕

迄今为止，我们已成功组织了3届"全国博物馆学优秀学术成果评选"活动。每年一度的"5·18国际博物馆日"纪念活动，我们都积极参加，及时把博物馆日的主题通过各种方式传达给博物馆同仁和大众媒体，并具体组织、协调各地区和单位的纪念活动。

（二）致力于高水平博物馆学术出版

早在1981年，中国博物馆协会筹备委员会就主办出版了《博物馆通讯》（《中国博物馆通讯》前身）。1984年，中国博物馆学会会刊《博物馆》创刊，发行一期之后，于1985年改名为《中国博物馆》。作为中国博物馆学研究的主阵地，《中国博物馆》以博物馆学理论研究为主，兼顾博物馆管理实践及应用技术的研究和推广，追踪和反映国内外博物馆学研究各个领域的最新动态和科研成果，其论文质量代表了我国博物馆学研究的水平，在全国博物馆界具有广泛的影响。2018年10月，《中国博物馆》成功入编《中文核心期刊要目总览》"博物馆学、博物馆事业"类核心期刊，2020年5月，又被国家哲学社会科学文献中心评为最受欢迎期刊。从2022年起，《中国博物馆》从季刊改为双月刊。

1992年5月，中国博物馆学会组织力量编辑出版了《中国博物馆学会成立十周年纪念暨学术讨论会文集》，反映了我国博物馆学界在改革开放形势下的理论研究水平。1995年由我们组织编写出版的《中国博物馆志》，是中国博物馆历史上的第一部博物馆志书，该书于2006年进行了更新，是目前辐射面最广、资料最全、最系统地介绍中国博物馆机构的出版物，具有很高的实用价值和参考价值。

在亚太地区十几个国家的支持下，中国博协组织完成了第一部《亚太地区博物馆发展现状调查研究报告》，于2016年7月在国际博协大会上发布。我们还与国际合作单位协作编辑出版了英文版《中国博物馆发展》，是中外博物馆研究者首度联袂对中国博物馆现状与展望开展多视角研究的一部重要专著，集中向世界全景式地介绍进入21世纪以来中国博物馆的发展，并将"中国博物馆现象"

中国博物馆学会编辑出版的《博物馆》杂志

中国博物馆协会目前编辑出版的学术期刊《中国博物馆》杂志

中国博物馆学会早期编辑出版的信息性期刊《博物馆通讯》

中国博物馆协会目前编辑出版的信息性期刊《中国博物馆通讯》

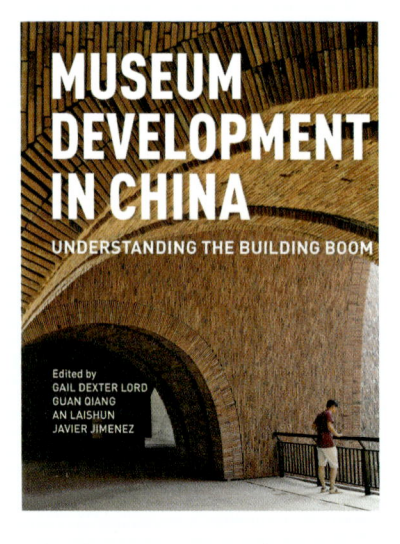

中国博物馆协会与加拿大洛德文化资源公司合作编辑的《中国博物馆发展》英文版于2019年出版

的学术研讨引向国际文化界、艺术界和关注中国发展的社会人士，增进中外博物馆文化的交流互鉴，让国际社会更全面地了解了中国博物馆事业，搭建中外学术界互动平台。

《中国大百科全书》第三版是国务院持续支持的国家级大型出版项目，第一次将博物馆列为单独学科并设专卷出版。这对中国博物馆事业的社会推广和博物馆学科知识的深入普及，意义极其重大。经国家文物局批准，中国博协成立了《中国大百科全书》第三版博物馆学科编委会，组织编撰工作。

在美国博物馆协会的大力合作下，我们与湖南省博物馆合作翻译出版了"美国博物馆协会博物馆管理"系列丛书，系统全面地介绍美国博物馆的管理理念和实践。我们还编辑出版了《经营博物馆》等博物馆业务基础教材以及大型工具书《博物馆法规文件选编》和《中国博物馆指南（英文版）》，组织了生态博物馆、中国博物馆百年等大型学术论文集的编辑出版工作。

中国博协的许多专业委员会都将相关研究成果结集出版，相继推出了一批学术水平高、专业指导性强的优秀著作，内容范围涉及博物馆的所有学科领域，其中博物馆学理论、博物馆管理、博物馆教育、博物馆知识产权、智慧博物馆、民族博物馆、纪念馆等方面的专著，已成为本专业领域的权威性成果。

四、在促进博物馆行业专业化健康发展中发挥引领作用

四十年来，作为博物馆行业组织，我们紧跟行业发展动态，及时研究行业所需，积极引导博物馆的规范化、专业化发展。同时，我们坚持内部协调和跨行业合作相统一，多渠道助力博物馆融入经济社会发展大局。

（一）指导博物馆业务工作高质量发展

为应对工业化、城市化对民族地区传统文化保护、传承和利用中的理论和实践问题，我们策划并主导的中国贵州生态博物馆群建设项目1995年开始调研，1997年启动，2004年结项，对新形势下文化遗产保护和可持续利用进行了积极有益的实践。

1997年至2004年中国博物馆协会与挪威开发合作署、贵州省文化厅合作开展了"贵州生态博物馆群建设项目"

2012年，我们启动了"全国最具创新力博物馆"年度推介和"中国博物馆终身成就奖"评选活动，旨在推动中国博物馆在各地文化建设中发挥更加积极的作用，鼓励各博物馆在相关业务功能领域开展学术研究并进行实践创新，表彰博物馆领域成就卓著的先进人物，为全国从业者树立学术楷模。我们还在全国范围内组织开展了"博物馆免费开放最佳做法"推介活动、"牵手历史——中国博物馆十佳志愿者之星"推介活动和"中国博物馆教育项目示范案例"推介活动，在不同层面和不同领

2021年度"全国最具创新力博物馆"颁奖仪式

2009年首届"牵手历史——中国博物馆十佳志愿者之星"颁奖仪式

域搭建了行业交流和成果共享的平台。

2013年，中国博协站在行业组织的立场上，为博物馆机构和从业者个人所涉及的基本职业伦理问题提出标准，在充分研究借鉴我国和国际成功经验的基础上，起草了符合中国国情和中国博物馆行业特点的《中国博物馆职业道德准则》。

1997年，国家文物局启动"全国博物馆十大陈列展览精品"推介活动，我们从一开始就参与其事。2016年之后，我们又接受国家文物局的委托，与中国文物报社共同负责推介活动的组织工作。该推介活动已持续举办了十八届，成为中国博物馆的一个重要品牌。大量优秀陈列展览的做法和经验得到了推广借鉴，陈列展览精品项目的示范引领效应不断显现。

2021年"全国博物馆十大陈列展览精品"推介活动颁奖仪式

（二）多渠道加强博物馆从业者专业能力建设

四十年来，我们持续组织实施不同层次和类别的培训课程。例如，与上海博物馆合作每年定期举办新入职人员培训；在西安培训中心与陕西省文物局每年举办两期全国讲解员培训班；与故宫博物院和国际博物馆协会共同建立"国际博协培训中心"并每年举办春秋两期培训；与美国盖蒂领导力学院（现美国克莱蒙特研究生大学博物馆领导力学院）合作主办中国博物馆青年领导力培训。此外，多数专业委员会结合本专业领域的特点举办了数十个培训项目。

2019年第十期全国博物馆新入职人员培训班

（三）举办博博会，搭建大平台

2004年，我们联合中国自然科学博物馆协会、北京市文物局创办了"中国博物馆及相关产品与技术博览会"（简称"博博会"）。目前，两年一届的博博会已经到了第九届，是当今中国文化领域最有影响力的品牌展览会之一，在国内外博物馆界和国际上产生了广泛而积极的影响。此外，从2015年开始，我们还开展了"博物馆陈列展览设计施工资质推介"工作，对提升博物馆陈列展览设计和施工项目的专业化水平起到了积极作用。

2004年首届博博会在北京举办

首届博博会标识设计概念　　　第八届博博会于 2018 年在福州市举办

五、在构建政府与博物馆业界的良性互动中发挥纽带作用

四十年来，我们配合国家行政管理的改革，在标准研制、行业评估、资质认定等事项承接政府转移职能，引导和规范博物馆行业健康有序发展。

（一）服务政府宏观决策

围绕国家在文化遗产和博物馆领域的中心工作，我们积极建言献策，努力在涉及博物馆专业化发展中遇到的问题反映行业诉求。对业务主管机关委托的各项工作，坚持做到思想高度重视，组织切实保证，措施高效有力，在圆满完成政府主管部门所委托任务的同时，也为协会更好地发挥博物馆行业管理职能奠定了基础。我们参与了《文物保护法》修订中有关民办博物馆的前期调研和《博物馆事业"十二五"发展规划》的研究与起草，主导的"全国博物馆事业中长期发展战略研究""全国一级博物馆运行评估研究""博物馆开放服务指南研究""全国社会文物流通工作调研""文物拍卖企业资质年审管理研究""国际博物馆协会行业标准研究""西方国家文物鉴定状况研究"等课题都达到了国家文物局所要求的目标和质量，较好发挥了参谋和助手作用。

（二）开展博物馆定级评估

受国家文物局委托，中国博协联合中国文物报社和中国文物信息中心等单位，相继组织实施了国家一级博物馆定级评估，国家二、三级博物馆复核备案工作，国家一级博物馆运行评估试点（2008—2009 年度），以及 2010 年度、2011 年度、2012 年度、2014—2016 年度国家一级博物馆运行评估，

2013年度国家二、三级博物馆运行评估等工作。为此组建了评估工作办公室，研发了新版评估管理系统，编印了评估工作手册，编发了评估工作问答，组织召开了评估咨询交流会，为各参评博物馆提供充分的支持。通过评估工作以及对评估工作的系统化研究，我们掌握了大量博物馆行业的第一手资料，为政府主管部门进一步整合资源，研究博物馆事业当前和未来的发展提供了参考。

2009年中国博协举办国家一级博物馆运行评估培训班

六、在增进中国博物馆对外交流合作中发挥重要阵地作用

作为国际博协中国国家委员会，我们从一开始就把国际博物馆领域的交流与合作置于重要的战略位置，四十年来，我们置身国际前沿，不断拓展博物馆对外交流与合作的广度和深度，成为中国对外文化交流的重要阵地和舞台。

（一）强化与国际博协的制度化合作

1983年7月，经文化部和外交部批准，中国博物馆学会派代表团出席了在伦敦召开的国际博协第十三届大会，正式宣布中国加入国际博物馆协会，并于同年成立国际博协中国国家委员会，这是我国最早对外开放的专业领域之一，也是中国博物馆国际化进程中的一个标志性事件。根据文化部和外交部的指示精神，国际博协中国国家委员会与中国博物馆学会合署办公，"两块牌子，一个机构"。

加入国际博协后，通过中国国家委员会这一平台，中国博物馆界与世界各国博物馆的业务关系日益紧密。1983年以来，中国国家委员会派代表团出席了除1989年之外的历届国际博协大会、咨询委员会会议及年度会议。我国的国际博协团体会员从1983年的3个，发展到2021年的116个，个人会员由13名增长至767名，虽然规模并不十分庞大，但增长速度加快，构成更加多元，有超过半数来自科技、农业、体育、银行以及非国有博物馆等非文化文物系统，而香港和澳门博物馆的加入，更使国际博协中国国家委员会成员的地域范围扩大，反映了中国博协在本行业领域的开放和包容。

（二）不断拓展多样化的交流合作渠道

积极参与亚太地区博物馆的交流合作，是我们多年来的重点工作。1986年，国际博协主办的亚洲地区文物保护技术讨论会在北京召开；1989、2002和2012年，国际博协亚太地区（ICOM-ASPAC）大会分别在北京、上海和武汉举行，特别是2002年10月在上海举行的亚太地区第七次大会，通过了关于博物馆与无形文化遗产的《上海宪章》，积极响应了国际遗产界对非物质文化遗产的关注。

在过去四十年中，超过20个国际博协的国际委员会在中国的不同城市举办了学术年会或其他研讨活动，其中博物馆学、安全、人员培训、乐器、视听与新媒体、建筑与技术、教育与文化活动、区域博物馆、科技博物馆与科学中心、大学博物馆等专委会的国际委员与中国博协相关专委会建立并保持了常态化的合作关系。特别是2021年5月在北京召开的国际博协藏品保护委员会第十九届大会，是继2010年国际博协第二十二届上海大会之后，在中国举办的又一次大规模的国际专业盛会，对与会各国和中国博物馆藏品保护管理水平的提高，产生了深远影响。

近年来，中国博物馆协会也非常重视在双边合作领域的拓展。2011年，与美国博物馆协会联合举办"中美博物馆标准及最佳做法研讨会"；2012年，我们与非洲博物馆协会建立合作伙伴关系；2012年，与"国际最佳遗产利用"组织达成合作共识，并向该机构推荐中国"最具创新力博物馆"

2012年国际博协亚太地区联盟（ICOM-ASPAC）在武汉召开大会

国际博协博物馆学委员会2008年年会在长沙召开

2012年中国博物馆协会与非洲联盟签署战略合作协议

2013年中国博物馆协会与美国博物馆联盟（美国博物馆协会）签署合作谅解备忘录

参加每年的评选活动；2012 年，与国际博协越南国家委员会合作翻译《博物馆法规文件选编》的越文版；2013 年，与世界博物馆之友联盟建立正式合作关系；2013 年，与美国博物馆联盟签署合作谅解备忘录；2013 年，与加拿大洛德文化资源公司签署了《关于在中国博物馆领域开展战略合作的谅解备忘录》；2014 年，启动与美国盖蒂领导力学院的合作；2017 年，将领导力学院的青年领导力课程引进国内组织培训；2018 年，与巴基斯坦博物馆协会签署备忘录，强化中国博协和巴基斯坦博协在博物馆乃至相关文化遗产专业领域的合作；2019 年，同法国展望与创新基金会在北京签署合作备忘录。

为鼓励中青年博物馆专业人员参加国际最高水平的学术活动，学习借鉴国际先进博物馆理论和实践并展示我国青年博物馆学人的学术成果，我们为 2016 年国际博协米兰大会和 2019 年国际博协京都大会连续推出专门资助计划，2019 年资助 50 名国内优秀青年会员参会，支持他们走到国际舞台的中央，培养中外学术交流中的新生力量。

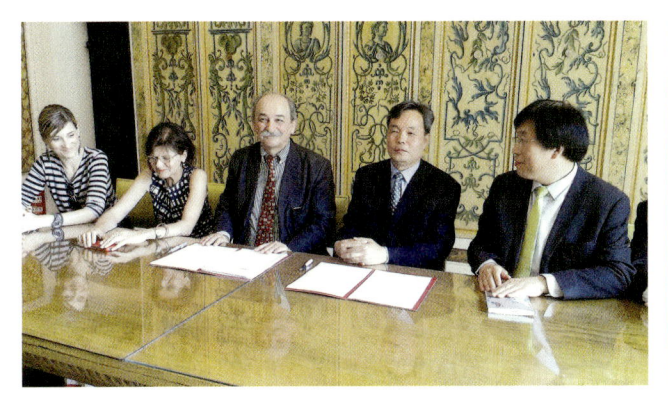

2015 年中国博物馆协会与"国际最佳遗产利用"组织签署战略合作协议

2019 年中国博物馆协会同法国展望与创新基金会签署合作备忘录

中国博协通过青年博物馆人才支持计划，选派青年学者参加 2016 年国际博协米兰大会

中国博协通过青年博物馆人才支持计划，选派青年学者参加 2019 年国际博协京都大会

（三）成功举办国际博协第二十二届大会

2010 年 11 月 7 日至 12 日在上海举行的国际博协第二十二届大会暨第二十五次全体会议，是国际博协成立 64 年首次在中国举行会员代表大会，无论参会代表人数还是国家和地区代表性，都创下了历届国际博协大会的新纪录。

在历时两年申办和四年的筹备过程中，中国博协承担了学术准备、协调联络、会务组织、宣传推广、文化活动策划等具体工作。我们组织协调起草的《关于博物馆致力于和谐社会发展的上海宣言》以大会第一号决议的形式获得通过。这次大会不仅将中国博物馆与国际博协的合作提高到一个崭新的水平，还同时留下了三项重要遗产：决定在中国建立国际博协唯一的培训中心；中国博协建立了一批与国际博协对口的专业委员会，今天已发展成为推动中国博物馆各专门领域进步的重要力量；一批中国博物馆人全面进入国际博协不同机构的决策和管理层。

国际博协第二十二届大会暨第二十五次全体会议2010年在上海成功举办

（四）参与国际博物馆决策和管理事务

随着中国博物馆人在国际博协中的影响力逐步加强，不少中国代表在国际博协的各层次机构中担任了重要职务，直接参与了国际博物馆重要事务的决策和管理。

1998年至2007年，中国博协的代表出任国际博协亚太地区联盟副主席和名誉主席，2014年至2016年出任主席；2004年，中国博物馆人赢得了执委会选举，第一次进入国际博协管理层，2007年连任；2010年至2016年，中国博协的代表再次被选举为国际博协执委会委员；2016年，中国代表高票当选国际博协副主席，中国首次跻身国际博物馆事务最高决策管理层，并于2019年连任；2004年和2007年，中国代表连续被推荐为国际博协大会决议委员会委员，促使大会决议得以更多地反映包括中国在内的广大发展中国家博物馆的诉求。

四十年来，一批中国专家学者还被国际博协亚太地区联盟、不同的国际专门委员会选举为理事，中国博物馆的影响力和话语权得到了进一步巩固和加强。

2006 年张文彬理事长在巴黎与国际博协主席一起交流工作

2009 年张柏理事长在巴黎与拉美国家代表在一起

2013 年国际博协中国国家委员会主席、亚太地区联盟主席宋新潮在里约热内卢主持亚太地区联盟理事会会议

2017 年国家文物局副局长关强率团赴巴黎出席国际博协咨询委员会会议暨年度大会

2022 年 3 月中国博物馆协会理事长刘曙光主持国际博协道德委员会亚太地区国家线上研讨会

中国博物馆协会副理事长、国际博协副主席安来顺在国际博协 2019 年京都大会上

2013 年中国博物馆协会副理事长陈建明在国际博协里约大会区域博物馆委员会会议上

2009 年中国博物馆协会副理事长田凯参加国际博协安全委员会会议

七、笃行致远，为中国博物馆事业高质量发展做出新贡献

1982年至2022年，中国博物馆协会走过了初创、探索、发展和繁盛的四十个春秋。回顾梳理这段历史，一方面是为了留存以中国博协会员为代表的博物馆机构及其从业者的群体记忆，更重要的一方面，是为了增强中国博协的身份认同，明确中国博协的初心使命，与中国博物馆事业的所有利益相关方一道继续矢志前行。

国家文物局局长刘玉珠出席中国博物馆协会第七届会员代表大会并讲话

中国博物馆协会理事长刘曙光主持中国博协第七届理事会第一次会议

党的十九届五中全会通过的《中共中央关于制定国民经济和社会发展第十四个五年规划和二〇三五年远景目标的建议》，明确了2035年建成文化强国的远景目标。2021年5月，中央九部门联合印发《关于推进博物馆改革发展的指导意见》，阐述了中国博物馆事业高质量发展的目标、任务和措施，明确了时间表、路线图和重点举措。中国博物馆事业进入高质量发展的新阶段，中国博协也迎来了新的挑战与机遇。

作为一个全国性博物馆行业和学术组织，在高质量建设与发展的新要求之下，我们需要在总结四十年成功经验的基础上，从六个方面深化、提升。

第一，要进一步提高政治站位。教育、引导广大会员坚持以习近平新时代中国特色社会主义思想为指导，学习、贯彻、落实党和国家关于文物和博物馆工作的战略部署和工作要求，把博物馆事业的繁荣进步与中华民族伟大复兴中国梦的实现紧密相连。针对中国博协分支机构多、会员分布广泛的特点，要注意始终坚持正确的舆论导向，尤其是注意将意识形态工作聚焦于博物馆学科建设、国际交流、学术研讨、专业培训和行业自律等方面。

第二，要大力倡导严谨求实、理论联系实际的学风和作风。紧密契合当前博物馆事业的新形势、新特点、新要求，在行业发展方面，推动数量指标增长与质量指标提升的并驾齐驱，使博物馆建设和管理、藏品保护和研究、文化教育和传播、基本服务与拓展等各项业务工作上一个新的台阶；在

学科建设方面，要提倡经世致用与知行合一，既要坚持问题导向，直面博物馆事业发展中的热点和难点问题，努力避免沉湎于玄学的清高，又要警惕简单就事论事的肤浅化研究，为博物馆实践提供专业化的理论指导。

第三，要做好政府主管部门的参谋和助手，构建好行业主管部门与业界的纽带和桥梁。在国家推进现代治理的大背景下，找准中国博协的自身位置，突出其作为社团组织的特色和优势，尤其要发挥好在学术调研、专业引导、人才培养、项目组织实施等方面的作用。当前阶段，要把秘书处的能力提升和实体化建设，把《中国博物馆》杂志的水平提升和影响力扩大，把专委会的专业化建设和规范运转作为当务之急。

第四，要更密切关注国际博物馆新动态，努力保持和发展中国博协良好的国际合作态势。在把握"关键场合主动发声，业务合作力求实效"总基调的前提下，进一步加强与国际博协和其他国家和地区博物馆组织在不同层面的业务联系与合作，为中外博物馆的学术业务交流搭建更大、更好、更便捷和更有效的平台，进一步提高中国博物馆的国际化水平。同时，针对日益复杂多变的国际形势给文化领域带来的不断加深的影响，要积极探索具有广泛国际认同感和中国特色的博物馆话语体系，助力中国博物馆成为中国优秀文化走出去、走进去的重要力量。作为国际博协中国国家委员会，要在培养、推荐优秀人才参与国际博物馆治理方面做通盘考虑和长远打算，有具体措施，有实际效果。

第五，要更努力代表好博物馆特别是中小博物馆的行业利益。我们要以更多的专业关怀和人文关怀，反映博物馆以及相关文化企业、文化机构的呼声和诉求，成为信息沟通的重要渠道，我们与腾讯公益基金会共同创立的专项基金，对中小博物馆以及青年博物馆工作者予以了重点关注，目的之一就是让广大会员对中国博协有切身的认同感、信任感和归属感，使之真正成为博物馆行业自己的组织。

第六，要更加积极主动地联合文物、考古、遗产保护以及社会力量参与、支持博物馆事业。从大局来说，博物馆与文物保护、考古研究和遗产教育领域共同承担着对祖国历史和文化遗产进行调查、发掘、整理、研究、展示、传承和弘扬的神圣使命，有着相互依赖、相互支撑和彼此呼应的密切关系。文物、考古和遗产保护领域的成就，甚至直接影响着博物馆事业发展的规模和质量。从根本上讲，博物馆是公共文化服务机构，融入社会、服务人民是我们的重大责任，也是我们践行以人民为中心发展理念的重要途径。

我们坚信，在建设社会主义文化强国宏伟目标的激励下，在国家文物局的领导下，依靠全体会员的参与支持，中国博物馆协会一定能建设成为更加包容开放、更加规范科学、更具活力和引领力的行业组织，为弘扬优秀文化、增强文化自信，为实现中国博物馆的高质量发展做出新的贡献！

（执笔：刘曙光　安来顺）

履行职能

不负众望

坚持协会发展的正确政治方向

中国博物馆协会自成立以来，始终坚持以马克思列宁主义、毛泽东思想、邓小平理论、"三个代表"重要思想、科学发展观、习近平新时代中国特色社会主义思想为指导，牢固树立"四个意识"，坚定"四个自信"，坚决维护习近平总书记党中央的核心、全党的核心地位，坚决维护党中央权威和集中统一领导。坚持中国特色社会主义先进文化方向，团结引领全国博物馆、博物馆从业者、相关企事业单位、社团组织和个人，致力于保护、研究、传承和弘扬中华优秀传统文化、革命文化和社会主义先进文化，倡导科学精神，普及科学知识，推动社会文明进步，为实现"两个一百年"奋斗目标和中华民族伟大复兴的中国梦不懈努力。

协会与各专业委员会在日常工作中始终将正确的政治方向摆在首要位置，当作自身发展的第一要务。主要体现在以下几个方面：

一、加强基层党组织建设

基层党组织是党在社会基层组织中的战斗堡垒，是党的全部工作和战斗力的基础。新形势下基层党组织工作开展得怎么样，直接影响到党的凝聚力、影响力、战斗力的充分发挥。中国博协充分发挥自身的引领作用，坚持以习近平新时代中国特色社会主义思想为统领，不断提高政治站位，提升理论和政策水平，明确党建工作的具体要求，积极务实地探索党的建设和意识形态工作管理的新途径、新方法。2020年12月，经国家文物局直属机关党委批准成立了中国博物馆协会党支部，艾静芳同志担任党支部书记。

博物馆管理专业委员会着力于夯实基层党建，坚决贯彻中央精神和部署，提高党员干部的思想站位和政治意识，通过主题报告、参观考察、集中学习、交流研讨等形式，切实增强成员的政治敏锐性，使之坚定政治信念，增强政治意识，站稳政治立场，严守政治纪律。

博物馆建筑空间与新技术专业委员会以及博物馆数字化专业委员会重视党员的管理，积极吸收新党员加入专委会的工作，随着大量年轻技术人员加入专委会，党员人数快速增长。

博物馆图文典籍与金石拓片专业委员会秘书处按照《中国博物馆协会专业委员会组织规则》要求，重视抓好意识形态和党的建设。专委会成立伊始即组建了专委会秘书处党小组，积极参加其所在河北博物院党委理论中心组及第二支部的历次理论学习与精神宣讲、专题党课、主题党日等多种形式的组织生活和志愿服务、精准扶贫等专项活动，充分发挥党组织战斗堡垒作用和党员先锋模范作用。专委会秘书处党小组每年向所在支部及中国博物馆协会秘书处党支部书面汇报思想工作情况和任务完成情况。

陈列艺术委员会以及社会教育专业委员会都成立了临时党支部，委员按地区在全国分别成立若干个临时党小组，临时党小组每年要向支部进行书面汇报，专委会党支部每年年底要向支部大会做出工作总结，指出年度党支部的各项工作的成绩，总结经验教训，提出下一年支部工作计划和要点。

纪念馆专业委员会强化组织领导，科学制定发展规划。坚持实行由秘书处挂靠单位主要领导（馆长）担任主任委员、分管秘书处具体事务的领导（副馆长）担任专委会秘书长、35家副主任委员单位的主要领导（书记或馆长）担任副主任委员，充分发挥集体智慧，集体决策、民主决策。通过主任委员（馆长）、秘书长（副馆长）对秘书处的垂直领导，纪念馆专委会秘书处进一步强化了政治意识，提升了工作水平，提高了工作效率，不断向科学化、规范化的方向发展。

区域博物馆专业委员会创新基层党建形式，充分利用科技和数字化平台，先后利用QQ联络群、微信工作群、专委会工作邮箱及网站等，为各会员单位搭建了党建工作交流互鉴的平台。

二、积极开展学习教育活动

中国博协始终重视党员学习的重要性，博协党支部以及秘书处积极开展集体学习会、参观调研、主题党日、宣讲党课等多种形式的学习活动，通过学习不断丰富党员的理论储备，提升党员的党性修养，加强党员的思政建设，从根本上强化了"党管协会"的政治自觉性和主动性。自2021年起，作为直属国家文物局机关党委的一个新的党支部，中国博物馆协会党支部按照国家文物局统一部署，贯彻落实习近平总书记在党史学习教育动员大会上的重要讲话精神，认真开展学习党史的系列活动，集中学习了一系列重要文件，认真学习了"从百年辉煌党史中不断汲取前行动力"等专题党课。

2020年12月15日中国博物馆协会在中国人民革命军事博物馆组织党支部活动

中国博协结合实际，做好本职工作，发挥行业优势，组织了"庆祝中国共产党成立100周年全国博物馆讲解大赛"活动，向社会全面展现博物馆专业讲解员的文化素养和精神风貌，推介一批博物馆讲解优秀作品。中国博协党支部组织专家编写"学习党史300题"，在讲解大赛的决赛阶段设置"党史问答"环节，促进广大讲解员更好地学习中国共产党的历史，更好地讲好中国共产党的故事，更好地继承中国共产党的传统。中国博协以中国共产党发展的百年历程为线索，以"红色足迹"为展示方式，制作红色故事宣传片，充分展示中国共产党百年光辉历程和伟大功绩。宣传片在"博物馆在移动"平台播放，同时还在各大网络宣传平台进行集中展示，充分利用融媒体平台和中国移动平台优势，为群众学习党史营造浓厚氛围。同时，充分用好全国参赛讲解员提交的"红色故事"视频，让群众在日常生活中通过"听故事"的方式来学习党史，深切体会今日美好生活的来之不易。

博协各个专委会也利用各种形式积极开展各类学习教育活动，努力打造学习型党组织，用理论武装党员的头脑，切实增强了党组织的凝聚力与战斗力。

（一）将理论学习与业务交流、工作会议等深度融合

纪念馆专业委员会基于纪念馆的阵地优势，借助年会、论坛、研讨会等集中组织参会人员到活动承办地所在博物馆参观学习。专委会于 2021 年 7 月 7 日组织全国各地纪念馆、博物馆联动纪念全民族抗战爆发 84 周年；9 月 18 日又组织协调全国各地抗战类博物馆、纪念馆同步开展纪念九一八系列活动，以组织重温入党誓词、向抗战英烈敬献鲜花、讲主题党课等多种活动方式，与当地中小学联动，邀请中小学生走进博物馆、纪念馆，推动党史学习教育扎根社会、深入民心。

博物馆建筑空间与新技术专业委员会利用学术会议、评审会议、年会等场合组织党员群众认真学习党建理论文章和中国博物馆协会传达的各项政策、业务指导文件，宣传普及开展基层行业协会党建工作的积极意义。

博物馆数字化专业委员会在 2020 年 9 月 "2020 智慧博物馆创新论坛"（长春市）、2021 年 3 月 "江西省博物馆新馆生态展方案评审会"（南昌市）、2021 年 5 月 "文旅融合中博物馆创新发展论坛"（宜兴市）等会议论坛上专门由主任委员带领专委会主要领导成员学习习近平总书记关于党建工作的重要指示，关注党风廉政建设和意识形态安全防范，提倡努力建立文博网络综合治理体系，营造清朗的网络空间。

志愿者工作委员会立足博物馆、纪念馆的阵地优势，借助工作委员会年会、论坛、研讨会、培训等契机，集中组织学习承办馆所在地的红色展览、党史展览、革命展览等，感悟初心使命，汲取前行力量。

2021 年"庆祝中国共产党成立 100 周年全国博物馆讲解大赛"活动

2021年纪念馆专委会组织全国各地纪念馆、博物馆联动纪念全民族抗战爆发84周年

（二）坚持"三会一课"等制度，开展丰富多彩的学习活动

藏品保护专业委员会参加中央和国家机关"学党史·强素质·作表率"读书会，组织"北京延庆世界园艺博览会""攀登香山""党史馆参观"等党日活动。

华侨博物馆专业委员会自2021年9月开始，其挂靠单位中国华侨历史博物馆党支部将每周五下午列为党员大会暨全馆干部专题学习会时间，组织集体学习，一直坚持至今。专委会还结合年会等活动开展主题党日和重温入党誓词活动。

志愿者工作委员会通过专题学习、读书活动、讲党课、知识竞赛、观看红色电影等多种形式深化主题教育，加强秘书处党员的学习教育；在年会、培训班中先后8次以专题培训、集中学习等方式组织工作委员会委员进行政治学习，加强委员的学习教育。

钱币与银行博物馆委员会挂靠中国钱币博物馆，根据中央及中国人民银行总行关于党史学习教育的工作部署和要求，成立党史学习教育领导小组，制定具体实施方案，扎实推进党史学习教育活动的开展，并充分运用以红色金融实物资料为特色的革命文物，深化对百年党史的理解和思考。

（三）搭建信息化、数字化的学习交流平台

陈列艺术委员会各委员把自己在单位党小组的发言在专委会党小组上以视频会议、微信等方式进行交流，相互促进。跨地域跨馆际的交流，使得党员们能够在更广阔的视野上深入审视主题教育活动，加强了学习的深度，增加了党员的纯洁性，具有非常积极的意义。

非国有博物馆专业委员会利用微信公众号发布、宣传党和国家相关政策，引导大家积极学习。

高等学校博物馆专业委员会将全国高校大思政教育与党员学习相结合，利用大思政课程平台将各类课程与思想政治理论课同向同行，形成协同效应。

市场推广与公共关系专业委员会特别设立了副主任委员及全体会员微信群，用于随时转发中央

最新精神、最新政策与具体措施。在多年不断的探索与学习中，以社会主义核心价值体系为根脉，形成了"一坚持""二随时""三不断""四勇于"的集体共识。

三、党建与业务有机结合

习近平总书记曾强调"要处理好党建和业务的关系，坚持党建工作和业务工作一起谋划、一起部署、一起落实、一起检查"。博物馆事业本身业务性强，要培养统筹一体和问题导向的思想，方能实现业务工作与党的建设有机结合、相互促进。中国博协在实际工作中也始终践行这一理念，始终把党建工作、政治理论学习与中国博协的中心工作相结合，坚持围绕中心抓党建、抓好党建促业务，坚持党建工作和业务工作目标同向、部署同步、工作同力，以高质量党建引领高质量发展，使二者在融合发展中相互促进。

为贯彻落实习近平总书记关于文化遗产工作的系列重要指示批示精神，弘扬红色革命精神，发挥好博物馆、纪念馆在党史学习中的重要作用，利用好革命文物在加强革命传统教育、爱国主义教育等工作的重要价值，中国博物馆协会聚焦专委会、会员单位各类红色活动，以《中国博物馆》《中国博物馆通讯》为宣传窗口，将其作为开展党史学习教育、开展爱国主义教育的重要宣传阵地。

2021年《中国博物馆》第3期聚焦"传承红色基因的博物馆和纪念馆"，集合《传承与创新：革命类纪念馆宣教工作思考》《革命文物元数据标准研究》《陕西革命类纪念馆创新性传承路径的探讨》等多篇探讨革命历史类陈列、纪念馆创新性等学术论文，为"把红色资源利用好、把红色传统发扬好、把红色基因传承好"建言献策，进一步发挥好中国博协在党史学习宣传教育方面的责任与担当。为贯彻习近平总书记致仰韶文化发现和中国现代考古学诞生100周年贺信精神，《中国博物馆》第4期以"考古百年"为主题，中国博协史前遗址博物馆专业委员会、考古与遗址博物馆专业委员会以《依托考古成果，展示中华文明——考古百年背景下的中国考古遗址博物馆》为题，撰写主题文章。文章以中国考古遗址博物馆把握时代发展机遇、充分体现自身价值为切入点，实证考古遗址博物馆在实现考古遗址的有效保护、推动考古学科发展、展示中华文明的灿烂成就、提高社会和公众的文化遗产保护意识等方面的重要作用，以及为弘扬中华优秀传统文化、增强文化自信方面提供的坚强支撑。

同时，在面向会员的《中国博物馆通讯》上，中国博协积极刊登各专委会、各会员单位组织主办的有关学习党史以及开展红色纪念活动、红色展览等内容，充分发挥好沟通、展示、宣传的基本职能，将红色基因传承通过纸质媒体的方式传递给广大会员。

各个专委会也利用自身的特点，将党的建设与博物馆科研、教育、展览等特有的业务进行深度融合，用博物馆的方式为社会做出贡献。

城市博物馆专业委员会于2020年12月在深圳成立改革开放博物馆联盟，联盟于2021年6月末在深圳博物馆成功举办了"红色货币见证光辉岁月"展览，为建党百年献礼，这也是联盟成立后成员单位合作举办的第一个展览。

非国有博物馆专业委员会在2020年新冠疫情暴发之际第一时间响应党和国家号召，充分发挥全国文博平台的优势，积极行动捐款捐物抗击新冠疫情。专委会挂靠单位及全国50余家会员单位捐赠善款，以及口罩、消毒液、防护服等重要防疫物资支援一线，为抗击疫情做出了重要贡献。

华侨博物馆专业委员会于2021年中国共产党成立100周年之际组织举办了一系列的专题活动：4月至7月举办庆祝中国共产党成立100周年征文比赛；5月在浙江杭州举办"中共党史与华侨史"专题培训；6月在线上线下同步推出"红色情结永驻侨心——华侨博物馆专业委员会华侨革命文物纪念展"。对于落实《关于推进博物馆改革发展的指导意见》组织了多场讨论，最后形成了以《全国涉侨博物馆存在的主要问题及其对策》为题的调研报告，上报主管单位，为行业发展建言献策。

流动博物馆专业委员会创新党建工作形式，将流动展览与党建工作齐抓，取得了良好的效果。挂靠单位四川博物院的流动博物馆与四川华西医院急救中心党支部、四川航空飞机维修公司党支部等党组织结对子，挖掘党建工作中的好创意、好做法、好思路，对博物馆创新开展党史学习教育工作提供了全新的启发。

民族博物馆专业委员会发挥专委会平台作用，联合各会员单位做好民族文物保护、研究，展览利用和宣传教育等各项基础业务工作，为铸牢中华民族共同体意识做出积极贡献。挂靠单位民族文化宫博物馆党支部因开展工作扎实有效，2018年、2021年两度被评为国家民委直属机关先进党支部。

名人故居专业委员会充分利用资源优势，积极探索新途径，由陈云纪念馆牵头，联合韶山毛泽东同志纪念馆、周恩来故居、刘少奇同志纪念馆、朱德同志故居纪念馆、邓小平故居陈列馆和任弼

2020年10月首届全国红色展览策划与国际传播研修班

时纪念馆，建立领袖试题库，并与"学习强国"平台合作适时进行推送，取得了良好的社会效果。专委会为各会员单位搭建业务交流的平台，建立会员单位间的良好互动机制，各单位通过共享文物展品和图片资源，每年进行展览交流或举办巡展。特别是在建党百年之际，专委会充分发挥红色资源优势，多个成员博物馆联合举办"红色故事大讲堂"活动，现场演绎红色故事，展现家国情怀，唱响时代主旋律。

2021年名人故居专业委员会"红色故事大讲堂"

展览交流专业委员会组织策划了一系列红色展览，例如，为纪念中国人民抗日战争暨世界反法西斯战争胜利75周年，组织"伟大贡献——中国与世界反法西斯战争"主题展览；围绕献礼建党百年活动，举办"不忘来时路　永远跟党走——讲述革命文物背后的故事"主题展等。这些展览以历史语言、革命文物见证阐释"不忘来时路、永远跟党走"的初心使命，落实习近平总书记关于加强国际传播能力建设重要讲话精神，讲好中国故事，展现真实、立体、全面的中国；面向全国文博机构，特别是革命老区博物馆、纪念馆、艺术馆、文化馆，在延安举办首届全国红色展览策划与国际传播研修班，课程内容涉及政策解读、内容策划、学术研究、形式设计、国际传播、教育推广、艺术创作，促进了展览交流的创新发展，增强了红色文化的传播力。

四、关注与重视意识形态领域建设

随着我国经济社会的全面快速发展，文化也在不断进步，博物馆作为文化力量的代表机构也不再仅仅是单纯的中国历史的保存者和记录者，更成为当代中国人民为实现中华民族伟大复兴的中国梦而奋斗的见证者和参与者。作为中国特色社会主义文化的组成部分，重视博物馆的意识形态属性是坚定文化自信、建设社会主义现代化国家的必然要求。中国博协在自身发展以及对行业的指导中始终立足主业主责，特别要求博物馆在展览、教育、学术活动等业务工作的关键环节做好把控，把建设具有强大引领力与凝聚力的社会主义意识形态作为一项战略任务抓好抓实。

博物馆数字化专业委员会注重加强信息基础设施网络安全防护，加强网络安全信息统筹机制、手段、平台建设，加强网络安全事件应急指挥能力建设，做到关口前移，防患于未然。在博物馆信息化建设中按业务系统、信息服务的安全级别划分规定，完成信息网络和业务系统安全等级的评估与定级，填塞漏洞，确保国家网络信息安全。

纪念馆专业委员会鉴于纪念馆的展览陈列、纪念仪式等活动具有政治性强、敏感度高、舆论风险大等特征，每逢重大事项、重大活动都提前向国家文物局、中国博协请示汇报，所有文字稿件均在专委会领导逐一进行审阅后，再报送国家文物局、中国博协等协助进行审核，有效防控舆情风险，夯实意识形态阵地。

丝绸之路沿线博物馆专业委员会利用自身业务特点积极宣传"一带一路"，在开展各类学术研究、学术会议和学术交流中把准政治立场、政治方向、政治原则，倡导和谐包容、文明宽容，强调不同文明之间的对话。

展览交流专业委员会针对有外籍专家授课的线下、线上培训，始终高度重视意识形态领域审核把关，做到培训内容的"三审三校"，严把意识形态责任关、师资关、内容关，筑牢意识形态"防火墙"，保障意识形态阵地安全。

（撰稿人：李湛）

引领博物馆学术研究和学科建设

伴随着全国博物馆事业的大发展以及中国博物馆协会的行业引领，博物馆学在学科建设、理论探索、人才培养、实践创新、服务大众等诸多方面都取得了喜人的成绩，学科的影响力渐渐扩大。

一、集思广益，搭建学术专题研讨平台

中国博物馆协会下各专委会自成立起，就积极开展学术交流活动，秉持宗旨，顺应时代发展举办学术研讨会和论坛，推动博物馆事业发展。

陈列艺术委员会自1984年成立，前20年在宁波、泰安等地举办多次研讨会与论坛，探讨了内容与形式的关系、陈列艺术现代化等问题。2006年至今，先后在太原、井冈山、苏州等地，围绕红色展览陈列、博物馆建筑审美与实用、陈列新材料运用等问题召开会议，并通过举办成果类展览交流经验，引领学科建设。2019年，该专委会承办了"博苑掇英——全国博物馆陈列艺术成果交流展"（2009—2019），在全国范围内遴选展示了50家新馆建设、老馆改造、改陈提升的优秀作品。

博物馆管理专业委员会致力于引领博物馆管理领域学术研究，在南京、太原、厦门等地，以"创新：应对博物馆管理的新挑战"（2013）、"博物馆的规律、规范与创新"（2014）、"现代博物馆的运营模式和组织架构"（2018）等主题开展多次学术会议。

博物馆数字化专业委员会自2003年正式成立后，每年举办年会或论坛等学术活动，探讨行业信息化应用热点、技术特点等。在技术的探讨上，分别在北京、南京、杭州等多地围绕博物馆陈列中的多媒体技术，召开"博物馆数字化专题研讨会"。在关于数字技术的应用上，多次联合其他机构举办博物馆数字化推广论坛，形成品牌。

1984年中国博物馆学会博物馆陈列形式设计学术讨论会

2018年博物馆学专业委员会学术研讨会　　　　　　2003年数字化专委会成立大会合影

　　博物馆建筑空间与新技术专业委员会与博物馆数字化专业委员会多次合作，召开"数字化时代，文化遗产的影像表达"（2011）、"信息化建设支撑博物馆整体品质提升"（2013）等主题的博物馆数字推广论坛，并在2014年联合传媒专业委员会在厦门召开了"智慧博物馆"学术研讨会等，通过积极联合相关专委会，助力博物馆建筑智能化和信息化系统一体化建设。

　　博物馆图文典籍与金石拓片专业委员会在石家庄、宁波分别以"文字、文物与人类文明的发展"（2018）、"从传统走向未来"（2019）为主题举办学术研讨会。

　　博物馆学专业委员会14年来先后在长沙、南昌、杭州等地，以"博物馆、博物馆学与全球交流"（2008）、"博物馆藏品与陈列"（2011）、"原创性展览研究"（2012）、"博物馆建筑与功能"（2013）、"博物馆的社会价值研究"（2016）、"策展：实践与跨界"（2019）等主题组织多次学术会议与论坛。

　　藏品保护专业委员会分别在北京、广州、合肥等地，以"博物馆文物保存环境与藏品的科学保护""文物科学保护研究新进展"等主题举办7次全国性博物馆藏品保护学术研讨会，有效地将新技术、新成果、新理念进行宣传推广，极大地推动了博物馆馆藏文物保护基础理论与应用研究。

　　考古与遗址专业委员会成立以来，先后以"考古·遗址博物馆与公众需求""原件·复制品·赝品：历史与考古博物馆里物件的重要意义""遗址博物馆与社会经济发展""遗址博物馆文旅融合"等为主题举办了15次学术研讨会，针对考古与遗址博物馆事业发展的热点问题进行专题研讨，推动理论与实践研究的深入进行。

　　城市博物馆专业委员会注重在实践基础上进行认真的理论探索，从2010年开始，已分别在上海、深圳、西安等多地，相继以"迈向更美好的城市"（2010）、"免费开放后的城市博物馆"（2012）、"城市记忆的变奏"（2014）、"城市博物馆与文化景观"（2016）、"博物馆与城市共成长——改革开放40年我们一起走过"（2018）等主题举办年会。

　　传媒专业委员会先后在大同、厦门、长春等地，以"博物馆与新媒体"（2012）、"智慧博物馆"（2014）、"互联网+时代的文化遗产传播与服务"（2016）、"新技术与博物馆传播"（2018）等主题举办会议，并多次与博物馆数字化专业委员会、中国知网等单位联合承办开展学术交流与研讨。

2010年中国博物馆陈列艺术论坛

《中国智慧博物馆蓝皮书》系列图书（2016、2018、2020年版）

2018年"超级连接的博物馆：新方法、新公众"5·18国际博物馆日暨"知音汉阳"博物馆创新协同发展智略峰会

2016年"新时代服装博物馆现状与发展"主题学术研讨会

纪念馆专业委员会2019年年会暨"革命类纪念馆与中国共产党建国思想"学术研讨会

登记著录专业委员会和有关文博单位，于成都（2016）、敦煌（2017）、福州（2018）、常州（2019）先后举办了4届智慧博物馆系列论坛，并集结论坛学术成果，编辑出版了《中国智慧博物馆蓝皮书》系列图书。

非国有博物馆专业委员会在北京、兰州、武汉等地召开多次研讨会与论坛，如"首届全国民间博物馆论坛""全国首届民办博物馆研究成果交流会""博物馆创新协同发展智略峰会"等，提供平台探讨交流了非国有博物馆的发展问题，并组织法律风险防范等座谈会，为非国有博物馆法律普及等方面提供积极指导。

服装与设计博物馆专业委员会2006年举办首届"服饰文物保护与研究"学术研讨会，旨在推进对古代服装、织物等文化遗产的保护研究。2014年和2016年在厦门、福州参加博博会期间，分别以"服装历史、文化、技艺与发展""新时代服装博物馆现状与发展"为主题召开学术研讨会。并于每年举办一次服饰论坛，同时出版论文集，迄今为止共举办了5次。

航海博物馆专业委员会2014年成立以来，先后在泉州、威海、聊城等地连续举办6届年会以及2届视频年会，在香港、深圳等地举办了五届中国涉海类博物馆馆长论坛。每届年会与论坛均围绕当年"5·18国际博物馆日"主题，并结合当年航海文博领域的发展趋势与热点话题来设计会议主题，邀请领域内知名专家学者参会并发表主旨演讲。

纪念馆专业委员会坚持以学术带动纪念馆学科建设，每年定期举办一次年会暨专题学术研讨会，至今已举办学术研讨会14届。例如，2015年在东北烈士纪念馆举办"抗战十四年与东北抗日联军——纪念世界反法西斯战争胜利70周年"专题学术研讨会，2019年在平津战役纪念馆举办了2019年年会暨"革命类纪念馆与中国共产党建国思想"学术研讨会等。

民族博物馆专业委员会自2007年起，每两年举办一届学术研讨会，先后在贵州、南宁、哈尔滨等地，以"民族与民族地区博物馆和可持续发展"（2015）、"民族和民族地区博物馆与文创发展"（2017）、"文化交流与文化中枢建设——民族地区发展进程中的博物馆角色定位"（2019）等主题，围绕理论和实践热点问题组织研讨，并且召开了"博物馆与民族地区文化景观"（2016）、"博物馆与公众连接"（2018）两届高层论坛。这些论坛与会议发挥了专委会的平台作用，进一步加强民族和民族地区博物馆之间的交流与合作。

名人故居专业委员会先后在陈云纪念馆、任弼时纪念馆、张闻天故居及绍兴周恩来纪念馆举办会议，研讨了名人故居的保护与开发利用、名人思想的当代价值等。2019年召开了年会暨"新时代人物类博物馆与文化产业的互动发展"学术研讨会，2021年5月参与协办由上海鲁迅纪念馆和钱学森图书馆共同主办的"中国人物类博物馆70年"学术研讨会。

区域博物馆专业委员会在杭州、天津等地每年举办年会，并围绕"区域博物馆与社会进步"（2008）、"国际化背景下的博物馆免费开放"（2011）、"博物馆协同创新发展之路"（2016）等主题开展学术研讨。累计主办、承办、合办或学术支持了18场国际或国内学术研讨会。近年来在西安多次召开国际论坛，探讨全球化背景下当代博物馆与文化遗产的发展。

社会教育专业委员会自 2006 年起，与各地博物馆承办多场学术研讨会，承办方有黑龙江省博物馆（2012）、井冈山革命纪念馆（2013）、敦煌研究院（2016）、秦始皇帝陵博物院（2019）等，围绕博物馆教育的发展问题进行学术研究。

市场推广与公共关系专业委员会自 2007 年起联合文博单位举办多次论坛，例如，"博物馆馆长论坛"（2007）、"博物馆·旅游·文化创意论坛"（2009）、"2011 博物馆发展论坛"等，并且围绕"博物馆与学校教育"（2015）、"文博+科技·博物馆未来之路"（2017）、"博物馆+研学旅行公共文化服务的新模式"（2018）等主题组织、参与一系列面向国内外的行业学术会议。

丝绸之路沿线博物馆专业委员会积极主办、参加大量国内外丝绸之路主题会议，国际学术会议有 2019 年在上海召开的"考古发现与海上丝绸之路"国际学术研讨会等，策展主题会议有 2016 年在大同召开"寻路中国——丝绸之路系列陈列展览"暨"平城——敦煌"（古代交通交流）学术研讨会等。另外，专委会连续在兰州、乌鲁木齐等地举办年会，并在年会期间开展全国博物馆跨区域交流、东北丝绸之路等主题的研讨会。

文创产品专业委员会 2013 年至 2019 年先后在广西壮族自治区博物馆、陈嘉庚纪念馆、广东省博物馆等举办了 7 届博物馆文创工作交流研讨会。并在 2015 年举办"博物馆电商研讨会"，2020 年在陕西历史博物馆举办"跨界与融合：博物馆文创发展新动能"论坛。

志愿者工作委员会从 2009 起在宁波、上海、河南多地召开中国博物馆志愿者论坛，围绕"交流·创新·进步——21 世纪博物馆志愿文化与志愿精神""推动社会进步与发展的博物馆志愿者"等主题开展学术交流。

博物馆安全专业委员先后在郑州、昆明、上海、太原、南京等地，针对博物馆安全工作热点、难点问题，围绕"博物馆安全管理的规范化建设""免费开放形势下的博物馆安全保卫工作""社会和谐与博物馆安全""科技、创新——博物馆与文化遗产安全""博物馆风险管理"等主题成功举办了 11 届年会暨学术研讨会。

美术馆专业委员会自 2006 年成立以来，团结全国美术馆举行了不同主题的学术会议，举办了丰富多彩的主题展览，开展了不同形式的交流活动，在加强全国美术馆之间、美术馆和博物馆之间的交流和合作发挥了不可或缺的重要作用。

2015 年"科技、创新——博物馆与文化遗产安全"研讨会　　2018 年美术馆专业委员会年会

钱币与银行博物馆委员会先后在宁波、兰州、昆明等地召开会议，就金融文化遗产的保护和宣传等诸多议题开展研讨。2015年以来，该专委会结合国家文化热点，相继以"博物馆特色工作暨红色金融遗址保护"（2015）、"一带一路文化融合与钱币、金融类文物的保护方法与文化价值开发"（2017）、"新时代钱币与银行博物馆的角色与作用"（2018）等为主题举办年会，进行工作成果讨论和总结。

乐器专业委员会在武汉、敦煌、厦门等地协作博物馆或音乐学院开展多次学术研讨会。2014年与河南博物院联合举办"国际音乐考古学术会议——敦煌丝绸之路音乐文化的交流"，2016年组织"第十届国际音乐考古大会"，2018年主办"理论·技术·方法：博物馆对传统音乐的诠释"学术研讨会，2021年与浙江音乐学院联合召开"首届中国石窟寺乐舞研究及学术会议"等，促进中国博物馆在音乐文物、乐器学及其相关学术领域的进步。

史前遗址博物馆专业委员会在西安、沈阳、杭州等地积极召开了23次学术研讨会和年会，1998年至2010年组织了8届中国博物馆学会（协会）史前遗址博物馆专业委员会学术研讨会，2010年至今组织了11届跨湖桥文化学术研讨会，举办了漆艺术、彩陶文化、玉文化等主题论坛。

2010年首届跨湖桥文化国际学术研讨会

二、学以致用，培训行业人才初具规模

各专委会为提高展陈质量和宣教水平，多次举办培训班，邀请业内专家进行实例讲解，理论与实践相结合，提高相关从业人员各方面能力。

博物馆建筑空间与新技术专业委员会于 2017 年 10 月，联合博物馆数字化专委会，在自贡举办中国博物馆"互联网＋博物馆"案例分析与信息化应用实践培训班，聘请相关领导和专家进行专题技术讲解。

纪念馆专业委员会依托平台优势，积极开展专题培训。举办了"全国红色纪念馆编研工作专题培训班""全国纪念馆社教工作高级研修班""全国革命类纪念馆文创研发与经营管理主题培训班"。2020 年在侵华日军南京大屠杀遇难同胞纪念馆设立了"中国纪念馆策展人培训基地"。

民族博物馆专业委员会于 2007 年在中央民族干部学院举办全国民族文物界定、分类、定级专题研修班。

展览交流专业委员会在 2020 年新冠疫情暴发后，与腾讯课堂、文博圈等平台合作成功举办了"全国博物馆陈列展览线上高级培训班"系列培训、"国际展览策划线上高级研修班"以及"进出境展览及云展览策划与实务"网络公开课等。

志愿者工作委员会为提高中国博物馆志愿者和志愿服务管理人员的综合水平，促进志愿者间的交流，推动博物馆志愿服务工作进一步向专业化、规范化、制度化发展，从 2017 年起每年组织一次面向志愿者或志愿服务管理人员的培训班，邀请国内专家对学员进行集中培训，至今已成功举办 5 期，培训志愿者近 600 名。

乐器专业委员会于 2014 年 7 月，启动了"中国博物馆协会国际音乐考古培训班"，迄今已举办 4 期，为东亚地区的音乐考古培养了 120 余名青年学者，形成文博界传统音乐文化研究的基础群体，为中国博物馆在音乐文物、乐器学及相关学术领域的研究和发展打开新的局面。

三、笔耕不辍，深耕学术研究和学科建设

各专委会注重在实践基础上进行认真的理论探索，秉承改革创新精神，紧扣新时代关切，承担多项科研课题的研究项目，引领博物馆各领域的学术研究和学科建设。

陈列艺术委员会作为首席专家，获得全国艺术科学规划领导小组 2021 年度的国家社科基金艺术学重大项目立项，项目为"中国共产党百年重大题材展示设计研究"，主要是开展党的重大题材展示设计的指导性策略研究工作。

登记著录专业委员会于 2010 年底，与中国文物信息咨询中心共同调研并编制了《第一次全国可移动文物普查建议实施方案》；2015 年至 2016 年，独立承担了国家公共文化服务体系制度设计研究课题"博物馆（美术馆）藏品数据资源与公共文化服务"；自 2018 年始，持续向中国博物馆协会申报"中国智慧博物馆建设课题项目"，先后形成了多份调研报告。

航海博物馆专业委员会在 2019 年 8 月联合会员单位，与弘博网合作开展了"海上丝绸之路文化交流回顾与展望：以涉海类博物馆'海丝'展览为考察中心"的课题研究项目，梳理了我国近十年来"海丝"主题展览研究。

社会教育专业委员会在2008年至2010年间，承担了《博物馆讲解员资质划分》（GB/T 25600-2010）的编制工作；2012年至2015年，又承担了国家文物局课题《博物馆开放服务指南》的撰写工作；2016年至2018年，组织开展了博物馆青少年教育的研究项目。

展览交流专业委员会编制了《全国博物馆（展览）2019年度海外影响力评估报告》《全国博物馆（展览）2020年度海外影响力评估报告》，并策划了《2020年度新冠肺炎疫情期间全国博物馆"云展览"影响力评估报告》。

志愿者工作委员会于2019年启动了"全国博物馆志愿者现状及未来发展情况"的课题，对各部属、省属、地方属及以下博物馆及非国有博物馆进行调研分析，明确展现全国博物馆志愿者现状，发现在博物馆志愿者现状及服务管理上存在的问题，从而探索解决对策。

博物馆安全专业委员会在2018年至2019年承担并完成了中国博协的"博物馆安检管理办法""博物馆双重预防体系调研"两项研究课题；2021年承担并完成了国家文物局的"全国博物馆安全状况和安全防护工程实施研究"项目，编制了《博物馆安全防护工程实施工作指南》。

史前遗址博物馆专业委员会从2020年9月开始实施"中国史前遗址博物馆研究"项目，该项目力争涵盖已有史前遗址博物馆的全部业务活动，对全面梳理中国史前遗址博物馆的发展历程以及其未来发展都有重要借鉴意义。

四、交流互通，孵化与高校、科研单位的合作共赢

21世纪以来，博物馆更加注重与国家文化发展大环境的要求相接轨，更加突出专业性和广泛性，各专委会积极与各大高校和科研单位开展学术交流与合作，不断促进博物馆专业领域的学科发展。

陈列艺术委员会的很多成员应邀到北京大学、清华大学、南开大学等博物馆学专业授课，并参加中国科学院大学2019至2021年度博物馆专业辅导班的讲课，还和首都师范大学、北京联合大学应用文理学院博物馆专业创建了合作定向培养基地。

博物馆管理专业委员会的成员长期与国内知名高校、科研院所开展学术交流与合作。如上海博物馆已与复旦大学、上海交通大学、华东师范大学、上海大学等高校在学术交流、人才培养等方面建立了常态化的联系和合作。

博物馆图文典籍与金石拓片专业委员会分别与复旦大学出土文献与古文字研究中心、敦煌研究院、兰州大学、浙江大学等合作完成多项国家社科基金的重点项目。

藏品保护专业委员会积极鼓励委员与高校和科研院所合作，建立文物保护专业本科生、研究生实习基地，以课题研究方式积极承担在校本科学生和文物保护硕士、博士研究生的培养任务。

航海博物馆专业委员会在学术研究方面联动各个单位，在编辑出版方面形成了一些合作成果。如2017年，上海中国航海博物馆与招商局历史博物馆、新西兰昆士兰大学历史系招商局研究专家黎志刚教授合作，在《国家航海》杂志发行《招商局成立145周年纪念专辑》。

社会教育专业委员会在 2018 年 5 月至 11 月与中国知网共同承办了"2015—2017 年度中国博物馆青少年教育课程优秀教学设计推介展示活动"。

市场推广与公共关系专业委员会自 2014 年开始，与河北东方学院联合开展"文博优才——博物馆学、文物修复专业人才培训计划"。2018 年，与清华大学美术学院、艺术与科学研究中心合作，共同开设了"高校与博物馆文创设计共建课题"，并与北京联合大学艺术学院合作开展了"文博文创设计方向人才培训计划"。2020 年至 2021 年，又与中国农业博物馆合作，将"二十四节气文创作品设计大赛"活动深度对接高等院校，联动了清华大学美术学院、北京联合大学艺术学校等 60 所高校。

丝绸之路沿线博物馆专业委员会内多位专家在高校担任导师、客座教授。2014 年 10 月，陕西历史博物馆与陕西师范大学丝绸之路历史文化研究中心联合开展人员培训与学术研究工作。2015 年、2017 年和 2018 年，中国丝绸博物馆、上海大学和上海博物馆先后成立了"国际丝绸之路研究联盟"、"丝绸之路文物科技创新联盟"和"一带一路研究发展中心"。这些组织的成立为加强丝绸之路沿线的跨学科、跨领域合作发挥了重要作用。

文创产品专业委员会内的专家积极参与高校有关博物馆文创人才的培养工作，中国社科院大学、广西师范大学、广州美术学院等都有该专委会的专家为学生授课，一些专家被聘为大学的研究生导师。

钱币与银行博物馆委员会委员或在大学任教，或担任中国科学院大学、北京科技大学、中南财经政法大学等高校的兼职教授，为高校文博专业、历史专业等讲授钱币研究、鉴定类等课程。

（撰稿人：王思怡）

规范博物馆行业领域专业化发展

中国博物馆协会非常重视引导规范博物馆行业的专业化、标准化发展，协助政府组织和管理博物馆主体，积极争取博物馆事业发展的政策支持，多渠道帮助博物馆提升公共文化服务质量，打造高品质博物馆特色活动，促进博物馆行业专业化、规范化发展。协会承担了行业标准研制，指导博物馆展览、社教等业务工作，不仅实现以标准化促进博物馆服务的精细化和专业化，提升博物馆整体服务质量，同时也为国家博物馆行业标准体系建设贡献了积极力量。

一、强化标准体系建设，提升博物馆行业规范化发展水平

标准化对博物馆事业发展意义重大，将博物馆行业纳入标准化领域是博物馆走上科学发展轨道的重要内容和途径之一。博物馆行业的长远发展需要走标准化道路，行业的健康发展需要标准的指引，而标准在行业的发展中也需要不断完善。

中国博物馆协会围绕国家基本公共文化服务指导标准和地方实施标准的有关规定，发挥行业指导、自律、协调、监督作用。设立和规范具有可实施性的文物管理、收藏研究、展览策划施工、教育活动开放实施、文创知识产权授权等方面的行业标准，规范管理博物馆行业，减少行业中的风险及不良事件，整体提升博物馆质量。

改革开放后博物馆建设和陈列展览设计施工已经进入市场化运作。多年来，陈列艺术委员会在积极参与博物馆陈列设计工作的同时，努力促进规范博物馆行业领域的专业化发展，建立中国特色博物馆评价模式，完善监测评估体系，建立科学、规范的评估制度。陈列艺术委员会于2003年制定《博物馆陈列设计人员资格认定条例》，2005年制定《博物馆施工单位资质认定规范》，2007年制定《博物馆陈列项目设计依据与评估体系规范》，2010年参与编撰《中国体育博物馆建馆可行性研究报告》，2012年主持制定中国博物馆协会《博物馆陈列展览设计施工资质管理办法实施方案》，2014年参与国家住建部村镇司"中国传统村落数字博物馆搭建课题"，2016年参与中央办公厅"国家礼品文化中心筹备建馆——库展结合课题研究"，2016年参与文化部科技司"LED照明在博物馆陈列中的应用"，2016年参与制定国家文物局科技司《博物馆陈列设计施工工艺规范》，2018年参与制定国家档案局《国家档案馆爱国主义教育基地工作规范》，2019年编撰发表《光之变革——博物馆美术馆LED应用调查报告》。这些标准规范为博物馆展览的高质量发展奠定了基础。

2018年5月出版的《中国博物馆青少年教育工作指南》

区域博物馆专业委员会与国际博物馆协会区域博物馆委员会（ICR）合作翻译出版《博物馆质量与标准提升指南》。该书是ICR在1999年至2002年间围绕"博物馆质量与标准"主题进行研讨的成果，内容涉及博物馆管理、收藏、展示、交流与教育、观众服务、评价、公关与营销等各个方面，对中国区域博物馆发展具有重要的参考和借鉴意义。

社会教育专业委员会始终坚持专业化发展方向，特别是在专业标准（规范）制定、专业人才培养和专业队伍打造等方面做了很多工作。专委会先后公布或出版了《社会教育专业委员会事业发展大事记》《博物馆专职讲解员职业准入指导意见》《博物馆专职教育人员职业准入指导意见》《中国博物馆青少年教育工作指南》等。

藏品保护专业委员会积极响应国家文物局文物保护行业标准化建设的需求，鼓励和协调委员单位之间开展行业标准化研究，制定文物保护行业相关标准。由专委会委员单位负责参与制定的文物保护国家标准、行业标准合计达30余项。文物保护标准体系不断完善，标准化基础逐步夯实，进一步提高了核心业务工作科学化、规范化水平，有效防范和化解文物安全风险。此外，专委会积极组织委员单位开展文物保护标准规范的培训工作，通过标准引领，促进文物保护知识和技术共享，推动提升文物保护水平，营造懂标准、用标准、守标准的良好氛围。充分利用标准化手段，全面支撑文物保护利用精准化管理、文物保护能力提升、文物资源有效利用、科技成果转化应用，提升文物保护标准化工作水平，助力文物事业高质量发展。全力推进文物保护工作的科学化、规范化，促进博物馆文物保护事业的科学发展。

市场推广与公共关系专业委员会主办的文博行业媒体弘博网与北京汽车博物馆联合编撰出版了《博物馆服务标准化实践指南——以北京汽车博物馆为例》，通过解读目前我国博物馆服务标准化相关政策及法规，研究工作案例、经验访谈，系统性梳理了我国博物馆服务标准化的定义及内涵，深度解读博物馆服务标准化的意义，向文博行业介绍博物馆服务标准化工作的经验，进一步促进博物馆服务标准化发展，推动博物馆向信息化、精细化管理过渡。

博物馆建筑空间与新技术专业委员会与博物馆数字化专业委员会的成员先后主持或参与了《博物馆藏品二维影像技术规范》《博物馆藏品文物指标体系规范》《博物馆藏品信息指标体系规范（试行）》《不可移动文物档案影像拍摄著录工作规范》《第一次全国可移动文物普查——国有单位收藏情况调查登记表》等的编制或审定。

展览交流专业委员会编撰的《博物馆文物展览交流文件汇编》，以现有工作经验为基础，广泛参考国内外有益的做法与成果，涉及展览申报、展览筹备等多个环节。专委会通过制度引导的方式，从馆际展览工作涉及的相关规范性文件入手，梳理、编写一系列规范性文件，使有需求的博物馆便捷地开展工作。

博物馆管理专业委员会主任委员单位上海博物馆承担编写了《博物馆管理指南》，按照博物馆日常工作的不同领域，对博物馆管理所涉及的各个方面进行阐述，在此基础上分析当前中国博物馆界面临的挑战与机遇，对未来发展提出设想。

乐器专业委员会多年来举办了一系列国际工作坊，如2013年7月在上海音乐学院举办的国际音乐数据库工作坊，2013年10月在湖南省博物馆举办的"MIMO/MINIM乐器数字典藏标准、数据采集及编目国际音乐数据库数据采集工作坊"等。这些国际工作坊提供了音乐文物信息采集的方法和数据标准的国际培训，让中国博物馆界了解音乐文物收藏和研究方面的国际同行的工作方法、思路、技术，并在实际的工作中加以参考。此外，该专委会还与会员单位武汉音乐学院为国际博协乐器专业委员会（CIMCIM）2018中国年会举办工作坊，向国际与会人员宣传中国音乐文化。

国际博协乐器专业委员会
2018中国年会音乐工作坊

2018年11月"新时代图文典拓专委会的使命与担当"座谈会

2020年《民间收藏文物鉴定评估服务规程研究》评审会

考古与遗址博物馆专业委员会致力于促进考古与遗址博物馆行业领域的专业化、规范化发展，秦始皇帝陵博物院、中国社会科学院考古研究所、故宫博物院、敦煌研究院等4家会员单位主持完成8项国家标准和26项国家文物局文物保护行业标准的编制工作，内容涉及田野考古、馆藏文物保护与管理、遗址保护、博物馆管理等专业领域，在全行业进行推广应用，推动了考古与遗址博物馆业务工作整体水平的提升。

博物馆图文典籍与金石拓片专业委员会2018年11月在福州举办"新时代图文典拓专委会的使命与担当"座谈会。会议围绕资源利用、保护传承、鉴定研究、业务培训、合作共享等引领相关领域专业化标准化发展的诸多问题开展深入探讨，广泛吸收意见。2020年10月，在河北博物院举办专委会发展专题座谈会。会议在促进相关领域的策展、启动博物馆图文典籍管理现状调研、搭建博物馆业内图文典籍与金石拓片类资源的共建共享平台、策划推出博物馆类图书推介活动等引领相关领域专业化、标准化发展问题等诸多方面达成重要共识。

2013年4月11日，励小捷局长在江苏主持召开民营博物馆建设发展座谈会

非国有博物馆专业委员会努力促进非国有博物馆行业领域的专业化、规范化发展，建立具有新时代特色的中国非国有博物馆规范化发展模式和规范，同时完善监督评估体系，实现非国有博物馆质与量的兼容性发展。2020年5月，专委会编制的《非国有博物馆文物艺术品鉴定评估规程研究》课题通过中国博物馆协会的结项审批。专委会秘书处还参与编制《电子商务交易产品信息描述艺术品》（GB/T 38282-2019）和《民间收藏文物鉴定评估服务规程》（DB61/T 1384-2020）。

二、指导规范业务工作，推动博物馆专业人才培养培训

陈列艺术委员会在中国博物馆建设中积极发挥作用，直接参与重大项目的陈列设计，谋划献策，成为该专委会成员的日常重要工作之一。专委会以责任之心，发挥专业优势，配合协会工作，建言笃行，发挥自身特长，讲求开拓担当意识和高标准、严要求、重实效的工作作风。大多数专委会成员是各馆陈列艺术设计的中坚力量，40年来承担了大量中国新建馆及老馆的改陈工作。他们在实践中不断创新，影响和带动了全国陈列设计的面貌。1985年至2014年，由专委会成员主持或参与博物馆、纪念馆重大总体设计的项目有几十项。其中，中国人民抗日战争纪念馆的"卢沟桥事变"半景画馆和辽沈战役纪念馆"攻克锦州"全景画馆在中国陈列形式中实现了零的突破。2014年以来，专委会成员主持或参与了多项重要博物馆、纪念馆的总体设计，这些新时期博物馆的重大陈列，对博物馆建设专业化和规范化起到了标杆作用。

2014年，文创产品专业委员会联合市场推广与公共关系专业委员会和河南博物院共同举办了"博物馆版权保护与馆藏艺术品授权"培训班，结合相关法规和经典案例，围绕博物馆版权保护和知识产权授权等问题，邀请文博业内的法律、授权专家进行了专题培训，2015年又举办了"博物馆数字化暨博物馆文创产品开发"培训班。

2014年文创产品专业委员会举办"博物馆版权保护与馆藏艺术品授权"培训班

市场推广与公共关系专业委员会面向全行业推广博物馆标准化管理概念，为博物馆从业人员提供专业详尽的服务标准化工作指导，于2017年开展"首届博物馆服务标准化培训班""新时代：标准化＋博物馆管理——2017吉林省博物馆协会博物馆标准化培训班"，随后又举办了"2018博物馆标准化管理培训班"和"2019博物馆标准化服务与管理馆长培训班"。

三、搭建联盟发展平台，推动博物馆协调发展

中国博物馆协会注重推动不同地域、不同层级、不同属性博物馆间的资源整合、协调发展平台建设，联盟发展、抱团取暖，提升博物馆综合服务能力。

城市博物馆专业委员会开发制作了专委会官方网站并负责日常运营，及时发布国内外资讯和会员单位的活动信息，为会员间信息的及时沟通交流搭建了更为便捷的平台。专委会建立了全国城市博物馆业务交流网络，坚持秉承"3个1"，即每年召开一次常委会，每年召开一次学术年会，每年征集一批论文，组织学术研讨会和有关项目的交流活动，研究城市博物馆的发展方向，探讨城市博物馆在城市与市民生活中的地位与作用。另外，专委会组织全国城市类博物馆科研成果及陈列展览、宣教评奖等活动，推动城市类博物馆专业人才的培养，进而推进城市博物馆事业的发展。

2017年7月城市博物馆专委会第九届学术年会

2018年纪念馆专委会通讯员工作座谈会

2020年社会教育专委会博物馆研学教育服务平台建设与推广项目

2021年，纪念馆专业委员会组织筹建了"中国博物馆协会纪念馆专业委员会专家库"，在明确了入选专家标准后，经过会员单位自选推荐、秘书处考察研究后，确定专家库成员名单。目前已有57名符合标准的专家学者被列入专家库名单，并为中央苏区（宁化）革命纪念馆、吉安市博物馆等单位提供了有力支持。同时，纪念馆专委会建立"通讯员"制度，由各会员单位推荐一名工作人员作为本单位与纪念馆专委会沟通联系的专职"通讯员"，协助专委会和本单位做好新闻宣传、活动组织策划、公文流转等各项工作，有效地拉近了专委会与会员单位之间的距离，搭建了良好的沟通桥梁。每年举办的通讯员座谈培训会，进一步提升了会员单位通讯员的专业性和业务能力，使专委会秘书处同各会员单位之间的沟通联系更加规范、更加高效。

四、组织行业相关推介活动，树立博物馆行业示范案例

社会教育专业委员会2017年和2018年先后承办"中国故事——全国博物馆优秀讲解案例展示推介活动""第二届博物馆青少年教育课程优秀案例推介展示活动"，在博物馆业界和公众中产生积极反响，对博物馆利用馆藏文物和自然遗产资源讲好中国故事起到推动作用。在中国博协资助下，该专委会联合中国知网完成"博物馆研学教育服务平台建设与推广项目"。2017年专委会组织开发了"博物馆智慧导览"应用程序。

纪念馆专业委员会组织编写了《庆祝建党百年主题精品展览推介规则》，规范红色题材的展览陈列评选推介的方法和标准。

（撰稿人：黄洋）

搭建博物馆各利益相关方的桥梁

中国博物馆协会最重要的角色之一就是搭建博物馆行业内外互联互通、互利共赢的桥梁与平台。协会始终积极采取各种措施实现这一目标，特别是在进入新世纪后，其助力中国文博事业发展的桥梁与纽带作用愈发重要和显著。

1983年，中国博物馆学会正式加入国际博协，兼行国际博协中国国家委员会的职责，这是中国博物馆事业国际化过程中具有里程碑意义的大事，自此中国的博物馆事业发展开启全新篇章，中国与世界相互联通。加入国际博协之后，中国博物馆界在国际上的影响力与日俱增，连续多次承办国际博协亚太地区联盟、国际博协各专委会的高端学术会议，特别是2010年在上海举办了国际博物馆协会第二十二届大会暨第二十五次全体会议，极大地提升了中国博物馆界的国际影响力，对中国博物馆事业的发展产生了深远影响。长久以来，我国的多名领导与专家学者在国际博协及各类相关国际组织中担任重要职务，在国际舞台上发出中国声音。以中国博协为代表的中国博物馆界在参与国际博物馆决策管理事务、提高中国博物馆的国际话语权、促进中外博物馆界合作共赢方面保持了良好势头，取得了可喜的成绩。

在国内方面，中国博协也非常重视行业的交流与互鉴，为国内博物馆界创造机会、搭建平台。2004年至今，在国家文物局指导下，中国博协和中国自然科学博物馆协会共同主办了8届（即将举办第九届）"中国博物馆及相关产品与技术博览会"，专注于博物馆及其相关延伸产业平台的建设与推广，取得了良好的成效。

1997年至今，在国家文物局的领导下，中国博协和中国文物报社连续联合举办了18届"全国博物馆十大陈列展览精品"推介活动，"十大精品"已成为中国博物馆陈列展览领域公认的最高荣誉。

2012年至今，中国博协每年组织开展"全国最具创新力博物馆"推介活动，旨在推动我国博物馆在当地文化建设中发挥更加积极的作用，鼓励各博物馆在相关业务功能领域开展学术研究并进行实践创新。

自2010年起，中国博协受国家文物局委托，先后组织开展国家一级博物馆定级评估和运行评估工作，以及国家二、三级博物馆定级复核备案工作，形成具有中国特色的博物馆评估工作体系，为构建完善博物馆体系、强化提升博物馆服务效能、推进博物馆改革发展发挥了重要作用。

2013年，在国家文物局的支持和指导下，中国博协邀请行业专家调研、制定了《中国博物馆协会博物馆陈列展览设计施工单位资质管理办法》，并于2015年起每年举行一次资质评审活动，较好地推动了行业自律，提升了陈列展览设计和施工项目的专业化水平。

1992年至今，中国博协举办了多次紧扣时代主题的全国讲解比赛，有效促进了中国博物馆社教工作水平的提高。

为满足会员单位的培训需求，中国博协于 2009 年在西安半坡博物馆成立中国博物馆学会西安培训中心，2013 年与国际博协故宫博物院合作建立了国际博协国际博物馆培训中心。协会每年都会组织实施不同层次和类别的培训课程，同时为各专委会举办的各项培训提供积极的指导和支持。

2014 年，中国博协和加拿大洛德文化资源公司签订了合作谅解备忘录，不定期组织召开博物馆高层管理人员学术研讨会，让中国博物馆同行更好地了解国际博物馆的管理理念与实践。

中国博协还积极利用数字化技术和互联网平台为博物馆事业服务。2005 年，中国博物馆学会网站正式开通，2012 年开通中国博物馆协会新版网站，及时公布协会相关通知公告，协助国家文物局发布有关权威信息，并为会员单位组织的活动、举办的展览进行宣传。2014 年开通中国博物馆协会微信公众号，每周三、周五定期发布最新的通知、展览、活动信息，以最快的速度向会员传递业内信息。2015 年，中国博物馆协会展览交流平台正式上线，用互联网平台将中国博物馆的展览全面推向世界，迅速增进馆际展览交流活动。

在中国博物馆协会的顶层设计与指导下，各专委会也积极利用自身优势，充分发挥行业平台与桥梁的作用。

2012 年 1 月 15 日中国博物馆协会新版网站正式上线，励小捷局长到会祝贺并讲话

一、搭建共享发展桥梁，促进行业内外多元交流合作

博物馆图文典籍与金石拓片专业委员会于 2019 年以专委会委托项目形式研发出国内首个由博物馆独立开发具有自主知识产权的字库系统——"满宫德文体"字库，并授权在专委会范围内免费共享，助力知识产权单位进行更广泛的传播推广。

藏品保护专业委员会积极协调委员单位之间、委员单位与中国博物馆协会下属其他专委会委员单位之间开展合作交流，为各省市多家博物馆保护修复、复制文物上万件，并结合新材料、新技术、新理念开展相关研究，培养文物保护修复专业人员，推动文物保护技术、理念和事业的发展。

非国有博物馆专业委员会于2018年至2021年深入全国一线调研百余家非国有博物馆，及时掌握各地非国有博物馆发展的实际情况，为非国有博物馆健康持续发展献言献策。支持多个省市地区的非国有博物馆筹建新馆工作，壮大文博力量。

民族博物馆专业委员会积极组织文化实地调研、馆际考察、线上论坛等多种主题与形式各不相同的文化活动，促进会员单位交流互鉴。尤其是近年来于"5·18国际博物馆日"组织一年一度的"全国民族与民族地区博物馆馆长笔谈"，促进了广大会员馆的业务交流，增进了民族博物馆专业委员会的凝聚力和向心力，已成为专委会的品牌活动。

2019年"满宫德文体"字库赠送仪式　　　1991年陈列艺术委员会举办全国首届博物馆艺术设计展览

市场推广与公共关系专业委员会建设官方网站，设置"永不落幕博博会""博物馆研学""博物馆IP开发"等七大板块，为博物馆、企业资源共享和公众深入了解博物馆搭建平台，推动行业内外多元合作。

志愿者工作委员会于2012年倡导以"志愿者万里行"的方式来加强博物馆志愿者之间的交流，为各馆的志愿服务工作互相沟通、互相学习提供了方向和保障。馆际志愿者工作交流越来越频繁，也进一步扩大了博物馆区域文化的传播力度。

二、发挥专业优势，为行业和区域发展贡献力量

博物馆管理专业委员会会员单位积极为政府机构相关政策的制定建言献策，例如受上海市人事局、市委宣传部委托，上海博物馆完成关于博物馆人才的相关调研，为上海市出台相关人事政策提供依据。

博物馆建筑空间与新技术专业委员会成立以来积极承担文物行政部门和文物、博物馆单位委托的有关博物馆建筑智能化与新技术建设项目方案的评审、建设工程评估和建设成果验收工作，专委会专家主持和参与了2 000余家博物馆、文保单位的建筑智能化工程和数字化保护设计方案的审核和工程验收，赢得了良好的行业声誉。

博物馆数字化专业委员会积极落实推动"互联网＋中华文明"三年行动计划、智慧博物馆建设、可移动文物数字化保护项目等活动，根据应用需求、方案编制、技术内容等多次举办专题会议、培训，解读实施技术要点，把握应用方向，并针对具体建设项目派人员参与、指导。

藏品保护专业委员会自成立以来，一直鼓励和协调会员单位之间开展博物馆文物保护实践和学术研究合作，各会员单位先后主持或承担包括科技部重点科技攻关项目"金属类文物的病害及其防治的研究"、科技部国家科技支撑计划重点项目"铁质文物综合保护技术研究"、科技部国家科技支撑计划项目"干旱环境下古代壁画与土遗址保护成套技术集成与应用示范"、科技部 2020 年国家重点研发计划"馆藏脆弱铁质文物劣化机理及保护关键技术研究"等在内的重点项目和计划，以及文旅部和国家文物局研究项目、课题 30 余项，有效引领了文物保护学科的发展和建设。

陈列艺术委员会为促进地方政府积极助力博物馆事业的发展，特别关注将业务范围向革命老区、边疆地区、少数民族地区倾斜。如 2004 年在山西武乡八路军太行纪念馆召开"八路军抗战史陈列设计研讨会"，促使地方政府下决心进行该馆后期扩建和全面改陈。2019 年经过详细的论证促使四川达州地方政府投资建设川陕苏区战史馆和"两弹一星"纪念馆。2021 年免费为江西省委省政府举办的"让老区人民过上好日子——江西省脱贫攻坚成就展"做策展大纲和设计方案。另外还积极参与成都金沙考古公园和金沙遗址博物馆的论证和设计等，为城市发展搭建政府与市民沟通的桥梁。

城市博物馆专业委员会将发展会员单位的重点向革命老区、边疆地区、少数民族地区倾斜。近年来从地域上注重发展中西部地区的城市博物馆，积极吸收包括新疆哈密博物馆、内蒙古呼伦贝尔博物馆等少数民族地区博物馆入会，共谋发展，共享成果。

2017 年数字化专业委员会组织中国博物馆"互联网＋博物馆"案例分析与信息化应用实践培训班

高等学校博物馆专业委员会成立30年来先后与国家文物局、教育部、北京市政府、中国科协等上级领导和组织多次接触，汇报全国高校博物馆的发展状况。通过新华社以及《中国教育报》《光明日报》等主流媒体宣传和介绍高校博物馆的特色和优势。在专委会的努力下推动国家部委发布针对高校博物馆的多部文件，如2011年5月教育部与国家文物局联合下发的《国家文物局、教育部关于加强高校博物馆建设与发展的通知》（文物博发〔2011〕10号）等，对加强高校博物馆建设与发展，充分发挥其在科教兴国、学习型社会和公共文化服务体系建设中的积极推动作用。

市场推广与公共关系专业委员会于2014年创办了文博行业媒体"弘博网"，网站主要职能包括向行业及社会发布博物馆行业资讯、博物馆展讯、行业故事、名家访谈、博物馆岗位招聘等信息。目前，弘博网已发展成以"协助博物馆发出自己的声音""为博物馆提供专业咨询"为代表，集资讯发布、行业咨询、宣传服务为一体的综合性平台。

丝绸之路沿线博物馆专业委员会利用专家优势，发动成员单位参与相关考古项目的发掘、申遗项目的整合以及申遗策略的拟定与实施等，不断拓展"海丝"文化的内涵和表现力，共同做好"海丝"的保护，为"泉州：宋元中国的世界海洋商贸中心"项目成功列入《世界遗产名录》做出了重要贡献。专委会联合"国际丝路之绸研究联盟"和"丝绸之路国际博物馆友好联盟"加入"丝绸之路国际博物馆联盟"，并于2019年与"国际丝路之绸研究联盟"共同倡议成立"丝绸之路周"，利用各种线上线下活动深度解析、展示丝绸之路文化遗产的无穷魅力。

乐器专业委员会多年来一直致力于为中国音乐藏品及考古事业的成长与发展提供助力。专委会多次组织全国专家团队亲赴田野考古现场，实地勘察并积极参与考古发掘工作，为叶家山、随州擂鼓墩、郭家庙等考古现场贡献学术力量。

钱币与银行博物馆委员会成立以来注意协调各方利益，搭建沟通和交流平台，服务地方发展、行业发展大局。如新疆钱币博物馆通过对新疆钱币的研究和展示，在宣传新疆历史、反对民族分裂、加强民族团结教育、维护边疆稳定等方面发挥着积极作用。"中国古代银锭铸造工艺研究"课题研究成果在公安部督办的四川彭山特大文物盗掘案的文物鉴定工作中发挥了重要作用。

三、打造文化创意品牌，搭建为社会公众服务的桥梁

博物馆数字化专业委员会多年来与中国文物学会文物摄影专业委员会联合，在广东美术馆、首都博物馆、扬州博物馆等地共举办了13届"博物馆数字化推广论坛"，为推动中国博物馆数字化文物影像采集、藏品管理系统建设、智慧博物馆建设等基础工作发挥了积极作用。

博物馆管理专业委员会自2010年起与上海博物馆共同主办"九州文华"系列讲座，邀请国内各博物馆领导从博物馆管理者的视野介绍各自博物馆的历史与收藏，并于2013年将讲座内容整理出版了《博物馆馆长讲博物馆》。会员单位还积极与文化机构、企业等合作，为公众提供优质服务，例如上海博物馆与江苏凤凰出版传媒集团合作打造的"博物馆之友"系列丛书，包括《非洲的艺术与文化》

2015年第十三届"博物馆数字化推广论坛"　　2018年6月，航海博物馆专业委员会会员单位就文创合作达成共识

《和风汉韵：日本书道之美》《行走俄罗斯》等。

博物馆图文典籍与金石拓片专业委员会近年来陆续举办"古韵悠悠，诗声朗朗——古诗诵读及活字刷印、线装诗集装订体验活动""打开方志，走进苏州——苏州博物馆馆藏善本方志晒书分享会""触摸原典　探寻古书之美——青少年暑期专场讲座体验活动"等形式灵活的体验式分享、晒书、讲座等社会推广和未成年人教育活动。

航海博物馆专业委员会大力推进会员单位馆际合作，在藏品、展览、文创、研究课题、教育活动等方面形成国内航海文博机构合力，打造合作精品项目，发出中国航海声音，讲好中国航海故事。2020年初新冠疫情期间，专委会积极响应国家文物局号召，征集到中国海关博物馆等10余家会员单位的30余项线上资源，汇总整理后在弘博网推出，为公众提供了丰富的线上文化服务。

区域博物馆专业委员会聚焦博物馆观众研究，面对中国博物馆观众调查研究工作起步较晚、方法较少、成果较浅的现状，于2014年至2016年分别举办了3期以观众调查研究为主题的研习培训班，累计有会员单位的上百名学员参加，为中国博物馆科学、规范、长期地开展观众调查研究工作提供了重要的理论支撑、实践方法和国际经验。

市场推广与公共关系专业委员会于2020年与北京市文物局、北京市博物馆学会、中国农业博物馆等多家博物馆及相关文化机构联合开发二十四节气主题文创产品，于2021年联合北京、上海、浙江、山东等全国多家老字号协会共同开发"博物馆＋老字号"联名系列文创产品，用博物馆文化赋能中华老字号。此外，专委会于2020年与北京市文物局合作开展"网上文博课堂"系列讲座活动，邀请文博业内专家通过网络直播的形式进行专业讲座，得到广大观众的充分认可与好评。

文创产品专业委员会陆续举办了"博物馆精品文创产品展""博物馆文创产品年度评选活动""全国文博单位文化创意产品联展""全国文化创意产品推介展"等系列文创展览和评选活动，促进博物馆文创产品的相互借鉴和学习。并吸纳文创企业成为专委会会员，搭建博物馆与社会的桥梁，推动博物馆文创的跨界融合。专委会于 2016 年和 2021 年策划开展"博物馆文创中国行"活动，为边防部队和边疆地区博物馆送去展览、图书和文创产品，让优秀文化遗产进乡村、进社区、进校园、进军营，开拓博物馆服务社会的新途径。2020 年新冠疫情期间，专委会组织向武汉地区社区居民捐赠图书、文创产品，为抗击疫情贡献文博力量。

2016 年文创产品专业委员会"博物馆文创中国行之走边防"系列活动

四、展宣结合，不断提升博物馆的社会影响力

城市博物馆专业委员会多年来坚持会员单位之间进行展览交流学习，并组织优秀展览在会员单位间进行巡展。各会员单位踊跃参与，据不完全统计，2009 年至今共交流展览千余个，成为各地公共文化服务的亮点。这些展览和交流活动的有效开展，极大地提升了专委会和各会员单位的知名度和社会影响。

航海博物馆专业委员会通过内部刊物《航海博物资讯》开辟相关栏目、年会设置"展览推介"、通讯员群展览资讯推送等途径共享各馆展览资源。专委会非常注重国际化视野，与境外航海文博领域同行保持互动，充分发挥联动中外航海文博领域的纽带功能，在国际海事博物馆协会（ICMM）刊物发布资讯共计约 170 余篇。2020 年新冠疫情期间与 ICMM 合作开展"常态化疫情形势下航海类博物馆运营与发展的调研"并将调研报告译成英文，发表于 2020 年 12 月 ICMM 在线资讯的"新冠病毒疫情与博物馆（COVID-19&Museum）"版块，面向 ICMM 分布于全球 35 个国家和地区的 120 多个会员单位传播推广。2021 年专委会对接英国《沉船观察》杂志，组织中国航海博物馆、泉州海外交通史博物馆、广东阳江海上丝绸之路博物馆参与该杂志 2021 年夏季推出的"中国和海上丝绸之路"

2018年非国有博物馆专业委员会与宝鸡市合作举办"中国文化和自然遗产日"宣传活动

专刊撰稿，图文并茂地向国际同行展示中国与海上丝绸之路的历史和现实图景，切实推动中国"海丝"历史与文化的国际传播。

非国有博物馆专业委员会根据藏品门类，设定展览主题，明确活动定位，组织协调相关省市博物馆联合举办主题展览，促进跨省市馆际交流合作；根据年度重要纪念日、节日及博物馆日在全国范围内联合、协助、支持、组织数百家会员单位筹办丰富多彩的主题展览活动，集中展示了我国非国有博物馆的发展成果。

华侨博物馆专业委员会整合多方资源举办线上线下展览，并通过多方言、多语种直播提升华侨文物及专题展览的知名度。如 2015 年 9 月，8 家成员单位联合主办"中国人民抗日战争暨世界反法西斯战争中的华侨华人"专题展览，并通过加拿大华侨华人社团将该展以图片展的形式在加拿大多地巡展。2020 年 5 月上线首个涉侨藏品网上专题展览"侨光异彩——藏品见证的侨史"。

纪念馆专业委员会于 2018 年改革开放 40 周年之际，组织 20 家单位共同推出"中国革命精神联展"。2019 年新

2020 年华侨博物馆专业委员会举办"侨光异彩"网上展览

中国成立 70 周年之际协助中国文物报社共同举办了"红色中国——革命文物中的永恒记忆"专题展览。2021 年建党百年之际联合全国 60 家单位共同推出了"中流砥柱——中国共产党抗战文物展",该展览被中宣部、国家文物局联合推介为庆祝中国共产党成立 100 周年精品展览,入选 2021 年度"弘扬中华优秀传统文化、培育社会主义核心价值观"主题展览征集推介项目。专委会近年来始终坚持在重要历史事件的时间节点在会员单位间进行定向联动宣传,弘扬中华民族伟大的爱国主义精神和革命精神。编辑出版《红色故事:走进中国 100 座纪念馆》为建党百年献礼。通过这些做法,各会员单位特别是中小型会员单位的工作成果得到了更广泛的传播,极大地提升了各地纪念馆的社会影响力,为打开新时代中国纪念馆对外宣传的新局面起到了积极作用。

民族博物馆专业委员会积极组织会员单位合作办展,联合推出"绚彩中华——中国少数民族服饰文化系列展""黎族树皮服饰与赫哲族鱼皮服饰展"等质量上乘、广受欢迎的展览,促进了地区之间民族文化的交流互动,取得了较好的社会反响。

流动博物馆专业委员会会员单位依托主题展览,以"流动巡展""移动课堂""元课堂"等形式将中华优秀文化带进校园、社区、军营、机关、企事业单位,更好地服务基层、服务社区、服务广大的人民群众,打通基层群众享受博物馆文化服务的最后一公里。

2021 年"学党史、守初心、跟党走"的红色流动展览走进青川

名人故居专业委员会组织会员单位积极参加博博会，邀请长三角地区的会员单位共同参与长三角国际文化产业博览会的文创展示活动。专委会专门制作了名人故居专业委员会巡礼宣传片，全面展示会员单位在社会教育、文化传承、文创产业、合作创新等方面的发展成绩与整体态势。并通过"中博名故委"微信公众号及各层面的联络机制，协助会员单位做好新闻宣传，扩大信息传播力度和社会影响力。

2013年丝绸之路沿线博物馆专业委员会牵头组织的"丝路帆远"展览七省签约仪式

丝绸之路沿线博物馆专业委员会在成员单位之间整合资源，形成有较强品牌影响力的丝路主题系列展览，其策展内容综合与专题皆有、叙事策略宏大与精细兼具，引领丝绸之路沿线博物馆综合展示五条丝路上的精彩文化与故事。专委会还联合腾讯新闻创立自有品牌"千年丝路：寻找交流互鉴的印记"线上直播活动，于每年"5·18国际博物馆日"推出。

钱币与银行博物馆委员会统筹会员单位资源，收集、发掘、研究、保护红色金融文物，打造红色金融巡展品牌。中国钱币博物馆策划的"红色金融历史展"就是近年来最为成功的案例。该展览已举办10年，在长沙、深圳、南京、杭州、武汉、青岛等十几个城市举办巡展，累计参观人数逾百万人次。

（撰稿人：李湛）

促进博物馆对外学术交流与合作

1983年，经国务院批准，由中国博物馆学会理事长、副理事长组成国际博协中国国家委员会。当年7月，经文化部批准，中国博物馆学会派代表团5人出席了在伦敦举行的国际博协第十三届大会，正式加入国际博协。学会理事长孙轶青围绕"中国博物馆事业现状和未来"做大会发言，会议分组活动期间中国代表分别参加了亚太地区委员会和玻璃专业委员会的活动。同时，我国被吸收为国际博协亚太地区委员会成员。

加入国际博协以来，中国博协通过参与和举办各类国际学术会议和活动、主办不同专业的讲座和培训、出版专业学术著作、直接参与国际博物馆界各项事务等方式，与国际博协及其他国际性、区域性或国家的博物馆组织和机构在不同层面上加强业务交流与合作，在对外交流的广度和深度上有了新的突破。这些工作不但提升了中国博物馆国际影响力和话语权，而且为推动国际博物馆事业的发展和进步做出了积极贡献。

一、以国际博协为平台，深入参与国际博物馆事务

参加国际博协大会成为中国博协的惯例，以此为平台，中国博物馆与国际博物馆的机构和组织加深了交流，中国博协深入参与国际博物馆事务。

1986年11月，学会理事长沈庆林等3人组成的代表团出席在阿根廷布宜诺斯艾利斯召开的国际博协第十四届大会，副理事长王宏钧被选为国际博协亚太地区委员会委员。

1992年9月，学会理事长、国际博协中国国家委员会主席吕济民应邀出席在加拿大魁北克举办的国际博协第十六届大会，并当选为亚太地区委员会主席。2001年7月，国家文物局副局长董保华、国际博协中国国家委员会主席吕济民率领中国代表团26人，出席了在西班牙巴塞罗那召开的国际博协第十九届大会暨第二十次全体会议。

2004年10月，国际博协第二十届大会暨第二十一次全体会议在韩国汉城（现更名为首尔）召开，国际博协中国国家委员会派出了由学会常务副理事长、故宫博物院副院长李文儒等28名成员组成的代表团。在本届大会中，学会副理事长、中国自然科学博物馆协会理事长李象益当选为国际博协执行委员会委员，这是中国代表第一次进入国际博协的最高管理层。学会理事长、国际博协中国国家委员会主席张文彬当选国际博协亚太地区委员会副主席。此外，在这次会议上，中国的博物馆专家也逐渐在国际博协各国际委员会中崭露头角，中国科技馆馆长王渝生、中国钱币博物馆馆长戴志强分别当选科技馆委员会和钱币与银行博物馆委员会理事。

2007年8月，学会副理事长李象益连任国际博协执行委员会委员，学会理事长张文彬被推举为国际博协亚太地区委员会名誉主席。在各个国际委员会中也有更多的中国人担任领导职务，如学会副秘书长安来顺当选博物馆学委员会副主席，上海科技馆馆长潘政当选自然历史博物馆委员会副主席等。中国代表积极参加国际博协各专门国际委员会的会议和相关学术活动，建立对口联系，交流博物馆学术研究成果，为筹备好2010年国际博协第二十二届大会各国际委员会会议积累了经验。

2010年11月，国际博协第二十二届大会暨第二十五次全体会议在上海世博中心隆重举行。这是国际博协大会第一次在中国召开，共有来自全球122个国家、地区和国际组织的3 000多名博物馆及相关领域的代表注册参加大会，为进一步推进我国博物馆事业走向世界做出了积极贡献。

2013年8月，中国博物馆界120余名馆长和研究者参加了在巴西里约热内卢举行的国际博协第二十三届大会。在大会上，中国博协名誉理事长张文彬被推选为国际博协终身荣誉会员。这是国际博协第一次将这一最高荣誉授予中国博物馆人。在大会期间举办的国际博协亚太地区联盟会议上，中国博协理事长宋新潮连任联盟主席。此次大会上，中国博协副理事长、湖南省博物馆馆长陈建明当选为国际博协区域博物馆委员会副主席，中国博协副理事长、河南博物院院长田凯连任国际博协安全委员会执行委员等。

2016年国际博协第二十四届大会上，安来顺当选为国际博协副主席。这是国际博协70年历史上亚洲国家第二次进入最高领导层。2019年，国际博协第二十五届大会上，安来顺成功连任国际博协副主席。中国共有近300名博物馆馆长、专家以及由中国博协资助的青年博物馆代表参加了此次大会，会议期间，他们参加了各个国际委员会的学术会议，发表论文数十篇，与国际同行分享来自中国博物馆的研究成果和实践经验。部分人员被不同委员会选举为理事，如中国博协副理事长、中国科技馆馆长殷皓当选国际博协科技馆委员会理事、亚洲区代表，中国博协安全专委会主任委员、河南博物院党委书记万捷当选博物馆安全委员会理事，复旦大学魏峻教授当选亚太地区联盟理事兼秘书等。经过40年的发展，从零到有到进一步增加，中国博物馆人在国际博协的平台上深度参与了各项事务。

在2007年8月国际博协第二十一届大会闭幕式上，国际博协第二十二届上海大会筹委会接受国际博协会旗

2016年国际博协副主席安来顺、主席苏埃·阿克索伊、副主席阿尔贝托·格兰迪尼

在国际博协的框架体系下，自20世纪80年代开始中国博协就积极支持国际博协各国际委员会和区域联盟的活动。受联合国教科文组织和国际博协委托，中国博协在北京两次举办国际会议。第一次会议是1986年4月，同中国文物技术保护学会合作召开的亚洲地区文物保护技术讨论会，共有11个国家和地区的26名代表出席会议。会议主题是"青铜器文物保护技术和石质文物保护技术"，共收到论文21篇。通过讨论会，与会者比较全面地了解了亚洲地区的青铜文物和石质文物保护工作概况，彼此交流了技术和经验，促进了文物保护技术水平的提高。第二次会议是1989年3月在北京召开的国际博协第四届亚太地区博物馆会议。会议由国际博协亚太地区委员会主席犬丸直主持，出席会议的有国际博协主席杰弗理·刘易斯、秘书长帕特里克·卡登和联合国教科文组织代表、《博物馆》杂志主编阿瑟·吉雷特，以及国际博协咨询委员会主席、博物馆学委员会主席等亚太地区博物馆代表60人。会议就博物馆在亚太地区的教育作用、亚太地区博物馆学研究现状及发展趋势、亚太地区博物馆的业务交流与合作进行了学术报告和讨论。

2002年10月，国际博协亚太地区委员会与中国博物馆学会在上海联合主办国际博协亚太地区第七次大会暨博物馆与无形文化遗产国际学术研讨会。大会通过了以保护亚太地区无形文化遗产为宗旨的《上海宪章》，积极响应了国际遗产界对无形文化遗产的关注。2012年，作为主席国，中国博协在武汉组织召开了国际博协亚太地区联盟2012年大会，来自24个国家和地区的130名代表参会。中国博协理事长宋新潮全票当选为国际博协亚太地区联盟新一任主席。2015年12月，作为国际博协亚太地区联盟秘书处，中国博协又在菲律宾伊洛伊洛市组织召开国际博物馆协会亚太地区联盟2015年大会，来自21个国家和地区的近百名代表参加。

多年来，中国和国际博协的交流从未间断，这些愉快的合作加强了世界对中国的了解，增进了相互之间的友谊，也推动了博物馆各领域学术成果的进步。

二、以专委会交流为机制，促进专业领域持续深入对话

以中国正式加入国际博协为开端，中国博协及所属各专委会就开启了与世界同行展开学术交流和对话的大门，它们从各自的专业领域出发，为各领域的对外宣传和交流贡献了力量。1994年9月，中国博物馆学会在北京举办了国际博协博物馆学委员会年会，来自15个国家和地区的28名博物馆学者出席了会议。2002年，中国博物馆学会在北京举办了国际博协科技馆委员会会议和国际钱币与银行博物馆委员会年会。2006年10月，社会教育专业委员会代表赴罗马参加国际博协教育与文化活动委员会年会。2008年，中国博物馆学会在湖南长沙召开了国际博协博物馆学委员会年会。

2010年国际博物馆协会第二十二届大会筹办期间，中国博协建立了一批与国际博物馆协会对口的专业委员会，通过积极的筹备和联络，它们与国际博协对口专委会在2010年国际博协第二十二届大会期间举办了学术会议，与各专业人员充分交流，取得了丰硕的成果。

2009年9月13日，博物馆安全专业委员会参加了国际博协安全委员会在加拿大魁北克召开的年会。年会主题为"博物馆安全：问题、趋势和对策"，共有30多个国家和地区的80多名代表参加了会议，河南博物院副院长田凯在大会上做主题发言，中国代表团成员在会议期间与同行进行了广泛的交流。会议期间，还重点商议国际博协第二十二届大会期间安全委员会会议的具体安排。2010年，博物馆安全专业委员会协助国际博协安全委员会在上海成功召开年会，田凯当选为国际博协安全委员会执行委员。

2009年10月，社会教育专业委员会参加了在冰岛雷克雅未克举办的国际博协教育与文化活动委员会2009年会，除发表主旨演讲外，专委会播放了国际博协第二十二届大会筹委会制作的"ICOM 2010大会宣传片"，邀请会员积极参会。国际博协第二十二届大会期间，社会教育专委会承担了国际博协教育与文化活动委员会年会组织筹备工作，来自30多个国家和地区的87名代表和151名中国代表参加会议。

2010年3月，尚在筹备过程中的登记著录专业委员会受国际博协登记著录委员会的邀请，赴德国参加会议，重点商议国际博协第二十二届大会期间登记著录委员会业务活动的安排，同时介绍了中国开展藏品登记著录的基本情况。登记著录专业委员会成功协助国际博协登记著录委员会组织了会议，并在会上向同行介绍了中国博物馆界开展藏品资源调查和数据库建设工作的有关做法与经验。之后专委会相继受邀赴加拿大、希腊参加了有关学术会议，就登记著录标准规范、博物馆信息资源建设、推动信息资源共享等问题进行探讨交流。

2010年，美术馆专业委员会与第五届亚洲美术馆馆长论坛和国际博协现当代美术馆委员会（CIMAM）合作，成功举办了两大国际会议。亚洲美术馆馆长论坛是全国美术馆界与亚洲地区同行进行交流、交往的重要平台，美术馆专委会在江苏省文化厅的支持下，促成第五届论坛在南京举行，给亚洲美术馆同行留下了十分深刻的印象。同年，国际博物馆协会第二十二届大会期间，美术馆专委会与CIMAM共同举办了2010年年会。此次年会的成功举办给国际美术馆界一个惊喜和震撼，年

会后，60多名与会者到北京参观了中国美术馆、中央美术学院美术馆、今日美术馆，不同类型的美术馆为国际同行真切了解中国的美术馆生态格局起到了重要作用。

博物馆数字化专业委员会联合国际博协视听与多媒体委员会在国际博协第二十二届大会期间举办了"国际文化遗产视听与多媒体艺术节"。艺术节共评选出17件获奖作品。苏州博物馆的参展节目《苏州博物馆新馆》获得了艺术节大奖，中国科技馆的《中国桥梁》获网络艺术金奖，故宫博物院的《故宫博物院网站》获得了网络艺术综合类金奖，《朱棣肇建紫禁城》获得最佳中篇视听作品金奖。

民族博物馆专业委员会联合国际博协人类学委员会在大会期间召开"国际博协人类学委员会2010年年会暨学术讨论会"，来自30多个国家和地区的80多名代表围绕"博物馆的挑战／挑战博物馆"的主题，展开了热烈而富有成效的讨论。会议期间，还安排了代表们在上海市内深入考察非国有博物馆和专业性博物馆及体验当地民俗等活动，并赴浙江省博物馆、中国丝绸博物馆、苏州博物馆等地考察交流。

2010年11月8日，由服装与设计博物馆专业委员会筹办的国际博协服装博物馆专委会年会暨学术研讨会在上海世博园会议中心举行，11月9日在美特斯邦威服装集团总部会议厅召开"中国服装——历史记忆与时尚主题会议"，共有中外代表52人参会。会后，会议代表赴中国丝绸博物馆考察学习。

国际博协第二十二届大会之后，中国博协所属的专委会继续保持良好的国际合作态势，在与国际博协各国际委员会延续友好交流合作的同时，扩大了协作共赢的维度。今天，中国博协的专委会已发展成为推动中国博物馆各专门领域跨越式发展、促进各专门领域对外交流合作的一支重要力量。例如，区域博物馆专业委员会积极组织协调会员单位参加各类国际会议：

2009年4月30日至5月4日，组织9家会员单位共11名代表参加了美国博物馆协会2009年年会，会议主题为"博物馆实验"。2009年10月，组织6家会员单位共9名代表参加了在意大利召开的国际博协区域博物馆委员会（ICR）2009年年会，会议主题为"区域博物馆的员工培训"。2010年5月23日至26日，组织6家会员单位共10名代表参加了在洛杉矶召开的美国博物馆协会2010年年会和博物馆博览会，会议主题为"无边界的博物馆"。2011年5月22日至23日，组织8家会员单位共19名代表参加了在休斯敦召开的美国博协2011年年会和博物馆博展览会，会议主题为"博物馆与未来"。2011年8月，应国际博协区域博物馆委员会的邀请，区域博物馆专委会组织3家会员单位的5名代表参加了在挪威西阿格德尔郡举行的ICR 2011年年会，年会主题为"变化中的口味：地方美食与区域博物馆"。2012年4月29日至5月2日，组织13家会员单位共28名代表参加了在明尼苏达州的明尼阿波利斯－圣保罗召开的美国博协2012年年会暨博物馆博览会，会议主题为"创意社区"。2012年9月22日至28日，组织5家会员单位共12名代表参加了在塞尔维亚举行的ICR 2012年年会，会议主题为"家中炉火：区域博物馆与美食遗产"。2013年5月18日至26日，组织9家会员单位的10名代表参加了在巴尔的摩召开的美国博物馆协会2013年年会和博物馆博览会，会议主题为"故事的力量"。2014年5月18日至21日，组织6家会员单位的7名代表参加了

国际博协亚太地区联盟 2012 年大会

在西雅图召开的美国博物馆联盟 2014 年年会暨博览会,会议主题为"创意的边缘"。2015 年 10 月 17 日至 29 日,组织 4 家会员单位的 8 名代表参加了在以色列特拉维夫和耶路撒冷召开的 ICR 2015 年年会,会议主题为"区域博物馆与多文化社会中身份认同的塑造"。2018 年 11 月 5 日至 9 日,由中国博协区域博物馆专委会和 ICR 共同遴选、受 ICR 经费资助的湖南省博物馆专业人员刘平赴新西兰参加了 ICR 2018 年年会,会议主题为"直面新的政治挑战:反思区域博物馆的培训"。

2011 年 8 月,立足博物馆免费开放的新形势,区域博物馆专委会在北京召开了"中美博物馆标准及最佳做法研讨会",包括会员单位在内共有来自全国 40 余家博物馆和相关单位的 50 余名代表参加了此次会议。会议由中国博物馆协会和美国博物馆协会联合主办,区域博物馆专委会和湖南省博物馆共同承办。来自美国博协的博物馆标准与卓越项目高级主管朱莉·哈特和博物馆认证委员会委员泰瑞·洛兹为代表们重点介绍了美国博物馆领域的标准和最佳做法。会议通过理论介绍、案例研究和专题讨论等多种形式,对博物馆标准和道德规范、战略规划、认证与评估等方面进行了深入研讨。

2012 年 10 月 29 日至 11 月 4 日,区域博物馆专业委员会 2012 年年会暨博物馆标准国际学术研讨会在山西太原召开。会议期间,来自重庆中国三峡博物馆、山西博物院、上海博物馆、湖南省博物馆、北京化工大学等单位的 5 名代表分别从藏品管理、陈列展览、社会教育、观众服务、博物馆管理等不同方面,围绕"博物馆标准"这一主题做了主旨发言。ICR 主席哈特穆特·普拉施和委员会理事简·莱

2011年8月"中美博物馆标准及最佳做法研讨会"闭幕式

2014年4月文创产品专业委员会参加美国第59届博物馆商店协会博览会

格特通过理论介绍、案例分析和专题讨论等多种形式,围绕博物馆标准的概念与设计、标准的应用以及标准的评估与监测等进行了为期两天半的授课,并与中国代表进行了深入研讨。

2013年11月,文创产品专业委员会应美国博物馆商店协会联盟之邀对美国丹佛和纽约的部分博物馆及其商店进行考察,并与美国博物馆商店协会联盟负责人、大都会艺术博物馆商店负责人等进行座谈,就中美双方的文创工作情况进行沟通交流。2014年4月,在文创产品专业委员会的组织下,上海博物馆、浙江博物馆、山西博物院、福建博物院、内蒙古博物院、陈嘉庚纪念馆、扬州博物馆等7家博物馆组成联合代表团,赴休斯敦参加美国第五十九届博物馆商店协会博览会,这是中国博物馆文创产品在该博览会的首次集体亮相。

藏品保护专业委员会于2014年11月25日在厦门承办了中国·丹麦"漆器保护与研究"论坛,这是中丹联合工作组成立后的第一次实质性项目。国家文物局副局长宋新潮、博物馆与社会文物司司长段勇和丹麦文化署博物馆司司长奥雷·温特等出席论坛并致辞。琼·霍恩比等4位丹麦学者和陈丽华等3位中国学者在会上做了主题报告,中外两国学者围绕漆器文化、漆器保护及漆器文物征集规范和原则、保护概况、文物展示以及漆器保护面临的挑战等专题进行了交流。

2015年10月,在博物馆安全专业委员会的积极筹备下,在郑州成功召开了国际博协安全委员会第四十一届年会、中国博协安全专业委员会年会暨"科技、创新——博物馆与文化遗产安全"研讨会。这次会议是经文化部批准的一次综合性国际会议,也是专委会成立以来召开的规格最高、规模最大的会议,邀请了国内外博物馆安全领域专家17人,共有来自13个国家和地区的22个海外博物馆、60多个国内主要博物馆的140名代表参加了会议。会议通报和介绍了近年来世界各地博物馆安全工作的新发展,讨论了目前国内外博物馆在业务合作、信息共享等方面的不足和问题,总结了博物馆在安全管理及技术应用的经验做法。参会的国内外博物馆管理者还围绕"科技在博物馆与文化遗产安全管理中的应用和创新"等内容展开交流和互动,并就国际博物馆安全领域出现的新形势、新特征达成《博物馆及文化遗产安全郑州共识》,取得了积极的成果。

博物馆数字化专业委员会于2016年4月在上海举办了"2016年国际数字博物馆系列讲座活动",围绕主题"互联网+中华文明的博物馆数字传播",国际博物馆协会视听与新技术委员会主席和副主席受邀举办公众讲座。活动期间,专委会与国际博协代表就博物馆数字化建设专题进行了深度座谈。

2016年9月,市场推广与公共关系专业委员会协助中国博协组织苏州博物馆、内蒙古博物院、首都博物馆、陕西历史博物馆、中国科技馆、北京汽车博物馆等多家会员单位,参与在意大利米兰举办的国际博协第二十四届大会的展览展示和业务交流活动。

2018年,非国有博物馆专业委员会组织了"中国博物馆协会非国有博物馆专业委员会·英国独立博物馆协会交流座谈会",邀请英国独立博物馆协会与国内非国有博物馆馆长们分享英国独立博物馆运营管理模式,积极为会员单位搭建国际非国有博物馆交流合作与理论研究、创新实践平台。

2018年9月,乐器专业委员会在武汉承办国际博物馆协会乐器和音乐收藏委员会2018年年会。来自英国皇家音乐学院博物馆、美国大都会艺术博物馆、德国音乐学院、法国尼斯音乐学院、故宫

国际博物馆协会乐器和音乐收藏委员会2018年年会

博物院等全球22个国家和地区的博物馆馆长与知名学者相聚湖北省博物馆，就博物馆的音乐展览及音乐考古学展开研讨与对话。

值得一提的是，2021年5月，由国家文物局、北京市人民政府主办，中国博协承办的国际博协藏品保护委员会第十九届大会在线上成功举行。此次会议是国际博协藏品保护委员会大会首次在线举办，也是截至目前，国际博协历史上历时最长、同时在线人员最多、规模最大的一次线上会议，共有来自67个国家和地区的1 527名文保专家、文物保护工作者及研究人员通过视频会议系统参加了本次大会。

三、以能力建设为抓手，有效提升博物馆人员的专业素质

1983年莫莉博士讲学

中国博协多次邀请外国博物馆专家来华讲学或做学术报告。1983年，中国博物馆学会成立的第二年就邀请了国际博协创始人、博物馆学专家美国的莫莉博士来华做"关于世界博物馆发展史及博物馆学"讲学。莫莉博士是联合国教科文组织《博物馆》杂志的创始人和编辑顾问，曾担任联合国教科文组织博物馆司司长。1983年6月，莫莉博士应邀在中国人民革命军事博物馆、上海博物馆为中国博物馆界讲学，内容涉及世界博物馆发展史，博物馆的定义、作用，博物馆藏品征集、登记、鉴定、修复和保护，博物馆的陈列、宣传教育等内容。在北京的授课共有300余名专业人员参与，在上海的讲学共有150余人听课，莫莉博士的讲学使那个时期的专业人员增加了对世界各国博物馆工作的了解，她所分享的经验也对当时的博物馆工作者具有借鉴意义。此次活动是中国博物馆学会组织的第一次外事活动，是与国际博物馆学术界的初步接触和交流，具有跨时代的积极意义。

1984年，加拿大博物馆建筑专家伦道姆应邀来北京做了"关于现代化博物馆建筑问题"的报告。1985年，加拿大人类学博物馆馆长乔治·麦克唐纳在北京做"当今世界博物馆发展中的若干问题"

的报告。1987年，中国博物馆学会与上海复旦大学联合邀请日本博物馆学教授鹤田总一郎在该校举办"博物馆学讲习班"，同年，鹤田又在北京做了"日本博物馆学研究现状"的讲演，并同与会人员交换了一些学术观点。参加这4次听讲活动的博物馆专业人员达800余人次。

1994年5月，中国博物馆学会与国家文物局、国际博协人员培训委员会、荷兰莱茵瓦尔德博物馆学会联合在国家文物局泰安培训中心举办"中国博物馆中高级管理人员国际研讨班"。研讨班聘请国内外数名专家学者讲课，来自全国18个省（自治区、直辖市）的47名学员参加了学习。

2012年3月，中国博协与加拿大洛德文化资源公司共同在苏州主办了"国际博物馆高级管理人员研修班"。研修班以"作为非营利性机构的博物馆之管理"为核心，邀请国内外知名的5位主讲人，利用国际流行的授课模式进行研讨学习。此后，在洛德公司的支持下，协会又根据不同的主题多次邀请海外专家到国内与会员单位进行交流。例如，2015年6月，在北京以"已建成的博物馆是否需要规划和再规划"为主题举行学术研讨会；2015年12月，在北京以"城市、博物馆和软实力"为主题举行学术研讨会；2016年5月，在北京以"为儿童规划博物馆"为主题举行学术研讨会；2017年7月，在南京以"博物馆与城市软实力"为主题举行博物馆高层管理人员研讨会。这些合作项目加强了中外博物馆高层管理者之间的学术交流，使中国博物馆更好地学习借鉴国际先进博物馆管理理念和实践，提升大中型博物馆在运行管理方面的国际化、现代化水平。

2013年，中国博协与国际博协、故宫博物院合作建立国际博物馆培训中心，每年举办两期不同主题的培训，提升了各国博物馆人员的综合素质和能力，也扩大了中国的影响力。据统计，截至2021年全球共有434名学员参加培训，作为培训班最大的受益者，中方受训人员超过200名。这些博物馆人通过参与培训，增长了见识，拓宽了视野，提升了专业能力。

此外，通过"推出去"和"引进来"交错并举，中国博协为促进中国博物馆领域的人才培养做出了积极尝试。自2014年起，中国博物馆协会与盖蒂领导力学院合作，共同推荐和资助中国博物馆学员赴美参加博物馆高级管理人员培训项目，并于2017年、2019年将青年领导力项目引进国内。截至目前共有13名博物馆高级管理人员赴美参加培训，引进国内的青年领导力项目已培养了60名中级管理人员。

对于国际博协发起的人才培养项目，中国博协充分利用国家委员会的渠道举荐国内文博专家和人员积极参与。此外，中国博协为青年博物馆人学习国际先进理念、传播中国博物馆事业发展情况、积极进行学术交流提供了平台。

2009年，由国际博协发起的《中国濒危文物红色目录》项目，经中国博协推荐，项目负责人、陕西历史博物馆杨瑾前往法国巴黎学习工作，并于2010年完成了该项目。2013年，国际博协与巴西国家委员会启动实习生资助计划，经协会推荐，广东省博物馆丁宁获选在巴西国家博物馆实习一周，并参加了在巴西里约热内卢举行的国际博协第二十三届大会。随着中国博协的发展，作为惠及博物馆青年业务骨干的新举措，2016年，中国博协资助了5名青年博物馆代表参加了国际博协第二十四届大会，为他们提供学习和锻炼机会。2019年，中国博协和中国电科联合专门制订了国际博协京都大会青年学术资助计划，资助50名青年博物馆代表参加国际博协大会的各个分会。这些青年在会上进行了异彩纷呈的发言，展现了中国博物馆人的风采，促进了国际博物馆界对中国博物馆事业发展的了解。

2019年4月，中国博协和法国展望与创新基金会在北京签署合作备忘录。国家文物局副局长关强和法国前总理、法国展望与创新基金会主席拉法兰共同见证了备忘录的签署。此合作是双方落实2018年《中国国家文物局局长与法国文化部部长关于文化遗产领域合作的行政协议》的重要组成部分，对中法在博物馆管理、展览交流、藏品保护、专业能力建设等方面的务实合作做出了机制性安排。2020年1月，作为双方合作的第一个项目，中国博协组织博物馆代表前往法国学习交流。根据合作备忘录，双方还将在策展人培养方面进行深度合作。

国际博协培训中心2016年春季培训班

2014年起，中国博协与盖蒂领导力学院合作，共同推荐和资助中国博物馆学员赴美培训

2009年开始，中国博协持续推荐优秀青年博物馆学人进入国际博协不同机构任职

2012年国际博物馆安全应急高级研讨班

  2010年后，伴随着中国博协各专委会与国际博协各国际委员会的深度交流与合作，不同专业、不同主题的人员培训项目更是层出不穷。

  2012年11月在海口，由中国博协、国际博协安全委员会联合主办，博物馆安全专业委员会、海南省博物馆共同承办了"2012（海口）国际博物馆安全应急高级研讨班"。

  2012年12月，社会教育专业委员会在广州举办"中国博物馆教育培训研讨会"。美国史密森学院教育与博物馆研究中心主任丝黛芬妮·诺比、博物馆观众研究与教育项目评量主任朱赛佩·摩纳哥和早期教育研究中心主任莎朗·谢弗进行授课。授课老师与参会代表一同分析讨论实践案例，并就博物馆教育的使命、教育战略、教育实践活动案例、教育评量、儿童博物馆教育等方面做了重点探讨。

  2014年开始，乐器专业委员会联合国际博物馆及专家学者启动了国际音乐考古人才培训计划即"中国博物馆协会国际音乐考古培训班"，迄今已举办4期。第一届培训对象以高校教师和文博研究人员为主，课程以文物考古和音乐文物研究为主；第二届培训对象以文物保管人员和民族学博物馆的人员为主，课程为民族音乐学和人类学影像志为主。两届共培训60人，其中包括3名韩国学员。师资包括10名国际学者，前联合国音乐类非遗评审主席权五圣、国际博协乐器专委会秘书长布拉德利均亲自为学员授课。在中国民族博物馆的支持下，第二届培训班的33名学员，分别是来自藏、蒙、汉、壮、苗、瑶、白、满、朝鲜、客家、土家等少数民族博物馆的工作人员。第三届培训对象多为文博界和高校的高职称人员，内容以音乐图像学为主，美国的波·劳尔格伦、瑞典的卡伊萨都是国际音

中国博物馆协会2018年"国际文物保护专业培训班"

乐考古学会的创始人，他们亲自为学员授课。第四届培训以"博物馆中民族音乐文化遗产的数字化建设与开发利用"为主题，通过工作坊形式集中研讨中国博物馆中的音乐文化遗产数字化保护与开发、利用工作，并针对其中的问题提出相应的解决方案。连续举办的4届"中国博协国际音乐考古培训班"为东亚地区的音乐考古培养了120余名青年学者，形成文博界传统音乐文化研究的基础群体，为中国博物馆在音乐文物、乐器学及相关学术领域的研究和发展打开新的局面。

2018年11月，藏品保护专业委员会举办了"国际文物保护专业培训班"，培训以"博物馆藏品现状分析及防护"为主题，主要内容包括金属、油画、木质文物、照片等博物馆藏品的保存状况、分析研究与保护。全国24家博物馆及文物保护机构的27名学员参加培训。培训班邀请的8位授课专家均为国际博协藏品保护委员会主席及理事会成员。

（撰稿人：艾静芳）

组织多种学术研究成果的出版

开展博物馆相关领域的基础理论和应用学科研究，编辑出版高质量的博物馆学术研究成果，始终是中国博物馆协会肩负的一项重要使命。40年来，从期刊编辑到志书出版，从专业工具书到学术论文集，从中文著作到海外译著，中国博物馆协会始终不渝地通过编辑出版的手段，向广大会员和全国博物馆行业推介中国乃至世界博物馆学科领域内的新观点、新理念、新实践，积累了丰富的学术成果，也为推动博物馆学科建设和博物馆事业发展发挥了重要作用。

一、期刊编辑

（一）《中国博物馆》

1984年，中国博物馆学会试办了会刊《博物馆》。刊物编辑部在《发刊词》中明确指出：《博物馆》是中国博物馆学会的学术刊物。在中国博物馆学会的领导下，组织和指导博物馆学的研究和学术交流活动，为学术论文的发表提供园地，在思想上和理论上对博物馆事业的发展提高加以指导，是这个刊物的主要任务。这期试刊以胡乔木同志1983年2月4日中国博物馆学会迎春座谈会上的讲话《博物馆事业要逐步有一个大的发展》开篇，刊物视野广阔、内容丰富，在会员中取得了良好的反响。

1985年，《博物馆》更名为《中国博物馆》，成为我国唯一一本冠名"中国"的博物馆学专业期刊。关于刊物的命名和定位，苏东海曾经回忆道：为了进一步把会刊向学术期刊的方向发展，（中国博物馆学会）常务理事会做了专题研究，强调了会刊为学术期刊，要努力提高其学术水平，以适应博物馆建设的工作需要和理论需要。刊名在博物馆前面加上"中国"二字与国际同名刊物相区别，并与国内各地博物馆学会刊物相区别。经中国博物馆学会常务理事会研究，苏东海担任《中国博物馆》的首任编委会主任兼主编，陈瑞德、甄朔南、赵松龄、夏书绅、梁吉生、高荣光和孙葆芬担任编委，孙葆芬、秦贝叶、安来顺担任编辑，周士琦承担了刊物的装帧设计工作。1985年4月，《中国博物馆》第1期（总第2期）正式出版。从那时起，作为协会的会刊，《中国博物馆》始终致力于中国博物馆学科建设，推动博物馆行业发展。刊物面向博协全体会员，传播行业发展最新成果；面向全国博物馆行业，聚焦行业发展的重点、热点问题，聚焦博物馆核心业务，指导博物馆工作实践；面向博物馆学理论研究前沿，探讨博物馆学领域的基础性、关键性问题，服务博物馆学科建设与发展。

创刊以来，《中国博物馆》以党和国家关于文物博物馆工作的方针政策为指引，有力推动了中国博物馆学理论体系的研究和建构。准确把握不同时期博物馆建设的理论需求，积极回应博物馆业务工作实践和学科发展中的热点难点问题，累计出版近 150 期，其中推出了一大批有重大实践价值和理论价值的优秀作品。从王宏钧、梁吉生的《试论博物馆学研究的对象、内容和方法》（1986 年第 3 期）到苏东海的《博物馆学在中国》（1989 年第 2 期），从宋向光的《博物馆定义与当代博物馆的发展》（2003 年第 4 期）到魏峻的《关于博物馆定义和未来发展的若干思考》（2018 年第 4 期），与中国博物馆事业的发展进程相伴随、相呼应，中国博物馆学的理论体系在《中国博物馆》的平台上不断健全完善，为博物馆事业的繁荣发展提供了有力的理论支撑。

在近 40 年的办刊历程中，《中国博物馆》塑造了鲜明的办刊风格。坚持学术性，强调理论高度和学术品位；坚持基础性，鼓励扎实厚重的博物馆学基础理论研究；坚持重大性，对博物馆事业发展进程中的重大问题、关键问题进行理论阐释；坚持前瞻性，对中国乃至世界博物馆学方面重大前沿问题开展研究和探讨。2006 年，《中国博物馆》推出了生态博物馆专刊，将生态博物馆的理念由欧洲带到中国，推动了生态博物馆的中国实践。2015 年，《中国博物馆》推出了智慧博物馆专刊，将中国学者首先提出的智慧博物馆概念广泛传播，并推向全世界。从志愿者到文化景观再到近现代遗产，从博物馆法治到博物馆评估再到现代博物馆制度，《中国博物馆》的讨论话题始终在潜移默化中指导博物馆工作实践，推进博物馆事业发展。

中国博协历届理事会始终高度重视《中国博物馆》的编辑出版工作，为刊物牢固树立正确的政治导向，全面贯彻落实意识形态责任制，坚持政治家办刊的基本方针，朱诚如、马自树、张柏、宋新潮、安来顺、刘曙光等多位博协领导先后担任主编。在学术质量方面，《中国博物馆》始终坚持理论的原创性，倡导研究方法的科学性，强调论文的学术规范性，在博物馆学研究领域引领了良好的学术风气。特别是近年来，《中国博物馆》的编辑机构逐步健全，编辑规则日臻完善，栏目设置和版式设计都进行了成功的调整。刊物设置了聚焦、理论、实践、国际、青年和资讯 6 个一级版块。聚焦版块主要针对国家重大战略、国家文物局重点工作、博物馆领域热点话题，进行专业解读、学术探讨，推动难题破解、创新发展。理论版块聚焦博物馆学研究前沿，探讨博物馆学理论基础问题、关键问题，发布最新研究成果。实践版块从展陈、保管、教育、信息化、管理等方面，分类梳理博物馆核心业务工作，关注新思路、新方法、新技术、新实践，推动博物馆业务水平提升。国际版块密切关注国际博协和博物馆领域有关国际动态，翻译、刊载国际博物馆学领域的前沿成果。青年版块则重点关注中国博物馆领域青年学者，特别是博物馆及相关学科博士、硕士研究生在博物馆学理论和博物馆工作实践方面的研究论文，集中反映青年学者群体最新科研成果。资讯版块侧重于反映中国博物馆发展进程，观察国际博物馆学术动态，发布当季重点展览、活动、图书信息，为博物馆工作提供参考。

在全国博物馆同行和广大作者、读者的大力支持下，《中国博物馆》的专业化水平不断增强，社会影响力持续提升。在 2018 年和 2021 年，《中国博物馆》连续两次入编《中文核心期刊要目总览》，成为"博物馆学、博物馆建设"领域唯一的中文核心期刊。2019 年，《中国博物馆》被国家哲学社会科学文献中心评为"图书馆、情报与档案学"年度最受欢迎期刊。2021 年，《中国博物馆》每期发行量达到 1.2 万册，再次被中国知网选为《中国学术期刊影响因子年报》统计源期刊，影响因子大幅提升，期刊综合影响因子 0.456，对比上一年度增加幅度达 10.95%，复合影响因子 0.962，在文化与博物馆学类 19 种学术期刊中排名第四，为博物馆学领域营造良好学术环境，提升博物馆学研究成果的整体质量，发挥了积极作用。2022 年，《中国博物馆》杂志由季刊变更为双月刊，每年出版 6 期。

《中国博物馆》1992 年第 1 期　　《中国博物馆》2009 年第 100 期　　《中国博物馆》国家一级博物馆运行评估报告

（二）《中国博物馆通讯》

除《中国博物馆》杂志以外，早在 1981 年协会筹备期间，就参照国际博物馆协会创办的《国际博物馆协会通讯》，以中国博协筹备组的名义创办了为会员信息交流服务的内部信息性刊物《中国博协通讯》。1985 年该刊物改名为《中国博物馆通讯》，作为信息月刊与《中国博物馆》学术季刊互为姊妹刊物，每月出版，主要刊登中国博协和博物馆领域重要工作动态，报道协会组织及会员单位的大型活动，交流博物馆工作经验，记录博物馆相关资料、大事记等。为了适应信息技术的发展和公众阅读习惯的改变，随着 2012 年中国博物馆协会网站上线后，中国博协开始将通讯的相关内容通过网络传播。2014 年，《中国博物馆通讯》进行了全面改版，主要通过中国博协网站向会员发布电子版，同时保留部分纸本发行。改版后的《中国博物馆通讯》设置本期关注、专题报道、论坛、藏品研究、交流窗、新作导读、资讯、资料库和编读往来 9 个栏目，主要刊载博物馆学术研究、陈列展览、藏品保护、传播教育和科学管理方面的最新信息和实践经验等内容，受到广大会员和全国博物馆工作者的持续关注。

二、志书出版

（一）1995 年版《中国博物馆志》

编纂《中国博物馆志》是中国博物馆事业发展到一定阶段的产物。1982 年中国博物馆学会成立之后，有关领导专家就提出了编辑专业志书的设想，但因工程较大，人力财力不足，始终未能开展。1991年10月，中国博物馆学会第三届理事会第二次常务理事会会议做出决定：将编纂《中国博物馆志》作为第三届理事会的一项重点工作，专门投入人力财力，以两年时间完成。

编辑《中国博物馆志》是博物馆学研究的需要，博物馆学的发展须依赖于博物馆实际工作的进展、博物馆积累的丰富资料、资料的利用和提供。从事博物馆学研究活动，必须从实际情况出发，理论联系实际，借助确切翔实的资料，这是开展博物馆学研究的重要条件。1995年，经过4年的辛勤编辑，首部《中国博物馆志》由华夏出版社出版，共收录了20世纪90年代以前成立的全国各类博物馆1 100余座，忠实地记录了当时我国博物馆事业发展状况。时任中国博物馆学会理事长的吕济民在该书序言中指出：本书是第一部全国博物馆史册，是一部确有实用价值的学术性、资料性的工具书。它可以促使博物馆更加重视工作经验的总结，更加重视文献资料的积累，可以加强博物馆之间的工作联系和学术交流，可以推动博物馆学的研究和博物馆事业的发展。凡是载入本史册的博物馆，在今后的历史长河中，都会占有它的重要位置，都能起到它的重要作用。

（二）2010年版《中国博物馆志》

2006年初，中国博物馆学会第四届理事长会议，研究修订《中国博物馆志》的问题，10多年来，博物馆事业也取得了历史性的飞跃，大家认为：通过修订《中国博物馆志》来记录这一历史发展的进程，阶段性的总结博物馆事业的发展，拓展博物馆学的深入研究，是必要的，适时的，应该把这一工作列入议程。

2006年6月7日，国家文物局正式复函（办函〔2006〕234号）中国博物馆学会，同意修订《中国博物馆志》。2006年9月19日，国家文物局办公室印发《请支持修订〈中国博物馆志〉的函》明确指出：为全面反映和记录博物馆事业快速发展的进程，总结全国各类博物馆的工作情况，推动

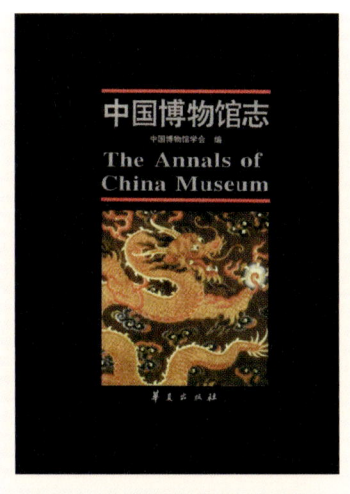

1995年版《中国博物馆志》

2010年版《中国博物馆志》

博物馆间的学术交流，促进博物馆学研究的深入和拓展，经我局研究，委托中国博物馆学会对1995年版的《中国博物馆志》进行修订。并要求各省、直辖市、自治区文物局（文化厅、文管会）协助组织本行政区的博物馆志的编写工作。

由于新版《中国博物馆志》涵盖内容广，时间跨度大，涉及学科门类多，其编纂工作的难度可想而知。在编纂工作中，国家文物局高度重视新版《中国博物馆志》编纂工作，有关领导同志多次出席相关的各种会议、活动，为编纂工作提供指导、把握方向。社会各界也给予新版《中国博物馆志》大力支持，香港SML集团主席孙文专门为新版《中国博物馆志》的编辑、出版资助了工作经费。博物馆行业充分发挥了特有的协作精神、团队精神和奉献精神。各省、自治区、直辖市的文物行政部门、博物馆行业组织以及各有关文博单位的专家、学者积极参与新版《中国博物馆志》编纂工作，许多省份专门成立了由文物行政部门主要负责同志挂帅的编纂工作协调小组，专门负责本地区的组稿、编纂工作，各有关文博单位也大都能够按照上级主管部门的要求，指定专人，按时、保质、保量完成本单位条目的编写工作。中国博协组织了由主要领导挂帅的编辑团队，张文彬、张柏两任理事长先后兼任主编。经历了4年的艰苦编纂，2010年，新版《中国博物馆志》由文物出版社出版。

（三）《中国大百科全书》博物馆学科

《中国大百科全书》第三版是国务院持续支持的国家级大型出版项目，是数字化时代的新型百科全书，是基于信息化技术和互联网进行知识生产、分发和传播的国家大型公共知识服务平台，也是新形势下构建中华民族优秀文明、提升国家整体文化形象、反映当代科学知识水平的重大基础性出版工程，对把握国家话语权、提升科技文化软实力、准确普及学科知识都有重要意义。中国博物馆作为《中国大百科全书》的重要内容，在第一、第二版中均占有重要篇幅。为此，经协会第六届第五次理事长会议研究决定，中国博物馆协会与中国大百科全书出版社合作编撰《中国大百科全书》第三版博物馆学科的相关内容。博物馆和博物馆学作为重要独立学科进入该书编纂序列，这对宣传我国博物馆事业发展成就，向社会准确普及博物馆领域相关知识，进一步推动我国博物馆事业发展，具有重要意义。

2016年由宋新潮副局长任主编，安来顺、陈建明任副主编，分为16个分支学科成立编委会，编纂办公室挂靠湖南省博物馆，前期工作积累了很好的基础。因工作调整，2019年6月，编纂办公室由湖南省博物馆转移至上海大学。《中国大百科全书》第三版拟计划发布和出版网络版、纸质版，被列入《"十二五"国家重点图书、音像、电子出版物出版规划》和《2013—2025年国家辞书编纂出版规划》，它是体现我国当代科学文化水平、传承中华民族优秀文化、展现国家整体文明形态、提升文化软实力和构筑核心价值观的重大基础文化工程。其中，"博物馆学科"的编写将按照大百科全书总编辑委员会的编辑体例和时间要求，在原第一版该学科428个条目的基础上，完成约3 400个条目的编纂工作，编撰工作正在有序推进中。

三、专业图书出版

（一）专业工具书

《博物馆陈列艺术》：由国家文物局、中国博物馆学会共同组织编写，陈列艺术委员会具体承担编写任务，马自树担任编委会主任，夏书绅、郑广荣担任副主任，夏书绅兼任主编，费钦生、周士琦、计森、赵春贵任副主编，文物出版社于1997年12月出版。全书共分为陈列艺术设计概述、陈列艺术总体设计、陈列色彩设计等16章，共43万字，围绕陈列艺术设计诸问题做了较全面的叙述，内容翔实，纲目完整，阐释深入浅出，通俗易懂，弥补了中国博物馆设计艺术史上基础专业理论的空白，至今仍被作为博物馆陈列展览领域重要的教材和工具书。

《中国博物馆陈列精品图解》：全书共4卷，由国家文物局、中国博物馆学会、中国文物报社共同组织编写，李文儒担任主编，分别于2000年、2002年、2004年、2006年出版，汇集了第一至第七届全国博物馆十大陈列展览精品评选活动评出的特别奖、精品奖、单项奖、提名奖获奖展览相关内容，以图文对应的形式，全方位解说展览内容和创造过程，并收录相关陈列展览的设计图、效果图、实景图，直观展现精品展览风采，全景记录了1997年至2006年间中国博物馆陈列展览的发展动态。

《中国博物馆指南（英文版）》：由中国博物馆协会组织编写，作者是米里亚姆·克利福德、凯西·詹格兰德、安东尼·怀特3位来自欧美的考古学家、艺术史学家和博物馆学家。本书以西方学者的视角观察、审视中国近200家博物馆，向英文读者介绍博物馆基本陈列及展品，引领他们跨越古今，感受博大精深的中国历史、艺术与文化。该书作为中国参加国际博协第二十三届大会的重要宣传资料，由译林出版社于2013年出版，并于当年9月在巴西里约热内卢首发。

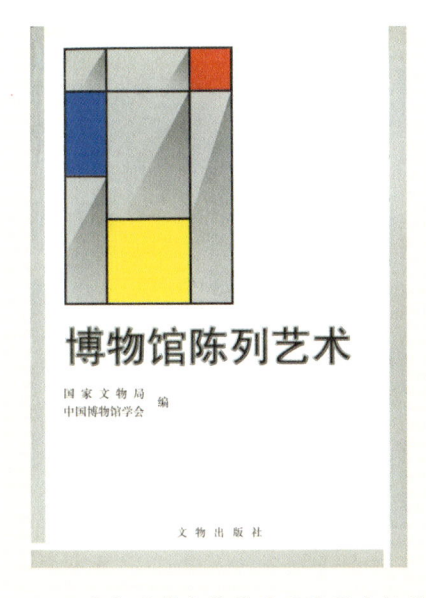

1997年与国家文物局共同编写出版的《博物馆陈列艺术》

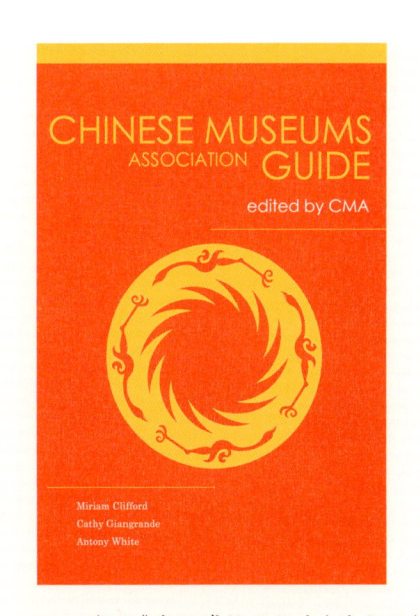

2013年版《中国博物馆指南（英文版）》

2019年《中国博物馆发展》英文版在国际博协京都大会期间举行发布式

《中国博物馆发展》：该书由加拿大洛德文化资源公司与中国博协联合编辑，收录了来自不同国家24位作者的文章。该书编辑出版过程历时超过两年，内容涵盖了中国博物馆发展的多元背景分析、博物馆与中国现代社会文化、中国博物馆走向世界的进程，既有回顾和分析，也有对问题和挑战的讨论，更不乏许多鲜活生动的博物馆案例分析。该书由美国罗曼和利特菲尔德出版社（Rowman & Littlefield）于2019年8月在美国正式出版。这也是中国博协第一次尝试在国外出版书籍。

《博物馆藏品保护英汉词汇手册》：为了配合国际博物馆协会藏品保护委员会（ICOM-CC）第十九届大会的举办，支持我国文物保护工作者更好地参与国际学术交流，本书由中国博物馆协会组织编写，具体编辑工作由协会副秘书长艾静芳负责。全书共分为基本概念、藏品管理等14个部分，绝大多数的英文词条来自ICOM-CC藏品保护电子词典。由于涉及藏品保护工作的方方面面，为保证术语的准确性和易于理解使用，编译过程中，除了翻译之外，更多的工作是查阅相关资料、思考、

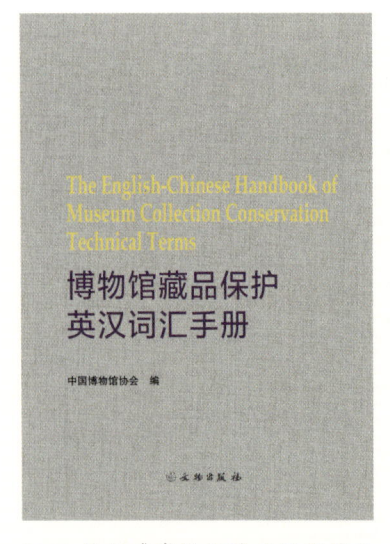

2021年版《博物馆藏品保护英汉词汇手册》

1986年版《八十年代的博物馆——世界趋势综览》

1986年版《博物馆概论》

提出问题、咨询专家并反复修改，整个过程持续一年之久。2021年5月，该书由文物出版社正式出版。

（二）国外译著

《八十年代的博物馆——世界趋势综览》：作者为英国作家K.赫德森，由联合国教科文组织和伦敦麦克米伦出版有限公司于1977年出版，作者利用考察世界各地博物馆时搜集和调查的现实材料，从理论和实践两方面论述了当今世界博物馆的变化和未来的发展趋势。全书由导言和博物馆资源、藏品保护、博物馆建筑、博物馆观众、人员的选择与训练、博物馆管理等6个部分组成。1986年6月，中国博物馆学会将该书引进，由王殿明、杨绮华、陈凤鸣翻译，于1986年6月由紫禁城出版社出版。

《博物馆概论》：原书由日本博物馆学者伊藤寿郎、森田恒之编著，日本出版机构学苑社于1978年出版。中国博物馆学会委托吉林省博物馆学会组织翻译，并于1986年12月由吉林教育出版社出版。

"美国博物馆协会博物馆管理"系列丛书：2010年，中国博协与美国博物馆协会（现美国博物馆联盟）、湖南省博物馆达成协议，引进、翻译并出版"美国博物馆协会博物馆管理"系列丛书，将美国博物馆的先进经验和方法介绍给中国博物馆。2014年丛书出版，共计10本，涉及博物馆的标准和认证、机构规划、职业道德准则、藏品规划与保护、教育与观众服务等诸多方面。

（三）学术文集

《中国博物馆学会成立十周年纪念暨学术讨论会文集》：由中国博物馆学会组织编辑，紫禁城出版社1993年出版，收录了中国博物馆学会通过全国征文遴选出的46篇专业论文，作者来自22个省（自治区、直辖市），其中年龄最大的是当时已有80高龄的著名博物馆学专家傅振伦，同时也选收了大量中青年学者的作品。

《全国博物馆讲解大赛：优秀讲解稿选编》：由中国博物馆学会组织编辑，紫禁城出版社于2005年出版，收录了2004年9月中国博物馆学会在辽宁抚顺主办的"雷锋杯"全国博物馆讲解大赛获奖的88篇优秀讲解词。全书共配图90余幅，为指导各地博物馆社会教育工作提供了学习资料。

《回顾与展望：中国博物馆发展百年》：为纪念中国博物馆事业100周年暨南通博物苑创办100周年，追述中国博物馆事业百年发展历程，展示改革开放以来中国博物馆建设和博物馆学研究的发展状况，由中国博物馆学会组织编辑，收录了中国博物馆学会通过全国征文遴选出的101篇论文，内容涉及中国博物馆百年发展回顾、博物馆学理论、博物馆实践与技术、博物馆文物管理、博物馆陈列展示与社会教育

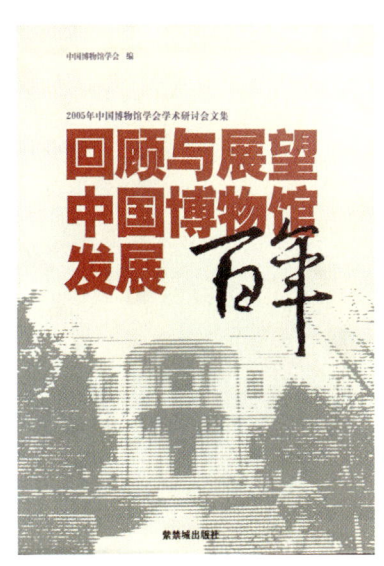

2005年版《回顾与展望：中国博物馆发展百年》

等多个方面,是了解中国博物馆事业百年发展历程、改革开放以来中国博物馆建设和博物馆学研究的发展状况的重要参考资料。

除以上所列图书之外,40年来,中国博物馆协会还在国家文物局领导下,承担、参与编写了关于博物馆陈列展览、藏品保管、社会教育等方面专业工作的文件汇编或专业图书,如2010年由科学出版社出版的《博物馆法规文件选编》、2013年由译林出版社出版的《国家一级博物馆运行评估报告（2011年度）》等,在此不再逐一列举。

2010年与国家文物局联合编辑出版《博物馆法规文件选编》

四、专委会学术出版工作

（一）陈列艺术委员会

作为中国博物馆协会旗下成立最早的专业委员会,为了推动专业设计学术交流,艺委会在重视实践经验总结的同时,同样注重理论上的升华和概括,近40年来编辑出版了许多具有重要价值的学术著作,例如2001年编辑出版《中国博物馆陈列艺术图集》,2004年编辑出版《谛听陈列艺术脚步声》,2006年编辑出版《中国博物馆协会陈列艺术委员会太原年会论文集》,2008年编辑出版《中国博物馆协会陈列艺术委员会苏州年会论文集》,2015年编辑出版《回顾·印记——中国博物馆协会陈列艺术委员会成立三十年纪念文集》,2016年编辑出版《为博物馆而设计：中国博物馆协会陈列艺术委员会论文集》。

（二）社会教育专业委员会

围绕博物馆社会教育专业领域热点问题,积极开展学术研究,出版了一系列专业成果,例如,2013年编辑出版《"新的社会服务 新的管理机制 新的发展思路"学术研讨会论文集》和2014年翻译出版《为了明天的课程：史密森教育研究》；2011年编辑出版"国际博协教育委员会2010年上海年会论文集"2册《Museums for Social Harmony : Public Education and Museums》和《博物馆：以教育为圆心的文化乐园》；2017年6月,与中国妇女儿童博物馆共同组织编辑出版《评价——博物馆教育的影响与权重》；2017年9月,与秦始皇帝陵博物院共同组织编辑出版《带路——博物馆教育的行动与思考》；2018年9月,与河南博物院共同组织编辑出版《品牌——博物馆教育的追求与活力》；2018年5月,组织编写并出版《中国博物馆青少年教育工作指南》；2018年6月,组织编写并出版《讲述"中国故事"之追梦／铭记／物华》3册；2019年8月,组织编写并出版《中国博物馆开放服务指南》；2020年10月,与秦始皇帝陵博物院共同组织编辑出版《使命——博物馆教育的责任与情怀》。

（三）博物馆学专业委员会

博物馆学专业委员会自 2008 年成立以来，以学术研讨会为载体，积极开展学术研究，组织学术研讨，推进中国博物馆学理论水平的提高。专委会的历次学术活动，紧密联系国际博物馆发展的动态和中国博物馆发展的实践，既有高层次专家的引领，又有具体实践者的广泛参与，取得了丰硕的成果，促进了博物馆学的发展，在中国博物馆事业的发展中发挥着日益凸显的指导作用。同时，每次学术论坛结束以后，及时出版论文集。14 年来，专委会共编辑出版论文集 13 册，近千篇论文入选，逾千万字。2021 年受中国博物馆协会委托，编辑《缪斯神殿的回响——2000—2020 年中国博物馆学论文集粹》，完成 100 篇论文筛选，总字数逾 100 万字，已通过中国博物馆协会的审核，即将交付出版。

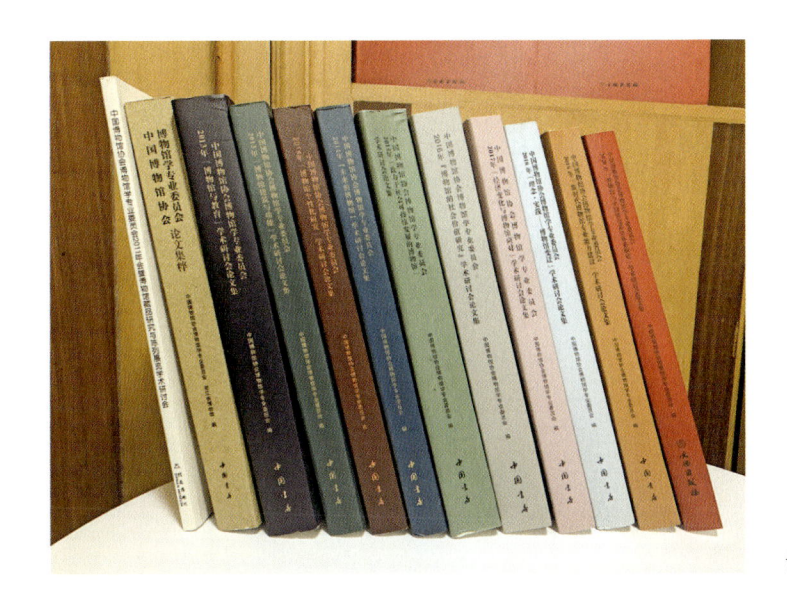

博物馆学专业委员会出版的论文集

（四）区域博物馆专业委员会

自 2007 年成立以来，区域博物馆专业委员会以促进我国区域博物馆的交流合作与高质量均衡发展及相关区域文化事业的发展为主要目的，为了让历次国内外学术研讨会和培训班的成果得到广泛传播和应用，编辑出版了多部书籍或学习资料。例如，2012 年 10 月，与国际博协区域博物馆委员会（ICR）合作翻译并出版《博物馆质量与标准提升指南》，内容涉及博物馆管理、收藏、展示、交流与教育、观众服务、评价、公关与营销等多个方面；2014 年 8 月，与 ICR 合作出版了《区域博物馆致力于社会和谐》，该书以中文、英文和西班牙文三种语言呈现了 2010 年 ICR 上海年会的会议论文；2016 年 10 月，编辑出版了《中国博协区域博物馆专业委员会国际学

2012 年版《博物馆质量与标准提升指南》

术研讨会论文集（2013—2016）》；2016 年 9 月，编辑出版了《博物馆英汉词汇手册》，旨在提升中国博物馆从业人员的外语应用能力和国际学术交流能力。

（五）博物馆管理专业委员会

根据当前博物馆运营管理面临诸多挑战的形势，博物馆管理专委会积极组织成员单位探讨博物馆的管理与创新，并通过报刊宣传、论著出版等方式，集中展示各家博物馆管理经验与成果、思考与探索。较为重要的成果如：2013 年 10 月，编辑出版《博物馆馆长讲博物馆：石窟、丹青、吉金，文化传承与家国命运》，收录讲座文稿 18 篇，通过对博物馆与展览的关注，讲述文物的故事，呈现

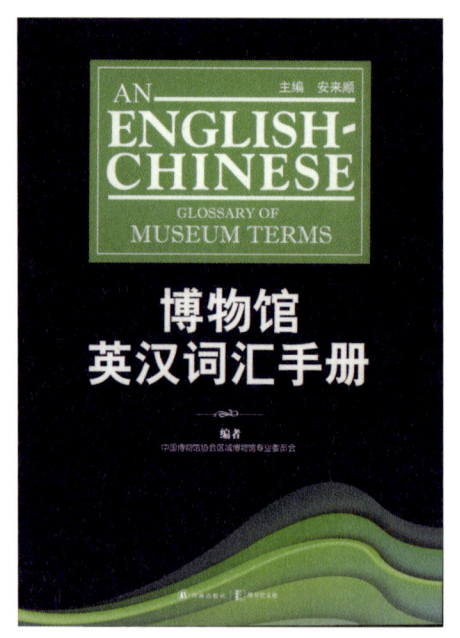

2016 年版《博物馆英汉词汇手册》

中华民族的文化血脉和蓬勃活力；2014 年 10 月，编辑出版《智造展览——博物馆馆长讲博物馆 2》，收录讲座文稿 10 篇，围绕展览策划、展现文物价值、促进展示与公众教育结合、促进文物保护和博物馆事业发展等多个方面展开。此外，成员单位还编辑出版多本博物馆管理专著。例如，2007 年，首都博物馆组织编著《现代博物馆管理的理论与实践》；2016 年 12 月，上海博物馆编辑出版《博物馆管理论文集》，收录论文 26 篇，从综合管理、人才管理、展览管理、业务管理、数字化管理、制度管理等角度进行了深入阐述；2020 年 7 月，上海博物馆编辑出版《中国博物馆协会博物馆管理专业委员会论文集（2018—2019 年）》，收录论文 28 篇，涉及制度建设、理论研究、内部管理、公共服务、文化品牌等多个领域。

（六）史前遗址博物馆专业委员会

根据专委会宗旨和业务要求，专委会组织了高质量学术研究成果的出版。成立以来，共出版《史前研究》论文集 8 册、《跨湖桥文化国际学术研讨会论文集》3 册、《中国史前遗址博物馆》丛书 1 套共 23 册。《中国史前遗址博物馆》丛书对我国史前遗址做了完整系统的梳理，既是我国第一套史前遗址丛书，也是我国第一套史前文化科普图书。丛书被国家新闻出版署列为"十三五"国家重点图书出版物出版规划项目，2021 年 7 月丛书获得了第五届中国出版政府奖图书奖提名奖。

（七）城市博物馆专业委员会

在推进理论研究方面，专委会以学术研讨会为载体，积极开展学术研究，组织学术研讨，推进学术水平的提高。专委会每年的学术活动，紧随中国博物馆协会和国际博物馆协会学术活动的主旨，

《中国史前遗址博物馆》丛书

紧密联系中国城市博物馆发展的实践，既有高层次专家的引领，又有具体实践者的广泛参与，增进了同行间的信息交流，取得了丰硕的成果，在中国城市博物馆事业发展中发挥着重要的指导作用。专委会14年来共举办学术年会11届，编辑出版了8本论文集。2009年，编辑出版《中国博物馆协会城市博物馆专业委员会第一届年会论文集》；2010年，编辑出版《迈向更美好的城市：第22届国际博物馆协会大会城市博物馆专业委员会论文集》；2012年，编辑出版《城市文化的共享：中国博物馆协会城市博物馆专业委员会论文集（2011—2012）》；2014年，编辑出版《城市记忆的变奏：中国博物馆协会城市博物馆专业委员会论文集（2013—2014）》；2016年，编辑出版《致力于可持续发展社会的城市博物馆：中国博物馆协会城市博物馆专业委员会论文集（2015—2016）》；2017年，编辑出版《城市博物馆规划与建设——中国博物馆协会城市博物馆专业委员会第九届学术年会论文集（2017·郑州）》；2019年编辑出版《成长与活力：中国博物馆协会城市博物馆专业委员会论文集（2018-2019）》；2021年，编辑出版约25万字的《重塑与展望：中国博物馆协会城市博物馆专业委员会论文集（2021）》，既涵盖了2020年社会和行业发展的新形势、新需求，也预示了2021年城市博物馆的重要热点和光荣使命。

（八）纪念馆专业委员会

纪念馆专业委员会始终高度重视学术研究工作，充分发挥纪念馆人的学术热情，取得了一系列的研究成果。一是创办学会刊物，展示专委会学术风采。《中国纪念馆研究》是由纪念馆专委会主办的学会刊物，每年出版两期，刊登各纪念馆报送的优秀稿件，内容涵盖近现代史研究、纪念馆研究、革命文物保护与利用等多方面内容，为广大会员单位的专家学者提供交流学术思想、探讨行业发展理念的重要平台。目前，《中国纪念馆研究》已出版近30期。二是征集学术论文，激励行业学术发展。纪念馆专委会每年组织开展学术论文征集工作，为会员单位的工作人员提供展示最新学术研究成果、交流学术思想的平台，从而促使纪念馆人更加注重学术研究工作，在撰写论文的过程中不断学习，不断提升自我专业知识，取得了良好的效果。目前，专委会已编辑出版论文集13部。三是出版学术专著，讲好党的故事。纪念馆作为党史学习教育的重要阵地，拥有大量红色教育资源，纪念馆专委会借助这一优势，先后出版了《中国纪念馆集萃》《中国纪念馆导览》《中国纪念馆故事》《中国纪念馆珍贵文物故事》等书籍，生动地记录中国共产党在领导人民反抗侵略、建设新中国过程中留下的感人事迹和珍贵文物。四是依托资源优势，指导行业发展。2019年，纪念馆专委会依托平台优势，组织编撰了《中国纪念馆发展报告（2019）》，这部近25万字的著作是新中国成立以来首次记录中国纪念馆事业发展情况的行业报告，填补了纪念馆事业在编撰行业报告方面的空白，展示了中国纪念馆最新成果，透视了中国纪念馆存在的问题，揭示了中国纪念馆发展规律。

（九）展览交流专业委员会

为充分利用好专委会这个平台，发挥平台的资源优势，在会员单位和全国文博单位的大力支持下，展览交流专业委员会汇集全国范围内博物馆展览资源，印制出版了多种展览资料汇编、展览图录等。一是从全国博物馆中征集选取一批优质展览，编辑整理并编印出版《中国文物展览海外推介目录2015》《中国文物展览海外推介目录2016》，向世界各国、各地区、各博物馆、各文化机构发放推介，受到普遍欢迎，提升了我国博物馆对外宣传的深度和广度。二是连续四年编辑出版了2015年度、2016年度、2017年度和2018年度"金色名片"系列图书，介绍中国博物馆进出境展览集萃。三是2019年与2020年，收集整理博协展览交流专委会各会员单位所承办的境内外展览信息编辑成册，印制了《展览交流推介手册》，进一步加强了馆际间的交流合作和互学互鉴。

（十）志愿者工作委员会

多年来，志愿者工作委员会注重博物馆志愿服务相关学术研究，不断通过学术论坛、学术出版等多种方式提升相关学术研究水平，并积极推动学术成果的编辑出版。2011年，出版《规范·创新·提升——中国博物馆协会志愿者专业委员会论文集》，精选了44篇论文，以"规范·创新·提升"为主题词，既是对以往工作的思考和总结，也是对今后发展的探索和追求。2018年，出版《格物正心：2017年博物馆志愿者论坛论文集》，精选了25篇论文，从志愿者工作的理念、方法、实践等各个方面切入，介绍了国内最新的管理理念和志愿者工作方向，分享了经验和成果，还特别对当时博物馆和志愿者双方所面临的一些新的困惑展开了探讨，为国内博物馆的志愿者和管理人员探明了博物馆志愿者未来的发展。

（十一）民族博物馆专业委员会

科研出版是专委会的重要工作之一。为提高民族文博工作者的研究水平和业务能力，专委会创办学术刊物，联合民族工作领域的专家学者开展研究项目，并将学术成果结集出版，扩大影响力。多年来，专委会取得了以《中国民族文博》系列丛书和《中国少数民族文物系列图典》为代表的丰硕学术成果。《中国民族文博》是民族博物馆专业委员会学术研讨会论文集，由专委会及其挂靠单位国家民委民族文化宫主办。截至2021年，丛书已经出版了8辑，收录论文共计300余篇，400余万字。《中国少数民族文物系列图典》是由专委会与辽宁民族出版社携手合作，共同推出的丛书，旨在总结、宣传和展示民族文物收藏、保护工作成就，弘扬各民族优秀文化，促进民族文物博物馆界的交流与合作。目前已出版《中国少数民族文物图典·民族文化宫博物馆卷》《中国少数民族文物图典·内蒙古博物院卷》《中国少数民族文物图典·闽东畲族博物馆卷》《中国少数民族文物图典·广西融水苗族自治县博物馆卷》等25卷。丛书收录大量珍贵的文物照片和翔实的文物介绍，多方面、深层次地反映了各少数民族的历史风貌和民族习俗，展现了中国少数民族文物绚丽多彩的文化艺术魅力。此套丛书作为"十二五"国家重点图书出版规划项目以及民族图书出版精品工程，获得2014年、2015年、2018年、2019年、2020年国家出版基金资助。其中，《中国少数民族文物图典·内蒙古博物院卷》入选国家新闻出版广电总局与国家民委2015年"第三届向全国推荐百种优秀民族图书"；《中国少数民族文物图典·闽东畲族博物院卷》获2013—2014年辽宁省优秀图书奖。

除以上11个专业委员会以外，登记著录专业委员会、博物馆数字化专业委员会、藏品保护专业委员会、非国有博物馆专业委员会、名人故居专业委员会、文创产品专业委员会、博物馆安全专业委员会、法律专业委员会、考古与遗址博物馆专业委员会等也都出版了一大批优质的专业图书或论文集。

（撰稿人：李晨）

支持青年博物馆专业人才的成长

青年是人类文明发展进步和国家经济社会发展的生力军，赢得青年才能赢得未来，塑造青年才能塑造未来。青年是博物馆事业发展的中坚力量，是博物馆创新发展的探索者，是博物馆回应社会关切的发声器。青年作为社会上最富有朝气、最富有创造性和生命力的群体，正在以独特的视角和前沿的研究方式，为博物馆建设提供新的思考方向和发展动力。青年承载博物馆事业发展的希望，我国博物馆体系布局进一步优化，场馆质量不断提升，文化服务更加完善，特别需要青年一代在推动博物馆新发展中发挥新担当和新作为。

支持青年博物馆专业人才成长对于博物馆工作而言，是构建文物资源开放共享体系，形成博物馆业务基础一体化建设，树立具有示范性、带动性和影响力的融合型博物馆文化产品和品牌，培养高素质人才，培育一批具有核心竞争力的文博单位和骨干企业，建立政府引导、社会参与、开放协作、创新活跃的业态环境的重要手段。

中国博物馆协会自成立以来，就非常重视对于青年博物馆专业人才的培养，站在博物馆事业后继有人、持续发展的高度，把青年发展摆在博物馆工作全局中更加重要的战略位置，整体思考、科学规划、全面推进对于青年博物馆人才的支持。

一、强化培训教育，提升青年博物馆专业人才业务素质

博物馆青年人才素质的提升，就是借助学术和技能两翼来保障平衡。通过培训教育，推进博物馆资源开放共享，调动文物博物馆单位用活文物资源的积极性，激发企业创新主体活力，完善业态发展支撑体系。多年来中国博物馆协会及各专业委员会坚持开展技术基础培训，多次召集全国各博物馆青年人员参与培训活动，为博物馆发展奠定了良好的人才基础。

中国博物馆协会自2011年起，组织开展"全国博物馆系统新入职员工培训班"，由上海博物馆承办，上海市宣传系统人才交流中心协办，是新形势下对新入职的文博工作者系统深化博物馆基础知识的培训。至今已举办了10期，全国共有近250家文博单位的近700名学员参加了培训，为全国博物馆培养了一批中青年人才。培训班积极搭建专业师资队伍，丰富授课内容及形式，始终致力于提高博物馆工作人员的基本素质和工作水平，不断强化博物馆系统人才队伍建设，深受广大会员单位的欢迎。培训班也从开始的一年一期逐渐增加到一年两期，彰显了培训班的辐射力与影响力，建立了文博新进职工培训项目品牌。

2011年第一期全国博物馆系统
新入职员工培训班

新入职员工培训班学员考察学习

  为了适应新形势下的需求，针对当时博物馆陈列艺术人员短缺、水平参差不齐的情况，陈列艺术委员会受国家文物局委托，于1986年至2001年在国家文物局扬州培训中心举办了4期全国博物馆陈列设计人员培训班，每期时间为3个月。累计培训学员200余人，遍及全国31个省（自治区、直辖市）的大小博物馆。

  为夯实博物馆安全工作人员安全理论与技术基础，博物馆安全专业委员会根据工作实际，结合安全形势，邀请国家文物局相关主管部门领导与消防、安全防范行业知名专家，从安全相关法律法规管理规定、基础知识、技术规范、消防安防专业技术、新技术新产品等方面入手，先后在北京、重庆、哈尔滨、南宁、西宁等地成功举办了12期"博物馆安全理论与技术培训班"，编印培训教材6册，培训学员1 800多人次。业务培训工作取得了明显成效，博物馆安全工作人员工作实践能力明显提升、理论基础得到夯实、专业技术水平进一步提高，行业专家队伍初步建立。

  博物馆图文典籍与金石拓片专业委员会在中国博协支持下先后于2019年、2021年举办"博物馆图文典籍保护利用及人才成长计划培训班""博物馆图文典籍与金石拓片资源策展专题培训班"，奖掖后学，结合新时代博物馆图文典籍与金石拓片工作的实际需求，培养专业人才。

  民族博物馆专业委员会2018年9月举办了中国民族和民族地区博物馆管理人员高级研修班，有来自北京、内蒙古、吉林、上海等13个省（自治区、直辖市）的28家博物馆的近40名青年专业管理人员学员参加。培训班的举办，为促进民族与民族地区博物馆青年管理人员成长，加强民族文博人才梯队建设做出了贡献。

2018年中国民族和民族地区博物馆管理人员高级研修班

2015年文创产品专委会博物馆数字化暨博物馆文创产品开发培训班

藏品保护专业委员会一直十分重视人才队伍建设，依托国家文物局、中国博物馆协会及专委会各委员单位、文博单位，承办各类短期或专题培训班，联合高校开展人才培养，开展师承制等人才培养，通过产学研一体化的模式，培养文物保护复合型人才，使文物保护专业人员的知识结构更加合理，顺应文物保护行业科学化、规范化的发展要求，更能适应我国文物保护事业发展的需要。藏品保护专委会积极鼓励开展博物馆文物保护修复合作实践，通过开展文物保护修复相关的科学研究、保护修复项目和培训项目，不仅能够为博物馆保护修复众多的馆藏脆弱文物，还培养了一批文物保护专业骨干。

文创产品专业委员会始终把培养和支持青年博物馆文创人才作为工作重心之一。博物馆文创工作者既需要有对中国传统文化的深入认识，也需要一定的创新能力和对时尚的理解与把握，这个领域需要更多的青年人参与其中。为此，专委会先后参与组织举办"版权保护与馆藏艺术品授权培训班"和"科技文创培训班"，培训对象以青年人为主，以助力博物馆青年文创人才尽快成长。

二、举办学术活动，搭建青年博物馆人才沟通交流平台

青年博物馆人才能够通过论坛等活动相互交流学习、相互鼓励，对于博物馆事业发展来说是一件好事。在这里他们不但能够碰撞出思想的火花，还能够找到志同道合的朋友一起进行以后的工作。

2018年第八届博博会期间，国际博物馆协会、中国博物馆协会、福州市人民政府主办"首届国

际博物馆青年论坛"，来自世界五大洲 39 个国家和地区的近 70 名国际博物馆青年代表，与近百名中国博物馆青年代表交流分享经验，为博物馆发展建言献策，贡献青年智慧与力量。"变革中的博物馆青年"的主题旨在凸显青年在博物馆发展中所担当的重要角色。

2021 年，博物馆学专业委员会举办"文澜博物馆学论坛"第一期"博物馆理论与实践"青年学术研讨会，来自博物馆、高校的博物馆学专家和青年学者分享与交流相关学术研究成果，探讨理论

2018 年首届国际博物馆青年论坛

与实践有效结合的路径。

航海博物馆专业委员会每年以年会、馆长论坛为平台，设置"业务交流""展览推介""青年论坛"等版块，邀请航海类博物馆青年专业人才分享工作案例、推介优秀展览、发表学术成果，展示青年工作者的业绩，同时也为他们交流互鉴提供契机。城市博物馆专业委员会设青年分论坛，每年的学术年会都有意安排一定数量的年轻人上台交流。另外，还组织专委会成员单位开展培训和讲座，为青年策展、教育推广人员交流提供平台。

2019年，华侨博物馆专业委员会为引导新入职从业人员对于华侨史的认识，培养年轻专业技术人员爱岗敬业的精神，在福建厦门举办"展览与文物视角中的华侨爱国情——华侨文化青年论坛"。丝绸之路沿线博物馆专业委员会在重要项目中重视人才阶梯发展，在历年年会与学术研讨会中鼓励青年学者加入并做主旨发言，给予他们发展空间和展示舞台。

在博协课题的研究过程中，航海博物馆专业委员会组织中国航海博物馆、泉州海外交通史博物馆、广州博物馆、中国港口博物馆、中国（海南）南海博物馆等会员单位从事"海丝"策展的青年工作者撰写论文，以策展实践为基础，展开"海丝"策展理念探究，形成专题，一方面对于会员单位"海丝"展览资料具有汇编记录功能，另一方面是通过整合材料，展开学术交流，促进提升青年策展人员理论研究水平。

名人故居专业委员会鼓励青年用年轻的思维、新鲜的视角、活跃的构思来解读文博行业，提出工作的思路和方法，激发博物馆事业的活力与更大的能量，至今共有150余名青年人才积极参与年会论文投稿，有近20名青年人才走上发言席进行学术交流。

博物馆管理专业委员会主任委员单位上海博物馆、副主任委员单位中国国家博物馆等均设有博士后科研工作站，培养博物馆理论与实践方面的优秀人才。

为进一步加强青年人才科研工作，"十四五"时期，中国博协将设立课题指南及青年学科带头人支持计划，支持优秀青年申报课题，优化整合博物馆、高校和科研院所在博物馆专业人才队伍建设方面的资源配置，促进优秀博物馆学青年学科带头人脱颖而出。

三、拓宽国际视野，培养复合型国际青年人才

随着全球一体化的加深，国际博物馆间的交流日益增多，且未来博物馆的发展必然是面向全球的，中国博物馆事业正处于快速发展与结构转型的重要时期，培养一批具有国际视野的高级管理人员对中国博物馆事业可持续发展至关重要。未来的国际化人才，指具有国际化意识和胸怀以及国际一流的知识结构储备，视野和能力达到国际化水准，在全球化竞争中善于把握机遇和争取主动的高层次人才。中国博物馆协会在与海外博物馆行业组织交流过程中，注重复合型国际青年人才培养，为提升中国博物馆国际影响力打下基础。

国际博物馆协会国际博物馆培训中心（ICOM-ITC）由故宫博物院与国际博协、国际博协中国

2015年国际博协培训中心非洲培训班 　　　　2019年中国博物馆青年领导力培训项目

2015年第一期博物馆英文讲解员（含外事人员）培训班结业合影

国家委员会（中国博物馆协会）于2013年7月合作建立，旨在依托国际博协的优秀专家资源，结合世界不同地区博物馆建设的理论与实践，向世界各地尤其是发展中国家博物馆从业人员，提供高质量的培训课程，推动博物馆领域的国际交流与合作。

盖蒂领导力学院（Getty Leadership Institute, GLI）致力于艺术管理和领导力培训项目。自2014年起，中国博物馆协会与盖蒂领导力学院常年共同推荐和资助中国博物馆学员赴美参加博物馆高级管理人员培训项目，双方于2017年、2019年合作举行两届中国博物馆青年领导力培训项目。

区域博物馆专业委员会基于历次国内外学术研讨会的成果，紧盯学术前沿和国际动态，率先举办了 7 期特色鲜明、针对性强、覆盖面广的培训班，为中国博物馆培养具有国际化视野的复合型青年人才做出了重要贡献。特别是 2013 年至 2015 年，先后举办了 3 期全英文培训班，主题分别为"博物馆英语""博物馆与社会""智慧博物馆背景下的观众研究"，2016 年又组织了博物馆观众调查实践学习班。

市场推广与公共关系专业委员会也把青年博物馆人与国际博物馆业界的交流、沟通、学习作为工作的重点。2015 年至 2016 年，专委会开办面向 22 岁至 30 岁青年博物馆工作者的"博物馆英文讲解及外事人员培训班"。2018 年面向全国博物馆 25 岁至 35 岁从事外事接待工作的人员举办首届"博物馆外事礼仪培训班"，2019 年举办第二届"博物馆外事礼仪培训班"。

展览交流专业委员会依托会员单位的专家资源，通过国际研学交流、展览项目合作、线下线上培训和网络公开课等方式，帮助博物馆培养展览方面的青年专业人才，提高境内外展览策划的专业化、多元化、国际化水平，激发了青年文博人创新活力和创造智慧。自 2015 年起，专委会连续多年与法国卡地亚当代艺术基金会合作，从会员单位选拔中青年业务骨干开展国际交流项目，赴法国、瑞士、比利时等地，与当地的博物馆、艺术中心、画廊等文化机构开展座谈交流，进行展览专访等活动，促进博物馆青年专业人才发展与进步。

四、重用青年人才，发挥青年人的中坚力量作用

陈列艺术委员会"理论与创新""策划与展览""设计与创作""信息和科技""咨询与培训"5 个专业组的副组长，都由年轻人担任。城市博物馆专业委员会秘书处成员都由年轻人担任。非国有博物馆专业委员会秘书处在队伍建设方面，吸纳高标准、高学历、高素质、年轻化的人员。目前在岗的人员均为研究生学历，专业涉及历史学、博物馆学、民族学方向。丝绸之路沿线博物馆专业委员会目前由两个非领导职务的青年专家担任专委会副主任职务，副秘书长队伍也日益年轻化、专业化。

纪念馆专业委员会每年组织召开通讯员工作座谈会。邀请业内专家为通讯员在新闻宣传方面进行培训，表彰年度优秀通讯员、优秀通讯团体。参加培训的通讯员通过学习座谈、现场交流，分享工作中的好经验、好做法，此举不但增进了会员单位与专委会之间的联系，同时也为会员单位之间的交流与合作提供了良好的平台，取得了良好的反响。

名人故居专业委员会青年通讯员发挥着与专委会秘书处随时保持沟通联系、及时提供资讯信息等上传下达的作用，专委会的正常有序发展也离不开他们的支持与配合。为鼓励在专委会交流工作中表现突出的通讯员，推动名人故居专委会的稳步持续发展，秘书处开展了两届优秀通讯员评选及表彰工作，通过综合考量投稿质量及数量、工作响应度及配合度，评选出 10 名优秀通讯员并颁发证书。

（撰稿人：黄洋）

提供全方位多层次会员服务管理

中国博物馆协会是由开展博物馆有关业务的单位和个人自愿结成的全国性、专业性、非营利性社会团体。其最基本组成部分便是协会的会员，所有会员共同支撑起了协会的全部业务工作。协会从建立之初就非常重视对会员的服务与管理，经过多年的发展，协会会员的管理流程和方式都已趋于成熟，并明确地写入了协会章程。

协会章程中规定会员分为单位会员和个人会员。拥护协会章程，有加入协会意愿且满足相应基本条件者，在申请后经过规定的程序审批通过，均可成为正式的协会单位会员或个人会员。会员享有下列权利：（一）本协会的选举权、被选举权和表决权；（二）参加本协会的活动；（三）获得本协会服务的优先权；（四）对本协会工作的批评建议权和监督权；（五）入会自愿，退会自由。会员履行下列义务：（一）遵守本协会的章程，执行本协会的决议；（二）维护本协会合法权益；（三）完成本协会交办的工作；（四）按规定交纳会费；（五）向本协会反映情况，提供有关资料。此外，协会章程对退会和除名等特殊情况均做了详细规定说明。

由于中国博协同时还代行国际博协中国国家委员会的职责，因此博协还负责与国际博协的业务对接，代为办理国际博协个人与机构会员的申请审批、会费缴纳、日常管理等各项基本业务。

近年来，中国博协学术平台的构建与完善、服务功能的拓展与提升，为博协在博物馆业界和社会上带来了更大的凝聚力，会员数量不断攀升，反映出蓬勃向上的发展态势。协会现有个人会员14 485个，单位会员2 107家，专业委员会34个。加上《中国博物馆》编辑部、中国博协西安培训中心，协会分支机构数达到36个。

长期以来，中国博协在强化会员管理的同时，还通过举办博博会等大型会议、开展"全国博物馆十大陈列展览精品""全国最具创新力博物馆"等推介活动、组织各级各类博物馆专业人才培训等方式，为会员搭建交流沟通、互惠互利的各种平台，为会员的发展提供了全方位多层次的服务。而其下的各个专委会也强化管理，均制定了专委会相应的会员管理制度，同时根据自身不同情况开展工作，有许多颇具特色的创新之举。

博物馆管理专业委员会遵守国家法律法规和《中国博物馆协会章程》，遵循专委会章程和管理办法，强化会员的管理。通过联络员机制建立起较为高效的信息共享与合作机制，定期针对博物馆事业发展的现状，组织同行交流与分享博物馆管理的思路和智慧，对提升博物馆发展水平、引领中国博物馆的管理水平不断取得突破起到积极的推动作用。

博物馆数字化专业委员会于2017年连续改版了官方网站，开通官方微信公众号，打通了会员联络的便捷网络通道。2019年，组织开发了专委会会员管理系统，进一步提升专委会服务能力，规范会员管理，方便了会员的日常业务工作。

博物馆图文典籍与金石拓片专业委员会将社会团体与企业也纳入会员范围，还设立了专委会顾问与名誉委员（会员），积极推进跨界融合合作。专委会也开发了会员注册系统，开通微信公众号用于信息发布、会员注册、互动沟通等，同时设立微信工作群、通讯群等并配备专人管理维护，严格执行审核和运行维护制度，使之成为专委会发布信息并与会员实时互动、服务会员的重要平台。

陈列艺术委员会以区域为单位组成北京与东北、西北、西南、华东、西南5个大片区及委员群，在片区的范围内建立信息共享机制、合作机制和互助机制。

非国有博物馆专业委员会同样以区域为单位组成东北、华北、西北、西南、东南5大片区及分工小组，信息共享，相互合作。同时，开通专委会官方微信公众号，制作专委会宣传片，对接凤凰卫视制作了6期非国有博物馆专题栏目，进一步提升了非国有博物馆发展的社会影响力和公信度。专委会积极开展协调工作，为会员纾困解难，为非国有博物馆合法依规运营竖立"警示牌"，为非国有博物馆事业健康可持续发展夯实基础。

航海博物馆专业委员会非常重视会员单位的意见反馈，在内部建立通讯员机制，由各会员单位选派的业务骨干组成专委会通讯员队伍，为实现专委会的枢纽平台功能打下坚实基础。专委会也多次走访调研会员单位，每年年初向会员单位发出《海专委工作意见征询表》，及时了解、汲取会员单位的需求、意见与建议，融合到新一年的工作规划中，以便更好地服务会员单位。

华侨博物馆专业委员会积极为会员提供服务，协助意向成员单位申请成为中国博物馆协会正式会员，组织或协助成员单位申请中国博物馆协会资助出版项目，组织成员单位积极参加中国博物馆协会举办的各项活动，组织会员单位就涉侨文博工作的协同合作展开互动、交流和探讨，推动成员单位间开展藏品征集渠道的资源共享、展览项目的交流合作，为会员单位结集出版学术研讨成果，筹建、展陈改造等提供咨询服务。

纪念馆专业委员会设立专家库，吸纳纪念馆行业陈列设计、评审评标、编辑研究等多方面的专家学者，会员单位在开展业务工作时，可以向专委会提出申请，邀请专家库成员提供专业咨询。2016年，创办官方微信公众号"中国纪念馆"，坚持每日推送会员单位活动信息，及时进行宣传，至今已推送活动信息近2 000条，有效地协助会员单位做好新闻宣传工作，提升了纪念馆专委会的社会影响力。

流动博物馆专业委员会设立专业咨询团队，为成员单位提供咨询服务，先后为甘肃省博物馆、南昌市博物馆等单位筹建"大篷车"流动博物馆项目提供咨询帮助。

民族博物馆专业委员会为会员免费提供专委会编印的刊物和其他资料，为会员的学术文章、论著提供推荐发布平台，推动了专委会学术水平的提升。

名人故居专业委员会充分发挥企业会员的专业和技术优势，为有相关需要的会员单位在改陈设计、展览制作、形式策划上提供智力与科技支撑，营造馆馆互动、馆企联动的良好局面。通过"中博名故委"微信公众号及专委会各层面的联络机制，协助会员单位做好新闻宣传工作，扩大信息传播力度和社会影响力。

区域博物馆专业委员会注重开拓国际视野，为会员提供出访国外交流的机会，自2008年起每年组织会员单位的专家学者参加美国博物馆联盟年会、国际博协区域博物馆委员会年会等高水平国际交流活动。同时利用平台优势举办培训，自2013年以来先后举办7期培训班，累计接收会员单位学员300余人，提升了会员的业务能力。通过定期向会员单位邮寄学术出版物，扩大专委会学术成果辐射面。

展览交流专业委员会建立"中国博物馆展览交流平台"网站，整合各方资源，借助网站推介优秀展览，拓展信息交流的渠道，为会员单位和各博物馆展览交流提供信息服务。专委会和相关数字服务商共同发起成立"中国博物馆智慧联盟"，汇聚会员单位的博物馆导览资源，通过资源优化整合，实现展览的线上聚合效应，为展览的智慧导览提供更专业、更方便、更人性化的服务。

乐器专业委员会因其特殊的性质特别关注并积极倡导除博物馆外的音乐类院校，特别是从事音乐文化及乐器研究学者、乐器手工匠人、音乐家及表演艺术家的个人入会，为我国非物质文化遗产的保护与传承贡献力量。

（撰稿人：李湛）

锻造品牌

扩大影响

博物馆定级评估与运行评估工作

开展博物馆评估、实现对博物馆的分级管理，是引导博物馆明确定位方向、提升办馆水平的重要方法，也是促进博物馆行业健康发展的重要手段，更是国家博物馆管理体系的重要基石。

20世纪60年代以来，发达国家对博物馆等非营利公共组织的投资不断加大，为了强化对这些组织机构的追踪管理，美国、英国、日本等国在已有的政府和企业绩效评估方法与实践的基础上，依据现代非营利组织管理理论，相继开展了针对不同博物馆对象的评估工作，将其作为了解本国博物馆在不同维度上工作成效的手段。

中国博物馆评估工作始于2008年，在国家文物局领导下，中国博物馆协会作为评估主体和工作机构，先后组织开展了"博物馆定级评估""一、二、三级博物馆运行评估"两项专业评估工作，形成了具有中国特色的博物馆评估工作体系，为构建完善博物馆体系、强化提升博物馆服务效能、推进博物馆改革发展发挥了重要作用。

一、博物馆定级评估工作

（一）背景与缘起

新中国成立以来，我国国有博物馆一直按照国家、省、地市、县分级管理，体制上具有计划经济色彩。但随着市场经济时代的到来，文化事业社会化程度不断提高，相关体制改革不断深入，作为社会公益性文化机构的博物馆，其兴办和投资主体日趋多元化，博物馆的身份认定日趋复杂。特别是行业博物馆的兴起，以及非国有博物馆方兴未艾的发展势头和其要求取得与国有博物馆平等地位的呼声日益强烈，令我们必须重新审视和改革现行的博物馆管理体制，根据市场经济的要求和博物馆管理工作的规律，破除博物馆讲究行政级别等身份概念，重新设计统一且科学的标准和程序，对全国各种层次和不同所有制的博物馆的身份予以科学的等级认定。这种改革是对博物馆原有管理体制、制度的创新，既突出了政府对博物馆事业发展的规范管理，又有效地体现了市场经济的公平竞争原则。

2000年，福建省文物局从本地博物馆工作的实际出发，借鉴和吸纳文化部门多年开展的对图书馆、文化馆评估定级的做法和经验，制定和实施《福建省博物馆、纪念馆达标标准（试行）》。通过几年的评估实践，进一步引起了各级政府对博物馆建设的重视，博物馆的社会公益性事业单位身份得到了重新确认，各级财政投入明显增加，中高级职称所需要的职数基本得到落实，昔日被挪用的博物馆、纪念馆场所和设施设备陆续归还，从而激活了博物馆管理机制，使博物馆的建设与管理更加规范化、科学化。这一系列举措取得了明显的成效，得到了社会的认可。

2006年，文化部颁布了《博物馆管理办法》（文化部第35号令）。作为我国首部规范全国博物馆管理工作的部门规章，《博物馆管理办法》对博物馆发展中出现的新情况、新问题做出了具体的规定，为开展博物馆评估定级提供了可以参照的法律依据。2006年至2007年，国家文物局组织开展了博物馆评估定级前期研究工作，并指导浙江、四川等地开展博物馆评估试点工作，浙江省文物局于2006年底公布了博物馆评估定级标准方案征求意见稿，四川省文物局于2007年上半年提出了博物馆评估定级标准试行草案。

2007年下半年，博物馆评估定级前期研究工作小组根据《文物保护法》《博物馆管理办法》等法律法规和行业标准拟定了《博物馆评估暂行标准》（简称"《标准》"），提出了博物馆等级划分条件和评估的基本要求。《标准》中根据博物馆的性质、任务以及工作特点，将评估指标体系按照综合管理与基础设施、藏品管理与科学研究、影响力与社会服务三个方面进行了划分，分别设置相应分值。评估指标体系在设置时较为充分地考虑了博物馆的硬件建设和软件建设情况，并将评估的重点放在博物馆的展示教育和社会服务等方面。《标准》中设置了240多个评估指标项，并对每一项设置相应分值。大部分指标项分值设置较低，一方面考虑到各项工作之间的平衡，另一方面考虑到不会因存在某些缺项造成评估不准的情况。但是，对于一些重点指标项设置了较高的分值，一方面是突出博物馆的影响力与社会服务，突出文物保护的科技含量，另一方面是为了能将评估分值拉开，便于客观评价博物馆的社会贡献率，也便于科学地进行等级划分。

2008年2月5日，国家文物局发布《关于印发〈全国博物馆评估办法（试行）〉、〈博物馆评估暂行标准〉和〈博物馆评估申请书〉的通知》（文物博发〔2008〕6号），全国博物馆评估工作正式启动。

（二）组织与实施

根据国家文物局印发的《全国博物馆评估办法（试行）》，博物馆评估工作由国家文物局组织开展，遵循自愿申报、行业评估、动态管理、分级指导和公平、公正、公开的原则，按照自评、申报、评定、公布的程序进行。博物馆经评估确定相应等级，从高到低依次为一级博物馆、二级博物馆、三级博物馆。凡在中华人民共和国境内，正式登记、注册、接受年检，具有文物和标本的收藏保管、科学研究、陈列展览功能，并对社会开放（正常运行、开放三年以上）的各类博物馆，均可申请参加博物馆评估。国家文物局组织设立全国博物馆评估委员会，负责评估工作的组织和管理。省级文物行政部门组织设立本辖区博物馆评估委员会。省（自治区、直辖市）博物馆评估委员会在全国博物馆评估委员会的指导下，开展相应等级博物馆的评估工作。

2008年首批国家一级博物馆授牌仪式

2008年上半年，首批国家一级博物馆定级评估工作正式启动，来自29个省（自治区、直辖市）的149家博物馆申报参评。经全国博物馆评估委员会组织专家评议，国家文物局确定故宫博物院、上海博物馆、南京博物院、陕西历史博物馆等83家博物馆成为首批国家一级博物馆。当年"5·18国际博物馆日"活动期间，国家文物局正式发布了首批国家一级博物馆名单。时任文化部部长的蔡武在接受记者采访时表示，博物馆评估定级对打破以往博物馆单纯按行政隶属关系划分等级的传统格局，引导博物馆创新体制机制，提高博物馆管理水平、服务质量和社会贡献率，让人民群众更多、更好地享受文化遗产保护成果，具有重要而深远的意义。2009年6月，经过博物馆自行申报，省级文物行政部门评估，全国博物馆评估委员会复核，国家文物局又公布了首批171家国家二级博物馆和288家国家三级博物馆，博物馆定级评估工作体系基本确立。

随着博物馆事业的不断发展，博物馆评估工作也在调整和改进。2012年6月，国家文物局发布了修订后的《全国博物馆评估办法》与《博物馆评估标准》，并启动了第二轮全国博物馆定级评估。2012年7月至11月，国家文物局委托中国博物馆协会组织开展了第二批国家一级博物馆评估工作。当年11月15日，国家文物局发布第二批国家一级博物馆名单，核定中国国家博物馆等17家博物馆为第二批国家一级博物馆。2012年12月至2013年4月，第二批国家二级、三级博物馆评估复核工作有序开展，经过博物馆自评申报，省级博物馆评估委员会提出评定意见，全国博物馆评估委员会组织专家复核，确定恭王府博物馆等51家博物馆为国家二级博物馆，廊坊博物馆等144家博物馆为国家三级博物馆。至此，国家一级博物馆数量达到100家，一、二、三级博物馆总数达到734家。

2015年颁布施行的《博物馆条例》（简称"《条例》"），为博物馆评估工作提供了依据。《条例》第三十八条规定："博物馆行业组织可以根据博物馆的教育、服务及藏品保护、研究和展示水平，对博物馆进行评估。具体办法由国家文物主管部门会同其他有关部门制定。"按照《条例》的有关要求，2016年7月，国家文物局印发了《博物馆定级评估办法》和《博物馆定级评估标准》，替代原有的《全国博物馆评估办法》和《博物馆评估标准》，由中国博物馆协会主导的第三轮全国博物馆定级评估工作也随之开启。2016年10月至2017年1月，中国博物馆协会组织开展了第三批国家一级博物馆定级评估评审和复核工作，经中国博物馆协会第六届理事会第七次理事长会议审议，北京天文馆等34家博物馆被核定为第三批国家一级博物馆。2018年，中国博物馆协会又组织开展了第三批国家二级、三级博物馆评估复核工作。2018年8月，中国博物馆协会组织专家复核确定北京汽车博物馆等97家博物馆入选国家二级博物馆，中国传媒大学博物馆等86家博物馆入选国家三级博物馆。至此，我国一级博物馆数量达到130家，一、二、三级博物馆总数达到855家。

2020年1月，国家文物局修订发布了新版《博物馆定级评估办法》和《博物馆定级评估标准》，按照提升精细化管理和服务水平、实现高质量发展的要求，对评估的对象范围、组织架构、方式方法、指标设置、分值权重等进行了优化完善。对比旧版《博物馆定级评估办法》，新版取消了关于"一、二、三级博物馆占全国博物馆数量比例分别控制在3%、6%、9%"的限定，放开了"初次申请定级评估的博物馆，可申请不高于二级的博物馆等级"的限制，减少了评估工作层级和环节设置，明确评估工作由中国博物馆协会统一组织。2020年下半年，中国博物馆协会组织开展了第四批全国博物馆定级评估工作。经过近半年的评估工作流程，2020年12月正式发布了评估结果，核定中国印刷博物馆等74家博物馆为国家一级博物馆，北京南海子麋鹿苑博物馆等221家博物馆为国家二级博物馆，中华世纪坛艺术馆等225家博物馆为国家三级博物馆。通过第四批定级评估，国家一、二、三级博物馆总数达到1 224家，占全国博物馆总数（对照2019年底统计数据）的22.1%。其中一级博物馆204家，所占比例从2.3%提高到3.7%；二级博物馆455家，所占比例从5.1%提高到8.2%；三级博物馆565家，所占比例从7.9%提高到10.2%。较之本次评估前，一、二、三级博物馆总数增长43.9%；较之首轮评估时，增长125.8%。

（三）成果与经验

以评估定级为核心的博物馆质量评价体系建设，是《博物馆条例》等法律法规的明确要求，也是推动博物馆高质量发展的重要手段，在博物馆管理工作中始终发挥着"方向盘"和"导航仪"的作用，引领、带动广大博物馆提升以文物保护、科学研究为基础，以展示教育、开放服务为核心的发展质量，着重解决博物馆发展不平衡不充分的问题，更好满足人民日益增长的美好生活需要。自2008年以来的博物馆定级评估工作实践，特别是第四批博物馆定级评估所积累的经验，为评估工作确定了三点基本原则。

一是树立以人民为中心的工作导向。新的评估体系愈发重视公众使用博物馆的体验，既关注作为藏品的"物"，更关照作为博物馆建设、发展和受益主体的"人"。增加了对"博物馆主动融入城乡人民文化生活""结合中华传统节日、重要纪念日开展专题活动""博物馆资源进校园"，以及免费服务等方面的考察，强化了博物馆观众调查、开放服务、讲解导览、志愿者服务等直面公众的指标设计。希望通过评估引导，进一步提高博物馆公共服务能力，不断提升人民群众的获得感、幸福感，让评估中显现出的好的博物馆，首先是人民满意的博物馆。

二是坚持高质量发展的总体要求。不再依照传统将馆舍面积、员工构成、藏品和展览数量作为评估的主要依据，而是立足博物馆公共文化服务的质量和水平，来评价什么是好的博物馆。遵循创新、协调、绿色、开放、共享的新发展理念，围绕博物馆收藏、保护、研究、展示、教育、传播等核心职能，着力提升博物馆评估定级工作的科学性、针对性、适用性，突出博物馆运营管理专业化、标准化、公益化要求，新增馆舍建筑节能降耗、智慧博物馆建设、学术影响力、新媒体传播、馆际交流协作、公共文化服务均等化和便捷化等一批代表行业发展方向的考察指标，提升标准的整体"含金量"。

三是推动博物馆供给侧结构性改革。按照中办、国办《关于加强文物保护利用改革的若干意见》中"激发博物馆创新活力"的要求，把深化博物馆体制机制改革、提升博物馆治理体系和治理能力现代化作为评估工作的重要目标，将创新博物馆发展理念、完善以理事会为核心的法人治理结构、拓展博物馆服务功能、激发文化创新创造活力等纳入评估视野。并按照差异化发展要求，针对不同类型博物馆特别是革命类博物馆、纪念馆、行业博物馆、中小博物馆、非国有博物馆的特点，在调整若干刚性指标的同时，增加特色加分项，提升评估指标的全面性、兼容性、灵活性。

二、博物馆运行评估工作

（一）背景与缘起

博物馆运行评估，有的国家将其称为"战略计划或绩效指标评估"，主要针对博物馆的运行状况和业务目标达成度进行评估。许多学者对此开展了深入的理论研究，其中最具代表性的是"博物馆绩效评估理论"。英国、加拿大、新西兰等一些国家的博物馆也积极开展了博物馆运行评估实践，这对我国国家一级博物馆运行评估体系建设具有重要的参考价值。

2008年，国家文物局启动博物馆定级评估工作并公布了首批83家国家一级博物馆。国家一级博物馆作为我国博物馆分级管理体系中的一个重要环节，在我国博物馆事业中占有重要的地位。为全面推进我国博物馆质量控制体系建设，提升国家一级博物馆管理运行工作水平，根据《博物馆管理办法》《全国博物馆评估办法（试行）》的有关规定，2009年下半年，国家文物局委托中国博物馆学会联合有关高校组织开展了"国家一级博物馆运行评估"课题研究。

国家一级博物馆运行评估是对我国一级博物馆的运行状况进行定期的跟踪评估，借此维持并加强对国家一级博物馆的监督和引导，是以评促建、以评促改过程中不可或缺的重要环节。

国家一级博物馆运行评估的目的主要有三个方面：一是促进和推动国家一级博物馆的建设与发展，加强对国家一级博物馆的监督和引导，总结博物馆运行经验，发现博物馆运行过程中出现的问题，指明博物馆发展方向，从而进一步促进和推动国家一级博物馆的建设与发展；二是进一步明确国家一级博物馆的定位与发展思路，通过运行评估的相关研究和评估实践活动，加深对国家一级博物馆在博物馆行业发展和社会经济文化发展中重要作用的认识，进一步明确国家一级博物馆的定位，开阔未来博物馆建设与发展思路；三是完善博物馆分级分类管理体系和评价体系，国家一级博物馆运行评估是对《博物馆管理办法》中博物馆实施分级、分类管理规定的具体落实和完善，为博物馆评价体系的建设积累经验，提供决策依据。

国家一级博物馆的运行评估工作应贯彻以下三项基本原则：一是横向比较与纵向比较相结合。在考察国家一级博物馆的运行情况时，使用统一的评价体系对不同的一级博物馆进行评价，最终获得的分值能够体现出各馆之间的横向比较结果。同时，对一级博物馆的评估还要从纵向比较出发，即将一级博物馆在该评估周期内的运行状况与前一评估周期进行比较，从而考察一级博物馆是否健康发展。二是定性评估与定量评估相结合。国家一级博物馆运行评估从定性评估和定量评估两方面考察其运行发展情况及所取得的成果。定性评估从质量上对国家一级博物馆所取得的成绩进行考察，定量评估则从数量上对国家一级博物馆所取得成果进行考察。贯彻定性评估与定量评估相结合的原则，避免单独采用定性评估造成的主观臆断，或单独采用定量评估而导致的重量不重质的结果。三是资料数据考核与实地考察相结合。国家一级博物馆的评估，首先根据《国家一级博物馆运行评估申报书》中所填报的数据资料对博物馆的运行和发展状况进行评价。其次，通过实地考察，进一步核实上报资料的真实性，并综合数据资料和现实状况对博物馆进行深入了解。

在深入研究的基础上，中国博物馆学会拟定了《国家一级博物馆运行评估规则（试行）》《国家一级博物馆运行评估指标体系（试行）》《国家一级博物馆运行评估试点工作方案》等评估工作文件。

（二）组织与实施

2010年2月10日，国家文物局印发《关于开展国家一级博物馆运行评估试点工作的通知》（文物博函〔2010〕120号），首次启动国家一级博物馆运行评估试点工作。评估试点依据《国家一级博物馆运行评估规则（试行）》《国家一级博物馆运行评估指标体系（试行）》《国家一级博物馆运行评估试点工作方案》进行。评估包括定性评估、定量评估和现场复核三个环节。本次评估周期为2008年1月1日至2009年12月31日。评估试点结束后，中国博物馆学会组织编制了《国家一级博物馆运行评估报告》。由于本次评估属于试点性质，相关结论仅进行内部通报，未向社会发布。

在试点工作基础上，2011年6月29日，国家文物局印发《关于开展2010年度国家一级博物馆运行评估工作的通知》（文物博函〔2011〕1269号），委托中国博物馆协会于2011年6月至12月开展2010年度国家一级博物馆运行评估工作。该通知配套发布了修订后的《国家一级博物馆运行评估规则》《国家一级博物馆运行评估指标体系》《2010年度国家一级博物馆运行评估工作方案》。

其中《国家一级博物馆运行评估规则》规定："对一级博物馆的运行状况进行评估，旨在鼓励先进，淘汰落后，提高一级博物馆管理、运行水平，推动博物馆体制机制创新，促进博物馆事业发展。"评估内容包括藏品管理、科学研究、陈列展览与社会教育、公共关系与服务、博物馆管理与发展建设等。当年参加国家一级博物馆运行评估的博物馆共有82个（中国人民革命军事博物馆受改扩建影响而未参评），总体运行评估平均得分是65.05分。80分以上的博物馆1家，占参评博物馆总数的1.2%；70—79分的博物馆14家，占17.1%；60—69分的博物馆51家，占62.2%；60分以下的博物馆16家，占19.5%。国家一级博物馆整体运行情况较好，大部分博物馆能保持在60分线之上，部分博物馆展示出了较高的水平，也有部分博物馆不能令人满意。

2012年8月至12月，国家文物局再次委托中国博物馆协会组织开展2011年度国家一级博物馆运行评估工作。全部83家国家一级博物馆均参加了评估工作，总体运行评估得分64.41分。其中，70—79分的博物馆15家，占参评博物馆总数的18.07%；60—69分的博物馆55家，占66.27%；60分以下的博物馆有13家，占15.66%。综合2010、2011两年的运行评估成绩，延安革命纪念馆、北京天文馆、中国海军博物馆、厦门华侨博物院、西藏博物馆、抗美援朝纪念馆等6家国家一级博物馆连续两年低于60分。根据《国家一级博物馆运行评估规则》规定，全国博物馆评估委员会对上述6家博物馆重新开展了定级评估，将连续两次运行评估结果为"基本合格"且经重新定级评估仍未达到国家一级博物馆标准的北京天文馆、抗美援朝纪念馆、中国海军博物馆和厦门华侨博物院调整为国家二级博物馆。

2013年1月9日，国家文物局印发《关于开展2012年度国家一级博物馆运行评估工作的通知》（文物博函〔2013〕43号）委托中国博物馆协会联合中国文物信息咨询中心、中国文物报社共同组织开展了2012年度国家一级博物馆运行评估工作。由于2012年11月国家文物局已核定中国国家博物馆等17家博物馆为第二批国家一级博物馆，加之北京天文馆、抗美援朝纪念馆、中国海军博物馆和厦门华侨博物院已被调整为国家二级博物馆，参加此次运行评估的一级博物馆数量为96家。在总结2008、2009、2010、2011年度评估工作的基础上，国家文物局在本次评估前重新修订发布了《国家一级博物馆运行评估规则》和《国家一级博物馆运行评估指标体系》。在规定的申报期限内，95家国家一级博物馆均通过"博物馆评估管理系统"在线提交了《评估申报书》和有关附件材料（中国人民革命军事博物馆因故未参加评估），中国博物馆协会组织15名通过抽签产生的专家在线开展了定性评估，并通过"博物馆评估管理系统"在线完成了定量评估，又经过抽查复核。最终评估显示，2012年度95家国家一级博物馆的总体运行评估得分65.42分（其中定性评估66.78分，定量评估60.00分）。70—79分的博物馆占参评博物馆总数的20%；60—69分的博物馆占73.68%；60分以下的博物馆占6.32%。

2013年，根据《国家文物局关于教育实践活动整改措施的通报》，决定调整博物馆运行评估周期，从2014年起，一级博物馆运行评估周期由一年一次调整为三年一次；二、三级博物馆和民办博物馆的运行评估依次安排，三年一轮。2014年，国家文物局制定了《国家二、三级博物馆运行评估规则（试行）》《国家二、三级博物馆运行评估指标体系（试行）》，当年 3 月至 9 月，国家文物局组织各省级文物行政部门统一开展了 2013 年度国家二、三级博物馆运行评估工作。共有 29 个省（自治区、直辖市）的 629 家二、三级博物馆（二级 223 家、三级 406 家）参加评估，24 家二级博物馆、33 家三级博物馆评估结果为"优秀"，16 家二级博物馆、28 家三级博物馆评估结果为"基本合格"，2 家二级博物馆、4 家三级博物馆评估结果为"不合格"，国家文物局督促有关省级文物部门依据有关规则进行了相应处理。

2015 年，国务院颁布《博物馆条例》。根据"三年一轮"的总体安排和《博物馆条例》关于博物馆行业组织对博物馆进行评估的规定，2017 年底对原有的《国家一级博物馆运行评估规则》（文物博函〔2013〕43 号）、《国家二、三级博物馆运行评估规则（试行）》（文物博函〔2014〕242 号）进行修订完善，将两部规则整合成《国家一、二、三级博物馆运行评估规则》（简称"《评估规则》"），并指导中国博物馆协会组织开展一、二、三级博物馆运行评估工作。新版《评估规则》提出："评估内容包括：内部管理、服务产出和社会反馈等方面。运行评估至少每三年进行一次。"国家文物局指导中国博物馆协会开展全国定级博物馆的运行评估工作。中国博物馆协会的主要职责是：制定评估工作方案，发布运行评估通知；组织国家一级博物馆的运行评估，受理核准国家二、三级博物馆运行评估结果；撰写评估报告和评估工作报告。运行评估包括初评、现场考察和综合评议三个阶段。评估结果分为优秀、合格、基本合格和不合格 4 个档次。与新版《评估规则》配套，国家文物局还制定发布了《国家一级博物馆运行评估指标》，确定了"依法评估、突出重点、公众参与"的评估工作思路，共设有 3 个一级指标，8 个二级指标，17 个三级指标，44 个考察要点，以及 2 个相对独立于评估指标体系的附加项。其中，3 个一级指标分别是内部管理、服务产出和社会反馈。

2018 年，中国博物馆协会根据新版《评估规则》组织开展 2014—2016 年度国家一级博物馆运行评估工作，对第一批和第二批国家一级博物馆的运行状况进行了评估。本次评估的参评范围包括 2013 年 12 月 31 日前取得并保持国家一级博物馆资质等级的国家一级博物馆，共 96 家。本次评估周期为 2014 年 1 月 1 日至 2016 年 12 月 31 日。为了做好评估工作，中国博物馆协会组建了专门评估机构，从专家库中抽取产生评估专家组。专家组经过通讯评估（初评）和现场复核（考察）形成了各参评博物馆的综合评分。当年 9 月 5 日，中国博物馆协会核定发布了评估结果，8 家综合评分超过 80 分的参评博物馆，评估结果为"优秀"；84 家综合评分超过 60 分的参评博物馆，评估结果为"合格"；3 家综合评分未达到 60 分，但超过 50 分的参评博物馆，评估结果为"基本合格"；中国人民革命军事博物馆因评估期内馆舍改扩建开放受限，申请暂不参加本次评估，不予核定评估结果。根据对评估得分的统计，参加本次国家一级博物馆运行评估的 95 家博物馆三年综合评分的平均值是 67.83 分，较上次评估（2012 年度）65.42 分的平均值提高了 2.41 分，体现了国家一级博物馆办馆水平的稳定性和稳步提升。

（三）成果与经验

除定级评估以外，运行评估也是我国博物馆评估工作中的重要内容。2010年至今，先后进行了1次国家一级博物馆运行评估试点（2008—2009年度），4次国家一级博物馆运行评估（2010年度、2011年度、2012年度和2014—2016年度），1次国家二、三级博物馆运行评估（2013年度）。在此基础上，研究形成了历次运行评估报告。

运行评估，旨在摸现状、找问题、补短板、促发展。通过运行评估，反映了国家一级博物馆在管理运行中存在的一些突出的、共性的问题。如法人治理结构不完善；收藏和研究的投入产出有限，博物馆知识生产后劲不足；展览和教育存在同质化、碎片化倾向，影响了博物馆知识传播；对外文化交流薄弱，博物馆"走出去、引进来"的步伐亟待加快等。这为国家文物局起草博物馆改革意见、完善博物馆评估体系、编制博物馆事业"十四五"规划等，提供了重要决策参考，达到了以评促建、以评促改的目的。

（撰稿人：顾婷）

全国博物馆十大陈列展览精品推介活动

一、推介活动背景

陈列展览是博物馆发挥公共文化服务功能、满足人民美好生活需求的重要手段，是博物馆的核心业务之一。为促进博物馆等文博机构树立文化精品意识，发挥优秀陈列展览示范引领作用，提升全国博物馆陈列展览水平，1997年，国家文物局以党的十四届六中全会通过的《中共中央关于加强社会主义精神文明建设若干重要问题的决议》为指导，印发了《关于实施全国博物馆陈列展览精品工程的意见》，并于1998年组织开展了第一届（1997年度）全国博物馆十大陈列展览精品评选活动（后改为推介活动）。由此肇始，"全国博物馆十大陈列展览精品"（简称"十大精品"）成为我国博物馆界陈列展览领域的最高奖项和备受文博系统内外瞩目的知名文化品牌，受到公众广泛关注和好评。

二、推介活动开展情况

经过20多年的发展，"十大精品"推介活动形成了稳定的活动周期。一般是在推介年度的年末，主办单位发布活动启动通知，各申报单位通过省级文物行政管理部门进行申报（中央部委、军队系统及有关部门所属博物馆可直接申报），经过初评、终评两个阶段，于次年的"5·18国际博物馆日"发布推介结果并举行颁奖活动。

截至2021年推出的第十八届（2020年度）"十大精品"推介活动，先后评选产生了224项"十大精品"（含"特别奖""精品奖""国际及港澳台合作奖"），以及224项"提名奖""单项奖""优秀奖""优胜奖""合作入围奖"等陈列展览项目（详见附表）。

"十大精品"推介活动开展以来，为适应时代发展，更好地体现"公平、公正、公开"的原则，评选推介制度和工作机制几经调整更迭，不断完善。其发展脉络主要体现在以下几个方面：

（一）活动名称、举办单位和评选频次几经变动

尽管"全国博物馆十大陈列展览精品"主题词一直延续至今，但活动名称已由最初的"评选"发展为现在的"推介"。活动的举办单位，由初创伊始的国家文物局主办，到第四届改为国家文物局主办，中国博物馆学会、中国文物报社承办，再到第十届改为国家文物局指导，中国博物馆协会、中国文物报社主办。

2019年度全国博物馆十大陈列展览精品推介颁奖仪式

在评选频次上,第一届至第四届(1997—2000年度)为每年举办一届,第五届至第十届(2001—2012年度)为每两年举办一届(其中,第十届分别评出了2011年度、2012年度共两个年度的获奖项目),第十一届至第十八届(2013—2020年度)则恢复为每年一届。

(二)参评范畴逐步扩大

参评单位类型由文物系统博物馆扩增到涵盖其他行业博物馆、非国有博物馆的各门类博物馆;参评主体资格由仅限博物馆拓展为博物馆及相关文博机构(如文物交流机构、文物开放单位);参评项目由境内展览扩至国际及港澳台交流展览。

(三)奖项设置屡有变化

以"精品奖"为核心,陆续拓展有特别奖(非常设)、提名奖(已取消)、单项奖(10个单项,已取消)、优秀奖(后改为优胜奖)、进步奖(未颁发,已取消)、国际及港澳台合作奖及入围奖等。现行奖项为特别奖(非常设)、精品奖、优胜奖、国际及港澳台合作奖及入围奖。

第一届至第三届评选活动共设置三种奖项,分别是特别奖(非常设)、精品奖10个、提名奖若干。第四届奖项设置改为特别奖、精品奖10个、单项奖10个(最佳创意奖,最佳内容设计奖,最佳形式设计奖,最佳制作奖,最佳新技术、新材料运用奖,最佳安全奖,最佳宣传推广奖,最佳服务奖,最受观众欢迎奖和最佳综合效益奖)、提名奖若干。获得精品奖和提名奖者,也可同时获得单项奖。第十届奖项设置改为精品奖10个、优秀奖10个。精品奖分类评选:最佳历史类陈列展览3个,最佳艺术类陈列展览1个，最佳自然类陈列展览1个，最佳科技类陈列展览1个，最佳纪念类陈列展览2个，最佳进步陈列展览2个。取消了第一届至第九届以来的特别奖、提名奖和单项奖。第十一届修改为精品奖10个（不再分类），优胜奖、进步奖若干。第十二届增设国际及港澳台合作奖若干。第十三届增设国际及港澳台合作入围奖。第十四届起取消进步奖。第十六届起恢复特别奖。

（四）评选工作程序步骤由简单粗放走向基本完备

最初仅依据各地申报材料，组织专家审核评议和票选；后来制定活动章程或办法，逐步健全评选推介制度及评审工作细则，建立专家库，划分初评、终评两个阶段，请公证机构进行公证、推介结果报行业主管部门审核后发布。

"十大精品"活动举办以来，先后印发了3个评选办法，即第四届开始实行的《全国博物馆十大陈列展览精品评选活动办法》、第十届开始实行的《全国博物馆十大陈列展览精品评选章程》及第十二届开始实行的《全国博物馆十大陈列展览精品推介办法》。在活动举办过程中，根据实际情况曾分别略有修订。

（五）评选方式不断完善

评选方式由最初的评审委员会专家一轮无记名投票，到后来的初评、终评两次专家记名打分，再到现行的初评、终评两轮专家记名投票。2014年至2018年间，还曾在完成初评结果公示后，对入围终评的项目进行定期网络大众投票，所得票数作为终评阶段专家打分或投票的参考。

（六）申报要求日益具体细化

逐步增加能够直观反映展览形象的视频材料、网上展览；申报书的格式、内容由各行其是到逐步规范；申报材料由纸质文件过渡到电子介质；评审工作由早期的仅看纸质材料发展到结合录像视频、网上展览，再到在线函评、听取演示汇报以及综合评议等。

（七）评审专家产生更趋合理

由早期的主办单位指定、遴选后邀请，到建立专家库并分阶段在库中随机抽选初评、终评专家，再到初评专家由200多名中国博物馆协会理事担任、终评专家由专业评委（抽选10名）+社会评委（特邀3名）+主办单位代表（各1名）三方面组成。

（八）评审要素逐步丰富，评价标准渐趋规范

最初几届评选活动中，对陈列展览的评价仅重视选题与内容、艺术形式与制作布展、宣传影响与社会效果三方面要素，后来逐渐注重更加综合、全方位的考量，评价要素涵盖了众多方面，主要包括：1.展览选题与内容设计；2.形式设计与展览制作；3.策展团队与展品组织；4.宣传推广与

参观服务；5.文创产品与延伸教育；6.虚拟展厅与智慧导览（近两年进一步强调移动互联状态下的云展览、云传播）；7.综合管理与展览安全……在第九届至第十三届评选活动中，还曾针对不同评价要素设置了相应的模块、分值和评分权重。

（九）表彰、推介模式逐步调整完善

由最初的发布评选结果、举行入选项目现场颁奖仪式及交流研讨活动（如曾在彭德怀故居纪念馆、孙中山故居纪念馆、浙江省博物馆、峨眉山博物馆等文博单位颁奖并举行研讨会），到后来与"5·18国际博物馆日"主会场活动并轨（2011年辽宁沈阳开始），先后在北京（2次）、南京（2次）、济南、沈阳、南宁、石家庄、呼和浩特、上海、长沙等地举行终评演示汇报、专家评选和颁奖宣推活动。另外，不定期出版展览精品解读、展览精品通览等图文并茂的图书。2013年末，还由国家文物局指导，中国文物报社、中国博物馆协会主办旨在回顾总结"十大精品"评选十届历程的"回眸·创新"全国博物馆陈列展览学术研讨会，并汇编出版了会议论文集。

（十）报道、宣推日益多元，公众关注度、社会反响不断攀升

最初几届评选活动重在评选，"推介"指向尚不突出，也未着意安排"十大精品"的宣传推广，工作程序既不分初评、终评步骤，也未安排现场演示汇报和交流，只是"十大精品"揭晓后，在《中国文物报》等行业媒体、国家文物局门户网站等网络平台上发布榜单，随后召开颁奖暨研讨会，出版一册"十大精品"图解之类图录。后来在评选的同时逐步加强推介工作，增加了参评项目网上展示、入围项目网络投票、终评会议汇报交流及网上直播（近两年每届终评汇报会直播时，在线观看人次逾千万）、"5·18国际博物馆日"中国主会场揭晓"十大精品"榜单并颁发荣誉证书、中央+地方+社会媒体多平台多渠道集中推送报道、《中国文物报》推出年度"十大精品"专刊（含项目榜单及简介、专家解读点评和评选推介活动综述），以及后续举办有关入选项目品读交流会、分享会等，力求专业与普及相结合，在文博业内和社会大众层面实现推介宣传效益最大化。

三、推介活动影响

从1998年的第一届评选开始，"十大精品"推介活动秉持"公平、公正、公开"的原则，凸显"行业品牌、专业评价"活动特色，紧扣全国博物馆事业发展进步的时代脉搏，逐步铸就了全国博物馆界具有唯一性和感召力的金字招牌。"十大精品"获奖项目凝聚着各地博物馆工作者的心血、智慧和荣誉归属感，集中呈现了包括各级各类博物馆及相关机构在内的全国博物馆行业陈列展览工作的探索历程和创新实践，因此备受业界推崇与青睐。"十大精品"成为全国博物馆界翘首以盼的一项殊荣，代表了博物馆陈列展览的最高水平。

现在，一年一度的"十大精品"推介活动不仅成为博物馆界的年度盛典，也成为整个文博界的

旗帜与标杆。作为全国博物馆陈列展览的最高级别奖项，推介活动日渐强调规范性、科学性、专业性和公众参与性；鼓励博物馆围绕中心、服务大局，把握时代脉搏，聚焦社会热点，彰显文化职责使命；激发全行业改革创新和探索实践意识，总结推广新理念、新技术、新成果、新趋势，为全国文博界的文物藏品保护利用、研究展示和社会服务工作树立了"方向标"和"指路灯"。

"十大精品"日益成为社会各界了解文博行业的一个窗口。每届"十大精品"的申报、参评、发布和颁奖活动，作为全国文博工作乃至文化文物领域引人关注、广受称道的行业盛事，其品牌价值和标杆作用日益稳固且愈发彰显。在文物博物馆界以及关注支持博物馆发展的部门、行业和社会公众心目中，"十大精品"无疑已经成为衡量博物馆专业品质、发展质量、运行管理等多方面能力水平的一把重要尺子，对提升入选单位及整个博物馆行业的舆论关注度、公众美誉度和社会辨识度发挥了举足轻重的作用。针对"十大精品"推荐活动中推介标准的客观性与针对性、评委的专业性和代表性、评审方式的科学性和合理性，以及奖项数量与结构进一步优化、推荐精品展影响力进一步扩大等问题，中国博协于2020年进行了专题调研，推出了改进建议。[1]我们相信，今后的"十大精品"推介活动将会更加规范、更加科学，将会引领、带动越来越多的社会大众关注博物馆、爱上博物馆、体验博物馆，让更多的人不是在参观博物馆，就是在去博物馆的路上。

（撰稿人：李耀申　李文昌）

---

[1] 毛若寒：《优化"全国博物馆十大陈列展览精品"推介活动的思考》，《中国博物馆》2021年第4期。

附表：历届获奖情况一览表

	境内展览				出入境展览		备注
	特别奖	精品奖	提名奖	单项奖	优秀奖（优胜奖）	国际及港澳台合作奖	国际及港澳台合作入围奖	
第一届	2	10	5					
第二届		10	5					
第三届		10	5					
第四届 2000 年度		10	15	9				本届起增设单项奖 获得精品奖和提名奖者，也可同时获得单项奖 最佳服务奖空缺 获奖展览共计 25 项
第五届 2001—2002 年度	1	10	5	10				获奖展览共计 26 项
第六届 2003—2004 年度	2	10	4	9				最佳安全奖空缺 获奖展览共计 25 项
第七届 2005—2006 年度	4	10	4	8				最佳安全奖空缺 最佳综合效益奖空缺 获奖展览共计 26 项
第八届 2007—2008 年度	3	10		14				单项奖有并列 最佳安全奖空缺 获奖展览共计 24 项
第九届 2009—2010 年度	3	10		12				单项奖有并列 获奖展览共计 25 项
第十届 2011 年度		10			9			本届起增设优秀奖 特别奖、单项奖取消 本届推介 2 个年度
2012 年度		10			10			
第十一届 2013 年度		10			10			本届恢复为一年一届 本届起优秀奖改名优胜奖
第十二届 2014 年度		10			10	2		本届起增加国际及港澳台合作奖
第十三届 2015 年度		10			10	2	2	
第十四届 2016 年度		10			10	1	1	
第十五届 2017 年度		10			11	2	2	
第十六届 2018 年度	2	10			13	2	2	本届起恢复特别奖
第十七届 2019 年度	3	10			12	2	2	
第十八届 2020 年度	2	10			13	1	2	
合计	22	190	43	62	108	12	11	共颁发奖项 448 个（存在一个展览获得多个不同奖项的情况）

全国最具创新力博物馆推介活动

一、推介活动创设背景

自 2008 年 1 月博物馆免费开放政策实施以来，国家各级财政持续加大对于博物馆事业的支持力度，数以千计的博物馆、纪念馆打开大门，观众数量快速增长，观众结构呈现多元化趋势，为推动广大人民群众共享文化成果发挥了积极作用，有效保障了人民群众进行公共文化鉴赏、参与大众文化活动等基本文化权益。但是，从另一个方面看，博物馆运营经费过度依赖国家财政，内部激励机制和自我发展的创新力十分薄弱，社会服务意识和能力还有待增强，一些地区的一些博物馆在经历了免费开放初期的人满为患之后，展览内容和形式陈旧、博物馆教育活动缺乏、文化产品形式单调，又悄然回归门庭冷落。如何提升博物馆发展的创新力，使其展览和服务更加具有针对性、更富有特色，成为免费开放时代博物馆事业发展中需要长期面对和解决的突出难题。

2010 年 1 月，中宣部、财政部、文化部和国家文物局联合印发了《关于进一步做好公共博物馆纪念馆免费开放工作的意见》，明确提出："要将体制机制创新作为推动博物馆纪念馆免费开放工作的强大动力，抓住当前正在进行的文化体制改革机遇，按照以政府为主导，增加投入、转换机制、增强活力、改善服务的要求，结合文博事业特点和本单位实际，优化组织结构，改进内部管理，创新服务方式，提高运营效率。"为推动中国博物馆在各地文化建设中发挥更加积极的作用，鼓励各博物馆在相关业务功能领域开展学术研究并进行实践创新，2012 年，中国博物馆协会第五届理事会第九次理事长会议通过了《全国最具创新力博物馆评选办法（暂行）》，决定设立全国最具创新力博物馆奖项，重点表彰在以下五个方面具有重大创新成果的博物馆：

一是在博物馆主要业务功能的基础和应用研究中具有重大突破或取得原创性研究成果，在国内外博物馆界得到一致认同，且具有全国性推广价值。

二是在博物馆业务活动项目的策划理念、组织实施方法上有重要突破，并经实践验证可代表新理念、新技术或新方法，可为其他博物馆所借鉴和采纳。

三是在博物馆吸引社会力量参与的程度和质量上有创新举措，可对中国博物馆的外向型合作起到示范作用，在社会公众中产生重要影响。

四是在以提高博物馆服务社会质量为目的的文化创意产业发展中做出创新性贡献，其产品或服务已取得独立知识产权和良好品牌效益。

五是通过营造特有的文化氛围和创造性地开展社区服务活动，满足不同观众需求，取得优异的综合性社会效益。

二、活动实施过程

作为一个由中国博物馆协会设立、组织推介的荣誉称号，全国最具创新力博物馆由参评博物馆自愿申报或由中国博协常务理事推荐参评，通过评选推介委员会评议产生。十年来，全国最具创新力博物馆在推动中国博物馆发挥社会作用、加强基础和应用研究、策划业务活动项目、吸引社会力量参与、开展社区服务活动、发展文化创意产业等方面发挥了积极作用。

2012年国际博物馆日期间，中国博物馆协会首次举行了全国最具创新力博物馆颁奖仪式，授予上海博物馆、孙中山故居纪念馆2012年度"全国最具创新力博物馆"称号，着重表彰上海博物馆"探索发展思路和管理的创新转型，再塑大馆老馆崭新社会形象"的先进举措，以及孙中山故居纪念馆"在市场经济大潮中把握正确方向，整体保护遗产实现可持续发展"的良好做法。

2013年，"全国最具创新力博物馆"称号被授予山西博物院和苏州博物馆，表彰山西博物院"坚持把社会效益和群众需求放在首位，立足教育、研究、展览、服务等方面，扎实做好博物院工作"的优秀做法，以及苏州博物馆以"弘扬优秀文化和服务社会公众"为己任，不断创新服务理念，在策划陈列展览、组织教育活动、探索推出新媒体技术服务产品等方面的先进经验。

2014年，故宫博物院、南京博物院、宁波博物馆被授予"全国最具创新力博物馆"称号，这是开展全国最具创新力博物馆推介活动以来，首次有三家博物馆入选。故宫博物院"在文化遗产管理决策中变单方面研究酝酿为双向对话互动"的良好做法，南京博物院"以科研水准确保陈列展览和公众服务质量的专业能力"的先进经验，宁波博物馆"将博物馆公众参与作为自身发展的核心，使博物馆成为百姓的一种生活方式"的生动实践，均得到了评选推介委员会的重点推介。

2015年，"全国最具创新力博物馆"称号花落福建博物院和建川博物馆。其中建川博物馆是第一家获得全国最具创新力博物馆殊荣的非国有博物馆，其入选理由主要是在利用民间资金投入、建设规模和社会影响力等方面具有代表性，在非国有博物馆建设和发展方面做出了有益的实践探索。福建博物院入选则是由于其在创新策划展览、创新服务品牌和创新学术研究方面的有益探索。

2016年，广东省博物馆和常州博物馆获得"全国最具创新力博物馆"称号，评选推介委员会积极评价了广东省博物馆在当地文化建设中发挥的积极作用，以及常州博物馆依托馆藏资源，致力于打造一座集历史、艺术、自然为一体的地方综合性博物馆，观众人数创全国地市级博物馆文化惠民纪录的突出成绩。

2017年，浙江自然博物馆和四川博物院获得"全国最具创新力博物馆"称号。浙江自然博物馆提出的"自然与人文跨界融合"的策展新理念，四川博物院首创"大篷车"流动博物馆、建立四川省博物馆教育研究所、联合社会力量举办"川博杯"文化创意大赛、打造川博"华灯欢乐之夜"等创新做法，都得到了评选推介委员会的高度认可。

2018年，重庆中国三峡博物馆（重庆市博物馆）、河北博物院荣膺"全国最具创新力博物馆"。评选推介委员会重点表彰了重庆中国三峡博物馆（重庆市博物馆）建立区域博物馆联合发展共同体

2019年度"全国最具创新力博物馆"推介活动颁奖仪式

和河北博物院依托特色馆藏文物、专题式基本陈列、高品质文创产品提升公众参观体验的创新做法。

2019年,"全国最具创新力博物馆"称号被授予北京汽车博物馆、天津博物馆、中国丝绸博物馆三家博物馆。北京汽车博物馆"标准治馆"的新理念,天津博物馆"将前沿科技融入文物保护"的新做法,中国丝绸博物馆"以学术为引领,致力打造研究型博物馆"的新路径,都获得了评选推介委员会的褒扬和推介。

2020年,成都金沙遗址博物馆、伪满皇宫博物院和江西省博物馆获得"全国最具创新力博物馆"称号。成都金沙遗址博物馆提出了"遗址与城市共生,传统与未来互融"的新理念,伪满皇宫博物院探索出文物建筑修缮保护的"6R工作法",江西省博物馆创新革命文物的保护利用机制,突出红色主题、传承红色基因,均得到了评选推介委员会的高度评价。

2021年,河南博物院、侵华日军南京大屠杀遇难同胞纪念馆、首都博物馆获评"全国最具创新力博物馆"称号。评选推介委员会重点推介了河南博物院借助科技赋能、媒体传播,创新文化表达方式,侵华日军南京大屠杀遇难同胞纪念馆奋力开辟爱国主义教育及弘扬人类命运共同体理念的新境界,首都博物馆打造"品鉴智慧北京、解读灿烂中华、世界文明互鉴"的系列"首博展览"等方面的创新实践。

三、成果与意义

(一)推介了一批博物馆创新发展的经典案例

十年来,共有24家博物馆获得"全国最具创新力博物馆"殊荣,在区位上覆盖了14个省市,在品类上包括了区域综合、革命纪念、考古遗址、自然科学等多个博物馆类型；在属性上既有国有博物馆，又有非国有博物馆；在规模上既有大型综合性博物馆，又有小型特色博物馆，"大小搭配"成为遴选推介的重要原则之一；在推介理由上关注了收藏、展示、保护、研究、教育、信息化等多个业务领域的创新实践，见证和推动了中国博物馆事业的创新与发展。与此同时，许多被推介博物馆在创新发展方面的经典案例也为指导新兴博物馆建设、管理发挥了重要的积极作用。

（二）有效激励和推动博物馆改革创新实践

近年来，按照中央关于事业单位改革的整体部署，党和政府深入推进博物馆管理体制改革、人事制度改革、分配与薪酬制度改革，增强其自我发展能力。全国最具创新力博物馆推介活动以创新为关键词，评价要素密切关注博物馆在场馆建设、文物保护、藏品研究、陈列展览、开放服务、教育传播、国际交流等方面的创新实践，通过十年来的评选、推介，为博物馆事业树立了改革创新的标杆和典范，为创新博物馆发展理念、拓展博物馆发展空间、激发文化创新创造活力发挥了积极作用。

（三）丰富了国际博物馆日主场城市活动的内容

自 2012 年以来，全国最具创新力博物馆推介活动始终依托"5·18 国际博物馆日"主场城市活动开展，与主场城市活动同步策划、紧密结合。时至今日，全国最具创新力博物馆颁奖仪式已经成为国际博物馆日中国主会场活动中不可或缺的重要组成部分，揭晓当年的最具创新力博物馆已经成为社会公众对于博物馆日活动的重要期待，得到全国博物馆界和社会公众的广泛关注。

四、未来展望

中央九部门《关于推进博物馆改革发展的指导意见》明确提出："健全博物馆人才激励机制，按照国家有关规定进行表彰奖励，加强博物馆管理人才、专业人才、研究人才、创新型人才培育，为人才发展营造良好的制度环境。"全国最具创新力博物馆推介活动作为全国博物馆领域广泛认可、持续关注的重要行业性奖项，必将成为博物馆行业荣誉体系中的一项重要内容，不断完善机制、提升影响、拓展覆盖面，为推进博物馆改革发展发挥更加积极的作用。

（撰稿人：李晨）

《中国大百科全书》博物馆学科编纂

一、《中国大百科全书》出版背景及发展历程

《中国大百科全书》是中国改革开放以来的重大基础性、标志性文化出版工程，得到党和国家的亲切关怀和大力支持。20世纪80年代改革开放之初，中国第一代百科全书编纂者为了填补空白，尽快赶上世界百科全书发展的潮流，积极开拓，奋勇当先。1993年第一版诞生，结束了中国没有百科全书的历史，构建了中华民族现代知识体系，铸造了中华文化丰碑。2009年第二版出版，实现和国际惯例接轨，强化了国家文化品牌，成为面向21世纪代表中国科技文化水平的新一代百科全书。

目前，中国大百科全书出版社出版了《中国大百科全书》第一版（74卷）、《中国大百科全书》第二版（32卷）、《中国大百科全书（简明版）》、《中国大百科全书：精粹本》等一系列综合性百科全书。

二、《中国大百科全书》博物馆学科编纂概况

《中国大百科全书》第一版《文物·博物馆卷》出版于1993年，收录条目428条，博物馆部分包括博物馆学、博物馆史、博物馆藏品、博物馆陈列、博物馆教育与社会服务、博物馆建筑、博物馆管理、中国博物馆、外国博物馆9个分支。由吕济民任编委会主任，王宏钧、冯承伯、万冈、齐钟久、王英、费钦生、朱世力、梁白泉、丁义忠任各分支主编。

《中国大百科全书》第二版出版于2009年，博物馆部分共收录条目150条，其中修订125条，较第一版新增25条。由苏东海任顾问，胡骏任主编，郑广荣任副主编，丁义忠、王宏钧任分支主编。

2011年11月5日，国务院办公厅"同意编纂出版《中国大百科全书》第三版，建立数字化编纂平台，编纂发布和出版网络版、纸质版"，《中国大百科全书》第三版正式立项。2018年11月，习近平总书记对《中国大百科全书》第三版做出重要指示，"努力将新版《中国大百科全书》打造成一个有中国特色、有国际影响力的权威知识宝库"。《中国大百科全书》第三版被列入《2013—2025年国家辞书编纂出版规划》，是数字化时代的新型百科全书，是基于信息化技术和互联网进行知识生产、分发和传播的国家大型公共知识服务平台。第三版的条目依靠专家学者分学科或门类编撰。并且《中国大百科全书》第三版同步出版网络版，网络版不同于传统的纸质版百科全书，也有别于当前的网络版百科全书，将建设成为我国的国家公共知识服务平台。

《中国大百科全书》第三版第一次将博物馆学单独成卷，意义重大而深远。国家文物局党组2016年就文物卷、博物馆学卷、考古学卷编辑工作召开专题会议研究，并进行工作部署，决定由中国博物馆协会负责博物馆学卷的编撰。2016年，由国家文物局宋新潮副局长任主编，安来顺、陈建明任副主编，分为16个分支学科（含总论），成立编委会，编纂办公室挂靠湖南省博物馆。因工作调整，2019年6月，编纂办公室转移至上海大学，调整为安来顺任主编，陈建明任副主编。

《中国大百科全书》第三版博物馆学科包括博物馆学理论、博物馆历史、博物馆职业与伦理、博物馆治理与管理、博物馆收藏与保护、博物馆展览、博物馆传播与教育、博物馆公共服务、博物馆建筑与设备、博物馆安全与减灾、博物馆信息学、博物馆评价体系、博物馆专业能力建设、中国博物馆、外国博物馆等15个分支。博物馆学理论涉及定义、历史、发展现状、博物馆学分支学科、重要组织团体与出版社。博物馆历史涉及博物馆发展史、中国博物馆史、重要组织团体与人物的历史等。博物馆职业与伦理涉及博物馆职业道德、博物馆培训等内容。博物馆治理与管理涉及法律法规、中国及外国博物馆管理体制等。博物馆收藏与保护涉及藏品管理、藏品研究、藏品保护、藏品归还等业务工作内容。博物馆展览涉及展品、流程、展示手段、辅助手段等。博物馆传播与教育着重从定义、发展、教育工作现状出发。博物馆公共服务主要关注服务类型、观众研究等。博物馆建筑与设备涉及建筑本身、博物馆选址与环境、博物馆设计、展厅设备等。博物馆安全与减灾，分别从藏品安全、防灾减灾等方面论述。博物馆信息学涉及博物馆信息化、数字博物馆、智慧博物馆等词条。博物馆评价体系涉及博物馆运行评估等。博物馆专业能力建设主要是博物馆人才培养培训。中国博物馆词条最多，内容也最为丰富，收录具有比较重要的地位、历史意义、代表性的博物馆，级别涉及国家一级、二级、三级博物馆，内容题材有社会历史类、自然科学类、文化艺术类和综合类，范围还包括了港澳台地区。外国博物馆收录国外具有重要地位、历史意义、典型性或开创性的博物馆。除各种重要类型的博物馆，还收录儿童博物馆、户外博物馆、生态博物馆等类型，动物园、植物园、水族馆等保管活体藏品的机构暂不纳入收录范围。从地域分布来看，国外博物馆以收录欧洲、北美洲、亚洲等地区的博物馆为主，南美洲、大洋洲、非洲等地区为辅。

总体上，对于目前中国重要的博物馆及相关人物、事件等都有所收录，如与中国博物馆事业发展有紧密联系的博物馆团体，博物馆专业书刊和设有博物馆专栏的刊物，对中国博物馆学和博物馆事业的发展有积极影响的著作，直接与中国博物馆事业相关的法律法规文件等。

目前，博物馆学科15个分支撰稿工作均已完成，提交中国大百科全书出版社审校。

（撰稿人：黄洋）

全国博物馆学优秀学术成果推介活动综述

第一届全国博物馆学优秀学术成果终评会

2015年5月,为鼓励博物馆学研究,归纳研究特点,引领研究方向,促使理论与实践更好地结合,支撑博物馆事业的健康发展,中国博物馆协会正式启动"全国博物馆学优秀学术成果推介"活动。全国博物馆学优秀学术成果是中国博物馆学界最高学术奖项,推介活动由中国博物馆协会主办,中国博物馆协会博物馆学专业委员会、《中国文物报》和《中国博物馆》联合承办,中国知网协办。除藏品研究以外与博物馆有关的、在中华人民共和国境内正式出版(硕博士论文已通过学位答辩),具有较高学术价值或社会影响的研究成果(包括论文、著作、译文、译著等)都可以申报。

第一届全国博物馆学优秀学术成果推介活动于2015年启动,共收到学术成果210篇(部),其中论文150篇(含硕博士学位论文25篇)、著作25部、译文25篇、译著10部。经审核,入围论文53篇(含硕博士学位论文10篇)、著作10部、译文10篇、译著4部。最终,共选出优秀学术成果39篇(部),其中论文27篇(含硕博士学位论文4篇)、著作5部、译文5篇、译著2部。

第二届全国博物馆学优秀学术成果评选终评会

    第二届全国博物馆学优秀学术成果推介活动于 2018 年启动，共收到学术成果 59 篇（部），其中论文 45 篇（含硕博士学位论文 10 篇）、著作 11 部、译文 2 篇、译著 1 部。经审核，入围论文 17 篇（含硕博士学位论文 2 篇）、著作 3 部、译文 1 篇、译著 1 部。最终，共选出优秀学术成果 11 篇（部），其中论文 8 篇（含硕博士学位论文 1 篇）、著作 2 部、译著 1 部（译文空缺）。

    第一、第二届全国博物馆学优秀学术成果推介活动共推出成果 50 篇（部），按照主题划分，博物馆学理论 9 篇（部），新博物馆学 7 篇（部），博物馆管理 2 篇（部），博物馆史 4 篇（部），智慧博物馆 5 篇（部），藏品管理 3 篇（部），陈列展览 5 篇（部），教育传播 13 篇（部），其他 2 篇（部）。这些获奖成果具有明确而正确的学术观点，符合学术规范，有创新或独到的见解，密切结合博物馆事业发展的新形势、新问题进行理论研究，反映博物馆学和博物馆事业的发展动向，具有较高的学术价值和实践指导意义。现按照主题归纳如下。

一、博物馆学理论

    博物馆学与博物馆实务相对，在本质上是一种社会科学，研究博物馆的历史与社会角色，研究、保存、展示、推广活动的特殊形态、组织与功用，建筑、基地、分类法及道义学，还包括所有与博物馆领域有关的理论化尝试与批判性反省。中国近代博物馆最早由西方引入中国，中国人自清末开始建立自己的博物馆。100多年来，博物馆在中国走过了一条极不寻常的道路，博物馆学理论研究也取得了前所未有的成就。在获奖的论著中，王宏钧的《中国博物馆学基础（修订本）》（上海古籍出版社）和苏东海的《博物馆的沉思——苏东海论文选》（文物出版社）堪称经典之作。《中国博物馆学基础》出版于1990年，系统地介绍了有关博物馆的社会功能、组织管理、工作原则等专业知识，出版十多年来，已数次重印发行。修订本仍由原书主编王宏钧负责，在修订本中对原书章节做了较大调整，在博物馆信息化等内容上做了较多的增补，使该书更具有理论前瞻性和现实指导意义，成为高校文博专业教材之一，于2001年出版。苏东海是新中国博物馆学研究的拓荒者，《博物馆的沉思——苏东海论文选》记录了苏东海长期坚持运用马克思主义立场观点方法，严肃执着研究博物馆各种问题的历史脚步和思想轨迹。

博物馆是"非营利性机构"，该机构"为教育、研究、欣赏的目的征集、保护、研究、传播并展出人类及人类环境的物质及非物质遗产"。博物馆定义是博物馆学理论最核心的部分，是博物馆的元问题。在过去的几十年里，国际博协多次微调对博物馆定义的陈述，直至2019年，国际博协陆续发布世界各地关于博物馆定义的群策清单，其官方网站上有来自西班牙、法国、日本、喀麦隆和伊朗等国的200多个条目。中国学者早在21世纪初就关注到这个议题，获奖的严建强和梁晓艳《博物馆（MUSEUM）的定义及其理解》和宋向光《博物馆定义与当代博物馆的发展》都发表于《中国博物馆》。严建强和梁晓艳从汉语中"博物馆"一词的词译来源展开论述，宋向光表述了博物馆定义在博物馆不同发展阶段所起的不同作用。中国博物馆的发展离不开张謇，他是中国博物馆事业的开拓者，创建了中国第一座由国人独立创办的公共博物馆——南通博物苑，并创立了中国近代博物馆学理论，为中国博物馆事业的发展做出了重要贡献。关于张謇博物馆思想的研究，是中国博物馆学理论研究的重要课题，也取得了一批重要成果，张文立的《张謇的建馆思想探析》（《回顾与展望：中国博物馆发展百年——2005年中国博物馆学会学术研讨会文集》）就是其中之一。张謇的建馆思想，是在中国处于半封建半殖民地这个历史背景下产生的，因而具有明显的时代特征，兼具爱国和教育双重特色。时至今日，爱国主义和辅助教育已成为博物馆的主要功能之一，因此，研究张謇建馆思想，对于建设有中国特色的博物馆有重要意义。随着当代中国博物馆事业的快速发展，借鉴国外博物馆学理论和先进经验已经成为中国博物馆界的共识。国外博物馆的发展经验，特别是先进国家的理论思考和办馆思路对于中国的博物馆事业，具有重要的借鉴意义。获奖的[美]朱莉·德克尔、[挪威]安娜·路易莎·桑切斯·劳斯、[英]艾琳·胡珀-格林希尔、[英]简·基德、[美]克里丝蒂·范霍芬、[美]洛尼·韦尔曼的《世界博物馆最新发展译丛》（上海科技教育出版社），涵盖了当代博物馆在日常运营中各个层面的研究，为我国博物馆从业人员与研究学者引入诸多国外博物馆最新研究成果，也让读者能深刻理解博物馆学在数字化、教育与管理等方面的创新理论与方法。[西班牙]杰西-佩德罗·劳伦特《高校博物馆学与学科发展：从技能培训到批判博物馆学》（《中国博物馆》）由李慧君翻译，论述高校博物馆学与学科发展。自20世纪初通过开设实践性课程以培养博物馆专业人员，现今博物馆学已跻身大学、研究生院等高校课程，一些高校还设有博物馆学教授职位或专门的博物馆研究部门，并出版该领域专著、期刊，以及主办或承办大量博物馆学方面的学术活动。可以说以高校为基础的学者已成为批判博物馆学理论方面的领头人，而博物馆理论上的新走向也在革新着博物馆实践。韩俊艳翻译的[英]让－保罗·马蒂农的《博物馆——可塑性，时间性》（《博物馆研究》）聚焦博物馆的时间性和可塑性，质疑在一个全球化的时代，博物馆是否仍然能将"未来"看作按时间顺序叙述的结果。文章采用了一个近期的尝试（由哲学家凯瑟琳·马拉布提出）来颠覆固有的信条，建议跳出这种固有模式重新描述博物馆的未来，对博物馆关于时间及其自身角色的理解产生的影响予以揭示。

二、新博物馆学

"新博物馆学"是博物馆学中的一个学派，以1984年《魁北克宣言》为诞生的标志。参与宣言的博物馆学者认为人类面临着生态环境破环和全球化社会道德下降的双重危机，必须对传统的博物馆学做出新的修改和解释。宣言指出："当我们包存过去文明的遗存以及保护今日之渴望与科技的成就时，新博物馆学（包括生态博物馆学、社区博物馆学，以及其他形式活动的博物馆学），主要关注于社区发展，反映社会进步的旺盛力量，并且将其与未来计划相联接"，"对我们来说，博物馆是，或应该是社会拥有的准备和完成社会改革的最佳工具"。相对于传统博物馆学的观念而言，新博物馆学的重心在于关怀社群和社区的需求，而不是传统博物馆一向奉为准则的藏品的整理、保护、研究和陈列等。

西方博物馆界兴起的"新博物馆学"运动，对于世界博物馆史具有里程碑式的重要意义。新博物馆学的一些标志性主张，如从"以物为本"向"以人为本"的转变，对生态、社区、少数族裔等的关注，也已陆续得到中国博物馆学界的译介和研究。甄朔南的《什么是新博物馆学》（《中国博物馆》）、苏东海的《国际生态博物馆运动述略及中国的实践》（《中国博物馆》）、陈燮君的《博物馆与无形文化遗产保护》（《中国博物馆》）、吕建昌和严啸的《新博物馆学运动的姊妹馆——生态博物馆与社区博物馆辨析》（《东南文化》）、周真刚和胡朝相的《论生态博物馆社区的文化遗产保护》（《贵州民族研究》）、黄萍和游建西的《求变与保护：中国首座民族生态博物馆的处境与对策》（《西南民族大学学报（人文社科版）》）、潘年英的《变形的"文本"——梭戛生态博物馆的人类学观察》（《湖南科技大学学报（社会科学版）》），这一批成果反映了新博物馆学作为一个研究话题在我国的引入、积累和诸多研究方向的展开。

三、博物馆管理

博物馆管理是指在特定的环境条件下，以从业人员和观众为中心，通过计划、组织、指挥、协调、控制及创新等手段，对博物馆机构所拥有的人力、物力、财力、信息等资源进行有效的决策、计划、组织、领导、控制，以期高效达到既定组织目标的过程。博物馆管理是博物馆最重要的一种活动，把研究博物馆管理活动所形成的管理基本原理和方法，上升作为一种知识体系，形成博物馆管理思想、管理原理、管理技能和方法的综合。随着博物馆实践的发展，博物馆管理不断充实其内容，成为指导博物馆开展各种管理活动，有效达到管理目的的指南。国际博协中国国家委员会和中国博物馆协会组织翻译的[英]帕特里克·博伊兰《经营博物馆》（译林出版社）指出，博物馆不仅必须忠诚地保持其传统的核心价值，继续把重点放在对藏品的照管与发展上，而且更需将重点放在向不同类型的参观者（包括当地幼龄学童、普通学生、一般观众、国际或国内游客、专业研究者等）提供优质服务上。该书旨在提供博物馆关键运作方面的全貌，联合国教科文组织建议将《经营博物馆》与《经营博物馆：培训人员手册》一并使用，以便更好地发挥其在理论与实践运作中的指导价值。如今，博物馆形态更加多元化，文化服务和教育功能愈发突出，可以很好地融入当代生活，在社会发展中扮演更加重要的角色。越来越多的人开始把博物馆当成旅游目的地，逛博物馆正逐渐成为人们的一种生活方式。但中国的博物馆旅游还处在探索阶段，运营模式并不成熟，消费也过于单一。那么如何让博物馆发挥更大的优势，值得业内人士进一步探索。詹丽、杨昌明、李江风的《用改进的旅行费用法评估文化旅游资源的经济价值——以湖北省博物馆为例》（《软科学》）初步阐述了文化旅游资源的"唯一性""真实性""认识的不确定性""破坏的不可逆性"的含义，得出文化旅游资源也是舒适型资源的结论，并采用改进的旅行费用法对作为文化旅游资源的湖北省博物馆2004年的国内旅游价值进行了评估。诚然，博物馆是一个具有广泛社会影响力的品牌，不仅在于它的名称、商品及经济效益，还在于博物馆的任务和其核心价值所传递出共同的利益、目标及公民社会的价值。博物馆需在坚持自身使命和迎合旅游之间找到平衡点，借由文化的创造性转化和创新性发展，提供独具行业文化特色的服务，这才是对文旅融合的最好回应。

四、博物馆史

博物馆史是博物馆学的重要关照对象，梳理博物馆的发展演进及其责任使命、社会关系，更能体现一个行业和一门学科的自觉程度。

1840年鸦片战争后，新兴资产阶级受西方文化的影响，主张"讲求西学"，发展资本主义文化教育。中国近代博物馆的产生，就是这一文化现象的反映。近代是中国博物馆产生及初步发展的一个特殊历史时段。博物馆从无到有的创建过程中，不但从根本上冲击了中国古物私藏秘守的固有模式，同时宣扬了新的公共文化观念，拓展了公共服务空间，对此后中国博物馆的发展有着重要的影响。徐玲的《博物馆与近代中国公共文化（1840—1949）》（科学出版社）在中西文化冲突及交流的背景下，分析近代中国博物馆产生及发展的社会环境、国人自主建馆的历程及学界对博物馆体制化建设的探索等，进而从公共文化角度重新审视近代中国博物馆的特性，还原博物馆在近代中国文化转型过程中的独特贡献。区域博物馆历史是理解中国博物馆历史发展的一把关键钥匙，通过梳理区域博物馆的历史脉络，总体史不再是镜像中的认知。区域史研究是在空间中理解时间的他者，试图回答博物馆史上的基本问题。蔡琴的《浙江博物馆史研究》（中国书店）由中国近代博物馆发端，到西湖博览会的举办、西湖博物馆的成立、战争时期的流亡、1949 年后博物馆事业的新生几个部分组成，包含大量珍贵历史照片，图文并茂。近代是西方博物馆观念在中国传播的一个特殊时期，传播者对西方博物馆的核心观念的阐释至关重要。徐玲的《李济与西方博物馆知识在中国的传播》（《中原文物》）介绍了留学出身的考古学者李济参与早期博物馆知识传播的同时，积极从事中国早期博物馆的创建活动，改变了中国古物的私有私藏模式，为奠定中国博物馆发展的格局起到了积极作用。陈双双翻译的 [美] 爱德华·P. 亚历山大和 [美] 玛丽·亚历山大合著的《博物馆变迁：博物馆历史与功能读本》（译林出版社）是一部探寻博物馆发展脉络和使命的著作，展现了自 18 世纪以来六大类博物馆的动态发展史，剖析了博物馆收藏、保护、展览、阐释、服务五大功能。该书最大亮点还在于其每章最后的"挑战"部分，收录了围绕该章主题提出的开放性问题。这些问题关乎博物馆的现在和未来，反映出博物馆在变化环境中需思考和做出的变革。

五、智慧博物馆

博物馆的发展历来与新技术之间存在着不解之缘，越来越多的新技术正在博物馆中被广泛应用，促进了博物馆发展，提升了观众参观体验。随着技术的进步，相信还会有更多新技术被引入博物馆，传统博物馆积极利用新技术的变革，对自身功能进行进一步转型与升级，因此有必要对博物馆新技术应用的变化趋势、实际效果进行分析，对未来发展趋势进行探讨，以期推动新技术在博物馆中更好地应用。侯春燕翻译的《注解环境：遗产与新技术》（《中国博物馆》）是世界著名博物馆专家 [荷兰] 彼得·冯·门施的经典之作。主要介绍了通过新技术将"集体记忆""历史记忆"进行诠释的各种方式和类型。例如利用网络为公众提供交流的平台、利用语音导览解说场景和事件、利用网站来收集和保存"文化传记"、利用多媒体和移动装置来连接社区中的人们。

许多博物馆采用了数字化技术，智慧博物馆是在原有数字博物馆的基础上，通过加入互联网和云计算及大数据等现代信息技术手段发展而来的。智慧博物馆具有四个鲜明特征——全面的感知、泛在的互联、海量的数据及精确的运算，对应智慧博物馆建设的技术系统——物联网、移动互联、大数据、云计算。张小朋的《智慧博物馆核心系统初探》（《东南文化》）论述了智慧博物馆的核心系统包括建筑／设备系统、业务系统、观众系统、数据通信系统、决策支持系统五个部分，将全面变革博物馆的管理、经营和服务模式，使原先粗放管理模式下的博物馆进入到精细化的管理模式。陈刚和祝孔强《数字博物馆及其相关问题分析》（《智能建筑与城市信息》）认为，随着数字化的发展，许多传统的博物馆建设受到了挑战，必须应用数字化手段进行建设。在这过程中，存在多方面建设的屏障，凸显出管理机制与建设方向的不合理。这些问题亟须得到合理突破，实现领域范围的发展。吴来明、徐方圆、黄河合著的《博物馆环境监控及相关物联网技术应用需求分析》（《文物保护与考古科学》）介绍了无线传感网络技术在几项重大文物展览活动中的有效应用情况，认为加强博物馆环境适宜的监测技术研发，发挥物联网在博物馆文物保存环境监控方面的作用，是实现博物馆环境风险预控的关键。马晶晶的《二维码技术及其在博物馆中的应用探析》（《文物世界》）认为二维码具有信息获取、网站跳转、广告推送、会员管理和手机支付等功能，在博物馆的教育、传播、服务、互动以及所有与公众相关的领域大有可为，博物馆也应尝试新的探索，使观众共享博物馆资源、享受博物馆服务、参与博物馆互动。总之，博物馆的发展应该跟上时代步伐，运用新技术逐步向智慧博物馆的方向发展，为大众提供更智能化的服务，也为博物馆的管理和研究发挥更大作用。

六、藏品管理

藏品是博物馆开展业务活动的物质基础，藏品管理是博物馆一项重要业务工作。博物馆要使藏品能够长久妥善保存下去，充分发挥社会效益，必须认真做好藏品管理工作。藏品管理是博物馆为了准确鉴别藏品的价值，确保藏品的安全，充分发挥藏品的作用，按照规定的工作程序和方法，对藏品所进行的科学管理。藏品管理有一套完整的工作程序和方法，包括接收、鉴选、分类、定级、登账、编目、建档、入库、保管、提用、注销、统计等多项任务和内容。随着博物馆事业的发展，藏品管理工作还包括了藏品伦理和预防性保护等相关的环节，同时，随着现代科学技术的日益发展，先进的科学技术和方法在博物馆藏品管理工作中正在不断地得到使用。武望婷的《博物馆微生物检测与防治》（北京燕山出版社）采用微生物学方法对博物馆内空气微生物细菌、真菌和放线菌进行统计鉴定，提高了鉴定的准确性，同时也找到了一种帮助文物在除尘的同时有效预防微生物等虫害侵蚀的方法。焦晋林的《博物馆馆藏文物的物权研究》是其中国人民大学硕士学位论文，从法律规定与法理角度厘清文物的所有权、用益物权和担保物权的具体内容，对文物保护利用的实际工作具有积极的现实意义。张春美翻译的[澳]莫里亚·辛普森的《博物馆与归还的正义：遗产、归还与文化教育》（《国际博物馆（全球中文版）》）认为对遗产的保护与解读是博物馆的核心职能，而且是博物馆实践中最为公众所熟知的两个方面，但这是一个复杂的系统，涉及原住居民身份、社群生活与博物馆文化遗产保护策略之间的关系。"文化遗产归还"是目前国际上比较关注的问题，吸引了中外众多博物馆专家的重视。

七、陈列展览

陈列展览是博物馆的中心工作，包括内容文本的策划和撰写、形式设计与制作、开放服务、交流传播等方方面面，不仅是文物藏品研究的成果体现，也是博物馆服务观众最直接的载体。胡凯云的博士论文《对话在博物馆展览中的意义及运用研究》（浙江大学）认为，展览作为博物馆与大众沟通的最主要媒介，面临着如何处理博物馆作为真理殿堂的定位和观点的多元性、如何处理博物馆一直以来的权威特性和观众自由表达的需求等新的挑战。文章通过对中西方博物馆展览和社会思潮变迁进行梳理，对已有的对话哲学研究和博物馆展览语境进行分析，结合实地调查、文献研究、案例分析，提炼出对话在展览中的建构策略。对话建构策略的提出能够从实践层面体现出对差异性和多元性的重视和接纳，为博物馆展览的发展提供切实可行的建议。郑奕的《如何讲好博物馆展览中的故事》（《国际博物馆（全球中文版）》）认为博物馆展览最终应该讲出器物中的故事，传递其中的历史文化、古人的精神与智慧。周婧景的《阐释系统：一种强化博物馆展览传播效应的新探索》（《东南文化》）认为博物馆展览应从使命出发，以知识传播和公共教育为宗旨，具备科学性与观赏性，并强调夯实陈列展览的学术和展品支撑体系的重要性。焦丽丹的硕士论文《论博物馆展示设计的注意控制》（浙江大学）认为通过相应的展示设计手段，能够达到引导观众注意分布的目的。从展示空间的横向角度看，合理的建筑设计、简洁的空间布置、安静的环境氛围可以减少分心刺激；从展品陈列的纵向角度看，充分调动各种设计元素，用以增强刺激本身的强度、新异性、对比性以及动态变化，增强展品的视觉冲击力和表现力，可以有效地引导和保持观众的注意集中状态。索经令和倪翀的《博物馆展览中的照明设计探讨》（《照明工程学报》）对展览照明的设计、文物保护对照明的要求和绿色照明的要求三个方面进行了探讨，提出博物馆展览的照明设计要从展览的大纲内容、形式设计以及所展出的展品等多个方面进行考量，同时还需要满足文物展品的保护要求和能源节约等方面的要求。

八、社会教育

近年来，随着我国博物馆数量的增多、国家对博物馆免费开放的鼓励，博物馆展览及观众数量均保持较高速度增长，博物馆资源利用率提升，越来越多的民众从中受益，博物馆的社会教育功能是当今博物馆的一项重要职能。把观众置于博物馆工作的中心，这意味着博物馆视角的巨大转变，从机构或博物馆的知识与内容转向观众的需求和期待。要更好地发挥博物馆的社会教育功能，必须更多地了解观众，根据观众量身定制博物馆的内容和体验，进一步完善服务设施，创新服务方式，提高服务质量，吸引新的观众。宋向光的《博物馆教育的新趋势》（《中国博物馆》）认为基于实物、环境、体验式、社会化等学习特点的博物馆教育，需要以博物馆藏品信息、藏品知识整合与呈现为依托，加强在基础理论、应用和项目开发方面的研究。博物馆教育的效果当以学习者的体验、收获、进一步学习的主动性和对博物馆的积极态度为主要评估标准。丁福利的《论我国博物馆教育发展的新趋势》（《中国博物馆》）针对我国博物馆教育发展中出现的一系列新的趋势和热点，提出了自己的思考。文章及时把握和跟踪这些趋势和热点，对于博物馆更好地服务于社会，具有十分重要的意义。孟庆金的《学习单：博物馆与学校教育合作的有效工具》（《中国博物馆》）借鉴台湾地区博物馆教育的实践，对博物馆与学校教育方面合作的可能性进行了探讨。潘守永执笔的《2004—2005年中国博物馆观众调查报告——"关于加强博物馆展示宣传和社会服务工作的调查研究"之"观众调查研究"报告》（《中国博物馆》），是受国家文物局委托，中国博物馆学会和中国文物报社承担的加强博物馆展示宣传和社会服务工作的调研课题报告。它首次以抽样方式在全国范围内以"观众问卷调查"的方式，获取社会公众对博物馆的认知、意见和建议等信息。毛颖的《博物馆与青少年教育》（《东南文化》）思考如何才能使博物馆在青少年教育方面发挥其最大的作用。该文认为博物馆现阶段在以人为本、网络宣传、志愿者组织及经费投入等方面还存在诸多不足，需要从完善服务、因人施教、鼓励参与、创新陈列展览、发展网络教育、拓宽资金来源渠道等方面着力加强与完善青少年教育职能。杨丹丹的《〈读城〉：探索博物馆青少年展教结合的创新之道》（《中国博物馆》）以首都博物馆打造的《读城》项目为案例，探索展教深度融合的社教服务形式，这是博物馆社教活动大胆而有益的尝试。果美侠的《大都会艺术博物馆教育工作述评》（《中原文物》）结合作者对国内外博物馆教育工作的理解，根据基础统计数据，介绍和分析了大都会艺术博物馆的教育理念、教育资源、教育活动，认为大都会艺术博物馆在教育理念、教育体系等方面，都值得国内博物馆教育工作参考借鉴。王思怡的《博物馆观众研究的反思与演变——基于实例的观众体验分析》（《中国博物馆》）从博物馆观众研究定义的演变、观众分类分层的理论梳理出发，结合互动体验模式及研究方法上的"以观众为中心的评估层级"模式，从行为、知识获得和情感测量三方面对湖州博物馆《吴兴赋》展览进行观众实例研究，认为博物馆经过长时间的发展，与观众的关系越来越紧密，认识观众成为博物馆工作的必要基础和展览考评的重要标准。乐俏俏的硕士论文《体验在博物馆学习中的意义及其实现》（浙江大学）结合学习教育学、认知心理学、行为学等相关理论，分析博物馆学习的特点、体验在博物馆观众学习中的意义、影响博物馆体验项目的要素等，分类探讨适合不同观众的博物馆体验项目，认为博物馆体验活动是传统的展示、研究、收藏之外的另一个工作重点。

刘平的《物件探索学习理论应用于博物馆学生教育初探》（《中国博物馆协会博物馆学专业委员会2013年"博物馆与教育"学术研讨会论文集》）认为现代博物馆已从"以物为本"逐步转型为"以人为本"，基于"遗产"保护和利用，现代博物馆最核心的理念与功能就是利用真实的遗产，在虚拟的场景中履行社会教育机构的职责。周婧景的博士论文《博物馆儿童教育研究——儿童展览与教育项目的视角》（复旦大学）梳理了关于儿童教育、儿童心理学、博物馆相关的理论，糅合理论和案例、国内和国外、儿童博物馆和博物馆儿童项目，认为博物馆儿童教育的未来将从临时客观向常态化转变、从互动模仿向创造自我转变、从展教分离向展教合一转变、教育空间从单一向多元化转变、从长期固展向定期改陈转变、从馆舍天地走向大千世界、从封闭空间向露天庭院拓展。郑奕的《博物馆教育活动研究》（复旦大学出版社）提炼了欧美博物馆教育活动规划与实施的先进理念、成熟经验和方式方法，呼吁亟待加强我国博物馆教育活动的研究，创新博物馆教育活动规划与实施的理念、内容、形式和方法，提升我国博物馆为学校教育和终身教育服务的质量。黄洋和高洋翻译[英]尼克·梅里曼的《让公众参与博物馆考古》（《南方文物》）介绍了"公共考古学"的术语和理念，西方学界认为，为了保护人类的文化遗产和考古研究的可持续性，依靠专家的力量已经无法胜任这项工作，必须依赖全社会的介入，包括政府和公众。因此，公共考古学不单是面对公众的普及，还要求政府职能的全面介入。目前，"公共考古学"的概念是指由政府管理的从公众共同利益出发的考古学，即由一个形形色色而且互有竞争的大众群体以他们自己的方法来阐释过去。在这种新理念的指导下，英国考古博物馆改变功能定位，从考古专家的"仆人"，转向以公众为中心。

九、其他

段勇的《当代美国博物馆》（科学出版社）是作者对美国100余家博物馆进行实地考察后的研究性论著。书中对美国博物馆的管理阶层、各部门机构、业务流程以及社会环境等方面做了细致的调研和深入的分析，对于中国博物馆的建设和发展具有参考和借鉴作用。陆建松和陆敏洁的《民办博物馆发展的现状、问题和政策思考》（《文物世界》）阐述了民办博物馆是为了教育、研究、欣赏的目的，由社会力量利用非国有文物、标本、资料等资产依法设立并取得法人资格，向公众开放的非营利性社会服务机构。

（撰稿人：蔡琴）

国际博物馆协会第二十二届大会暨第二十五次全体会议

2010年11月7日至12日,以"博物馆致力于社会和谐"为主题的国际博物馆协会第二十二届大会暨第二十五次全体会议(22nd General Conference & 25th General Assembly of ICOM,简称"第二十二届大会")在上海举行。这是国际博协成立64年来首次在中国举行的会员代表大会。在文化部、国家文物局和上海市政府的领导下,中国博物馆协会(国际博协中国国家委员会)与上海市文博机构通力协作,与国际博协总部及其他相关单位相互配合,历经一年多的申办立项和四年半的筹备实施,确保了此次全球性博物馆盛会的圆满成功,把中国博物馆界与全球博物馆领域的全面务实合作提高到了一个崭新的水平。

一、国际博协第二十二届大会的举办背景

每三年召开一次的国际博协大会与同期举行的全体大会,是国际博协的一面旗帜。大会的使命是确定今后若干年国际博物馆的发展方向,凝聚发展动力,为促进博物馆建立全面的价值体系和社会服务范式、强化博物馆本质特征并确保其在全球化背景下的发展与繁荣做出贡献。大会通过选择并围绕特定主题,为国际博协所属各国家委员会、国际委员会、地区联盟和附属国际组织所代表的不同地域、不同类型、不同专门领域的博物馆机构和从业者提供最集中和最具国际化的分享研讨舞台,并综合这些成果形成大会决议案。全体大会则按照法定程序审议国际博协工作报告和新的战略规划,通过有关重大议题的决议,选举新一届国际博协最高管理机构执行委员会。所以,国际博协大会和全体大会有"全球博物馆奥林匹克"之称。

截至2004年,国际博协已在世界多个重要城市召开大会,对举办城市和国家的文化遗产和博物馆事业产生了巨大的推动作用。但以往大会地点集中于欧洲、北美洲和拉丁美洲,首次在亚洲国家举办是2004年的韩国汉城。

我国中央和地方政府也希望全球博物馆行业盛会能落户中国,更好地服务于推动建设和谐世界的外交战略,展现中国博物馆事业的崭新面貌和对世界文化遗产和博物馆事业的特殊贡献。我国文博界期盼举办一届国际博协大会,与来自不同地域、文化和专业背景下的同行分享专业成果,应对共同的挑战,吸收和借鉴其他国家博物馆的先进理念与实践,进一步提高中国博物馆事业和博物馆学研究的国际化水平。

2010年适逢上海举办以"城市,让生活更美好"为主题的世博会,而博物馆也体现了人类社会

对未来更美好生活的设想和崇敬。主办国际博协第二十二届大会不仅可为世博会赋予更多特色鲜明、异彩纷呈的内容,也可实现世博会场馆设施和组织资源的持续性使用。

二、国际博协第二十二届大会的申办和筹备

(一)申办立项和获得主办权(2004年12月—2006年5月)

2004年国际博协汉城大会后,国际博协总秘书处希望中国考虑参与申办2010年第二十二届大会。经研究,国家文物局决定由上海市作为申办城市。2005年9月,国际博协执委会审议了6个申办城市后,确认了上海申办第二十二届大会的资格,上海与希腊雅典和俄罗斯莫斯科进入第二轮竞争。

2006年3月,国家文物局和上海市邀请国际博协考察团到上海实地考察,2006年4月,一个全面系统的申办文本形成,正式提交给国际博协第六十八次咨询委员会大会,完成了申办前的法定程序。

2006年5月29日至31日,国际博协第六十八次咨询委员会大会在巴黎联合国教科文组织总部举行,中国组成了以国际博协中国国家委员会主席张文彬为团长、副主席陈燮君为副团长的11人代表团参加会议。中国常驻联合国教科文组织代表团团长张学忠大使、中国驻法使馆公使衔参赞侯湘华和使馆文化处全体同志专程参会,代表中国政府为申办提供外交支持。5月29日上午,张文彬代表中国国家委员会做上海申办的前导性发言,表达了中国博物馆界走向世界、为国际博物馆事业的发展贡献力量的愿望。中国国家委员会副秘书长安来顺做申办陈述。5月31日上午,咨询委员会进行无记名投票,上海最终以微弱优势获得国际博协第二十二届大会主办权。

中国常驻联合国教科文组织代表团团长张学忠大使、中国驻法使馆公使衔参赞侯湘华一行参加国际博协第六十八次咨询委员会会议,代表中国政府支持上海申办第二十二届大会

2006年5月，中国代表团参加国际博协第六十八次咨询委员会会议申办第二十二届大会

（二）组织筹备工作（2006年6月—2010年11月6日）

从2006年5月获得主办权到2010年11月大会开幕，第二十二届大会的组织筹备工作历时四年半。在国务院的支持下，在国家文物局和上海市政府的领导下，各有关单位的领导和工作人员，既各司其职，又加强联系、沟通与相互协作，各学术组织、新闻媒体、专业会议公司积极配合。筹备工作团队始终保持与国际博协的密切沟通合作，尊重和遵守国际博协规则，为大会的圆满成功召开奠定了坚实的基础。

1. 大会筹备的组织架构

筹办第二十二届大会这样大规模的国际会议是一项跨部门、跨地区、跨学科的系统工程，强有力的领导和高效率的协调是各项工作成功高效的必备前提。2006年10月，确定由文化部、国家文物局、中国科协、上海市政府牵头，上海市文管会、中国博物馆学会（国际博协中国国家委员会）、中国自然科学博物馆协会联合有关单位共同组织开展筹备工作。2007年3月，第二十二届大会筹备委员会建立，负责重大事项的决策。筹委会的执行委员会下设北京和上海两个筹备办公室（2010年下半年两个办公室合并在上海博物馆集中办公）。

据不完全统计，直接参与第二十二届大会组织筹备的各级各类机构达30多个。中国博物馆学会在筹委会的领导下承担大会的学术开发和国际沟通工作。

2. 大会学术活动的开发与筹备

确定大会主题并进行阐释，是国际博协总部和历届大会东道国倍加关注的内容。主题的确定和阐释，既要反映国际博物馆领域的共同关注，又要体现东道国的文化特色和特殊贡献。在申办阶段，中方提出的主题是"博物馆与和谐社会"。进入筹备阶段后，为了更精准地表达主题的内涵和更便于国际上的理解，2008年7月和8月，国家文物局和中国博物馆学会两次邀请国内研究者在北京召开协商会。2008年9月，邀请包括部分国际博协执委在内的国内外专家再次展开学术研讨。经过充分研讨和论证，国际博协执委会于2009年6月正式确认第二十二届大会主题为"博物馆致力于社会和谐"。围绕大会的主题阐释，由国家文物局指导，中国国家委员会与宁波市人民政府于2008年12月在宁波举办"携手2010：宁波国际博物馆高峰论坛"。国际博协执委会全体委员、国内外博物馆界的知名专家学者参会。该论坛通过了关注"21世纪博物馆的核心价值与社会责任"的《宁波宣言》，涵盖博物馆核心价值与社会责任的再认知、博物馆发展中的国际性与国家性、博物馆与城市文明和博物馆与文化多元性等内容。

国外博物馆界关注和报道2008年12月的宁波国际博物馆高峰论坛及论坛通过的《宁波宣言》

国际博协大会的主旨报告是业界和社会受众面最广的部分，报告人又是大会权威性和吸引力的重要因素，而知名度高、影响力大的报告人需提前一年半邀请。从2009年初开始，中国国家委员会与国际博协执委会反复沟通了报告人的建议、遴选、邀请和确认工作。中方建议的候选人充分兼顾了地域、专业和性别上的平衡，如地域上涵盖亚洲、欧洲、北美洲、南美洲、非洲。2009年12月中国国家委员会和国际博协向候选人发出了邀请，中方主旨报告人的推荐和邀请也随即展开。

3. 大会的国际沟通与协作

筹备工作始终关注与国际博物馆界广泛联络、有效沟通和紧密协作，以确保第二十二届大会具有尽可能广泛的国际代表性。2007年2月，中国国家委员会主席张文彬出席在伊朗举行的国际博协亚太地区委员会（现为国际博协亚太地区联盟）大会，标志着全面国际沟通协作的开始。在此后的三年多时间里，中国派代表参加了历次国际博协执行委员会会议、咨询委员会会议，出席了多场国际学术讨论会。

2008年6月中国代表出席国际博协执委会会议

2009年10月第二十二届大会筹委会办公室参加国际博协亚太地区联盟大会

2007年8月中国代表团从国际博协主席和维也纳市政府代表手中接过国际博协会旗

2008年12月第二十二届大会筹委会与国际博协执委会签署合作协议并联合举行第一次新闻发布会

2010年5月第二十二届大会筹委会在广州举行大会筹备工作会议

2007年8月19至25日国际博协第二十一届大会在维也纳举行。大会闭幕式上，在来自五大洲2 000多名代表的共同见证下，杨定华、张柏和张文彬从国际博协主席库敏斯和维也纳市政府代表手中接过国际博协的会旗。

按照惯例，国际博协执委会需在大会召开两年前在主办城市召开一次会议，面对面协商具体筹备事宜。2008年12月1日至3日国际博协执委会第一百一十四次会议在上海召开。会议期间，国际博协官员与国家文物局和上海市领导进行会晤，实地考察了大会主会场及有关设施，听取了中方筹备的阶段性工作报告，正式签署了合作协议。双方还联合举行了第一次新闻发布会。

每届国际博协大会一半以上的时间是用于国际博协国际委员会等各机构开展各项业务活动，这是大会学术性最强、专业化要求最高的部分。中国国家委员会于2008年和2009年在中国博物馆学会西安培训中心有针对性地举办了两期"国际文博合作项目协调人培训班"，讲解国际博协专门知识，开展博物馆学和专业外语培训，培养了一支训练有素、可独立胜任协调工作的业务队伍。2008年至2009年，中国博物馆学会先后建立了14个专业委员会以确保30个国际委员会都有中方的协作单位或专业人员。2010年5月，大会筹委会邀请国际博协各国际委员会的代表齐聚广州，集中解决大会组织中可能出现的问题。

4. 大会宣传推广和运行

第二十二届大会的宣传推广活动从2008年初启动后便贯穿于大会筹备和召开的全过程，以提高大会行业和社会影响力。在国家文物局和上海市政府的指导下，筹备办公室于2008年3月完成了宣传推广计划。2008年4月在上海文博界和广大市民中公开征集第二十二届大会徽标并对入选作品进行优化设计，徽标于2008年12月得到国际博协执委会的确认。2008年6月第二十二届大会官方网站建设完成，以中、英、法、西四种语言开通运行。在国家文物局的指导下，《中国文物报》在第二十二届大会召开倒计时一周年之际推出大会专版。2008年12月3日，国际博协执委会和第二十二届大会筹委会在上海联合举行了第一次新闻发布会，介绍会议召开的背景和双方合作情况。至11月，共举行了4次新闻发布会，详细介绍了大会议程和重大活动方案。举办行业专题展览会也是第二十二届大会的亮点之一。"第二十二届国际博协大会展览会暨第四届博物馆及相关产品与技术博览会"于2009年开始筹备和招展。

2008年4月上海市启动第二十二届大会徽标的社会征集，入选方案优化设计后于12月得到国际博协确认

2008年6月第二十二届大会网站建设完成并以中、英、法、西四种语言开通运行

经国家文物局、上海市政府、国际博协执委会和国际博协中国国家委员会协商决定，第二十二届大会主会场设在上海世博中心。会场提供了可容纳2600人的大会议厅和可容纳600人的中会议厅，用于举行国际博协咨询委员会会议，还提供了可同时满足各国际专业委员会、地区性联盟、所属国际组织开会的中小型会议区域。此外，上海市还在地面和地下交通接驳、不同价位酒店住宿等方面做了周密和差异化的安排。

5月18日国际博物馆日期间，上海世博会的国际博协及第二十二届大会专题馆正式开馆接待参观，国际博协总干事专程赶到上海为场馆揭幕，实现了第二十二届大会与上海世博会的完美衔接。

三、国际博协第二十二届大会的召开

（一）大会概况

2010年11月7日17点，国际博协第二十二届大会暨第二十五次全体会议在上海世博中心红厅开幕。中共中央政治局委员、国务委员刘延东出席开幕式并讲话，中共中央政治局委员、上海市委书记俞正声出席开幕式。上海市委副书记、市长韩正，第二十二届大会筹委会主任委员、文化部部长蔡武出席大会做重要讲话，国际博协主席库敏斯、国际博协总干事安弗伦斯、国际博协中国国家委员会主席张柏等有关负责人分别致辞。开幕式突出了中国传统文化风格并与大会主题"博物馆致力于社会和谐"高度吻合。来自全球122个国家、地区和国际组织的3542名博物馆及相关领域的正式注册代表参加大会，其中境外代表1493人。

11月18日，第二十二届大会举行第一次全体会议和主旨报告会。墨西哥国立大学的阿里斯佩、中国上海博物馆馆长陈燮君、艺术评论家恩威佐、欧洲议会教育文化遗产总干事德拉戈尼、中国敦煌研究院院长樊锦诗和马里前总统科纳雷等6位专家学者，分别以"记忆、尊崇与创新，哪些博物馆？""致力于社会和谐的博物馆""偏离轨道：现代性以及后殖民主义的双重性""欧洲，博物馆以及不同文化间的行为""对文化遗产保护与利用和谐发展的探索——基于敦煌莫高窟的保护实践"和"走向博物馆的丰富化"为题发表演讲，并和与会代表进行了交流互动。11月8日下午至11日，国际博协各国际委员会、地区联盟和所属国际组织分别举行平行会议和业务考察，中国博物馆协会、中国自然科学博物馆协会主办的"第二十二届国际博协大会展览会暨第四届博物馆及相关产品与技术博览会"同期开放。

11月12日上午，国际博协第二十五次全体会议和第二十二届大会闭幕式先后举行。专程来上海的法国前总统希拉克出现在大会现场并发表了主旨演讲。大会选举产生新一届国际博协执委会，安来顺当选执委。国际博协中国国家委员会主席张柏被推选为国际博协亚太地区联盟主席。大会通过了包括《关于博物馆致力于和谐社会发展的上海宣言》（简称"《上海宣言》"）以及在中国建立国际博物馆协会国际博物馆培训中心等决议。

（二）大会的特点

第二十二届大会的主要特点可以归纳为五个方面：

一是大会的 7 位主旨报告人均享有极高的社会声誉和地域、专业代表性。他们既在国际文化领域影响力颇高，又具有精深学术造诣；既有为欧洲和非洲文化发展做出重要贡献的前国家首脑，又有从事全球跨文化交流的项目策划人、著名大学教授、知名艺术评论家、重要博物馆馆长和文化遗产保护专家，涵盖亚洲、欧洲、北美洲、南美洲、非洲，比较充分地体现了广泛的地域、文化和学科代表性。

二是国际同行参会的积极性空前高涨。3 500 多名的正式注册参会人数超出前两届大会的 1 600 人（韩国汉城）和 2 700 人（奥地利维也纳），既体现了中国的吸引力、上海的吸引力、中国博物馆事业的吸引力，也体现了本届大会从主题选择到活动内容策划组织等方面的吸引力。

三是参会代表的国际代表性非常广泛。大会注册参会的境外代表分别来自 115 个国家和地区、7 个国际组织，占国际博协所有会员来源国家（139 个国家和地区）的 82.7%，与国际博协传统优势区域维也纳第二十一届大会（117 个国家和地区）基本持平。

四是大会内容安排的多样性和社会性。大会内容除安排保证高质量完成国际博协大会惯例性要求，例如鲜明特色的开幕式、大会主旨报告、文化遗产考察、博物馆展览会等内容之外，为 30 个国际委员会安排了独具特色的专业研讨、学术交流活动，把活动延伸到了上海及周边城市的博物馆，拉近了中外博物馆同行之间的距离，也使交流活动更有针对性。此外，大会还第一次努力开拓博物馆与社会其他领域交流的新局面，如博物馆与社会经济发展开放论坛、博物馆与志愿文化及志愿精神开放论坛等。

五是东道主中国取得的成果丰富多彩。《上海宣言》以大会第一号决议的形式获得通过，在与国际同行分享共识的同时，也将中国博物馆关于博物馆社会角色的理念传播到全世界。大会决定在中国建立国际博物馆培训中心，为日后国际博协唯一的培训中心落户中国提供了权威依据。中国代表高票进入国际博协最高管理层，一批中国博物馆馆长在国际博协不同国际委员会中担任重要职务，中国博物馆人全面介入国际博协不同机构的决策和管理。

2011 年 6 月，国际博协咨询委员会听取了国际博协第二十二届大会的总结报告，对本届大会给予了高度评价。

四、国际博协第二十二届大会产生的影响

国际博协第二十二届大会暨第二十五次全体会议，在中国博物馆协会乃至整个博物馆领域对外学术和业务交流与合作中具有里程碑意义，产生了深远的影响。

国际博协大会决议，分为服务于管理政策和服务于指导方向的两种，《上海宣言》属于后者，是以国际博协为代表的国际博物馆界就今后若干年发展理念达成的共识，它契合了各国对当今世界

博物馆的现状与未来发展的普遍关切，引起了强烈的共鸣。虽然宣言仅有 800 字的篇幅，但它经过由七国学者组成的工作团队长达半年的酝酿、准备、研讨、修改，突出了开放包容和集思广益，内容上吸纳了近年来国际博物馆界的成果和思考，较好地体现了学术性、国际性和平衡性。而中国的发起倡议、积极推动和有效参与，体现了中国作为文化遗产大国的责任与担当。

根据大会通过的决定，经过近三年的精心准备，2013 年 7 月国际博协、国际博协中国国家委员会和故宫博物院合作建立了国际博物馆协会国际博物馆培训中心，设在故宫博物院，是国际博协唯一博物馆专业培训机构。它依托国际博协和我国博物馆的优秀专家资源，面向世界各地尤其是新兴国家的博物馆，提供高质量的国际培训课程，推动博物馆领域的国际交流与合作，整合世界不同地区博物馆建设的理论与实践，提高相关博物馆的专业化水平。截至目前，该培训已成功运行 8 年，被公认为国际博协与一个国家开展合作的典范。

大会申办、筹备和举办期间，在中国博物馆协会框架内建立了一批与国际博协对口的专业委员会。这些专业委员会在今天已发展为推动中国博物馆各专门领域跨越式发展的一支新生力量。中国博物馆人在国际博协执委会、亚太地区联盟、各国际委员会担任重要职务，成为我国全方位国际交流合作的一个新起点。

（撰稿人：安来顺）

附件：《关于博物馆致力于和谐社会发展的上海宣言》

强调国际博物馆协会 2010 年上海大会的主题"博物馆致力于社会和谐"是一个对全世界意义深刻且能引起共鸣的概念；

溯及 1974 年国际博物馆协会对博物馆定义所作的决定性修改，第一次对博物馆社会使命做出清晰的表述，即博物馆是"为社会和社会发展服务的机构"；

注意到国际博物馆协会阐述博物馆的社会责任之后数十年间"社会"概念本身的变革，所有现代社会都面临着来自其内部及其与世界关系双重深远影响及其变化所带来的挑战，关于未来发展的价值观和观念在多元化环境下不断发生着演进；

确认《国际博物馆道德准则》（2004 年）所列举八条原则中有关博物馆道德责任的以下阐述：

（原则 1）博物馆保存、诠释并促进人类自然和文化传承。

（原则 4）博物馆提供欣赏、理解及管理自然及文化遗产的机会。

（原则 5）博物馆享有可为其他公共服务及福利提供机会的资源。

（原则6）博物馆与其藏品来源社区以及其所服务的社区密切合作。

重申1998年联合国教科文组织《世界文化报告》框架所确立的有关文化广泛性和多元性的视野，持续推动生物多样性和文化多样性之间、物质遗产与非物质遗产之间不可分割的联系；

培育对不同社会和文化习俗的承认与尊重，以建立由来自不同背景的个人及群体共同组成的稳固的社会；

促进开放、思想自由、良知和信仰，以及人们通过广泛的途径获取博物馆为所有人生成的知识；

赞扬博物馆在当今国际事务中扮演更重要的角色，包括作为跨文化意识及国家间合理关系的大使；

提示对跨文化交流体验及彼此差异给予积极认同而非消极接纳，博物馆必须在与不同受众接触过程中积极推动这种认同，以使社会公众在全球化时代最大程度地受益；

强调博物馆对提高专业技能、素质及新型合作模式日益增长的需求，以为不同人民、不同文化及各种知识的互动提供一个组织化的平台；

国际博物馆社会的成员及国际博物馆协会的代表聚集上海，举行国际博物馆协会2010年大会，宣告博物馆作为促进社会和谐发展的原动力的重要价值，所有的个人和群体都可以自由地、积极地参与到博物馆中来，通过博物馆对人类共有的环境、历史及成就的保存及展现，维护人类留给后世的独特的、不可替代的遗产。

中国　上海

2010年11月12日

国际博物馆协会第二十五次全体会议通过

国际博物馆协会藏品保护委员会第十九届大会

一、国际博物馆协会藏品保护委员会第十九届大会举办背景

国际博协藏品保护委员会（ICOM-CC）成立于1967年，是国际博协下设国际委员会中最大的专业组织，也是国际上最大的藏品保护专业组织，拥有4 000多名会员，致力于文化遗产保护理论及相关科学技术研究、交流与推广。ICOM-CC每三年举行一次的大会，是国际藏品保护人员、专家学者以及机构重要的学术与技术交流平台。

2018年国际博协藏品保护委员会第十九届大会合作方签署合作框架协议

随着中国博物馆数量的快速增长，博物馆藏品保护面临一系列挑战，提升藏品保护的科技含量和技术、材料、装备水平是我国博物馆事业发展面临的重大课题。为助力提升国内博物馆的藏品保护水平，推动该领域的国际交流合作，促进中国博物馆传统技艺与现代修复技术有机结合的藏品保护技术及其所体现的工匠精神走向世界，进而助力博物馆事业的整体发展，提升中国在博物馆藏品保护领域的国际影响，中国博物馆协会提出申办ICOM-CC第十九届大会，2017年9月获得批准。此后，中方建立了ICOM-CC第十九届大会组委会积极推进会议筹备工作。2018年11月22日，在

国家文物局副局长关强和国际博物馆协会前主席汉斯－马丁·辛兹的见证下，ICOM-CC 第十九届大会中方组委会代表安来顺与 ICOM-CC 代表、时任 ICOM-CC 主席克里斯缇娜·斯特拉克玫在福建正式签署了大会框架协议。ICOM-CC 第十九届大会原本拟于 2020 年 9 月 14 日至 18 日在北京举行。

二、国际博物馆协会藏品保护委员会第十九届大会概况

2020 年，突如其来的新冠肺炎疫情为 ICOM-CC 第十九届大会带来了诸多不确定性。经组委会研究，大会延期至 2021 年 5 月 17 至 21 日，以线上与线下结合的形式举行，大会由国家文物局、北京市人民政府共同主办，中国博物馆协会承办。本次大会是 ICOM-CC 大会首次在线举办，最终，共有来自全世界 67 个国家和地区的 1 527 名文保专家、文物保护工作者及研究人员在线参加了本次大会。大会主题为"打破边界：论文物保护学科的综合性"，包括开闭幕式、主题研讨会，以及 4 条平行线路 21 个工作组分会。158 位各国专家在线发表了学术论文，大会还组织了 44 场在线互动问答，以全球视野多维度集中展现了藏品保护各个专门领域的最新研究成果。

2021 年 5 月国际博协藏品保护委员会第十九届大会开幕式

文化和旅游部副部长、国家文物局局长李群，北京市委常委、宣传部部长莫高义，故宫博物院院长王旭东，国家文物局副局长关强，中国博物馆协会理事长刘曙光，北京市人民政府副市长杨斌，国家文物局博物馆与社会文物司（科技司）司长罗静，北京市文物局局长陈名杰，国际博物馆协会副主席安来顺，以及有关单位负责同志在北京中心会场出席了活动。通过中国组委会搭建的视频会议系

统平台,国际博协主席阿尔贝托·格兰迪尼、ICOM-CC 前主席克里斯缇娜·斯特拉克玟、ICOM-CC 主席凯特·西蒙参加大会并发表致辞。

李群局长在开幕式上讲话

李群副部长在大会开幕式上发表了讲话,他指出,中国历来高度重视文物保护,坚持尊重历史、尊重文化,逐步构筑起文物保护的有效体系。中国始终把科技创新作为文物保护的重要驱动和支撑,通过组织科技攻关,实现文物保护理论发展和技术升级;通过数字化手段,实现文物资源的永久保存、永续利用;通过推进现代信息技术的应用,实现博物馆藏品保护、管理和服务的智能化;通过文物保护装备产业化及应用专项行动,实现文物保护专有装备供给能力不断提升;通过推行"互联网+中华文明"行动,促进优秀传统文化创造性转化、创新性发展。他还就加强文物保护国际合作、搭建对话交流平台提出三点倡议:一是深化协同创新,以保护全人类的优秀文明成果;二是加强人才培养,让文物保护事业代代相传,后继有人;三是推动知识传播,保持文物保护事业的发展活力,创新壮大发展格局。

在中国组委会的精心筹备下,专门制作的 ICOM-CC 大会网站整合了各方面与大会相关的资源和信息,全方位、立体化展示我国博物馆事业。作为核心展示内容,组委会聘请专业团队制作大会宣传片,在展示北京的人文历史风貌、中国文物保护技术领域发展成就的同时,以更加人性化的视角展示了文保工作的价值,拉近了文保工作与公众的距离。此外,组委会还力邀包括故宫博物院、中国国家博物馆、敦煌研究院等全国各具特色的 10 个博物馆及有关机构为大会拍摄独家技术考察视频,并在大会在线平台上集中展示,使未能亲临我国的文保专家了解中国文保事业各个门类的技术水平和各文博单位的情况。为进一步丰富大会内容,利用平台做好宣传工作,大会网站除了载入大会宣传片、技术考察视频、大会学术论文、学术海报等内容以外,结合会议期间正值国际博物馆日中国主会场活动,组委会还录制了活动现场视频嵌入大会网站专门板块,以宣传我国在推广国际博

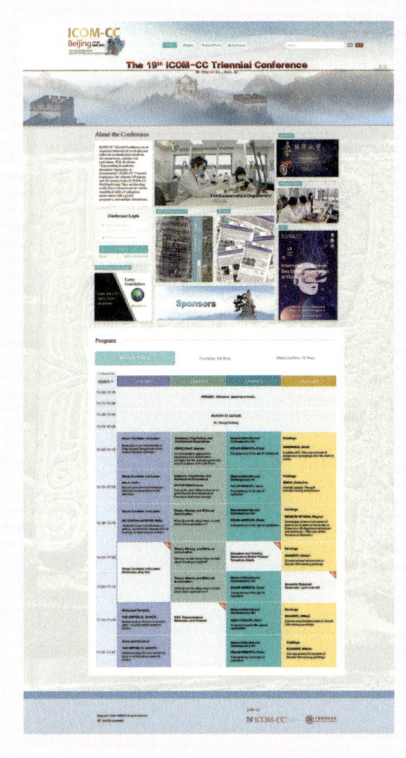

国际博协藏品保护委员会第十九届　　国际博协藏品保护委员会第十九届大会会议代表发言
大会网站

物馆日方面所做的工作。"万年永宝——中国馆藏文物保护成果展"是组委会专门为迎接 ICOM-CC 大会宣传和总结我国博物馆藏品保护工作而制作的展览，在布展结束后，组委会也专门制作了展览现场视频，展示在大会网站上。参会的各国专家除参与大会的各项活动以外，对组委会提供这些覆盖面广、各有侧重的专业内容也表现出浓厚的兴趣，他们在平台开放期间多次点击相关视频，进一步了解中国博物馆事业的相关情况，这使得组委会全面立体呈现中国博物馆事业发展的目的得以较好地实现。大会注册人数为 1 527 人，但是数据表明，短短一个月的会议时间内，大会网站独立访客

国际博协藏品保护委员会凯特·西蒙主席致辞 　　国际博协藏品保护委员会前主席克里斯缇娜·斯特拉克玟致辞

数（UV）为 6 750 人，访问量为 139 612 次。

ICOM-CC 大会的论文征集和评审过程繁杂漫长，在组委会的积极支持下，ICOM-CC 历时两年完成了学术成果的评审和出版工作，以全球视角多维度聚焦藏品保护各个专门领域的最新成果。国内方面，本次大会是我国在藏品保护领域国际大会上入选学术成果最多的一次，共有 18 篇论文、26 个学术海报入选，论文作者受邀在大会上发言。此外，在大会的 21 个专业工作组分会上，有 3 名中方专家被选为分会主持人。ICOM-CC 凯特·西蒙主席在讲话中指出，他们所展示的中国藏品保护科技成果代表了近三年国际藏品保护领域取得的最新科技成就。

除了国内专家，其他参会代表来自美国盖蒂保护所、大都会艺术博物馆、哈佛艺术博物馆、英国国家美术馆、丹麦国家博物馆、丹麦国家美术馆、挪威国家美术博物馆、韩国国立中央博物馆、荷兰阿姆斯特丹市立博物馆、喀麦隆国家博物馆等世界知名博物馆及科研机构。故宫博物院院长王旭东、中国丝绸博物馆馆长赵丰在大会上发表主旨演讲。ICOM-CC 理事、山东大学马清林教授与美国盖蒂保护所琳恩·李教授共同主持大会主题研讨会，与赵丰、尼日利亚艾哈迈德贝洛大学的特里·利特、伦敦大学学院的西蒙·凯恩、荷兰阿姆斯特丹市立博物馆的安娜·布洛等围绕"保护工作中面临的全球挑战"，展开了热烈的研讨。通过中国组委会搭建的这一大会交流平台，来自 67 个国家和地区的藏品保护专家在 3 天时间里高效地通过 4 条平行线路，在专门的小组中对专业问题进行了讨论，交流了经验。

王旭东院长发表主旨演讲　　　　　　　　赵丰馆长发表主旨演讲

三、国际博物馆协会藏品保护委员会第十九届大会的影响

此次大会是继 2010 年上海国际博协第二十二届大会之后，中国举办的又一次水平高、规模大、参与广、影响力强的国际博物馆专业盛会，也是国际博协迄今为止历时最长、同时在线人员最多、规模最大的一次线上会议。通过此次盛会，我们向世界全方位、立体化展示中国博物馆事业和文物保护事业发展成就，取得了优异的成果。

国际博协主席阿尔贝托·格兰迪尼在国际博协藏品保护委员会第十九届大会上致辞

在全球经济面临挑战的今天，中方继续履行承诺，以高度负责的态度高质量地完成了大会的各项组织工作，将一个成功的大会献给全球的藏品保护工作者。此次大会是ICOM-CC首次在线举办，参会代表多，涉及国家面广，内容丰富且复杂，对于所使用技术及会议组织方面都是巨大的挑战。但在中国组委会的积极协调下，大会完美地完成了各项既定议程，获得了国际博协主席、ICOM-CC领导和参会代表的一致赞誉。国际博协主席阿尔贝托·格兰迪尼盛赞了中国组委会在疫情下的困难时期，对本次大会的精心筹备。ICOM-CC主席凯特·西蒙指出，此次大会作为ICOM-CC历史上绝无仅有的线上会议，获得巨大成功，将载入史册。

大会结束以后，2021年底，在中国博协藏品保护专业委员会专家们的共同努力下，中国博物馆协会将大会论文进行甄选和翻译，出版了《中国博物馆——ICOM-CC第19届大会专刊》，向广大博物馆藏品保护工作同仁系统介绍了此次大会的学术成果。

（撰稿人：艾静芳）

国际博物馆日中国主会场活动（2009—2021）

一、国际博物馆日中国主会场活动创设背景

1977年5月28日，在莫斯科召开的国际博物馆协会第十二届大会上通过了关于设立国际博物馆日（IMD）的第5号决议，决定自1978年起，每年的5月18日为国际博物馆日，旨在促进全球博物馆事业的健康发展，吸引全社会公众对博物馆事业的了解、参与和关注。在这个决议中，国际博协提出"博物馆是人类之间进行文化交流，丰富文化，促进相互理解、合作与和平的重要方式"。

1983年，中国博物馆学会正式加入国际博物馆协会，并成立了国际博物馆协会中国国家委员会，国际博物馆日由此引入中国。1992年，国际博物馆协会首次为国际博物馆日确定主题，当年的主题是"博物馆与环境"（Museums and Environment）。在此后的几年中，"博物馆与原住居民"（Museums and Indigenous Peoples）、"走进博物馆幕后"（Behind the Scenes in Museums）、"反应与责任"（Response and Responsibility）、"为了明天收藏今天"（Collecting Today for Tomorrow）、"与文物的非法贩运和交易行为进行斗争"（The Fight Against Illicit Traffic of Cultural Property）等一些话题，先后受到国际博物馆协会的关注，并被列为国际博物馆日的主题。

在这一时期，中国博物馆界逐步认识并接受了"5·18国际博物馆日"，将其作为博物馆工作者和博物馆文化爱好者的节日，选择在这一天开展各种类型的宣传活动。由最初的博物馆自身小规模宣传，到逐步扩大宣传规模，到与社会各界、新闻媒体联合开展活动，进而到社会主动参加宣传活动。1996年，国家文物局、中国博物馆学会、北京市文物局和北京博物馆学会联合在北京选择了4个大博物馆作为主要场所，开展了多场大规模的宣传活动，取得了很好的社会效果。自此之后，国家文物局和中国博物馆学会，每年在"5·18国际博物馆日"前都会向全国发出通知，要求各地文物局和博物馆学会围绕国际博协确定的主题，组织各地博物馆开展多种形式的宣传活动，以制作宣传版面、张贴宣传画和散发宣传资料等方式，充分利用新闻媒介，宣传文物保护和博物馆事业建设的成就，宣传博物馆在文物征集、保管、展示、传播、学术研究等方面取得的成绩，扩大博物馆的社会影响，提高广大公众的文物保护意识和对博物馆的认知。

一些地方的文物部门和文博单位借国际博物馆日的宣传平台，积极向政府或企业争取资金，或采用商业运作模式，跨部门、跨区域联合举办文物展览。不仅展览内容新颖，而且在展览设计、服务观众等方面有所突破，向广大观众奉献了高品位、高质量的文化大餐。还有一些博物馆，积极争

取各方面的支持，引进外国的文物展览，使民众在自己的地域可以欣赏到域外文化风采。2007年"5·18国际博物馆日"期间，国家文物局和中国博物馆学会首次将"全国博物馆十大陈列展览精品"评选活动纳入博物馆日活动内容，选择在博物馆日当天揭晓第七届（2005—2006年度）"全国博物馆十大陈列展览精品"获奖名单，受到新闻媒体普遍关注。同样是在2007年博物馆日期间，中央电视台科教频道推出纪念盛典《中国记忆——文化遗产博览月》，通过4个小时大型电视媒体行动，启动中外博物馆大巡礼，派遣14个拍摄团队分赴中外14个博物馆，发回现场报道。著名学者组成专家团队，在央视演播室、故宫博物院、沈阳故宫博物院、克里姆林宫博物馆4个直播点同步讲解直播内容。2008年，恰逢北京奥运会召开，中国博物馆学会、北京市文物局等单位共同组织了"我看博物馆"摄影大赛、北京博物馆演讲小分队汇报演出、博物馆探宝、公益鉴定等一系列特色公众活动，并于5月18日当天在首都博物馆礼仪大厅举行了首批国家一级博物馆授牌仪式和"我看博物馆"摄影大赛优秀作品展开幕式等主题活动，"5·18国际博物馆日"主会场活动的雏形已经初步显现。

二、国际博物馆日中国主会场活动发展历程

2009年是中华人民共和国成立60周年，也是我国博物馆免费开放政策实行一周年，当年的国际博物馆日的主题是"博物馆与旅游"（Museums and Tourism）。根据国际博物馆协会于2007年先后发布的《关于全世界可持续文化旅游的宣言》《博物馆与文化旅游原则宪章提案》等纲领性文件的有关内容，为了更好地体现"博物馆与旅游"这一主题，国家文物局、国务院三峡办、重庆市人民政府共同在重庆市涪陵区的白鹤梁设立2009年"5·18国际博物馆日"中国主会场，将白鹤梁水下博物馆的开馆仪式作为2009年"5·18国际博物馆日"的主会场活动，这是国家文物局首次设立国际博物馆日中国主会场。5月18日当天，2009年国际博物馆日中国主会场启动仪式和白鹤梁水下博物馆开馆仪式在重庆市涪陵区隆重举行，国家文物局、国务院三峡

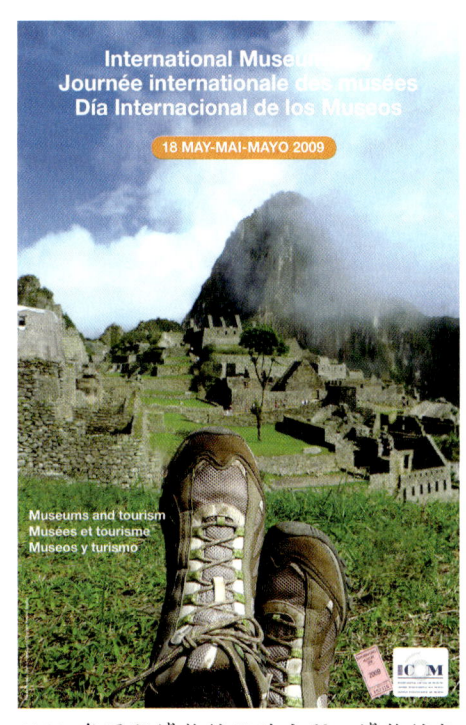

2009年国际博物馆日的主题：博物馆与旅游（Museums and Tourism）

办等国家部委领导，中国博物馆学会名誉理事长张文彬，中国工程院院士葛修润等出席，国家文物局局长单霁翔宣布白鹤梁水下博物馆开馆，中央电视台科教频道对活动进行了现场直播。当天下午，在重庆市专门组织了"博物馆与旅游"重庆高峰论坛，作为2009年"5·18国际博物馆日"的主题论坛，邀请国内外的博物馆研究专家共同为重庆的三峡旅游出谋划策。与此同时，中国博物馆学会

还在北京设立分会场，由北京市文物局、北京博物馆学会负责，继续组织文博讲座、文物鉴赏等"5·18"传统活动。

2010年国际博物馆日主会场活动暨广东省博物馆新馆开馆仪式

2010年国际博物馆日主会场设在广东省广州市，与广东省博物馆新馆开馆仪式同步举行。活动的整个过程受到了各界的广泛关注，特别是通过中央电视台等媒体的现场直播，引起了较大的社会反响。围绕当年国际博物馆日主题"博物馆致力于社会和谐"（Museums for Social Harmony），主办方策划了一系列公众活动，与主会场活动相配套的"走近国际博协2010年大会·广州国际博物馆高峰论坛"作为主题论坛，聚集了来自全国和世界各地的博物馆行业同仁，共商"博物馆致力于社会和谐"的战略性命题，为当年即将在上海举行的国际博协第二十二届大会进行了一次全方位的预演。

2011年国际博物馆日主会场设在辽宁省沈阳市，当年国际博物馆日的主题确定为"博物馆与记忆"（Museums and Memory），主办方特别在辽宁省博物馆策划了主题展览"辽河寻根 文明溯源——中华文明起源展"，同时在沈阳市铁西区还举行了沈阳工业博物馆奠基仪式。在这一年，国家文物局、中国博物馆协会再次将"全国博物馆十大陈列展览精品"评选纳入主会场活动，并在开幕式上为第九届（2009—2010年度）"全国博物馆十大陈列展览精品"获奖单位颁奖，辽宁省文化厅也揭晓了辽宁历史艺术类和近现代类十大馆藏文物评选结果。

2012年国际博物馆日主会场设在广西壮族自治区南宁市，当年国际博物馆日主题为"处于变革世界中的博物馆：新挑战、新启示"（Museums in a Changing World: New Challenges, New

Inspirations），主办方围绕这一主题在广西民族博物馆策划举办了两个特别展览"传承文化　强国惠民——全国博物馆、纪念馆免费开放成果展"和"吉金华章——宝鸡青铜器珍品特展"，并在活动开幕式上公布了"2011年度博物馆免费开放最佳做法评选"的结果，同时首次发布了年度"全国最具创新力博物馆"名单，还举办了博物馆免费开放最佳做法研讨会。

2013年国际博物馆日主会场设在山东省济南市，围绕"博物馆（记忆＋创造力）＝社会变革"〔Museums（Memory+Creativity）=Social Change〕的年度主题，山东博物馆及全省各市博物馆在活动期间策划举办了17个专项展览、41项特色活动、15场专题讲座。活动开幕式上，国家文物局颁发第十届（2011年度和2012年度）"全国博物馆十大陈列展览精品"奖并公布了2013年度全国最具创新力博物馆、国家二三级博物馆的结果。山东博物馆还举办了全国知名专家免费鉴宝、面向公众的高端学术报告会等10多场特色活动。

2014年国际博物馆日主会场设在江苏省南京市，围绕当年的国际博物馆日主题"博物馆藏品架起沟通的桥梁"（Museum Collections Make Connections），南京博物院举办了展览、演讲、非物质文化遗产展演、馆长论坛、社会教育等丰富多彩的活动，中国博物馆协会、中国文物报社在活动开幕式上公布了第十一届（2013年度）"全国博物馆十大陈列展览精品"结果和2014年度"全国最具创新力博物馆"名单。南京博物院专为视障人士设置的专题数字体验区——博爱馆在博物馆日当天正式开放，江苏省文物局还组织举办了博物馆馆长论坛，探讨了博物馆事业发展与藏品研究、保护和利用的问题。

2015年国际博物馆日主会场设在河北省石家庄市，这是《博物馆条例》颁布后的首个国际博物馆日，当年的国际博物馆日主题为"博物馆致力于社会的可持续发展"（Museums for a Sustainable Society）。在活动开幕式上公布了第十二届（2014年度）"全国博物馆十大陈列展览精品"推介结果和2015年度"全国最具创新力博物馆"名单。

2016年国际博物馆日主会场设在内蒙古自治区呼和浩特市，围绕"博物馆与文化景观"（Museums and Cultural Landscapes）的年度主题，内蒙古博物院和呼和浩特市非物质文化遗产保护中心向观众展示了富有草原文化特色的国际非遗项目蒙古族长调、呼麦、马头琴，以及脑阁、蒙古马鞍制作、和林格尔剪纸、软陶人像雕塑艺术、蒙古族服饰等一批国家级非遗项目。全国首个流动数字博物馆也在活动期间亮相，以数字形式展出了1 000多件内蒙古珍贵文物。在活动开幕式上公布了第十三届（2015年度）"全国博物馆十大陈列展览精品"推介结果、2016年度"全国最具创新力博物馆"名单和第一届"全国博物馆学优秀学术成果奖"获奖名单。

2017年国际博物馆日主会场设在北京市，当年的国际博物馆日主题为"博物馆与有争议的历史：博物馆难以言说的历史"（Museums and Contested Histories: Saying the Unspeakable in Museums）。在活动开幕式上，第十四届（2016年度）"全国博物馆十大陈列展览精品推介"获奖单位名单揭晓，第三批国家一级博物馆和"全国最具创新力博物馆"接受颁牌，在"中国故事——全国博物馆优秀讲解案例展示推介活动"中获得"十佳优秀讲解员"的选手获颁荣誉证书。中国博物馆协会丝绸之路沿线博物馆专业委员会联合"国际丝路之绸研究联盟""丝绸之路国际博物馆友好联盟"共同发起的"丝绸之路国际博物馆联盟"也在当天正式成立。为迎接这个博物馆日的到来，国家文物局还特别推出了"美·好·中华——近二十年考古成果展"。

2018年国际博物馆日主会场设在上海市，围绕"超级连接的博物馆：新方法、新公众"（Hyper Connected Museums: New Approaches, New Publics）的年度主题，国家文物局与中央广播电视总台联合举行了专题片《如果国宝会说话》全球推广仪式；与中国移动通信集团有限公司签署了有关文物管理信息化、文化推广和公众服务的战略合作协议；与百度公司共同启动"用科技传承文明：AI博物馆计划"，发布全国数字博物馆地图（一期），通过多种形式，推动博物馆与社会各界的"超级连接"。在活动开幕式上还公布了第十五届（2017年度）"全国博物馆十大陈列展览精品"推介名单和2018年度"全国最具创新力博物馆"评选结果，发布了"手机中的博物馆记忆"十佳优秀作品。国家文物局举办了"博物馆与美好生活"论坛，中国博物馆协会、中国文物报社、上海大学等有关单位联合举办了"从实体到虚拟：博物馆与新技术"研讨会，全国138家交通广播机构联合开展了"百城百台——我为国宝点赞"大型主题活动。

2019年国际博物馆日主会场设在湖南省长沙市，围绕"作为文化中枢的博物馆：传统的未来"（Museums as Cultural Hubs: The Future of Tradition）的年度主题，在活动开幕式上，由国家文物局委托中国文物报社开展的"博物馆网上展览"、由中国博物馆协会与中国移动咪咕平台联合推出的"博物馆在移动"项目启动上线；由湖南省博物馆联合全国22家文博单位举办的"根·魂——中华文明物语"特别展览，以及"齐白石绘画作品展""潇湘古琴文化展"等专题展览开幕。同时，还公布了2019年度"全国最具创新力博物馆"、第十六届（2018年度）"全国博物馆十大陈列展览精品"推介活动获奖名单。作为主会场活动的一部分，当天下午还在湖南省博物馆举行了"博物馆·文化中枢"高峰论坛，深入探讨博物馆作为"文化中枢"的发展路径。当晚，湖南省博物馆、湖南经视联合推出"博物馆之夜"活动。在活动期间，长沙市区各博物馆免费开放，并举办文化沙龙、文物鉴定、学术讲座、微展览等特色活动，以满足观众多元化、个性化的文化需求。

2020年国际博物馆日主会场设在江苏省南京市，这是在疫情防控常态化背景下举办的特殊的主会场活动，南京市也是首个先后两次承办国际博物馆日主会场活动的城市。本次活动严格控制活动规模、完善应急预案，同时首次尝试采用线上线下融合传播方式，通过5G网络对主会场系列活动全程直播与话题推送。国际博物馆协会主席苏埃·阿克索伊向活动发来贺信。在开幕式上，新华社、江苏省卫健委和江苏省人民医院向南京博物院捐赠了一批反映聚力助援抗疫的代表性物证资料；由中国博物馆协会与中国移动咪咕平台联合推出的"博物馆在移动5·18文创节"启动上线；国家文物局与新华社首个新型智慧传播合作项目——"国云展"平台启动上线，由南京博物院联合8家文博机构举办的"融·合：从春秋到秦汉——中华传统文化中的多元与包容"特展同期开幕。开幕式上，公布了第十七届（2019年度）"全国博物馆十大陈列展览精品"获奖名单和2020年度"全国最具创新力博物馆"名单。在活动期间，中央广播电视总台新闻新媒体中心、中国文物报社、哔哩哔哩

2019年中国博物馆协会与中国移动咪咕平台联合推出的"博物馆在移动"项目启动上线

共同发起的"云讲国宝——全国文博在线讲解直播推介活动"也正式启动，南京博物院还举行了"致力于平等的博物馆：多元和包容"主旨论坛和"中华文化的性格"的博物馆奇妙夜活动。作为主会场城市，南京市博物总馆等市、区各博物馆在免费开放的同时，也举办了270余项特色活动。

2021年国际博物馆日主会场设在北京市，在本届国际博物馆日活动期间，国际博物馆协会藏品保护委员会第十九届大会也在北京举行，围绕"博物馆的未来：恢复与重塑"（The Future of Museums: Recover and Reimagine）的年度主题和ICOM-CC大会主题"打破边界：论文物保护学科的综合性"，国家文物局、北京市人民政府联合推出了"万年永宝——中国馆藏文物保护成果展"。国际博协主席阿尔贝托·格兰迪尼为中国主会场活动发来视频祝贺。在活动开幕式上，公布了2021年度"全国最具创新力博物馆"和第十八届（2020年度）"全国博物馆十大陈列展览精品"获奖名单。活动当天，首都博物馆还举办了博物馆日主题论坛和"博物馆之夜"活动。北京地区各类博物馆也举办一系列特色鲜明的陈列展览、学术研讨、教育传播、公众体验和文化遗产推介活动，让文物活在当下，服务时代。

（撰稿人：李晨）

国际博物馆协会培训中心（2013—2021）

国际博协培训中心，全称国际博物馆协会国际博物馆培训中心（ICOM International Training Centre for Museum Studies，简称ICOM-ITC），是由国际博物馆协会、中国博物馆协会和故宫博物院合作建立的国际博物馆专业培训机构，于2013年7月1日在故宫博物院成立。培训中心以博物馆培训项目为核心，以促进发展中国家，特别是亚太地区国家博物馆业务水平为宗旨，依托故宫博物院运行管理。

一、国际博协培训中心缘起

国际博协培训中心的建立是合作各方历时三年、协调推动的结果。2010年11月，国际博协第二十二届大会在上海举办。国际博协亚太地区联盟和中国博协在大会第二十五次全体会议上，提出"关于在中国建立一个国际博协国际博物馆培训中心的决议案"，希望以此推动国际博物馆研究交流，促进发展中国家尤其是亚太地区国家博物馆业务水平和能力的提升。决议案得到国际博协韩国国家委员会、日本国家委员会、非洲博物馆国际理事会等的支持，获得大会原则通过。

2013年4月12日，故宫博物院和中国博协代表在国际博协执行委员会第一百二十五次会议上汇报培训中心筹备工作。执委会通过决议，将培训中心设在故宫博物院。7月1日，培训中心正式成立。

建立国际博协培训中心是国际博协在全球一体化背景下，加强不同地域博物馆交流，促进博物馆共同发展的重要举措，也是其在国际博物馆领域树立培训品牌的关键一步。

2013年7月1日，国际博协主席汉斯-马丁·辛兹与宋新潮理事长、单霁翔院长共同为培训中心揭牌

二、国际博协培训中心项目实施

培训中心通过举办国际博物馆专业培训班,为来自世界不同地区、不同类型的博物馆专业人员提供培训课程,并有计划组织课程评估,提升培训质量,同时积极开展宣传推广,提高培训项目影响力。项目实施经费由合作三方共同承担。

培训中心成立之初设有管理委员会、执行委员会、学术委员会和办公室。管理委员会负责制定决策和监督实施;执行委员会执行管委会决议;学术委员会为培训项目提供专业指导;办公室负责培训项目组织与日常运行。在实际运行中,执行委员会职能多由办公室直接承担,2021年起不再设置执行委员会。

(一)培训班举办

培训中心自2013年11月起,每年4月和11月各举办一期常规培训班,每期10天,一般称作春季培训班和秋季培训班。2015年,除常规培训外,培训中心在坦桑尼亚阿鲁沙举办了一期非洲特别培训班,主要面向非洲地区博物馆人员。2020年起,受疫情影响,培训项目暂停。截至2021年,培训中心共举办13期常规培训班和1期特别培训班。

培训班由国际博协、中国博协和故宫博物院共同组织。国际博协负责邀请国际专家,遴选国际学员,提供博物馆专业咨询;中国博协和故宫博物院共同邀请中国专家和招募学员;培训中心日常运行与项目实施由故宫博物院承担。

2015年在坦桑尼亚阿鲁沙举办非洲特别培训班

培训主题采用"4+1"循环模式，即博物馆管理、藏品、教育、展览4个基本主题之后插入一个特别主题，循环进行。基本主题相对宽泛，每一期各有侧重，如教育主题，分别探讨博物馆教育与观众学习、全龄段观众体验、公众教育项目开发等。特别主题反映博物馆当下热点问题与最新发展趋势，如建设参与型博物馆、博物馆营销等。

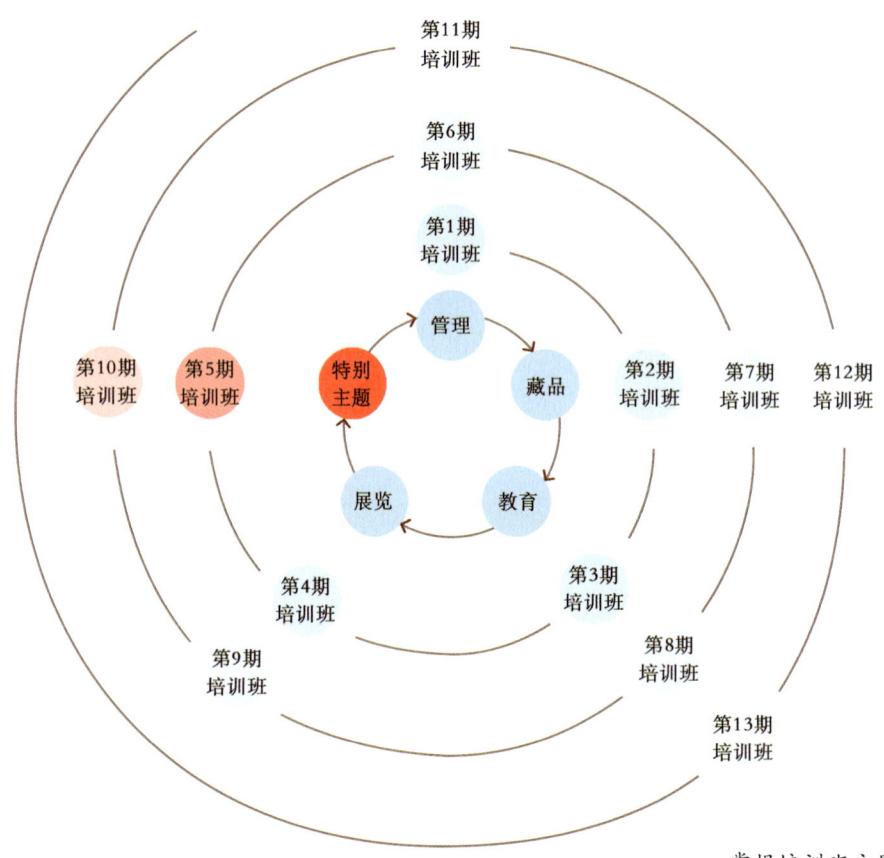

常规培训班主题采用"4+1"循环模式

每期授课专家6—11名，由国际和中国专家共同构成。培训主题不同，受邀专家的专业背景各异，以保证专家的研究领域、专长和经验与培训主题契合。此外，专家所在机构也类型多样，既有各大博物馆、高校、个人工作室，也有博物馆行业协会或主管机构，因而能够呈现不同机制、不同模式下的方法与经验。截至2021年，共有来自亚、欧、非、北美和大洋洲24个国家和地区的68位博物馆专家参与授课。

参训学员每期控制在35人以内，其中一半为中国学员，国际学员以亚太地区为主，兼顾欧、非、拉等地学员。这与培训中心促进亚太地区博物馆发展的总体定位相一致。非洲特别培训班的非洲学员有20名，中国学员5名，其他地区4名。中外学员遴选标准一致，均为45周岁以下国际博协会员、担任博物馆中层及以上管理职务或有5年以上博物馆工作经验、英语交流与表达流畅。学员工作内

学员在课堂上分享小组任务成果

容与主题契合，以便更好地吸收培训内容，真正应用于实际工作。截至2021年，共有来自亚、非、欧、拉和大洋洲的434名专业人员参加培训，覆盖全球74个国家和地区和中国24个省（自治区、直辖市）。

在培训形式上，课程采用讲座授课、专题研讨、分组活动、展示汇报、藏品阅读、实地教学等形式，强调参与、互动、实践、合作，形式丰富，特色鲜明，针对性强。例如，讲座授课多结合互动任务开展，"要求学员在限定时间内完成策划或展示任务"[1]，引导学员活学活用，对自身工作进行分析思考；专题研讨由学员分组完成，团队合作，解决问题；展示汇报既是学员个人风采展示，也是讨论研究、形成观点、理清思路、表达阐述的综合运用；藏品阅读依托馆藏资源进行，是观察分析、提取信息、调查研究、创意表现的全面考察；实地教学则将观点落到实处，通过亲身体验、动手操作等将感性认识具象化。培训课程不仅在于知识输入与经验分享，更在于学员综合能力的提升。

培训举办地点以故宫博物院为主。2013年至2017年，常规培训班均在故宫博物院举办。2018年起，每年春季培训班在故宫博物院，秋季培训班在中国其他城市。2018年秋季在福建博物院，2019年秋季在宜兴市博物馆。

---

[1] 姜倩倩、果美侠：《博物馆领域国际培训项目比较分析》，《中国博物馆》2019年第2期。

学员在藏品阅读课上观察分析文物

（二）培训班评估

培训评估是培训中心考察培训效果，改进培训内容与形式的重要方式，主要采用问卷、采访和定向三种形式。

问卷评估的对象为学员，有针对当期学员的即时评估，也有针对往期学员的阶段性评估。即时评估考察学员对培训内容、形式和组织工作的评价；阶段性评估考察培训对学员工作和研究的长期影响。培训中心于2016年和2020年分别开展了对往期学员的评估。

采访相较问卷更为灵活直观，采访对象也更广泛，涉及学员、专家和工作人员。这种形式能让受访者更为直接、放松、全面地对培训项目做出评述，评估结果也更为真实可靠。

定向评估即由培训中心发出邀请，面向往期学员征集对培训项目的反馈，通常在特殊节点进行，如培训中心成立五周年。学员可通过视频、手绘图、手写文字、电子文档等形式完成反馈。

评估结果由培训中心办公室及时统计、分析、总结，再汇报给培训中心管委会和学术委员会，作为评估和改进培训项目的重要依据。

综合多年评估结果，学员普遍认为培训课程内容充实，实用有效，视角新颖，通过培训掌握了新的知识、技能和资源。更重要的是建立了与其他博物馆同行的联系，进入国际博物馆专业网络，对未来职业发展与机构合作奠定了基础。[2]

---

[2] 培训中心于2020年面向所有学员开展问卷评估，评估结果详见国际博协官网：https://icom.museum/en/news/icom-international-training-centre-for-museum-studies-renewed-for-five-more-years/。

Organization:
1. Most participants (20) learned about the workshop through the internet including the e-mail from ICOM in their country, some participants learned through the newsletter/publication, and others got the information through word of mouth (6) and the brochure or poster (1).
2. The workshop was accurately represented in descriptions (30) and the training schedule was reasonable (30).
3. As to how long before the workshop to receive the Congratulation Letter, the feedback is as follows.

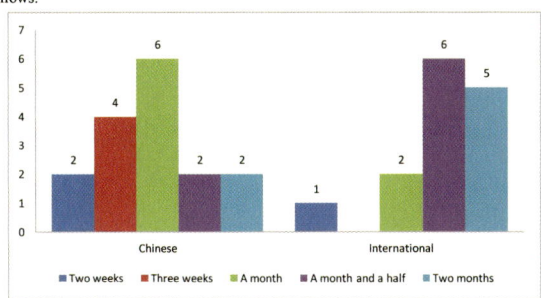

	Chinese	International
Two weeks	2	0
Three weeks	4	0
A month	6	2
A month and a half	2	6
Two months	2	5

Additional: 1 (International, leftmost category shown)

4. The get-together met their expectations (24) (except the people did not attend the meeting (8) because of their flight) and the training manual was effective in providing the necessary information about the workshop (28).

Accommodation arrangements:
1. The class facilities were suitable (25) and The tea break is good (26).
2. Almost all the participants liked the food served, satisfied with the time of dinner. Only 1 people thought it was too early for him.
3. 19 people thought it was fun to explore some local food on their own, but other 13 people preferred to stay with the group and had dinner.

2016年秋季培训班问卷分析部分结果

（三）培训班宣传

培训中心重视品牌宣传，积极参与国际博协活动，并利用网站、培训班等宣传培训中心品牌，扩大项目影响力。

培训中心于2013年8月首次在国际博协大会上亮相，此后每年在国际博协年会或三年一届的大会期间举办的国际博协咨询委员会会议上展示和汇报阶段成果，并借助册页、视频、徽章等强化宣传效果。在重要时间节点，如成立三周年和五周年，培训中心还特别制作宣传册页和视频，在大会会场和博览会上分发与播放，展示中心发展历程、重要成果和创新突破。

国际博协和故宫博物院还在各自官方网站设置培训中心专栏，介绍中心培训体系、课程形式、专家资源，发布报名通知、最新资讯等，方便世界各地博物馆同行及时获取相关信息。[3]

每期培训班也是推介培训项目的重要时机。培训材料采用统一设计，标识突出，便于携带，方便专家、学员向同行分发介绍。当然，最好的宣传是培训中心专业实用的课程和细致周到的工作所赢得的良好口碑。

---

[3] 国际博协官网培训中心专栏地址：https://icom.museum/en/our-actions/capacity-building/international-training-centre-for-museum-studies-icom-itc/；
故宫博物院官网培训中心专栏地址：https://www.dpm.org.cn/singles_detail/237713.html（中文网站）、https://en.dpm.org.cn/icom-itc/（英文网站）。

国际博协京都大会博览会上播放的培训中心宣传视频

（四）培训班经费

培训中心项目经费由国际博协、中国博协和故宫博物院共同提供。针对每期培训班，国际博协提供 1 万欧元，故宫博物院提供 50 万人民币，不足部分由中国博协承担。

经费一部分用于教学，一部分为奖学金。奖学金分为全额奖学金和部分奖学金。来自国际博协 2、3、4 类成员国（地区）[4] 的国际学员，可获得全额奖学金，即培训期间经济舱往返机票、住宿和餐饮；中国学员和来自国际博协 1 类成员国（地区）的国际学员，可获得部分奖学金，即培训期间住宿和餐饮。培训中心主要面向发展中国家，奖学金可减轻学员及其所在机构负担，鼓励更多发展中国家学员参与培训，提升能力。

三、国际博协培训中心的重要作用

培训中心已在国际博物馆领域形成一定的品牌影响力，在促进国际博物馆和博物馆人员交流互鉴、搭建博物馆沟通合作桥梁、提高博物馆人业务水平等方面发挥了积极的作用，凸显了中国博物馆在推动国际博物馆发展进步方面的重要贡献。

（一）提升中国博物馆国际影响力

培训中心附属中国博协（国际博协中国国家委员会），其顺利运转和良好口碑体现了中国博协作为国际博协国家委员会的重要作用。此外，培训中心项目由中方组织开展，不仅提高了中国博物馆在国际舞台的活跃度，展现了中国博物馆巨大的潜力和价值，同时也为中国博物馆提供了把握国际形势、参与国际事务、展现中国形象、发出中国声音、争取资源平台的机会。

---

[4] 国际博协根据国际博协各国家委员会所在国（地区）经济状况，将其划分为 4 类，1 类经济水平最高，4 类最低。详见：https://icom.museum/wp-content/uploads/2020/12/Categories.pdf。

（二）搭建国际博物馆交流合作平台

培训中心作为国际博物馆培训平台，为来自世界各地的博物馆从业者提供了相互了解、沟通交流的机会。学员所在机构的国家、地区、规模、类型各不相同，因而能够展现不同博物馆的多元面貌，反映其拥有的优势资源和面临的艰难挑战，并通过相互借鉴和启发探讨，寻求可行的解决方案和可能的合作机会。通过沟通交流，学员们的视野更加开阔，更能明确当前工作在国际视野下所处的位置及未来发展方向。

（三）促进国际博物馆人员能力建设

培训中心项目一方面通过分享前沿理论和最新实践，为学员未来工作提供借鉴指导，使学员理论知识和实践经验更为丰富充实；另一方面通过设计形式多样的活动锻炼学员沟通、表达、决策、分析、合作、创意等能力，例如个人展示要求独立思考、展现自我，分组活动要求群策群力、集体协作，藏品阅读要求细致观察、分析判断，汇报展示要求条理清楚、有理有据等，使学员综合素质和能力通过培训得以提升。

（四）构建国际博物馆人员关系网络

培训中心通过多年项目组织，积累了一批国际博物馆专家、中层管理人员和经验丰富的专业人员，构建起独有的人员网络。这个网络不仅将国内外博物馆人员联系起来，为其互通有无、增进了解、探讨合作搭建了桥梁，也为国内外博物馆加强国际往来、开展对外合作储备了人才。众多博物馆人通过培训中心积累了人脉，开阔了视野，提升了认识，提高了能力。

四、国际博协培训中心未来展望

培训中心作为国际博物馆专业培训平台，在充分发挥国际博协、中国博协和故宫博物院资源优势的基础上，未来将继续推动国际博物馆研究，促进发展中国家特别是亚太地区国家的博物馆业务水平和博物馆人员能力建设，加强国内外博物馆合作交流，提高国内博物馆人员对外交往能力，提升中国博物馆在国际博物馆舞台上的话语权和影响力。

（撰稿人：果美侠）

中国博物馆协会西安培训中心

一、中国博物馆协会西安培训中心成立背景及发展历程

中国博物馆协会西安培训中心（简称"培训中心"）是中国博物馆协会所属唯一的博物馆专业培训机构，挂靠西安半坡博物馆，其前身是2006年11月25日成立的"中国博物馆学会讲解员培训基地"。

进入21世纪，随着中国博物馆事业的快速发展，作为最具中国特色的博物馆教育方式，讲解的专业化水平问题引起了业界的高度关注，构建一个博物馆社教界特别是讲解专业培训、交流、研讨的平台已成为十分迫切的任务。

1998年，陕西省在全国率先成立了"陕西省博物馆学会讲解员培训基地"，设立在西安半坡博物馆内，至2006年，已经组织实施了18期富有成效的全国性讲解员培训班，产生了较大影响。经陕西省博物馆学会申请，中国博物馆学会于2006年11月13日召开常务理事会会议，同意建立"中国博物馆学会讲解员培训基地"，并于11月25日在西安半坡博物馆挂牌。

2009年，为了适应博物馆事业日新月异的发展形势、为中国博物馆事业培养更多的专业人才，中国博协决定将讲解员培训基地拓展提升成为"中国博物馆学会西安培训中心"，并于当年5月7日在西安半坡博物馆揭牌。

2006年中国博物馆学会讲解员培训基地揭牌仪式　　2009年中国博物馆学会西安培训中心揭牌

十多年来，从讲解员培训基地到培训中心，培训工作从没有先例摸索前行，到规范化、专业化，培训初现规模；从简陋的培训设施，到设施设备逐步改造提升；从单一的讲解工作专项学习，到多种类型的博物馆业务培训；从没有专业教材的空白，到探索出一套专业化、系统化的课程体系和独特的教学方法，培训工作经历了艰难和顽强不息的发展历程。培训中心筚路蓝缕，努力探索，开拓创新，教学上不断实现突破和提升，取得了引人瞩目的成绩。

二、培训工作实施情况综述

培训中心建立后，国家文物局、中国博协、陕西省文物局、陕西省博物馆协会、西安市文物局大力支持，并在政策、人员、资金等方面多方扶持，挂靠单位西安半坡博物馆也提供了全方位的教学保障，使培训班得以圆满举办，培训工作健康发展。

（一）明确发展定位，确保培训的专业性和公益性

在国家文物局的亲切关怀和中国博协的领导和指导下，培训中心确立明确的发展定位，树立奉献文博事业、服务行业发展的宗旨，紧紧围绕国家文物局的中心工作和中国博协的功能职责，始终将培训作为一项公益性事业，不以营利为目的，创造性地开展工作，较好地实现了其机构职能。

在培训目标上，紧扣国内外博物馆发展的大趋势，确立了高定位、高标准，努力在讲解员培训等方面发挥行业方向引领作用。培训致力于：倡导博物馆发展新理念；推进新时期博物馆业务人员专业化建设；体现国内博物馆讲解员培训的先进理念和做法；探索与时代同步的博物馆教育及讲解的新理论、新方法；引导博物馆教育及讲解的新方向、新趋势；全方位提升讲解员等博物馆人员的知识和能力，引导和帮助他们向专家型、学者型发展。

（二）秉承先进教学理念，举办多元化、多层次专业培训

培训中心秉承学以致用的教学理念，积极为中国博协会员单位以及社会各行业服务，努力培养多层次文博专业人才。目前已举办69期不同规模、不同类型的讲解员培训班和其他博物馆专业培训班，其中承办了由国家文物局、中国博协等单位主办的培训班27期，支持协助陕西省博物馆协会举办培训班42期。先后有来自全国30个省（自治区、直辖市）的3 000多名博物馆业务人员接受了培训，全国有1 000多个博物馆向这里派送过学员。同时，培训中心还积极支持和帮助全国各地40多个文博单位举办了50多期不同层次的讲解员培训班，培训讲解员2 000多人。

培训班课程内容涉及博物馆国际文化交流、公众服务、业务提升、新馆建设等多个方面，呈现多类型、多形式的特点。特别是讲解员培训方面，举办了多元化、多层次、多角度的多种培训，在全国产生了广泛影响，也成为业界认可的知名品牌。

（三）服务重点工作，为国家重大项目集训急需人员

除了自主举办面向全国的讲解员高级研讨班和培训班之外，培训中心还受国家文物局、民政部、全国红色旅游工作协调小组办公室（简称"全国红办"）等单位以及新疆、内蒙古、陕西等地文物局委托，先后成功执行了多次针对性极强的国际、全国和地方性博物馆业务培训任务。包括：国家文物局主办的2期"国际文博合作项目协调人培训班"和1期"全国免费开放省博物馆社教部主任培训班"；国家文物局以及新疆文化厅主办的两期"新疆地区讲解员培训班"；民政部和全国红办主办的3期"全国英烈讲解员培训班"；内蒙古自治区文物局主办的"全区讲解员培训班"；陕西省教育厅、陕西省文物局联合主办的2期"博物馆教育教师培训班"等。此外，培训中心还承办了陕西省国家保密局、广西革命纪念馆、邵阳市文物局（博物馆）等委托的专题培训班。

2009年第二期国际文博合作项目协调人培训班合影

（四）独创特色培训模式，构建专业化、系统化课程体系

为了最大限度地实现"先进博物馆教育理念指导下的学以致用"，培训力图与时俱进、不断创新，开发了多项培训方案。特别是社教方面开发出了覆盖广、多元化的多项课程设计方案，努力促进博物馆教育工作与国际大趋势同步，紧紧把握时代特征，围绕重点和焦点问题展开，授课内容涵盖了博物馆教育所涉及的多个学科领域。目前培训中心教授过的课程累计达160多门。

在讲解培训方面，培训中心已经形成了多层次、多角度、多形式的培训模块，搭建了系统化和规范化的教学构架，独创了理论引导、个体辅助、观摩实习、体验探讨和评估考核"五位一体"的特色培训模式，开发了"启发式讲解现场教学研讨"等多种互动教学模式。

在长期实践中，逐渐形成了教学"六大特色"、课程设置"七大板块"的基本构架。在此基础上，培训注重教学形式的多样化，设计了理论授课、现场教学、实践体验、示范观摩、基础训练、个别辅导、交流研讨、评估考核8个教学环节，而"一对一讲解个别辅导"为培训中心所独有，效果十分显著。

培训既注意强化专业基础知识，体现学科的系统性、专业性，又兼顾讲解专业的独特性和实用性，强调培训对象的操作实践。同时，培训中心重视学员或派出单位的个性化需求，根据每期培训班的主题设置相应课目，以确保其针对性和良好效果，并为派出单位提供培训项目绩效评估的结果。

现场教学——学员观摩体验优秀教育项目　　互动式教学——教育课程开发

（五）广聚各方优质资源，组建学术业务一流的师资团队

培训中心依托中国博协雄厚的专家库作为师资后盾，借助陕西300多座各种规模、类型的博物馆和众多专家人才，为教学提供得天独厚的资源。

中心先后邀请了近70位国内外一流的知名专家学者前来授课，教师中既有行业的领导者、政策制定者，又有博物馆研究专家、博物馆教育工作管理者；既有经验丰富的老专家，又有理念超前的业界新秀。在讲解员培训中，中心邀请了近20位具有多年经验积累、知识结构全面的优秀教育工作者对学员进行一对一辅导、示范，并对一些突出问题进行交流和研讨。优秀的师资团队确保了无论是理论水平还是实践经验，培训中心始终代表国内先进的水准。

三、培训工作的重要意义及社会影响

（一）培训成果显著，在全国产生广泛影响

十多年的辛勤努力，培训取得了丰硕成果。众多不同类型培训班的成功举办，在服务国家重大项目、推进博物馆国际文化交流、促进博物馆业务水平提升等多个方面发挥了重大作用，得到了国际博物馆协会、国家文物局、中国博物馆协会以及业界的充分肯定和赞誉。

许多参加过培训的学员后来都成绩卓著，活跃在博物馆事业发展的多个方面。特别是接受讲解培训的学员中有60多人获得全国性讲解大赛一等奖、"全国十佳讲解员"等奖项，上百名学员后来成为各博物馆的宣教部主任或博物馆馆长，数百名学员在各自省市的讲解大赛中获奖，更多学员成

为工作中的骨干，有力带动了当地的社教工作水平提升。这些学员如星星之火，推动了全国各地博物馆社教工作的蓬勃发展。

讲解员培训成效尤其显著，在全国影响很大，近年来讲解员培训报名甚至形成"难求一席"的局面，基地也被誉为"优秀讲解员的摇篮"。

颁发结业证书

学员朱振华2017年荣获"中国故事——全国博物馆优秀讲解案例展示推介活动"十佳优秀讲解员

学员王亚楠2019年荣获全国红色故事讲解大赛"金牌讲解员"

（二）搭建专业交流的平台，在理念创新、方向引导上起到重要作用

培训班立足于搭建博物馆专业交流、学习与研究的平台，为许多博物馆提供了服务和帮助，对于增进在全国范围的相互学习和了解、发挥学术和行业引领作用、推动专业层次的提高和专业化的发展方向起到了积极作用。

特别是在讲解培训中，倡导讲解专业化理念，警示讲解的表演化倾向，提倡注重文化内涵挖掘

的深度讲解，鼓励对讲解内容进行拓展延伸和提炼升华，倡导给观众思想启迪和启发思考，促进观众认知能力增长。

（三）创新讲解培训的思想和方法，在理论化、系统化、规范化的专业体系构建方面有所突破

培训中心在讲解培训方面积累了较多经验，在对全国各地博物馆讲解工作状况进行调研、了解、分析的基础上，摸索出了一套培训讲解员的基本思想和方法，在培训的主导思想、理论体系、基本构架以及内容、形式、手段等方面不断深入研究和实践，独创了多种教学模块，开发出了多梯次、多类别的课程设计方案，形成了较为完整的课程体系。培训注重方向引领，倡导讲解工作创新，突破传统的桎梏，与时代发展同步，改变过去表演式、灌输式和教化式的讲解方式，强调深挖内涵以及对观众进行启发思考。同时，注重运用全新教学方式，充分激发学员的潜能和创造性。

这种创新和突破，对于改进新形势下博物馆教育及讲解的基本思想和方法、促进博物馆教育转型提升、创新讲解工作的价值取向、推进规范化能力建设机制的建立和完善有着重要意义。

四、未来展望

未来，培训中心将在中国博协的领导和指导下，积极响应国家重大政策和举措的培训要求，做好会员服务工作，立足基地，主动为全国各地提供专业培训支持。

培训中心将在创新培训机制、拓展培训渠道、扩大培训规模及惠及范围、改进培训方式等方面不断探索，促进培训水平全面提升。同时，中心将进一步明确自身定位，充分利用协会已有资源，重点发展自身优势项目，开发网络培训新形式，积极探索更加灵活多样的培训模式，更充分地发挥培训中心的作用，为切实推进中国博物馆事业全面进步做出更大贡献。

（撰稿人：张希玲）

中国第一批生态博物馆建设

一、生态博物馆的兴起

生态（社区）博物馆是一种通过村落、街区建筑格局、整体风貌、生产生活等传统文化和生态环境综合保护和展示，整体再现人类文明发展轨迹的新型博物馆。

20 世纪 70 年代，作为后工业文明思潮的一部分，生态博物馆（ecomuseum）概念诞生于法国。1971 年第一座生态博物馆建立，它是一种通过科学的、教育的以及文化的手段来管理、研究和开发某一特定社区中包括自然和文化遗产在内的所有遗产的专门性机构，是公众参与社区规划和发展的工具。国际博物馆协会给出的定义是：生态博物馆是一个文化机构，这个机构以一种永久的方式，在一块特定的土地上，伴随着人们的参与，保证研究、保护与陈列的功能，强调自然与文化遗产的整体，以展现其代表的某个区域及继承下来的生活方式。

此后，在欧洲、拉丁美洲和北美洲等许多国家和地区，生态博物馆成为新博物馆学运动（或社会博物馆学）的一个重要组成部分和新兴博物馆的建设模式，产生了重要的理论影响。概括而言，生态博物馆有四大基本特征：一是普通人的生活方式是构成遗产和历史记忆、文化认同的重要内容，值得珍视；二是对自然环境、人文环境、物质遗产和非物质遗产的整体保护；三是强调原地保护和居民自己保护；四是强调动态中的保护和发展中的保护，即社会居民参与的文化保护。

目前，全世界已建成生态博物馆 300 多座，法国、意大利、挪威、中国、日本、韩国、巴西等均以这样的基本观点指导实践，即文化遗产应原状地、动态地保护和保存在其所属社区和环境中，建立信息资料中心作为专业性的辅助机构。[1]

生态博物馆的实践，对于保护和延续那些处于多数或统治地位文化包围之中的少数民族及其文化精华，促进世界文化的多元性，有着特殊的意义。同时，生态博物馆并不排斥传统博物馆的存在，也不可能取代传统博物馆的地位。相反地，它可以与传统博物馆相辅相成，是对传统博物馆的必要补充。20 世纪 80 年代，经过《中国博物馆》杂志的系统译介，生态博物馆等新概念被引入我国，在思想启蒙和知识普及之后，终于迎来贵州等地生态博物馆的建设实践。关于生态博物馆如何进入中国，又如何在贵州等地得以实践，苏东海、胡朝相、安来顺等人曾先后发表文章，进行了很系统的介绍。[2]

---

[1] 安来顺：《国际生态博物馆四十年：发展和问题》，《中国博物馆》2011 年第 1 期。
[2] 苏东海：《建立与巩固：中国生态博物馆发展的思考》，《中国博物馆》2005 年第 3 期；胡朝相：《贵州生态博物馆的实践与探索——为贵州生态博物馆创建十周年而作》，《中国博物馆》2005 年第 3 期。

二、中挪合作共建贵州生态博物馆群

1995年5月，中国博物馆学会牵头，组织中国与挪威博物馆学家在贵州合作开展生态博物馆建设项目的科学论证工作并形成可行性报告。1997年，中国和挪威政府签署在贵州建设生态博物馆群的合作协议，两国签署了《挪威开发合作署与中国博物馆学会关于中国贵州省梭嘎生态博物馆的协议》。1998年，双方共同努力在贵州省六盘水市六枝特区梭嘎长角苗地区建成中国第一座生态博物馆——贵州梭嘎生态博物馆。该馆建成开放后在国内引起广泛关注，也在国际博物馆界产生很大影响。在此之后，中挪合作相继建成贵阳市花溪镇山生态博物馆（布依族）、黔东南侗族苗族自治州黎平县堂安侗族生态博物馆（侗族）、黔东南侗族苗族自治州锦屏县隆里古城生态博物馆（汉族）等3座生态博物馆。这4座生态博物馆建设均是在中国博协的具体领导下进行的，苏东海、安来顺、约翰·杰斯特隆以及贵州省文物局胡朝相分别是项目负责人、总协调人和实施负责人执行者。[3]

2000年中国博物馆协会与挪威开发合作署就贵州生态博物馆群项目签署第二阶段合作协议

2002年中国博物馆协会与挪威开发合作署就贵州生态博物馆群项目签署第三阶段合作协议

1997—2004年中挪合作贵州生态博物馆群项目所在社区
①：贵州省六盘水市六枝特区梭嘎乡
②：贵州省贵阳市花溪区镇山村
③：贵州省黔东南州隆里乡
④：贵州省黔东南州黎平县堂安村

---

[3] 苏东海：《建立与巩固：中国生态博物馆发展的思考》，《中国博物馆》2005年第3期；胡朝相：《贵州生态博物馆的实践与探索——为贵州生态博物馆创建十周年而作》，《中国博物馆》2005年第3期。

2005年贵州生态博物馆群建成暨国际学术论坛现场

　　2005年，中挪合作项目结束，贵州生态博物馆群初见规模。为了总结建设得失，举办了专门的国际学术研讨会，重申和确认了由中挪专家及贵州4座生态博物馆的村民代表、地方政府管理层等在2000年提出的"六枝原则"。5年之后此原则的再次确认具有非凡的意义，它不仅被认为是中国和挪威合作建设贵州生态博物馆群项目的核心原则，而且被认为是中国生态博物馆建设的一个积极成果和经验，并适用于所有生态博物馆。"六枝原则"：一是村民是其文化的拥有者，有权认同与解释其文化；二是文化的含义与价值必须与人联系起来，并应予以加强；三是生态博物馆的核心是公众参与，必须以民主方式管理；四是当旅游和文化保护发生冲突时，应优先保护文化，不应出售文物但鼓励以传统工艺制造纪念品出售；五是长远和历史性规划永远是最重要的，损害长久文化的短期经济行为必须被制止；六是对文化遗产保护进行整体保护，其中传统工艺技术和物质文化资料是核心；七是观众有义务以尊重的态度遵守一定的行为准则；八是生态博物馆没有固定的模式，因文化及社会的不同条件而千差万别；九是促进社区经济发展，改善居民生活。苏东海评价说，"六枝原则"将国际生态博物馆的一般原则与中国的国情省情相结合，坚持政府主导、专家支持、社区居民参与的指导思想，在此原则指导下，达到让村民自己管理和认同自己的文化并决定自己的文化价值取向的成熟阶段，成为被国际认可的贵州模式的生态博物馆。[4]

　　由中国博物馆协会倡导并实验的中国第一个生态博物馆群建设项目，前后历经近10年时间，对这种源于欧洲的新型博物馆形态在中国的本土化发展产生了极其深刻的影响。在贵州，2005年以后，在政府管理和专家指导下，企业投资和村民参与合作兴建了黎平县地扪侗族人文生态博物馆，博物馆社区覆盖12个侗族村寨，探索了一条独特的"民营"生态博物馆之路。[5] 此外，在中国民族博馆的

---

[4] 苏东海：《中国生态博物馆的道路》，《中国博物馆》2005年第3期。
[5] 尤小菊：《民族文化村寨中的非物质文化遗产保护研究——以地扪生态博物馆为个案》，《贵州大学学报（社会科学版）》2010年第3期。

规划和指导下，贵州雷山县的西江千户苗寨博物馆于 2005 年建立，成为中国民族博物馆分馆之一，这是生态博物馆建设的又一种崭新模式。雷山县为了全力支持这个博物馆的建设和发展，县政府放弃了在县城建设县博物馆的任务，所以本馆也承担着县级博物馆使命。到 2014 年，贵州省共建设了 10 座生态博物馆。除贵州省外，该项目还直接驱动了广西生态博物馆建设"1+10 模式"的形成，也被云南、内蒙古与东部地区的生态博物馆建设所广泛借鉴。

三、广西生态博物馆建设"1+10 模式"

1999 年，广西提出建设民族生态博物馆的任务，由广西民族博物馆牵头，采取与各地方政府合作的方式，2004 年先后建成了南丹里湖白裤瑶生态博物馆、三江侗族生态博物馆和靖西旧州壮族生态博物馆三个试点项目。2005 年，自治区政府明确提出广西民族生态博物馆"1+10"建设模式，并列入自治区"十一五"规划，"1"就是广西民族博物馆，"10"就是分布在各地的 10 座生态博物馆。[6]

借鉴贵州生态博物馆群项目经验，广西形成生态博物馆建设"1+10 模式"，2004 年南丹里湖白裤瑶生态博物馆建成

在三个试点项目后，到 2009 年，全区陆续建成贺州市客家围屋生态博物馆、融水安太苗族生态博物馆、灵川县长岗岭商道古村生态博物馆、东兴市京族生态博物馆、龙胜县龙脊壮族生态博物馆、那坡县黑衣壮生态博物馆、金秀瑶族自治县瑶族生态博物馆等。

广西民族博物馆有一个专家团队专门指导全区的生态博物馆建设，在每个馆设立工作站，派驻联系人，负责展览等业务工作。另外，广西民族博物馆还实施了富有特色的民族志纪录片计划，培训生态博物馆的工作人员、所在地村民使用摄像机记录生活，并每年举办民族纪录片影展，推出了《白裤瑶的葬礼》《粘膏》《纺线》《外国干爸》《打铜鼓》等一批纪录片作品。

四、云南、内蒙古与东部地区的生态博物馆建设

云南民族文化生态村具有生态博物馆意义。2006 年 1 月，勐海县西定乡章朗村布朗族生态博物馆建成开放，从此使用生态博物馆名称、保护民族文化的机构在云南落户。

---

[6] 覃溥：《守望家园：广西民族博物馆和广西民族生态博物馆建设 1+10 工程建设文集》，广西民族出版社，2009 年。

作为民族文化大省，云南从1998年就提出建设民族文化生态村（有时使用民族生态文化村）的重要战略。虽然没有使用生态博物馆的名称，但其性质就是生态博物馆。经过近10年的建设实践，已经陆续建成一批省级民族文化生态村。与贵州和广西的做法不同，云南是由省委宣传部统一规划和领导，而非文化文物部门牵头，省社会科学院和云南大学等院校参与指导，各地政府和村民负责建设。云南大学主持建设的民族文化生态村有6家：丘北仙人洞彝族文化生态村、新平南碱傣族文化生态村、弥勒县可邑彝族文化生态村、腾冲和顺文化生态村、景洪的巴卡基诺族文化生态村、石林月湖彝族文化生态村等。云南大学伍马瑶人类学博物馆还将这些生态村作为该馆民族文化展的主要内容，少数民族村寨的生活方式进入了大学校园。[7]

民族文化生态村的建设也是以项目形式进行的，在项目结束后，运转情况并不理想。一些没有后续项目支持且自身能力不足的村落，逐步放弃了民族文化生态村建设。

云南元阳县哈尼族梯田文化生态博物馆（箐口村）、个旧市云南锡博物馆（工业矿区部分）是后续建立的生态博物馆。前者将民族村寨、世界遗产梯田文化等作为核心文化要素，将田园、村落作为整体进行保存，突出山地农业文化的总体性。后者以锡工业为对象，将城市景观与锡工业遗产融合起来，由云锡公司负责运营管理。

内蒙古及东部等地的生态博物馆建设也成果颇多。2001年内蒙古自治区达茂旗启动敖伦苏木生态博物馆建设，2004年建成，是内蒙古的第一座生态博物馆。新疆、福建、湖南、黑龙江等陆续提出建设生态博物馆的任务，"十一五"期间全国的生态博物馆的建设规划出现了一个小高潮。2009年东部地区的安徽、浙江等地先后建成了一批生态博物馆，如安徽西递宏村生态博物馆、浙江安吉生态博物馆群等。东部地区由于经济相对发达，这些新的生态博物馆探索被苏东海誉为"第三代生态博物馆"。[8]

2011年，国家文物局启动《关于命名首批生态（社区）博物馆示范点的通知》，浙江省安吉生态博物馆、安徽省屯溪老街社区博物馆、福建省福州三坊七巷社区博物馆、广西龙胜龙脊壮族生态博物馆、贵州黎平堂安侗族生态博物馆被命名为首批生态（社区）博物馆示范点。国家示范项目的推进对生态博物馆建设起到了重要的积极作用。

五、中国生态博物馆建设的成绩和影响

经过20多年的不断探索，我国第一批生态博物馆建设实践初见成效，中国博物馆协会的理论培育、实践指导和工作协调，起到了关键性的作用。从西部逐渐扩展至东中部地区，从专注于少数民族文化遗产扩展至关注整个中华民族文化遗产，为文化遗产保护和博物馆发展开辟了一条崭新的道路。中

---

[7] 尹绍亭：《云南大学伍马瑶人类学博物馆》，云南大学出版社，2016年。
[8] 潘守永：《"第三代"生态博物馆与安吉生态博物馆群建设的理论思考》，《东南文化》2013年第6期。

国生态博物馆所取得的成绩主要有：在文化遗产保护与传承方面起到不可替代的作用；改善村容环境，提高了村民生活质量和增加实际收入，提高了地方知名度，带来综合效益；生态博物馆作为一种新型的文化工具，在发展与保护文化遗产之间，找到某种新的平衡；普遍提高了博物馆社区居民的文化自觉性和文化认同感；成为乡村振兴（传统社区振兴）和当代社会主义新农村建设的示范点。

总之，通过建设生态博物馆，当地居民对自身文化的自觉和文化认同得到加强，文化自豪感油然而生。戴维斯认为生态博物馆是一种地方感知的唤醒与再塑造，[9] 尹凯认为生态博物馆的核心还包括了历史感的塑造。[10]

特别值得肯定的是，"六枝原则"是基于我国第一个生态博物馆的建设经验总结出来的。中国的生态博物馆建设与国外生态博物馆建设的基本原则是一致的，即都遵循着文化遗产和自然遗产原地保护的原则。但是，中国生态博物馆的建设一开始就具有很强的"中国化"色彩，这是由中国的国情——中国民族文化，尤其是少数民族文化广泛根植在欠发展的广阔农村的实际国情所决定的。

（撰稿人：潘守永）

附：贵州第一批生态博物馆基本情况一览表

	梭嘎生态博物馆	镇山生态博物馆	堂安侗族生态博物馆	隆里古城生态博物馆
建成开放时间	1998年10月31日	2002年7月	2005年6月4日	2004年10月15日
位置和交通	距县城六枝特区45公里	距贵阳市21公里，距花溪9.5公里	距黎平县城75公里，距从江县城35公里	距锦屏县城45公里，距黎平机场21公里
经费投入	总投资340万，挪威投资26%	210万	90万	150万
其他投入		135万	138万	396万国债
资料信息展示中心	功能齐备	功能齐备	功能齐备	功能齐备
管理	村委管理村寨、文物部门管理信息中心和监管村寨遗产保护	村委管理村寨、管理信息中心和遗产保护	村委管理村寨、旅游公司管理信息中心、文物部门监管村寨遗产保护	乡政府管理古镇、文物部门管理信息中心和监管古镇遗产保护
物质文化遗产	草顶房（结构草顶房、土墙草顶房、石墙草顶房），此外还有"夏房"和"妹妹棚"等特殊用途的房屋建筑。	特色民居、武庙、明代屯墙、明代院落、石板房、石板路。	鼓楼、花桥、戏台、吊脚楼、寨门、禾仓、草棚、碾房、歌坪、萨坛、梯田、石板路、水系、原始森林等。	600年历史的军事城堡、明城墙、明城门楼、古井、龙柳书院、状元桥、宗祠、圆卵石铺的古街道。
非物质文化遗产	头饰、挑花、刺绣、蜡染、铜饰制品、羊毛制品等；跳花坡、端阳节、耗子耙节等，民间技术、歌舞等。	布依族传统及节日三月三、六月六歌节和跳场，服饰、歌舞、乐器、饮食、节日庆典传承较好等。	侗族大歌、侗戏、侗族舞蹈、银饰工艺、刺绣工艺、故事、传说等。	舞龙、玩花脸龙、讲故事、唱戏、玩花灯等。

---

[9] Peter Davis: Ecomuseums: A sense of place, UK: Continuum International Publishing Group, 2011.
[10] 尹凯：《生态博物馆：思想、理念与实践》，科学出版社，2019年。

中国博物馆及相关产品与技术博览会

一、中国博物馆及相关产品与技术博览会的创立背景及发展

进入21世纪后，党和政府高度重视文物、博物馆领域相关工作及公民文化素质的提升，将科教兴国定为国家重大发展战略。

中国博物馆行业的领军者们敏锐地意识到，我国博物馆界需要用一个更加外向、更加开放的方式向社会公众展示新中国成立以来，特别是改革开放以来博物馆事业所取得的成就；应该有一个可以让社会公众更加全面、集中和直观地认识博物馆这一重要文化资源在弘扬先进文化、提高全民素质、普及科学知识方面重要作用的渠道；应该有一个可以促进博物馆行业内外信息交流，促进国际博物馆行业互信合作，推广博物馆各工作领域成功经验、学术成果，让更多科研机构及企业关注、参与博物馆领域相关技术产品与服务产品开发的平台。在此认识基础之上，2003年，中国博物馆学会、中国自然科学博物馆协会联合提议，以会展的形式创立属于中国博物馆界的大型国际性展览会。经与上级主管部门会商并依据行业专家的论证，展会名称正式定为"博物馆及相关产品与技术博览会"（Museums and Relevant Products and Technologies Exposition，简称"博博会"），并定为两年举办一届。同年，中国博物馆学会正式向国家文物局提交了举办首届"博物馆及相关产品与技术博览会"的请示。2003年9月30日，国家文物局复函中国博物馆学会，同意举办首届博博会。2015年，经报请有关主管单位同意，博博会全称正式更改为"中国博物馆及相关产品与技术博览会"。

截至2021年，博博会已经成功举办了8届，在北京、上海、厦门、成都、福州等城市留下了自己的足迹。18年来，博博会已经从国内文博界的盛会，发展为受到国际博物馆协会重视、得到国内外文博同行高度认可的全球博物馆人的盛会，成为宣传中国博物馆事业成就、普及中华优秀传统文化、树立文化自信的重要阵地。

宏大的展览规模及高质量的展览和会议内容，使博博会成为全球三大博物馆行业展会之一，同时是目前亚洲最大的博物馆行业专业展会。

二、历届中国博物馆及相关产品与技术博览会举办概况

（一）首届博物馆及相关产品与技术博览会

经过半年多的策划与筹备，由国家文物局指导，中国博物馆学会、中国自然科学博物馆协会、北京市文物局联合主办，中国文物报社协办，中国农业博物馆承办的首届博物馆及相关产品与技术博览会于2004年"5·18国际博物馆日"在北京全国农业展览馆（中国农业博物馆）正式开幕。中

2004年第一届博博会期间举办的首届国际博物馆馆长论坛

2006年博博会期间举办的第二届国际博物馆馆长论坛

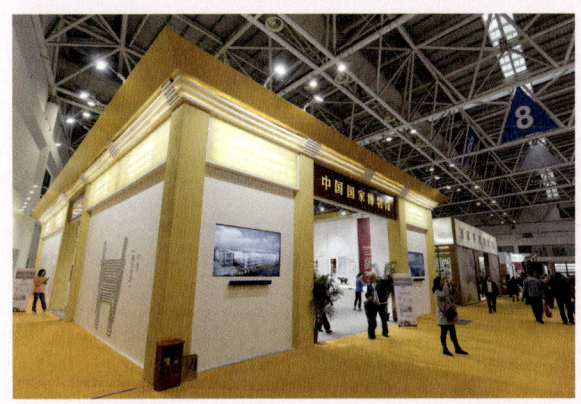

博博会中国国家博物馆展台

博博会故宫博物院展台

博博会科技展台

博博会科技展台

国国家领导人、文物主管单位领导、国际机构官员出席了开幕式。

首届博博会展览主题为"博物馆与无形遗产",展览面积6 000平方米,分为全国博物馆事业成就展、博物馆形象展示、博物馆相关产品与技术推介、2004北京国际博物馆馆长论坛四部分。共有100多家博物馆、70多家企业参与了博博会的展览活动,150名国内外博物馆馆长参加了论坛。

(二)第二届博物馆及相关产品与技术博览会

在充分总结首届博博会成功经验的基础上,组委会经过精心的策划与筹备,2006年9月17日至20日,第二届博博会在北京全国农业展览馆举办,主题为"博物馆与青少年"。展览总面积8 200平方米,比首届扩大了2 200平方米。主要展览内容在第一届基础之上进行了深化和拓展,分为国家文博精品工程展示、中外博物馆展示、中外博物馆相关产品与技术展示、2006年北京国际博物馆馆长论坛、中外博物馆技术专题日五大部分,共有100多家博物馆、80多家企业参与了本次博博会的展览展示活动。特别值得一提的是,第二届博博会国际参展单位大幅超越首届,将博博会的国际影响力提升到了新的高度。

(三)第三届博物馆及相关产品与技术博览会

2008年11月29日至12月1日,第三届博博会在北京全国农业展览馆举办,主题为"博物馆:促进社会变化的力量"。本届博博会展览面积达到了13 000平方米,是自博博会创立以来在展览规模上的一次重大突破。在内容安排上,第三届博博会更加突出博物馆建设规划及相关技术产品的展示,展示推介了一批具有代表性、创新性的博物馆建筑规划项目,以及博物馆安保、照明、温湿控制产品、藏品保护、文物修复、文物复仿制技术等相关内容。

(四)第四届博物馆及相关产品与技术博览会

2010年11月7日至12日,国际博物馆协会第二十二届大会在上海召开。以此为契机,第四届博博会作为国际博协大会的重要配套活动,于2010年11月8日至10日在上海世博园与国际博协大会同期举办。展览主题为"博物馆致力于社会和谐"。第四届博博会是世博会结束后在上海世博园举办的首个国际盛会,来自全球122个国家和地区约3 600名国际博协代表、博物馆馆长、专家学者参观了展会,并给予高度的评价。

(五)第五届博物馆及相关产品与技术博览会

经过四届的积淀,博博会已经成为中国博物馆行业最具专业性、国际性、影响力和号召力的行业展会。为进一步打造博博会品牌,持续提升博博会的展览形象和内容质量,2011年,在第五届博博会进入策划筹备工作之际,在总结过去经验的基础上,在国家文物局、中国博物馆协会的指导下,博博会组织机构进行了调整。中国博物馆协会市场推广与公共关系专业委员会作为承办单位开始负责博博会的策划、组织工作。作为中国博物馆协会下设专委会之一，市场推广与公共关系专业委员会是研究博物馆市场运营、博物馆与公共关系的专业团体。市场推广与公共关系专业委员会的加入，标志着博博会将进一步发挥会展活动市场性强、导向性强、交融性强、联动性强等特点。

2012年10月28日至30日，第五届博博会在北京全国农业展览馆开幕，展览主题为"科技进步、文化创意与博物馆发展"。展览面积13 000平方米，分为全国博物馆免费开放成果展区、全国博物馆文化产品创意设计推介区、中外博物馆综合展示区、中外博物馆相关产品与技术展示区四大主题展区。此外，第五届博博会首次设置了面向社会大众的公共文化讲座活动和面向参展单位的文博产品、文博项目推介会活动。整个展期内，讲座及推介活动场场座无虚席，得到了广大观众、参展单位的一致好评。第五届博博会共促成40余个文博合作项目，内容涵盖博物馆文创设计开发、博物馆科技开发、馆舍规划等多个领域。三天展会期间，共有2万多名专业观众、社会观众参观了展览。

（六）第六届博物馆及相关产品与技术博览会

为持续扩大博博会影响力，带动全国博物馆协同共进，方便全国各地民众了解中国博物馆事业取得的成果，推动地方城市文化发展，从第六届开始，博博会采用申办的形式确定主办城市，凡符合博博会申办办法、满足举办条件的国内城市均可申请作为主办城市。

消息公布后，中国博物馆协会收到了青岛、厦门、福州、重庆、西安等城市的申办材料。经过实地考察研究，最终确定厦门为第六届博博会主办城市。这也是博博会真正意义上第一次走出诞生地北京，开始走向全国，走向更大的舞台。

2014年11月23日至26日，第六届博博会在厦门国际会展中心开幕，展览主题为"博物馆发展·科技创新·文化创意"。本次博博会展览规模达到32 000平方米，参展单位306家，相较之前的五届，本届博博实现了展览面积上的突破、参展单位数量上的突破、展台特装占比和整体展览形象上的突破。此外，第六届博博会在行业影响力方面也达到了新的高度，中国博物馆协会第六届会员代表大会与博博会同期同地召开，2 000余名博物馆界代表出席大会并参观了博博会，中国博物馆协会下设的28个专业委员会亦同期同地召开了工作及学术会议。

文化学者陈丹青、故宫博物院院长单霁翔、日本建筑大师坂茂等国内外文化名人受邀来到厦门国际会议中心进行了3场面向社会公众的公共文化讲座。同时，第六届博博会还举办了18场面向公众及参展单位的公共文化讲座及项目推介会。

国际方面，美国博物馆协会、国际最佳遗产利用组织、美国国家地理杂志、英国自然历史博物馆等境外博物馆与国际组织参加了第六届博博会的展览、会议等各项活动。特别有意义的是，从第六届博博会开始，中国博物馆协会志愿者工作委员会、文创产品专业委员会、社会教育专业委员会等专委会组织都积极参与到筹备与组织工作中，培训、组织志愿者工作，组织博物馆、企业及相关机构参展，协调各方力量，统筹各方资源。

在为期四天的展期内，第六届博博会接待国内外专业观众及社会观众79 000人次，260余名大学生志愿者参与会务服务工作，100多家报纸、广播、网站、电视台对博博会盛况进行报道。中央电视台《新闻联播》以"第六届博博会在厦门举办"为题进行了报道。

（七）第七届中国博物馆及相关产品与技术博览会

2015年，经过对申办城市的三轮考察调研，第七届博博会花落锦官城——成都。

2016年9月16日至19日，第七届博博会在成都世纪城国际会展中心举办，展览主题为"博物馆新时代·创意发展·科技未来"，展览面积40 000平方米。在展览内容方面，第七届博博会针对博物馆领域各个门类进行了详细的分类，将展览规划为博物馆与企业两个大的综合板块，下设博物馆文创、博物馆科技、文物修复、互联网新媒体等16个专门子板块。此外，为宣传国家文化战略发展政策，第七届博博会还开辟了"互联网＋中华文明"及"一带一路国家博物馆"两大展区。本届博博会得到了国际博物馆协会的高度重视，国际博物馆协会新任主席苏埃·阿克索伊和新任副主席阿尔贝托·格兰迪尼应邀来华出席了活动。这是新一届国际博物馆协会高层2016年履职以来首次集体参加国际博物馆行业的重要活动。活动同期，国际博物馆协会还在博博会主会场举办了"国际博物馆高层圆桌会议"、"丝绸之路与国际博物馆合作论坛"和"国际博协一小时"专题讲座。国际博物馆协会高层领导的参与及各类国际会议的举办，标志着博博会已经成为国际博物馆协会的重要活动之一。中央电视台《新闻联播》栏目也以"博博会国际化趋势日益明显"为题进行了报道。

2016年第七届博博会丝绸之路与博物馆合作国际论坛，新一届国际博物馆协会高层首次集体亮相

第七届博博会国内外参展博物馆271家、国内外参展企业244家，中国博物馆协会同期举办了第六届理事会第二次会议，中国博物馆协会23个专委会也在博博会期间召开了学术及工作会议，同期举办公共文化讲座7场，主题论坛11个，项目推介会12场，展期内接待专业观众及社会观众

84 000人次。此外，为配合博博会活动，成都市博物馆、四川博物院分别举办了"盛世天子——乾隆皇帝特展""茶马古道——西南八省区联展"等面向大众免费开放的精品展览。围绕第七届博博会为圆心开展的一系列精彩活动，将成都市内的文化氛围烘托到新的高潮。

（八）第八届中国博物馆及相关产品与技术博览会

2018年11月21日至26日，第八届博博会在福州海峡国际会展中心举办。展览主题为"博物馆：新时代·新征程"。第八届博博会是党的十九大以后，我国博物馆界的一次重大活动，是对十九大提出的坚定文化自信、推动文化繁荣的一次重要实践，同时也是中国博物馆界纪念改革开放四十年的一次重要活动。第八届博博会展览总面积50 050平方米，分为博物馆板块及文博相关企业板块两大综合板块。在综合板块内，根据不同专业门类和展览主题，细分为"序厅——中国博物馆百年历程""金色名片——改革开放四十年中国出入境文物展览回顾"，以及博物馆数字技术展区、国家文物保护装备产业化及应用示范展区、全国考古文博及文化遗产类院校展区、非国有博物馆展区等13个专门展区。共有305家国内外博物馆、308家企业参展。国际博物馆协会重要学术会议活动"首届国际博物馆青年论坛"作为第八届博博会的主论坛同时举办，论坛以"变革中的博物馆青年"为主题。来自39个国家和地区的70多名博物馆青年代表围绕"博物馆青年与传统文化的未来""数字化时代博物馆的新形象""青年博物馆工作者与区域文化可持续发展"三个议题展开研讨，分享了来自不同国家、不同地区的案例和经验。同时，第八届博博会期间还举办了49场各类国际论坛、行业会议、学术研

2018年第八届博博会上举办的"首届国际博物馆青年论坛"

国家文物局局长刘玉珠出席第八届博博会并为"首届国际博物馆青年论坛"做主旨演讲

讨及中国博物馆协会各专业委员会会议。未来"国际博物馆青年论坛"将作为博博会的官方主论坛，随博博会同期同地召开。

为充分发挥公众文化普及方面的功能，第八届博博会大幅度提升了博物馆社教活动的比例，组委会联合福州本地青少年组织，举办了10余场博物馆现场社教课活动，500名青少年参加了活动。此外，为提升与观众的互动，组委会还在博博会现场设置了博物馆打卡等系列活动。根据统计，整个活动期间，博博会迎来专业观众及社会观众90 097人次。

借助新媒体平台，第八届博博会开通了展览、会议直播活动，累计观看流量超过6 000万人次，博博会微博话题参与人数也达到了569万人次。13家高校的600多名文博专业师生通过直播平台观看了博博会各类学会会议的直播。

三、举办中国博物馆相关产品与技术博览会的意义

（一）展示发展成果、促进交流合作

博博会的创立，使中国博物馆有了一个全面展示发展成就的平台，为社会大众认识博物馆、了解博物馆构建了一个丰富而直观的渠道。中国博物馆行业多年来在馆舍建设、科研项目、学术研究、产品服务方面的成就得到了充分的展示，国际博物馆行业也有了一个全面了解中国博物馆事业发展的窗口。

博博会促进了博物馆行业之间、博物馆与企业之间的交流，让更多相关机构及企业开始关注博物馆行业的发展，参与行业建设，使合作更加具有针对性和科学性。

（二）向社会大众，尤其是青少年普及文化、科学知识

历届博博会举办的一系列公共文化讲座、社会教育活动及配套展览，向社会大众尤其是青少年

群体普及了中国优秀传统文化，起到了提高全民文化素质、普及科学知识的作用，满足了大众对于精神文化生活的需求，让大众对于博物馆在旅游和文化产业发展中的重要价值有了更加全面的认识。

（三）提升中国博物馆的国际影响力

博博会的成功举办，让国际博物馆同行看到了中国作为文明古国、博物馆大国的深厚文化底蕴和巨大的发展潜力，也使他们更加愿意与中国一道共同谋求国际博物馆行业未来的发展。随着国际博物馆协会在博博会期间举办一系列高等级国际会议、论坛等活动，中国博物馆的国际影响力逐步增强。

（四）助推主办城市的文化及会展经济发展

博博会在不同城市的举办，逐渐打造出了主办城市在博博会举办期间以博博会为核心，开展包括博物馆展览、文化讲座等系列博物馆文化活动的模式，促进民众积极走进博物馆，掀起了民众更深入了解博物馆、热爱博物馆的热情。

博博会的举办促进和带动了主办城市文旅经济、会展经济。根据博博会组委会的统计，在历届博博会的展期内，平均为主办城市带来2.3亿元的经济收益。

四、中国博物馆及相关产品与技术博览会未来展望

未来，博博会将继续以推动博物馆行业发展、增强国际合作、促进大众对博物馆的认识了解、传播中华优秀传统文化，以坚定文化自信为己任，以党和政府关于博物馆发展的一系列法律、法规、政策为规范和指引，在总结往届经验的基础上，继续打造多元化平台的建设，鼓励、吸纳更多其他行业企业、机构来到博博会平台，认识博物馆、了解博物馆，促进博物馆的跨行业合作，探索博物馆发展的各种可能性。博博会将继续发挥文化普及平台作用，持续提高博物馆各类社会教育活动、公共文化讲座在活动中所占的比例，加强与教育系统的合作，吸引更多观众尤其是青少年观众走进博博会，让大众通过各类社教活动及文化普及活动了解博物馆、认识中华文化、树立文化自信。组委会也将不断提高内容质量，通过出台官方展览指导意见及更为科学合理的展览内容规划，让博物馆展览、社教、科技、学术、文创等各个专门领域的成果得到更为全面、深入的展现。同时，保持与国际博物馆行业的互动，通过邀请国外驻华文化机构、驻华文化企业代表参展，举办国际性网络会议等方式增强国际交流与互动，增强与国际同行的交流、互信、合作。通过举办各类学术会议、论坛，提升我国博物馆行业各领域的研究水平。打造博博会网络平台，让更多热爱博物馆、关心中国文化事业建设的社会各行业人士能够随时随地了解博博会，了解中国博物馆行业的最新发展动态。

（撰稿人：闫宏斌）

历届全国博物馆讲解大赛

一、全国博物馆讲解大赛背景及发展历程

宣传教育与讲解服务是博物馆的重要文化功能之一。讲解服务是做好文化遗产宣传保护工作的基础，讲解员是连接博物馆与社会、观众的纽带和桥梁。讲解水平的高低，讲解工作开展得如何，是衡量一个博物馆品质的重要尺度。为全面提升和展现博物馆专业讲解员的文化素养和精神风貌，引导和鼓励讲解员更好地宣传中华文明、弘扬民族精神、讲好中国故事，国家文物局和中国博物馆协会结合重要历史节点，举办了多次全国性的博物馆讲解大赛，向社会和博物馆行业推送了大批优秀的讲解员和讲解案例。

博物馆讲解大赛作为全国性的活动最早可追溯到 1992 年。在国家文物局的指导下，中国博物馆协会先后主办了"我爱家乡文物"讲解比赛、"龙华杯"讲解比赛、"延安杯"讲解邀请赛、"雷锋杯"全国博物馆讲解大赛、"庆祝新中国成立 60 周年全国文化遗产保护宣传讲解大赛"、"中国故事——全国博物馆优秀讲解案例展示推介活动"和"庆祝中国共产党成立 100 周年全国博物馆讲解大赛"等 7 次全国性的博物馆讲解大赛。

二、历届全国博物馆讲解大赛概况

1992 年 9 月 18 日至 22 日，中国博物馆学会与国家文物局联合举办的首届"我爱家乡文物"讲解比赛在南京博物院举行。全国 26 个省（自治区、直辖市）的 64 名代表参加了决赛。

1999 年 9 月 11 日至 12 日，为庆祝中华人民共和国成立 50 周年，由国家文物局和中国博物馆学会主办，上海龙华烈士纪念馆承办的"龙华杯"讲解比赛在上海龙华烈士纪念馆举行。来自全国 6 个省市的 32 名优秀讲解员参加比赛，决出团体奖 8 名，一、二、三等个人奖共 20 名。

2001 年 8 月 22 日至 26 日，由中国博物馆学会主办，陕西省文物局、陕西省博物馆学会、延安革命纪念地管理局协办，延安革命纪念馆承办的全国革命纪念馆"延安杯"讲解邀请赛在延安革命纪念馆举行。来自全国 24 个省（自治区、直辖市）的 96 名讲解员参加了此次邀请赛。国家文物局为此次比赛活动特发来贺信。赛后组委会精选参赛选手的讲解词，出版了《全国革命纪念馆"延安杯"讲解邀请赛优秀讲稿选》。

2004年9月5日至8日，为庆祝中华人民共和国成立55周年，经国家文物局批准，中国博物馆学会主办的"雷锋杯"全国博物馆讲解大赛在辽宁省抚顺市举行。共有来自全国27个省（自治区、直辖市）的102名讲解员参赛。与以往大赛相比，这次比赛新增加了英语讲解和文博综合知识问答，旨在促进和提高博物馆讲解员的知识水平，倡导培养、建设学术型与知识型讲解队伍，适应中国博物馆事业发展需要。

2009年12月10日至13日，由国家文物局指导，中国博物馆学会、中国文物保护基金会、中国文物报社主办，张氏帅府博物馆承办的"庆祝新中国成立60周年全国文化遗产保护宣传讲解大赛"在辽宁省沈阳市举行。共有来自全国28个省（自治区、直辖市）的158名选手参赛。经过激烈的角逐，6人获得专业中文组一等奖，5人获得专业英文组一等奖，2人获得志愿者中文一等奖，2人获得志愿者英文特别奖。组委会在赛后精选参赛选手的讲解词，出版了《庆祝新中国成立60周年全国文化遗产保护宣传讲解大赛讲解词精选》。

2009年"庆祝新中国成立60周年全国文化遗产保护宣传讲解大赛"颁奖仪式

对于本次大赛，28个参赛省（自治区、直辖市）十分重视，赛前普遍对选手进行了选拔和培训，推荐出代表本省市最高讲解水平的优秀选手参赛。各位选手都把比赛当作交流和学习的大好机会，进行了精心准备，强化了基本功训练。一批知识型、研究型、复合型的讲解人才通过大赛崭露头角。与以往相比，大赛除了在记分方式和监审方式上进一步完善外，还增加了志愿者和英文讲解专场赛事。

2017年5月16日至18日，由国家文物局指导，中国博物馆协会主办，北京市文物局协办，中国博物馆协会社会教育专业委员会和志愿者工作委员会承办的"中国故事——全国博物馆优秀讲解案例展示推介活动"在北京举行，有29个省（自治区、直辖市）以及8个中央直属博物馆的119人在北京参与了第二阶段推介活动。经过一天的精彩展示，最终产生了专业组、志愿者组和学生组的"十佳优秀讲解员"和"优秀讲解员"。

本次推介活动旨在贯彻落实国务院《关于进一步加强文物工作的指导意见》，推进实施《全国文博人才发展中长期规划纲要（2014—2020年）》，加强博物馆社会教育服务工作，不断提高讲解人员的整体水平，促进博物馆事业快速健康发展。活动在评比规则与展现方式上推陈出新，除专家评委外，中国教育电视台随机选取20名大众评审参与评选，中国教育电视台和新浪微博进行了现场视频直播。

2021年2月至5月，为庆祝中国共产党成立100周年，全面展现博物馆专业讲解员的文化素养和精神风貌，推介一批博物馆讲解优秀作品，培育一批博物馆优秀讲解员，引导和鼓励讲解员更好地讲好中国故事、讲好中国共产党故事、唱响红色主旋律，在国家文物局的指导下，中国博物馆协会和咪咕文化科技有限公司主办了"庆祝中国共产党成立100周年全国博物馆讲解大赛"。经各地选拔、推荐，协会秘书处汇总，共有来自全国30个省（自治区、直辖市）的174名选手参加半决赛。经过在线展示和专家打分，入围决赛的60名选手于5月23日至24日在嘉兴决赛，最终角逐出一等

"庆祝中国共产党成立100周年全国博物馆讲解大赛决赛"合影

奖 10 名，二等奖 20 名，三等奖 30 名。

此次决赛全程由咪咕视频独家直播，咪咕视频总浏览量达到 2 000 万；咪咕战略合作单位（腾讯视频、爱奇艺、优酷、快手、学习强国、百度、抖音、博物馆在移动等）观看用户数量达到 600 多万，第三方平台主动转播观看用户数量预计达到 500 万以上。据初步统计，决赛总观看人数达 3 113.8 万，受到了行业内外观众的广泛关注和喜爱。参赛选手的精彩视频在中国博物馆协会官网上长期展示。

三、全国博物馆讲解大赛的影响

2015 年《博物馆条例》的颁布，对博物馆的宣传教育工作提出了新的要求。尤其是通过一线讲解队伍的大力宣传，有助于唤起人民群众高度的时代责任感，带动更多的人参与到保护文化遗产、守望精神家园、传承华夏文明、创新人类文化的高尚事业中来，从而使文化遗产保护成为全社会共同的责任。

在全国层面举办博物馆讲解员大赛，可以使广大博物馆工作者在宣传教育与讲解服务工作中，坚持贴近实际、贴近生活、贴近群众。讲解员的业务水平提升，可以凸显博物馆的历史纵深感，让源远流长的地域文化流淌在观众心间，教育群众、振奋精神、陶冶情操。加强学习和研究，可以加深讲解员对中华民族灿烂文化的理解与认识，合理、有效地运用各种社会教育手段。不断加强博物馆讲解队伍的自身建设，为优秀人才脱颖而出创造条件，是博物馆人共同的心愿。博物馆讲解大赛能够优化讲解质量、提升讲解水平，是讲解业务相互交流、相互推动的一种有效方式。

在不断提升专业讲解员素质水平的同时，越来越多的志愿者走进博物馆讲解员队伍，这既是博物馆事业发展的必然需要，也是中国博物馆讲解工作走向国际化的发展趋势，他们的加入，必将为文化遗产保护宣传工作注入新的生机与活力。

（撰稿人：顾婷）

"牵手历史——中国博物馆十佳志愿者之星"推介活动（2009—2021）

一、"牵手历史——中国博物馆十佳志愿者之星"推介活动背景

21世纪以来，博物馆以及博物馆事业日益成为中国社会发展的重要方面，越来越受到社会的高度关注。人们不仅更多地关注博物馆、参观博物馆，还以志愿者的方式参与博物馆，中国博物馆的志愿者队伍日益成为中国博物馆事业发展中一支不可忽视的力量。为了能够宣传好、展示好，同时也是为了让公众更多地认识、了解博物馆志愿者，让更多的市民参与博物馆事业，在中国博物馆协会的具体指导下，志愿者工作委员会推出了"牵手历史——中国博物馆十佳志愿者之星"推介活动，对中国博物馆的志愿者、志愿服务项目、志愿服务团队、志愿服务组织工作者进行全面的宣传和展示。

推介活动自2009年启动以来，已举办了11届，产生了88名"十佳志愿者之星（个人）"、48个"十佳志愿者之星（团队）"、9个"十佳志愿者之星（项目）"、15名"十佳志愿者之星（组织工作者）"、3个"抗击新冠肺炎"个人特殊贡献奖、7个"抗击新冠肺炎"团队特殊贡献奖。

二、"牵手历史——中国博物馆十佳志愿者之星"推介活动实施过程

在"牵手历史——中国博物馆十佳志愿者之星"推介活动的实施过程中，主办方从推介标准、奖项设置、推介办法、评委设置等几个方面不断进行改进和完善，从而引领志愿服务工作的发展方向。

2009年，在浙江省宁波市举办首届"牵手历史——中国博物馆十佳志愿者之星"推介活动，采用参评者自荐或参评者服务的博物馆推荐两种方式接受报名，推介标准是在各大博物馆正式注册的志愿者，并且需在博物馆志愿服务期间成绩优秀、贡献突出。主办方邀请评审专家组成评委会。经过社会报名、资格审查与专家评审，最终推介产生9名十佳志愿者之星（个人）与1个十佳志愿者之星（团队）。

2010年，在上海市举办"牵手历史——第二届中国博物馆十佳志愿者之星"推介活动，在推介标准上，增加对参评志愿者服务年限和服务时间的要求，建议志愿服务时间满三年或满500小时。经过社会报名、资格审查、媒体投票与专家评审，最终推介产生9名十佳志愿者之星（个人）与1

个十佳志愿者之星（团队）。

2011年，在河南省郑州市举办"牵手历史——第三届中国博物馆十佳志愿者之星"推介活动，在推介标准上，首次以"双十佳"的方式推介十佳志愿者个人与十佳志愿服务团队，在评审过程中，依次进行初评和终评，其中初评由主办方组织专家进行评审，终评由群众投票和专家投票组成，最终推介产生10名十佳志愿者之星（个人）与10个十佳志愿者之星（团队）。

2012年，在广西壮族自治区南宁市举办"牵手历史——第四届中国博物馆十佳志愿者之星"推介活动，在推介方式上，为扩大十佳之星的品牌的影响力和推介活动的参与度，首次采用网络媒体组织社会公众进行投票，其中公众投票占总得分的30%，专家投票占总得分的70%。最终推介产生6名十佳志愿者之星（个人）与4个十佳志愿者之星（团队）。

2013年，在江苏省苏州市举办"牵手历史——第五届中国博物馆十佳志愿者之星暨博物馆最美志愿者"推介活动，为增加优秀志愿者事迹的传播力和辐射力，首次在材料申报环节建议提交5分钟左右的参评人宣传片以便进行线上宣传推广。经过初评和终评环节，最终推介产生6名十佳志愿者之星（个人）与4个十佳志愿者之星（团队）。

2014年，在福建省厦门市举办"牵手历史——第六届中国博物馆十佳志愿者之星"推介活动，志愿者工作委员会首次在博博会上进行推介活动，借助博博会的平台来展示博物馆志愿者的风采。最终推介产生7名十佳志愿者之星（个人）与3个十佳志愿者之星（团队）。

2015年，在浙江省宁波市举办"牵手历史——第七届中国博物馆十佳志愿者之星"推介活动，在评委设置上，首次由主办单位、承办单位共同组建评委库，以抽签的方式，根据回避原则抽取初评和终评的专家。在评审过程上，增加了每位参评志愿者10分钟的展示介绍环节。专家根据参评人材料、选报视频、志愿者现场展示三个环节来进行综合打分。最终推介产生7名十佳志愿者之星（个人）与3个十佳志愿者之星（团队）。

2016年，在四川省成都市举办"牵手历史——第八届中国博物馆十佳志愿者之星"推介活动，在评委设置上完善了专家库的构成，增加了其他志愿者组织代表和历届十佳志愿者代表进入专家库，参与终评工作。最终推介产生10名十佳志愿者之星（个人）与10个十佳志愿者之星（团队）。

2018年，在福建省福州市举办"牵手历史——第九届中国博物馆十佳志愿者之星"推介活动，首次将志愿服务组织工作者和志愿服务项目作为推介项目，增加了志愿服务工作的指向性。最终推介产生10名十佳志愿者之星（个人）、3个十佳志愿者之星（团队）、2个十佳志愿者之星（项目）、5名十佳志愿者之星（组织工作者）。

2019年，在浙江省宁波市举办"牵手历史——第十届中国博物馆十佳志愿者之星"推介活动，完善了评估标准，明确了评分内容和分值设置，最终推介产生10名十佳志愿者之星（个人）、3个十佳志愿者之星（团队）、7个十佳志愿者之星（项目）、10名十佳志愿者之星（组织工作者）。

2020年，在安徽省合肥市举办"牵手历史——第十一届中国博物馆十佳志愿者之星"推介活动，着眼于2020这样特殊的一年，关注博物馆人在疫情期间的坚守岗位、下沉社区、冲在战疫的第一线做出的突出贡献。此次活动增设"抗击新冠肺炎"个人和团队特殊贡献奖。最终推介产生4名十佳志愿者之星（个人）、6个十佳志愿者之星（团队）、3名"抗击新冠肺炎"个人、7个"抗击新冠肺炎"团队。

三、"牵手历史——中国博物馆十佳志愿者之星"推介活动开展的意义

（一）成为中国博物馆及博物馆志愿者集中展示和宣传的窗口

在日常工作中，博物馆志愿者们默默地奉献在引导、讲解、服务等不同岗位上，推介活动则让他们有机会充分展示才能、才艺，充分展示对博物馆的奉献、对观众的热情以及对中国博物馆事业所做出的贡献。也正是借助推介活动，博物馆志愿者的风采得到了更好地呈现，博物馆志愿者的事迹得到更好的宣传，博物馆志愿者的志愿者精神得到更好的展示，从而有助于弘扬志愿者精神、引导志愿者行为，在博物馆发展历史中留下中国博物馆志愿者永恒的印迹。

（二）成为全国博物馆志愿者领域交流和学习的平台

随着推介活动越来越受到各个博物馆的重视，越来越多的博物馆志愿者参与到活动中，借此交流志愿服务的心得体会和酸甜苦辣，将之作为相互之间交流的平台，更有志愿者将之作为向优秀志愿者、向"十佳志愿者之星"学习的机会。这无疑有益于进一步提升我国博物馆志愿者整体水平和实力。

（三）成为全国博物馆志愿者工作评估和提升的契机

在志愿者们展示的同时，从事志愿者工作的博物馆工作人员也将一年来的工作放到全国这个大平台上来进行自我评估，发现优势、挖掘长处、抓住重点，同时也寻找劣势、补足短板。可以说，推介活动已经成为博物馆志愿者从业者一年一度评估自身工作的重要方式和提升工作的重要契机。

（四）引领和拓展博物馆志愿者队伍的舞台

推介活动宣传为中国博物馆事业做出突出贡献的志愿者，引导越来越多的媒体关注博物馆志愿者，从而让社会、让公众更多地认识博物馆志愿者、了解博物馆志愿者，乃至加入博物馆志愿者队伍。应当说，推介活动从一个宣传、展示活动转而成为招募方式，它以其独特的方式扩大了中国博物馆志愿者队伍、提升了志愿者素质、拓展了志愿者服务领域，更是引领了博物馆志愿者的发展方向，向全球展示了中国博物馆志愿者的风采。

四、未来展望

未来，中国博物馆协会志愿者工作委员会将继续推动"牵手历史——中国博物馆十佳志愿者之星"

推介活动。

一是优化推介活动的各个环节，对推介范围、推介办法、评委构成、展示推广等环节进行进一步优化，让推介活动更为科学、合理，也尽可能地让最优秀的博物馆脱颖而出。

二是扩大推介活动的社会影响力，在目前博物馆领域业已高度关注的基础上，力争让更多的社会媒体关注推介活动，进一步扩大博物馆志愿者的社会影响力，让社会和公众尽可能地关注、认识、了解博物馆志愿者，并由此扩大博物馆志愿者队伍，推动博物馆志愿者事业的发展，为中国博物馆事业的发展添砖加瓦。

三是强化榜样的力量，通过媒体、公众号等对历届获得中国博物馆"十佳志愿者之星"的志愿者、志愿服务项目、志愿服务团队、志愿服务组织工作者进行全面的宣传和展示，将之作为案例在博物馆界进行推广学习，以此来提升博物馆志愿者及志愿工作者的能力和水平。

四是继续承担交流学习和评估总结的作用，以多种形式，让更多的博物馆和博物馆志愿者参与推介活动，让更多的志愿者通过推介活动得到交流、学习和提升，也让更多的博物馆志愿者从业者通过推介活动进行自我评估、自我总结以及自我提升。

（撰稿人：林磊）

附件1：获奖志愿者撷英

中国国家博物馆志愿者

魏莹，男，49岁，国家一级健康管理师。2002年加入中国国家博物馆志愿服务组织，从事展厅讲解工作。2019年荣获 "牵手历史——第十届中国博物馆十佳志愿者之星"称号。

河南博物院志愿者

詹元，女，55岁，经济师，长期在外贸公司从事质量管理工作。2008年加入河南博物院志愿者团队，从事展厅讲解、新媒体宣传和考核督导工作。2020年荣获"牵手历史——第十一届中国博物馆十佳志愿者之星"称号。

广东省博物馆志愿者

李巍，男，45岁，能源审计师，原从事节能科技与照明设计方面的工作，后转营文旅行业，经营一家文博展览技术公司。2014年5月加入广东省博物馆志愿服务组织，担任讲解志愿者和展览策划与设计与技术执行等工作。2018年荣获"牵手历史——第九届中国博物馆优秀志愿者"称号。

宁波博物院志愿者

周盈军，女，51岁，一级教师。2012年加入宁波博物院志愿服务组织，从事文书、活动组织策划等工作。2019年荣获"牵手历史——第十届中国博物馆十佳志愿者之星"称号。

成都金沙遗址博物馆志愿者

张艳，男，49岁，四川驰宇盐业公司职员。2016年加入成都金沙遗址博物馆志愿者团队，从事视觉记录与新媒体运营工作，2018年荣获"牵手历史——第九届中国博物馆十佳志愿者之星"称号。

附件2：历届中国博物馆十佳志愿者之星获奖名单（按单位名称笔画排序）

第一届

十佳志愿者之星（个人）

上海博物馆志愿者 朱宏业

天津自然博物馆志愿者 肯尼斯·贝林

中国国家博物馆志愿者 景小棠

辽宁省博物馆志愿者 丁桂馥

苏州博物馆志愿者 陈东

武汉市博物馆志愿者 王志军

河南博物院志愿者 郭桂兰

陕西历史博物馆志愿者 李恺

故宫博物院志愿者 陈文青

十佳志愿者之星（团队）

宁波博物馆志愿者团队 宁波诺丁汉大学青年志愿者协会

第二届

十佳志愿者之星（个人）

上海博物馆志愿者 马雅君

内蒙古博物院志愿者 乔纳森

宁波博物馆志愿者 庄贵仑

辽宁省博物馆志愿者 李巍

伪满皇宫博物院志愿者 李娌

陕西历史博物院志愿者 徐天宇
重庆中国三峡博物馆志愿者 张先明
首都博物馆志愿者 吴玲玲
湖北省博物馆志愿者 胡昇

十佳志愿者之星（团队）
河南博物院志愿者团体

第三届

十佳志愿者之星（个人）
山东博物馆志愿者 程东旭
广西博物馆志愿者 杨柳
内蒙古博物院志愿者 敖其
文化部恭王府管理中心志愿者 李其功
甘肃省博物馆志愿者 曾栋良
安阳殷墟博物苑志愿者 姜延军
河南博物院志愿者 李海东
故宫博物院志愿者 金宝岩
首都博物馆志愿者 张鹏
湖北省博物馆志愿者 喻梦华

十佳志愿者之星（团队）
山西博物院志愿者团队
云南省博物馆志愿者团队
中国国家博物馆志愿者协会
宁波博物馆文化志愿者总队
辽宁省博物馆志愿者团队
苏州博物馆志愿者团队
陕西历史博物馆志愿者团队 陕西师范大学志愿者团队
重庆中国三峡博物馆志愿者团队 重庆师范大学历史与社会系志愿者团队
湖南省博物馆志愿者团队
福建博物院志愿者团队 福建医科大学护理学院志愿者团队

第四届

十佳志愿者之星（个人）

山西博物院志愿者 梁秀琴
云南省博物馆志愿者 李铁军
宁波博物馆志愿者 龚缨晏
故宫博物院志愿者 赵黎明
重庆中国三峡博物馆志愿者 吴邦宁
福建博物院志愿者 吴乃心

十佳志愿者之星（团队）
山东博物馆志愿者服务队
广西壮族自治区博物馆志愿者团体
甘肃省博物馆志愿者团队
湖北省博物馆志愿者宣讲团

第五届

十佳志愿者之星（个人）
云南省博物馆志愿者 邵绿滨
内蒙古博物院志愿者 李祝成
四川博物院志愿者 臧伟
苏州博物馆志愿者 吴知勇
河南博物院志愿者 王慧芳
故宫博物院志愿者 曹敏丽

十佳志愿者之星（团队）
北京博物馆志愿者文化讲述团
青岛市博物馆志愿者团队
秦始皇帝陵博物馆志愿者团队 西安工程大学志愿服务队
厦门陈嘉庚纪念馆志愿者团队 青年志愿服务队

第六届

十佳志愿者之星（个人）
山西博物院志愿者 李勇
四川博物院志愿者 贺宏
河北博物院志愿者 何凌
陕西历史博物馆志愿者 李循光
故宫博物院志愿者 高斌侠
首都博物馆志愿者 任丽琴
福建博物院志愿者 于仲佳、单南夫妻

十佳志愿者之星（团队）

安徽博物院志愿者团队

浙江自然博物馆志愿者团队

厦门市博物馆志愿者团队

第七届

十佳志愿者之星（个人）

广西民族博物馆志愿者 李洁

内蒙古博物院志愿者 陈卓

宁波博物馆志愿者 仲宁

南京博物院志愿者 刘齐

重庆中国三峡博物馆志愿者 杨玉红

常州博物馆志愿者 张石磊

湖北省博物馆志愿者 薛红

十佳志愿者之星（团队）

中国人民抗日战争纪念馆志愿者团队 老战士合唱团

四川博物院志愿者团队

良渚博物院志愿者服务社

第八届

十佳志愿者之星（个人）

广东省博物馆志愿者 陈敏

云南省博物馆志愿者 李惠云

甘肃博物馆志愿者 胡海涛

四川博物院志愿者 陈丽美

宁波博物馆志愿者 徐慧心

安徽博物院志愿者 程海燕

苏州博物馆志愿者 莫剑毅

青岛市博物馆志愿者 刘澎

河南博物院志愿者 冯勇

洛阳周王城天子驾六博物馆志愿者 万灏瀚

十佳志愿者之星（团队）

山东博物馆志愿者团队

广东鸦片战争博物馆文化志愿者服务队

广州博物馆 AIESEC 志愿服务队

天津博物馆志愿者团队

西汉南越王博物馆志愿者团队 广州大学人文学院分队

武汉博物馆志愿者团队 华中科技大学"阳光志愿者团队"

金沙遗址博物馆志愿者团队

河北博物院志愿者团队

洛阳博物馆志愿者服务团队

湖北省博物馆志愿者团队

第九届

十佳志愿者之星（个人）

上海博物馆志愿者 李之瑾

天津博物馆志愿者 孙琪

甘肃省博物馆志愿者 李欣

西安半坡博物馆志愿者 华创峰

西安博物院志愿者 张和鑫

成都金沙遗址博物馆志愿者 张艳

青岛市博物馆志愿者 张新平

河北博物院志愿者 王静雅

河南博物院志愿者 韩铭

湖北省博物馆志愿者 许晓红

十佳志愿者之星（团队）

广东省博物馆志愿者服务队

内蒙古博物院志愿者团队

苏州博物馆志愿社

十佳志愿者之星（项目）

浙江省博物馆 《非凡的心声——中国古琴文化推广》

福建博物院 《文物在我身边——福建文博进校园进社区"双百"活动》

十佳志愿者之星（组织工作者）

辽宁省博物馆 樊荣

伪满皇宫博物院 刘海冰

安徽博物院 徐康

陕西历史博物馆 刘娟

南京博物院 许越

第十届
十佳志愿者之星（个人）
广东省博物馆志愿者 冯少珍
广西壮族自治区博物馆志愿者 贲春娣
北京汽车博物馆志愿者 朱继欣
四川博物院志愿者 刘军丽
宁波博物馆志愿者 周盈军
沈阳故宫博物馆志愿者 李红卫
青岛市博物馆志愿者 顾晓梅
国家博物馆志愿者 魏莹
湖北省博物馆志愿者 郭春玲
湖南省博物馆志愿者 邓云峰
十佳志愿者之星（团队）
无锡博物院志愿者团队
伪满皇宫博物院志愿者宣讲团
陕西历史博物馆志愿者团队 西安工程大学志愿者服务队
十佳志愿者之星（项目）
天津博物馆 "看天博展览，听天津故事"项目
云南省博物馆 "流动巡展，多彩云南"项目
北京自然博物馆 "赛先生来了！"展厅互动式讲解项目
西安博物院 "关爱特殊人群"西博志愿者流动历史课堂项目
成都金沙遗址博物馆 "点亮社区"志愿者公益项目云
江西省博物馆 饰代风华——明代服饰文化推广服务项目
河北博物院 "小小美术家 快乐临壁画"项目
十佳志愿者之星（组织工作者）
山西博物院 杨芸
广州博物馆 邓颖瑜
甘肃省博物馆 刘婷
苏州博物馆 钟雅利

河南博物院 林晓平
南京市博物总馆 李舟
重庆中国三峡博物馆 陈华蕾
浙江省博物馆 赵梦蝶
海南省博物馆 薛冬凌
潍坊市博物馆 张雪梅

第十一届
十佳志愿者之星（个人）
内蒙古博物院志愿者 邢海燕
成都金沙遗址博物馆志愿者 曾燕伶
苏州博物馆志愿者 李忠琴
河南博物院志愿者 詹元
十佳志愿者之星（团队）
广东省博物馆 粤动你我——广东省博物馆文化志愿者服务队
安阳市殷墟博物馆 安阳殷墟志愿服务队
安徽博物院 "服务基层行"历史文化宣教项目团队
故宫博物院志愿服务先锋队
南京博物院 "南博蓝"志愿服务团队
湖南省博物馆志愿者 "文物诠释和网络传播"教育服务队
"抗击新冠肺炎"个人特殊贡献奖
邯郸市博物馆志愿者 马率磊
武汉革命博物馆志愿者 高万娥
湖北省博物馆志愿者 方勤
"抗击新冠肺炎"团队特殊贡献奖
八七会议会址纪念馆 疫情防控突击队
北京汽车博物馆（丰台区规划展览馆）团队
江汉关博物馆 抗疫志愿服务团队
辛亥革命博物馆 社教部团队
武汉博物馆 社会教育团队
秦始皇帝陵博物院 社会教育部团队
清华大学艺术博物馆 公共教育抗疫工作组

中国博协—美国克莱蒙特研究生大学
博物馆领导力学院合作培训项目

一、合作培训背景

博物馆领导力学院（原盖蒂领导力学院，简称"领导力学院"）设在美国南加利福尼亚州的克莱蒙特研究生大学，是由盖蒂基金会支持的致力于艺术管理和领导力培训项目的机构。克莱蒙特研究生大学位于美国南加利福尼亚州克莱蒙特市，是一所专门提供研究生及以上级别课程的私立精英级大学，著名的管理学之父彼得·德鲁克曾在此任教。领导力培训在该校有着悠久的传统，具体由领导力学院实施。博物馆领导力培训项目主要通过发展博物馆专业人员的前瞻性思维，增加其领导力知识和技能，以期获得博物馆相关工作领域的成功，每年在美国举办两期培训，面向全球招生，一期为高级领导力项目，一期为青年领导力项目。领导力学院以"提高博物馆管理者在不断变化的全球环境中的领导能力"为宗旨，自1979年招生以来，已培养了来自40多个国家和地区超过1 800名中高级博物馆专业人士。

进入21世纪，中国博物馆事业处于快速发展与结构性转型的重要时期，培养一批具有国际视野的高级管理人员对中国博物馆事业可持续发展至关重要。有鉴于领导力学院良好的学术基础和丰富的实践经验，为实现资源共享和战略互惠，为共同促进中国博物馆领域人才培养创造更多的机会，

2014年博物馆高级管理人员培训班师生合影

自 2014 年起，中国博物馆协会与领导力学院合作，共同推荐和资助中国博物馆学员赴美参加博物馆高级管理人员培训项目，并于 2017 年、2019 年将青年领导力项目引进国内。

二、合作培训项目概况

中国博协与领导力学院合作培训项目的方式分为两种。一种是双方共同推荐和资助中国博物馆学员赴美参加"博物馆高级管理人员培训项目"，学费由双方共同承担。自 2014 年起，截至目前项目共培养了来自全国的 13 名博物馆高级管理人员（2020 年因新冠肺炎疫情，2 名博物馆高级管理人员已入选但暂未能成行）。另一种是双方合作在中国举办"中国博物馆青年领导力培训项目"。2017 年由双方主办，陕西历史博物馆和陕西师范大学承办的首期"中国博物馆青年领导力培训项目"于 2017 年 10 月在西安举办，来自全国的 25 名中高级博物馆管理人员参加了培训；第二期培训项目于 2019 年 10 月在苏州举行，共有 35 名学员参加。

2019 年"中国博物馆青年领导力培训项目"

两类项目课程均由在线课程和实地学习两部分组成。博物馆高级管理人员培训项目在线课程时间较长，通常为 10 余天，由学员在实地学习前通过电脑在线完成。实地学习时间通常为两周左右，学员前往美国克莱蒙特研究生大学进行学习。培训内容主要包括：领导行为自我评估模拟练习、领导力特质（形塑随众的期待值、博物馆环境下个人领导力的多维度辨析）、战略规划与实施技巧及其相关资源配置与决策、资源与战略联盟 –SWOT 结构（优势、弱势与威胁及其错综复杂的动态交互关系）、价值联盟与部落模式领导力的文化价值、筹资策略（计划与准备的关键元素、机构品牌的关键作用、活动创议的功能与财政范围等）、博物馆在塑造高度信任与良好业绩中的神经生物角度分析（信任的生物基础、产生信任的八个等次的管理政策、信任与愉悦的关联性、信任对领导力结果的影响）、博物馆与消费者文化、深度兼并和联盟／同盟（营销战略公式、九个问题、形成强大联盟）、战略规划的制定与完善等。此外还有在洛杉矶地区博物馆机构的实习，以及各模块的战略、规划、团队建设、评估和自我评估等，内容涉及博物馆管理者素养与能力提升所需的多学科知识、方法与技巧。

"中国博物馆青年领导力培训项目"在线课程通常为两天，实地学习时间为一周。课程设置和内容将"领导力"与博物馆紧密结合，关注学员的个人特质和思维认知，帮助学员在宏观层面思考博物馆的建设发展，通过自我认知、管理技巧、实务操作、领导力四个方面的培训，以论坛讨论、课外阅读、专家辅导、实地授课、小组作业、实地考察等多样化的方式增进学员的知识和技能，并鼓励和督促学员在返回工作岗位后立即将所学知识和方法投入实践、加以应用。

经过一段时间的合作，参加培训的学员普遍反馈，培训课程设置科学合理、形式多样，师资力量雄厚且在各自研究领域都具有较高的影响力，课堂和课后练习针对性强，培训效果良好。接受培训后，通过一段时间的专业实践，很多学员成长为所在博物馆的领导骨干。有鉴于此，中国博物馆协会认为领导力学院的专业培训具备较高的价值，双方的合作在一定基础上提高了中国博物馆高级管理人员的领导管理能力。2017年，中国博物馆协会与领导力学院签署了为期四年（2017—2020）的谅解备忘录，为培养中国博物馆的高级管理人才进行深入探索。

三、培训项目的影响

多年来，双方合作项目进一步助推了中国博物馆青年业务骨干更好地学习和借鉴美国博物馆管理的先进理论和实践经验，为中国博物馆培养了更多具有国际化视野的复合型管理人才和领导者。这样的合作也进一步促进了中美双方在博物馆人才培养、学术交流及科学研究等方面的合作。中国博物馆协会正在与领导力学院就续签谅解备忘录和今后的合作重点进行讨论，相信会将更多更好的培训项目带给中国的博物馆从业者。

（撰稿人：艾静芳）

中国博物馆协会博物馆陈列展览设计施工资质推介活动

一、博物馆陈列展览设计施工资质推介活动背景及发展历程

党的十八大以来，中国博物馆事业处在快速发展时期。自 2012 年至 2020 年，我国博物馆数量增长 50%，2020 年底共有博物馆 5 788 家。2020 年度我国博物馆推出陈列展览 2.9 万余个、教育活动 22.5 万余场、接待观众 5.4 亿人次。广大观众的积极参与，也对博物馆的展陈提出了更高的希望和要求。博物馆的展陈需要走一条提升质量、完善公众服务之路。

陈列展览在提升博物馆公共文化服务水平上的重要性日益突出。但是，我国还没有统一的博物馆陈列展览工程管理制度，大部分博物馆的陈列展览工程从立项到设计施工及监理验收，都是参照建筑装潢装饰工程等行业的标准。

在国家文物局的支持和指导下，中国博协积极探索博物馆展陈设计、施工的行业标准，指导会员单位陈列展览设计施工行为，提升陈列展览设计和施工项目的专业化水平，维护会员单位的合法权益，为国家相关主管部门正式出台相关专门标准奠定良好基础。

2013 年，中国博协在吉林省长春市召开第五届理事会第八次常务理事会会议，起草了《中国博物馆协会博物馆陈列展览设计施工资质管理办法（试行）》草案。会议期间征求了各省博物馆及高校意见，经反复酝酿、修改与论证，实行范围从会员单位逐步扩大到行业单位。

2015 年，中国博物馆协会第六届理事会第二次理事长会议正式通过《中国博物馆协会博物馆陈列展览设计施工单位资质管理办法》（简称"《管理办法》"）。

二、博物馆陈列展览设计施工资质推介活动概况

（一）资质申报情况简述

博物馆陈列展览设计单位资质分为甲、乙、丙三级。博物馆陈列展览设计施工单位的施工资质分为壹、贰、叁三级。每个资质等级在注册资金、管理和技术人员状况、以往业绩等方面都有不同的要求。根据《管理办法》，中国博物馆协会每年受理一次博物馆陈列展览设计施工单位资质等级认证申请（含晋升资质等级申请），通过审核则发给相应等级的《博物馆陈列展览设计单位资质证书》或《博物馆陈列展览施工单位资质证书》，同时公告社会。

设计单位资质条件列表

		甲级	乙级	丙级
注册资金		200万	100万	30万
成立年限		8年	5年	3年
项目业绩数量		10项	5项	3项
项目业绩规格		2000平方米（含）以上或造价1000万元（含）以上	1000平方米（含）以上或造价700万元（含）以上	500平方米（含）以上或造价100万元（含）以上
执业资格	总设计师	8年经验	5年经验	3年经验
	高级职称	2人	1人	/
	文博系列高级职称	1人	1人	/
	中级职称	5人	4人	3人
	文博系列中级职称	3人	2人	/
固定经营场所		有	有	有

施工单位资质条件列表

		壹级	贰级	叁级
注册资金		1000万	500万	100万
成立年限		8年	5年	3年
项目业绩数量		10项	5项	3项
项目业绩规格		2000平方米（含）以上或造价1000万元（含）以上	1000平方米（含）以上或造价700万元（含）以上	500平方米（含）以上或造价100万元（含）以上
执业资格	总工程师	8年/高级职称	5年/高级职称	3年/中级职称
	高级职称	2人	1人	/
	文博系列高级职称	1人	1人	/
	中级职称	5人	4人	3人
	文博系列中级职称	3人	2人	/
	一级注册建造师	5人	/	/
	二级注册建造师	/	3人	/
固定经营场所		有	有	有

申报流程分为网上申报、秘书处初审、现场核验和专家评审 4 个环节。网上申报系统于 2015 年 6 月 10 日正式在中国博物馆协会官方网站（www.chinamuseum.org.cn）首页开通，同时配套《答记者问》《资质申报常见问题汇总》等文档，方便申报单位及时了解申报要求并准确填报。在申报过程中，协会组织秘书处工作人员就申报过程中的规则、规定进行解读，指导申报单位。网上填报完成后，秘书处统一进行网上初审，严格按照《管理办法》规定逐一进行材料审核。

为确保填报单位材料的真实性，防止弄虚作假行为，秘书处组织现场核验。由申报单位携带人员证件、合同原件等材料在指定时间到秘书处进行现场审核。

为确保公正性，最后的评审由协会从专家库随机抽选 10—15 位专家，组成评审专家组，集中对已通过初审和现场核验的单位材料进行逐一审阅、讨论和审核，最后确定和公布入选单位名单。

2015 年 6 月 10 日，中国博协在全国范围内开展了第一批博物馆陈列展览设计施工资质推介。根据《管理办法》，共有 16 家单位获得设计甲级，3 家单位获得设计乙级，2 家单位获得设计丙级资质；23 家单位获得施工壹级，1 家单位获得施工贰级，2 家单位获得施工叁级资质。截至 2022 年初，获得设计甲级施工单位 159 家，设计乙级 37 家，设计丙级 10 家；获得施工壹级施工单位 149 家，施工贰级 39 家，施工叁级 9 家。

设计资质单位数量表		
资质等级	2015 年	2021 年
设计甲级	16	159
设计乙级	3	37
设计丙级	2	10

施工资质单位数量表		
资质等级	2015 年	2021 年
施工壹级	23	149
施工贰级	1	39
施工叁级	2	9

（二）资质监督管理情况简述

中国博协秘书处负责资质单位的监督管理，在资质单位基本信息变更、证书遗失等方面有严格规定。

除此之外还实行动态管理，根据《管理办法》，协会秘书处每两年进行一次博物馆陈列展览设计施工资质年检。资质单位获得的资质并不是一劳永逸的，在人员结构、业绩要求等方面仍需要达到相应级别才能获得资质延续。

三、博物馆陈列展览设计施工资质推介活动的影响

（一）吸引行业内优质设计、施工单位参与

博物馆陈列展览设计施工资质推介活动自 2015 年推出以来，获得展陈单位极大关注，行业内优

质设计、施工单位均积极参与。获得资质的单位数量逐年增长，2015年度共评选出21家设计资质单位，26家施工资质单位；2021年度共评选出206家设计资质单位，197家施工资质单位。除普通展陈公司外，上市公司、行业标杆级事业单位也踊跃申报。资质推介活动为全国博物馆展陈事业聚拢了一大批设计理念前列、展陈质量较高的单位。

设计与施工资质单位数量表		
年份	设计资质单位总数	施工资质单位总数
2015年	21	26
2016年	37	38
2017年	73	65
2018年	104	92
2019年	149	137
2020年	173	171
2021年	206	197

（二）促进全国博物馆展陈质量水平的提升

博物馆行业对协会的资质推介活动高度认可，在博物馆重大建设及展览布展设计施工招标过程中均有博物馆陈列设计、施工资质要求。资质单位为博物馆建设和展览提供了有力支撑和保障。近年来涌现出的"丹宸永固：紫禁城建成六百年""石渠宝笈特展""复兴之路""大美亚细亚——亚洲文明展""纪念志愿军抗美援朝出国作战70周年主题展""大汉海昏侯——刘贺与他的时代"等优秀展览，以及中国共产党党史展览馆等重大博物馆项目、"全国博物馆十大陈列展览精品"的优秀展览获奖单位的展陈项目，均有资质单位参与和支持。

四、未来展望

2021年，中央宣传部、国家发展改革委、文化和旅游部、国家文物局等9部门发布的《关于推进博物馆改革发展的指导意见》提出，到2035年，中国特色博物馆制度更加成熟定型，博物馆社会功能更加完善，基本建成世界博物馆强国，为全球博物馆发展贡献中国智慧、中国方案。

博物馆陈列展览设计施工资质推介活动也将继续按照博物馆高质量发展、展陈水平高质量发展要求，从展陈基本理念、人员培训、专业化水平、高效节能环保绿色等方面进一步加强管理。中国博协将进一步发挥行业引领作用,依据《管理办法》将博物馆高质量发展推进到实处,实行高效常态化管理,为博物馆事业发展提供有力支持和保障。

推介活动的参与范围将更加广泛,除传统博物馆设计施工单位外,鼓励专门做红色文化的单位、文保修缮单位及展陈新技术单位参与;鼓励更新展陈理念,从设计方面打破固化思维,改善千馆一面的现状;结合博物馆文物,鼓励以多种手段讲出文物背后故事,讲好红色故事、赓续红色血脉;创新推出广大公众喜闻乐见的展览,宣传优秀文化等将作为推介活动评判的加分项;进一步提升专业化水平,在专业人员要求方面,除必备的中高级职称、文博人员外,协会还将组织专业化人员培训。此外,根据国家文物局《关于文物领域贯彻新发展理念落实绿色低碳发展举措的通知》,还将鼓励资质单位在施工过程中树立高效节能环保绿色理念,在减少碳排放,材料的重复利用方面额外给予加分项。

今后,推介活动在深化管理、促进博物馆展陈领域方面,将推出更加优秀、更加专业的单位。中国博协将坚定不移贯彻博物馆高质量发展理念,深刻理解和准确把握展陈工作在其中的职责使命,担当作为,开拓创新,推动展陈事业高质量发展,为坚定文化自信贡献一份力量。

(撰稿人:李金光)

人文荟萃

岁月有痕

纪念专稿

"中国博物馆终身成就奖"获得者苏东海先生

"中国博物馆终身成就奖"获得者苏东海先生

  苏东海先生（1927—2021）是改革开放后中国博物馆学研究的重要开拓者，第二、第三届中国博物馆协会常务理事，1985年至2002年担任《中国博物馆》杂志主编，受中国博物馆协会委托主持了在贵州建设中国第一个生态博物馆群的项目。苏东海先生在理论博物馆学、应用博物馆学、文化遗产保护、生态博物馆等方面的研究造诣精深，为推动中国博物馆学研究和博物馆人才培养等做出了突出贡献。2012年中国博物馆协会授予苏东海先生"中国博物馆终身成就奖"，他是目前唯一获此荣誉的博物馆专家。本文曾以《有匪君子 仰之弥高——深切缅怀苏东海先生》为题发表于《中国博物馆》2021年第3期。此次稍加整理。

  苏东海先生是我国老一辈博物馆学家的杰出代表。他从事博物馆工作的时间横跨一个甲子，致力于博物馆学研究也超过40年，为中国的博物馆学科建设做出了卓越贡献。

一、一生屡经社会变迁，在反思中成为哲学立场鲜明的博物馆思想者

  苏东海先生在国内外博物馆领域的崇高地位和广泛影响，很大程度缘于其博物馆学研究的鲜明哲学立场和民族特色。这是先生深厚的哲学思辨功底与屡经的社会变迁相聚合的结果。对这种聚合的认识，可以成为我们真正走近先生博物馆思想世界的一条路径。

  苏先生1927年出生于一个经济相对宽裕的大家庭，曾有过幸福的童年。由于目睹了日本军国主

义的种种暴行，他进入青年时期后萌生了国家主义思想。20世纪40年代最后两年，他进入北京大学学习哲学，这是其思想观念发生关键性转折的时期。北大学习的经历，无疑为他日后的博物馆学术研究奠定了哲学基础，但更重要的是，他在这个时期终结了像许多青年学生一样的思想杂乱，于1947年归一于对马克思主义的信仰。苏先生的许多论述都反映了其哲学素养与政治信仰的结合。新中国一成立，苏先生便开始了10年的军旅生涯，经历过抗美援朝战场上的枪林弹雨。1959年他进入中国革命博物馆（今中国国家博物馆）深耕陈列和保管业务。"文革"期间遭遇不公正待遇，离开岗位。拨乱反正后重返博物馆，不久便开始其对中国博物馆的理论拓荒。在纷繁的社会现实中，苏先生对自己的哲学立场有反思，但从未改变。正如他自己所总结的那样："我是一个马克思主义者，研究方法一直固守着马克思的历史唯物主义，但不会划地自牢"，"我不是狭隘民族主义者，但心中有着民族文化的自尊"。2016年出版的《苏东海思想自传》，被认为是苏先生对自己一生思想历程的回顾，包括了他从民族主义、国家主义、费边社会主义向马克思主义的思想转变过程。可以说，苏先生是一位融合了马克思主义辩证唯物主义、历史唯物主义和中国民族传统哲学与文化价值观的博物馆学家，尤其是一位思想立场鲜明的博物馆思想者。

与一些"兼职"博物馆学研究的专家不同，苏先生是一位"全天候"的博物馆学者，尤其是他人生最后30多年，其博物馆学研究造诣达到巅峰。《博物馆的沉思——苏东海论文选》三卷本分别于1998年、2006年和2010年出版，收录了苏先生229篇学术论述，除第一卷中29篇属于现代史和现代史学范畴外，其余200篇全部与博物馆和博物馆学有关。所以，苏先生被业界誉为"新中国博物馆学的拓荒者"，是中国在博物馆理论方面的一面旗帜。

苏东海著《博物馆的沉思——苏东海论文选》卷一，1998年

苏东海著《苏东海思想自传》，2016年

二、主张治学经世，致力于具有民族和时代特色的中国博物馆学建设

多年来，苏先生以其雄厚的哲学功底和敏锐的观察视角致力于博物馆理论研究，为构建中国博物馆学的专业话语体系做出了重要的开拓性贡献。他的博物馆学研究，特别强调民族特色、时代特色和治学经世理念。他始终认为，研究博物馆不能不研究它存在的社会条件，不关注社会，不把博物馆研究放在社会之中，是不实际的；中国的博物馆研究如果不立足中国，就会是水中的浮萍漂泊不定；如果不放眼世界，我们的视野就如同井底观天。

从时间线看，苏先生集中心力研究博物馆学是20世纪80年代中叶之后，大致有三个阶段，每个阶段的时间跨度为十年左右。第一个十年，中国博物馆事业刚刚开启一个新时代，在博物馆回归公共文化属性的形势下，他的研究偏重于对博物馆历史的回顾和对新时代中国博物馆发展走向的探索。第二个十年，中国社会转型的进程进一步加快，在博物馆领域机遇和挑战并存的背景下，他开始研究其称之为博物馆"病理"的问题，力图从学理上为所遇到的瓶颈找到答案。第三个十年，中国博物馆实现了前所未有的快速发展，在各种博物馆理念、方法和技术蜂拥而至的现实下，他敏感地关注快速成长中如何避免"虚胖"的问题，以及博物馆功能过度扩张的利弊得失，甚至花了不少精力专门研究当代博物馆的情感特征。在国际博物馆领域，苏先生非常关注其最新动态，甚至会在涉及一些概念时认真追究至英语与汉语语义上的异同，希望从中找到中国博物馆语境下可参照的坐标。他既反对将博物馆学做成一门玄学，也拒绝博物馆学成为单纯的就事论事。

2006年苏东海先生参加北京国际博物馆馆长论坛

苏东海先生于 1994 年离休，但他的博物馆学研究反而在加速，而且成就斐然。苏先生家里经常高朋满座，其中不乏慕名而来的优秀青年博物馆学人。他以其渊博、严谨和谦逊的治学态度，对不同代际的中国博物馆学同道们带来了潜移默化的影响。为表彰其在博物馆学领域的突出贡献，2012 年"5·18 国际博物馆日"期间，苏先生被中国博物馆协会授予"中国博物馆终身成就奖"，成为获此荣誉的第一人，也是目前唯一。

2012 年中国博物馆协会理事长宋新潮拜访苏东海先生，颁发"中国博物馆终身成就奖"

三、倾注心血 18 年，精心打造高学术水准的《中国博物馆》杂志

1982 年中国博物馆学会成立，决定从 1983 年开始编辑出版博物馆学会的会刊《博物馆》，用以介绍中国的博物馆和开展博物馆工作研究，这是今天中国博物馆协会主办的《中国博物馆》杂志的初创版。当初的《博物馆》已成长为专注于博物馆学研究且在业界拥有重要影响的学术季刊，苏先生是这一过程的主要贡献者之一，或者可以说是最重要的贡献者。

1985 年中国博物馆学会换届后，《博物馆》更名为《中国博物馆》，沈庆林理事长邀请时任学会常务理事的苏先生出任主编。从接手《中国博物馆》的第一天起，甚至或许在此之前，苏先生就开始谋划如何将《中国博物馆》打造成高质量博物馆学研究平台。他认为，中国 20 世纪 30 年代开始对欧美国家博物馆在理念层面上加以介绍，50 年代对苏联博物馆理论照抄照搬，六七十年代对博物馆文化完全扭曲，到了 80 年代初，除了对博物馆业务的一般性描述之外，我们的理论研究非常匮乏，甚至不少人连博物馆学的存在都心存怀疑，所以特别需要一个新的学术研究平台来支持博物馆的理论拓荒。他首选的学术平台就是《中国博物馆》。苏先生亲自操刀，对《中国博物馆》的办刊定位、主要栏目设置做了重大调整。他始终坚持科学严谨的办刊方针，努力追踪国内外博物馆学研究的最新动态和最新科研成果，并将其反映于所编辑的刊物中，及时发现和收集学术含量高的著述，组织

力量发表。他反复强调，要努力把《中国博物馆》办成中国博物馆学研究的核心学术园地和最新博物馆研究成果的交流论坛。在领导《中国博物馆》编辑部的日常工作中，苏先生对所有稿件都逐字逐句审阅。他对青年博物馆学者的论文倍加重视，亲自审稿之外，还经常提出非常具体的修改意见，保护和鼓励后学们研究博物馆的积极性。20世纪90年代的一段时期，市场经济对学术出版冲击很大，学术研究空气也变得浮躁，加之中国博物馆学会经费压力加大，有人开始对《中国博物馆》的学术性定位产生动摇。对此，苏先生联合一众志同道合的博物馆学者，最终成功说服了学会常务理事会，确保《中国博物馆》保持较高的学术水准。所以，《中国博物馆》杂志今天的进步和成熟与苏先生任主编18年奠定的坚实基础密不可分。

四、躬行垂范近十载，推动国际生态博物馆运动在中国的本土化实践

生态博物馆在中国的本土化实践，是苏先生晚年一直持续研究的课题，这方面的成果也被认为是苏先生晚年在中国和国际博物馆学界最受瞩目的贡献之一。经过他1995年到2004年的亲身实践，中国第一代生态博物馆在贵州问世。这对于文化遗产和博物馆界从传统博物馆中走出来，在文化的原生地建立博物馆，弥补传统博物馆的缺陷，实现文化保护社区化和民主化，具有特殊价值。经过他的悉心指导，中国第二代生态博物馆在广西以"1+10"的模式运作，这有利于在遗产保护社区化基础上提升生态博物馆的科学和展示传播水平，使之朝着遗产保护的专业化和博物馆化方向发展，使之可持续能力增强，颇具中国特色。而中国第三代生态博物馆在东部经济发达地区推行，苏先生同样予以积极的支持，并阐述第三代生态博物馆与社区博物馆相结合、与中国新农村建设相结合，在农村现代化进程中保护地域文化多样性等方面的创新价值。经过20余年的发展，中国的生态博物馆探索实践初见成效，为文化遗产保护和博物馆发展探索出了一条新的道路。在这个进程中苏先生功不可没，所以被誉为"中国生态博物馆之父"。

苏先生从20世纪80年代初开始关注国际博物馆的一个新的学术流派——新博物馆学运动以及与此同步的不同国家的生态博物馆实践。1985年，他要求《中国博物馆》编辑部收集和翻译新博物馆学运动的资料，出专刊介绍各国生态博物馆的基本理论和主要做法，作为对国际博物馆新动向的学术普及。1994年9月，国际博协博物馆学委员会年会在北京召开，在与国际知名生态博物馆学家多次面对面交流之后，他萌生了在中国探索生态博物馆的想法，把第一块"试验田"选在了贵州，并与挪威文物局和挪威开发合作署展开合作。此后，他与贵州当地文物部门和相关社区村寨一道，在这块"试验田"上耕耘了将近10年。苏先生以70多岁的高龄与年轻人一道，在几乎称不上公路的泥泞中深入偏远的民族村寨，收集第一手资料。他主张植根于中国土壤的生态博物馆建设，赢得了包括外方合作者在内的业界同行的钦佩。

苏先生在晚年始终没有停止对生态博物馆在中国本土化实践的反思。2005年，中挪贵州合作项目结束，为了总结经验得失，他在贵阳主持召开生态博物馆国际研讨会。会议邀请了包括雨果·戴

2005年苏东海先生在贵阳主持国际生态博物馆研讨会期间与国际生态博物馆学家合影

1997年至2004年，受中国博物馆学会委托，苏东海先生在主持贵州生态博物馆群项目期间与生态博物馆所在社区公众在一起

瓦兰在内的数十位国际新博物馆学领军人物，就生态博物馆在不同社会、经济和文化背景下的国际性与本土性问题展开激烈讨论。他年届90岁时在国际博物馆舞台上的最后一次正式发言，主题依然是生态博物馆。2016年6月，国际博协米兰大会期间组织了一个生态博物馆高端论坛，虽然健康状况已不允许他进行国际旅行，但他依然认真准备了发言稿，委托别人代为宣讲。在这篇发言中，他基于中国生态博物馆的本土化实践，就生态博物馆与文化多样性、生态博物馆与经济发展、生态博物馆与文化主权和生态博物馆与遗产旅游，发表了精辟的见解，引起了国际同行对中国生态博物馆理论和实践的广泛关注。

可以说，苏东海先生代表了中国博物馆学研究的一个时代。他杰出的学品、学识和学风，已经、正在和将要影响至少两代中国博物馆人。

（撰稿人：安来顺）

国际博物馆协会终身荣誉会员张文彬先生

张文彬先生（1937—2019），曾于2002年至2008年间担任第四届中国博物馆协会理事长、国际博物馆协会中国国家委员会主席，后受邀任中国博物馆协会名誉理事长，是改革开放后中国博物馆事业的重要推动者和领导者。在其领导中国博协的六年中，协会各项工作实现了一系列重大突破，而他的善良、睿智、包容和创新也赢得了国内外博物馆同行的高度赞誉。2013年8月，张文彬先生被国际博协授予"荣誉会员"这一最高荣誉。本文曾以《让世界喝彩的中国博物馆人》为题发表于2014年1月11日《光明日报》。此次稍做修改。

国际博物馆协会终身荣誉会员张文彬先生

巴西当地时间2013年8月17日，在国际博物馆协会第二十三届大会的闭幕式上举行了一个异常庄重的颁奖仪式：国际博协将其最高荣誉"荣誉会员"授予了一位为国际博物馆事业做出特殊贡献的博物馆人，他就是中国博物馆协会名誉理事长、第四届中国博物馆学会（现中国博物馆协会）理事长、国际博协中国国家委员会原主席张文彬先生。当国际博协总干事汉娜·潘内克将荣誉会员证书交给张文彬先生的代表时，来自世界各地的近1700名代表以长时间的热烈掌声，表达对这位德高望重的中国博物馆人的敬意，也为这位卧病在床的前辈送上美好祝福，场面十分感人。8月18日，多家主流媒体在第一时间对此事做了报道，文物博物馆界更是欢欣鼓舞。大家一致认为，在欧美发达国家占据绝对话语权的国际博协，能把这样的崇高荣誉授予一名中国博物馆人，既是对张文彬先生本人在博物馆领域突出贡献的高度认同，也折射出日益开放和蓬勃发展的中国博物馆事业赢得了国际同行的尊重与喝彩。

张文彬书法

张文彬先生的国际博协荣誉会员证书　　张文彬先生的儿子张楠代表父亲从国际博协总干事手里接过荣誉证书

一、国际博物馆事业杰出贡献者的最高荣誉

根据《国际博物馆协会章程》和《国际博物馆协会管理规则》，荣誉会员是国际博协为了褒奖那些为国际博物馆事业的发展或者为国际博物馆协会做出杰出贡献的个人会员而特别设立的最高荣誉。全世界的荣誉会员总数不超过20人，一旦授予将享受终身。自1983年国际博协第十三届大会产生第一位荣誉会员起，目前仅有13位在国际博物馆舞台上活跃数十年而且成就卓著的权威专家学者获此殊荣，而张文彬先生则是第一位获此殊荣的中国人。

为了突出荣誉会员的崇高性，国际博协专门制定了极其严格的申报、评估、推荐和表决程序。首先，是由国际博协各国家委员会或国际委员会根据申请人在博物馆领域的学术贡献、科研成果、学术著作、所获国际奖项等综合情况向国际博协总秘书处提名并附详细申请资料，然后由国际博协执行委员会会议对所有申请材料进行全面评估，筛选出通常不超过3人的第一轮候选人，必要时会要求推荐机构做必要的资料补充，由执委会以表决方式决定最终的候选人名单，形成执委会会议决议，向国际博协会员代表大会提出推荐意见，最后由会员代表大会表决通过。国际博协第二十三届大会荣誉会员推荐遴选工作历经2012年12月和2013年4月两次国际博协执委会，候选人从最初的数十人筛选到5人初选名单，最后确定2名候选人。

本次推荐荣誉会员过程中的一段花絮耐人寻味。2012年12月国际博协执委会第一百二十四次会议在巴黎举行，会上，委员们曾对应否坚持以欧美博物馆价值观和学术体系作为界定"为国际博物馆事业和国际博协做出杰出贡献"唯一标准的问题展开了激烈讨论。不少执委明确表示，在经济全球化和文化多元化的背景下，"为国际博物馆事业所做贡献"也是多元的。因此，荣誉会员不应仅仅代表后殖民地时代原欧美属地博物馆的所谓"转型"，也不应仅仅局限于博物馆某一专门学科的学术泰斗，必须进行综合的考量，要代表变化了的世界的博物馆新价值观。经过辩论，这种观点赢得了执委会的一致赞许。在一定程度上，这种观念的转变在75%以上会员来自欧美国家的国际博协来说，具有变革意义。张文彬先生在激烈的竞争中最终脱颖而出，赢得执委会全体委员的支持，在表决中全票通过，也是对他所代表的"博物馆新价值观"的积极肯定。

二、第一位来自中国的国际博协荣誉会员

张文彬先生毕业于北京大学历史系考古专业，从20世纪60年代初开始从事文化遗产和博物馆研究与文化管理工作，先后供职于洛阳市博物馆、郑州大学历史学系、河南省社会科学院和中共河南省委、河南省人大常委会，深厚的学养和对文博事业的谙熟，使他在1996年至2002年担任国家文物局局长的七年中，形成了立足于中国文化土壤的博物馆国际化独到见解和战略，应当说，中国博物馆成为国际博物馆领域进步最快、最有活力的组成部分，张文彬先生发挥了重要推动作用。

2004年张文彬先生在北京视察第一届博博会　　2006年张文彬先生赴巴黎参加国际博协咨询委员会会议

谈到张文彬先生为中国博物馆更快走向世界方面所做的努力，无论是他在担任国家文物局局长的七年，还是出任全国博物馆行业组织领军者的七年，这样的事例都不胜枚举。例如，在他的大力支持下，通过国际博协博物馆学委员会的交流平台，生态博物馆这一新兴博物馆理念在中国得以研究、探索、实践和发展。以1997年10月23日时任国家文物局局长的张文彬先生与挪威外交大臣在人民大会堂就第一个生态博物馆签署国际合作协议为里程碑，十余年中这一新博物馆学和新形态博物馆逐渐成为我国一个重要的博物馆流派。这充分显示国家文物博物馆主管部门对国际博物馆新理念、新实践的开放态度，鼓励中国文博界积极探索、勇于开拓的信心，更使中国生态博物馆建设走在了亚洲国家的前列，也引起世界博物馆界的极大关注。

2002年至2008年，张文彬先生担任中国博物馆学会理事长、国际博协中国国家委员会主席，这段时间是我国博物馆与国际博协交流合作非常密集的一个时期。除了与国际博协不同机构的信息

交流、联合主办高水平国际学术研讨会之外，一批国际合作项目也产生了深远的国际影响。例如，2002年在上海举行国际博协亚太地区第七次大会，2010年在上海举办国际博协第二十二届大会，都凝聚了张文彬先生大量的激情、智慧和心血，成为博物馆领域区域和国际合作的典范。

2004年张文彬先生在北京会见国际博协主席一行

仅以申办和筹备国际博协第二十二届大会为例，张文彬先生不仅是该项目的策划者和指挥者，更为难能可贵的是，他身体力行，承担了许多极为具体的筹备工作，让人尤为感动和钦佩。在历时近四年的时间内，他三赴欧洲，与国际博协执行委员会、咨询委员会等机构沟通协商。一位国际博协官员曾经动情回忆起发生在2006年6月的一幕：当时张文彬先生在巴黎列席执委会的相关议题，由于发生低血糖而几近晕倒，但他只是吃了两块饼干，坚持把会议的所有议程参加完。在诸如确定第二十二届大会主题等原则性问题上，他又异常坚定，据理力争，主持召开国际研讨会，阐述"和谐社会"思想的普适意义，最终说服那些对这一主题怀有疑虑的国际人士。他还利用各种场合与近百名国际博物馆人士交谈，宣传推介中国博物馆事业及上海大会。他曾在三天时间内往返于中国与伊朗之间，在亚太地区博物馆会议上争取周边国家的支持，极大地鼓舞了这些国家对上海大会的信心。2006年5月30日，在巴黎，他登上国际博协的讲台，代表中国代表团面对130多个国家和地区的博物馆代表做申办陈述，为中国最终超越俄罗斯取得第二十二届大会主办权发挥了决定性的作用。面对复杂繁重的大会组织工作，他反复奔波于北京和上海之间，协调各种关系，为大会的成功举办奠定了良好的基础。虽然由于健康问题张文彬先生未能亲临他为此付出大量心血的"世界博物馆奥林匹克"盛会，但在隆重的大会开幕式上，来自全世界的人们还是由衷地把最热烈的掌声送给了病榻上的他。

张文彬先生为中国博物馆跨步走向世界、为推动亚太地区博物馆的深度交流合作、为整个国际博物馆搭建对话与交流平台所奉献的激情、智慧和创造力，理所当然地得到了国际博物馆同仁的尊敬和爱戴。国际博协执委会在向国际博协第二十三届大会所做的陈述中指出："在近20年的时间里，张文彬先生一直被视为中国博物馆实现国际化的一位关键人士，他在促进亚洲太平洋地区博物馆与文化遗产领域学术交流中所发挥的重要作用，赢得了人们的高度尊敬。特别是在担任国际博协中国

2006年张文彬先生赴巴黎申办国际博协第二十二届大会

2007年张文彬先生在维也纳参加国际博协第二十二届大会接旗仪式

国家委员会主席期间,他积极推动中国博物馆的战略改革,使中国博物馆在国际博协事务中扮演了积极而充满活力的角色,他支持和帮助了10余个国际博协专门国际委员会与中国及其他亚太地区国家的博物馆开展交流与合作。此外,他在申办和筹备国际博协2010年上海大会期间,与众多国际机构进行了紧密合作,为大会最终的圆满成功做出了巨大贡献。张文彬先生无论在国家、地区还是国际层面上,为国际博物馆界所做出的持续的、杰出的贡献,都无愧于国际博协荣誉会员这一光荣称号。"

张文彬先生晚年曾发表过一篇题为《中国博物馆国际化的进程回顾与展望》的文章,其中若干重要观点折射出他推动中国博物馆进一步走向世界的动因。他认为,通过国际化进程和交流,中国博物馆人学会了以世界的眼光看待中国文化。中华文化源远流长、博大精深,为人类文明做出过重大贡献,这是毋庸置疑的。同时,中华文化自古皆有开放性、包容性的博大胸襟,今天更要具备宽广的胸怀,我们既要弘扬中国优秀文化传统,也要善于学习他国的先进文化为我吸收利用。只有放眼世界、善于学习,才会有更大发展。他还指出,中国博物馆的国际化进程和交流,架起了中国人民同世界各国人民之间的友谊桥梁,为不同政治信仰、不同民族、不同宗教的人们之间营造"和谐世界"创造了良好氛围。在该文的最后,他讲到,中国博物馆的国际化进程和交流,提高了中国博物馆工作者的政治眼光和专业素质,不仅对国外博物馆的管理体制、发展理念、陈展方式、操作规范、运营机制等有了一定程度的了解,还可以学习发达国家博物馆专业人员的业务素质和敬业精神,如果我们能很好地联系国情,加以消化吸收,那么,具有中国特色的博物馆事业一定会取得更大的进展。

成为国际博协荣誉会员,无疑是张文彬先生个人的光荣,但更是中国博物馆人的光荣。尤为重要的是,这也是近30年来中国博物馆事业长足进步,融入国际博物馆整体事业,并赢得赞誉的最好证明。所以,以张文彬先生为代表的中国博物馆人和中国博物馆事业所赢得的世界尊敬与喝彩,这在一定程度上印证了这样一种认识:今天我们需要以中国的视野看世界,也需要以世界的视野看中国。

(撰稿人:安来顺)

中国博物馆友好使者肯尼斯·贝林先生

中国博物馆友好使者肯尼斯·贝林先生（Kenneth E. Behring）

2014年5月18日中国博物馆协会授予贝林先生"中国博物馆友好使者"荣誉称号

肯尼斯·贝林先生（1928—2019）是美国著名实业家、慈善家。进入21世纪后的近20年中，他与中国多家博物馆合作建设自然历史展厅，捐赠了大量珍稀动物标本，并发起并推广"环球自然日"活动。2014年中国博物馆协会授予贝林先生"中国博物馆友好使者"荣誉称号。这是中国博协第一次将此荣誉授予一位国际友人。

非洲大草原上，一头非洲母狮从岩石上一跃而起扑向一头疣猪，它打算以此作为幼狮的食物。一头花豹坐在树枝上，守着它当天的猎物——一只跳羚。不远处，一只鬣狗的嘴里叼着还没吃完的小羚羊，而几只秃鹫正试图进入鬣狗的活动范围去抢掠食物。与此同时，背景声音中传出公象的叫声、狮子的咆哮、鸟类的鸣叫和其他各种动物的声音。

大多数人都没有在真实的野外自然环境中见过这些动物们的活动场景，或者听过这些声音，人们在动物园中也不会见识到。因为即使一个城市能够有幸拥有一座动物园，里面关着的动物大部分时间也只是在游客的注视下等待被喂食。而一台拍摄大自然的摄像机充其量也只能远距离地记录下这类场景的二维画面。那么如何了解已经灭绝或濒临灭绝的动物呢？

那些对此感兴趣的孩子和家长，现如今可以在家门口或省会城市里的博物馆展览中，看到如此重要的动物行为，例如时间定格在狮子猎食的那一瞬间。这里所展示的不再是玻璃窗里的填充标本，而是捕食者猎捕食物的逼真场景。

这一切，就是中国博物馆友好使者——肯尼斯·贝林为中国二十几座城市带来的礼物。

肯尼斯·贝林，一个出生于20世纪20年代末期的美国人，出身贫寒，但现已拥有超乎很多人想象的巨额财富。依照世俗的标准，他实现了美国梦并且跻身社会顶层，成了商界领袖。

然而在他回望自己的成功之路时，意识到相对于寻找人生意义这样真正的成功而言，获取经济上的成功要容易得多。只有倾注心思、时间、关爱、金钱为他人提供更好的生活，人生才有意义。

有些人，他们总能超越因追逐物质而产生的冲突、恐惧与压力，发现自身天性中被称为"本善"的特性，最终成为给予者与领导者。

他们承载的使命是要做一件超越自我的事业，追逐一个方向。这方向让他们的人生充满意义并促使他们成为领导者。面对每一天，他们信念坚定，充满激情。相对于名利而言，他们会更多地关注如何让生命更有意义。

肯尼斯·贝林把这类人称为"找到人生目标的人"，而他则想成为其中之一。

在非洲野外和其他地方待过几年之后，肯尼斯·贝林相信动物世界能够给人类，特别是给将来的领导者提供宝贵的经验。而其中最重要的经验是"适者生存"以及大自然拥有能调节世界的各种失衡的令人敬畏、震撼人心的力量。毕竟人也是一种动物，通过观察、学习其他动物的生存（或死亡），人类也能学会怎样去生存。

人类应该怎样生存？那就去看看动物们吧，让孩子们，即未来的领导者亲身去学习、思考，因为要解决世界上的问题会需要其中的很多知识。这就是自然历史博物馆的有用之处。要想在各自的生活中取得成功，比如成为好学生、好市民以及未来的潜在领导者，他们需要了解这些。

很多人可能并不清楚，肯尼斯·贝林对博物馆的兴趣源自他对车的爱好——如果考虑到他的经历，说是源自车轮才更恰当。

基于商业发展的需要，他在20世纪80年代，拉开了在全球范围内寻找世界上最好的汽车并进行抢购的序幕。随着车队的不断壮大，一贯的开发商思维使他将其在美国加州旧金山东湾所开发的黑鹰社区购物中心的一部分，建成了他人生中的第一个博物馆——黑鹰博物馆，1988年正式向公众开放。

事实证明，这个建筑非常引人注目，其中展出的汽车就像一件件杰出的"滚动艺术品"。

伴随着黑鹰博物馆发展成为史密森学院的附属机构，肯尼斯·贝林和博物馆界的互动愈加频繁，但是还是主要集中在美国，聚焦于艺术、技术、文化及历史领域。

直到21世纪初，他在中国展开了关于自然历史，尤其是动物世界的新尝试。

随着2003年新的哺乳动物展厅在史密森学院开放，关于肯尼斯·贝林的慈善事业和兴趣爱好的消息传遍世界各地。尤其在中国，很多行业人士对此产生了强烈兴趣。中国也是肯尼斯·贝林的业务合作方，并与他的另一个慈善项目——轮椅捐赠联系频繁。

2004 年，开始有很多的潜在合作者向他发出邀请，包括北京、上海、大连的博物馆领导。那一年，他一点点开始做起，首先把蜘蛛收藏捐赠给了上海科技馆（之前在黑鹰博物馆展出过）。上海科技馆的蜘蛛展厅在 2004 年 12 月正式开放，展出了世界上最大的食肉蜘蛛，还有世界各地其他各种各样的蜘蛛。另外，还有一部分活蜘蛛栖居在特制的蜘蛛盒里，孩子们都很喜欢这样的展示方式！

在大连自然博物馆举办的第一个大型动物展览于 2006 年开放，展览展出了来自非洲、北美以及欧亚大陆的 100 多件标本，创造了展出大型动物标本数量最多的纪录。展览的每一个部分都有不同的主题，有的甚至有一条故事主线以便向参观者介绍真实的非洲，其中一个关于食物链的故事是以一只正在捕捉猎物的狮子开始的。

在肯尼斯·贝林的捐助之下，北京自然博物馆于 2007 年 4 月推出"动物之美"展览，后来这一展览又被重新设计，集中展示非洲动物，现在叫作"神奇的非洲"。借助中英双语展板以及多媒体系统，展览展出了各种栩栩如生的非洲动物标本，还有蝴蝶标本和可触摸的动物皮毛。博物馆方面还用肯尼斯·贝林从马塞族村民那里募集到的物品开设了一个非常具有马塞族风格特色的展览。

2007 年 9 月，上海科技馆开放了动物展厅，展出了 120 多件动物标本。除了非洲展区，还有热带雨林、湿地、北极冰地等展区，都是由科技馆优秀的设计者、管理者和动物标本剥制者复制再现的。而多媒体展示则使参观的效果大大提升。

彼时，肯尼斯·贝林和中国博物馆界的互动，主要是通过中国的商业合作伙伴的介绍，以及中国的博物馆从业者自身的寻觅。最终达成的合作内容虽然让人满意，但是对于当时年逾八旬的贝林而言，他考虑的并非是与博物馆合作需要花费多少财富，而是在他的有生之年，能够将他对于世界的理解，通过更多的博物馆传递给人们。

这样的一个理想或者说是梦想，在与中国博物馆协会接触之后，得以快速实现。除了积极推动肯尼斯·贝林与中国博物馆的需求对接，中国博物馆协会还是肯尼斯·贝林发起的"环球自然日——青少年自然科学知识挑战活动"的支持单位之一。肯尼斯·贝林希望博物馆在展览的同时，还能引导青少年多思考。

例如，人们从动物世界中能看到大自然是怎样控制物种数量的。如果某个物种繁殖过量，那么将引起食物的过度消耗。而食物的短缺会导致饥饿，进而导致死亡，最终使种群数量适应现有的食物量。同时，种群数量过多也许会引起疾病的传播，这也能导致死亡以及物种数量的减少。不管怎样，在生命周期中，大自然维持秩序和平衡。

肯尼斯·贝林相信，知道并理解大自然的力量和运行方式，能够帮助作为自然界物种之一的人类规划、经营自己的未来，并为之做好准备。特别是随着世界人口达到 70 亿，所有人都在争夺日益紧缺的资源，这一点就显得更加重要。

他是个乐观主义者，相信人类依靠自己的能力会找到解决问题的办法，但他也担心全球范围内人类之间存在着冲突。因此人类急需付出空前的努力，特别是在大规模杀伤性武器日益扩散的情况下，努力防止自己酿造大灾难。

肯尼斯·贝林的好朋友，上海科技馆和上海科普教育发展基金会的荣誉理事长左焕琛对他的评价，或许很好地诠释了中国博物馆协会为什么会授予肯尼斯·贝林"中国博物馆友好使者"这样一个称号。

她说："显然，中国是一个大国，但却仍然是一个人口众多的发展中国家，而美国早已被看作一个发达国家，并且在很多方面，比如技术、动物保护、航空航天等方面都更具优势。所以我认为我们需要在很多领域进行合作，因为我们仍然有很多事情需要向美国学习，也希望向美国学习。

"但最重要的是，像肯一样的人认为国界并不代表什么。他是一个美国公民，但他却为中国做了很多工作，我想很多时候我们都应像他一样接受这一信条——贡献没有国界。无论是为自己的国家还是其他国家，只要是为了人类就好。这是非常重要的。如果我们学会这一点，这个世界将变得更加美好。"

直到 2019 年 6 月他去世的前一刻，肯尼斯·贝林在中国捐赠的博物馆已经接近 30 家，在他弥留之际，一定很欣慰中国博物馆协会帮助他见证了中国正在发生的巨变。

他相信中国正在成为世界上拥有最大经济体的超级大国之一。中国人也是世界上最勤劳、最有智慧的，同时也是最热情友好的民族。无论他去中国的什么地方，那里的人们都把他当作自己人，很多城市都授予他荣誉市民的称号。

从地缘政治学上讲，中国已经成长为一个强大的、有责任心的发展中大国。作为美国的竞争对手也是合作伙伴，中国与美国相互影响，共同成长。

作为"友好使者"，肯尼斯·贝林经由中国博物馆协会的协助，给中国捐赠自然历史展品来为加强中美关系尽自己的一份力，这是他与中国人民友好关系的实证。

（撰稿人：沈安琪）

肯尼斯·贝林先生捐赠给博物馆的标本

回忆采访

国家文物局党组成员、副局长宋新潮同志访谈录

2011年3月至2016年9月，国家文物局党组成员、副局长宋新潮兼任中国博物馆协会理事长、国际博协中国国家委员会主席。中国博协成立四十周年之际，他接受了中国博协秘书处的专访，摘录如下：

秘书处：请问您是从什么时候开始参与中国博协相关工作的？有没有一些让您印象较深的人、事或者经历？

宋新潮：首先，要祝贺中国博物馆协会成立四十年！应该说博协的这四十年是跟改革开放四十年一起走过来的。这四十年来，中国博协由小到大，由不太知名发展到现在各个方面高度知名，可以说中国博协的发展就是改革开放历史进程在我国博物馆事业领域的集中体现，是跟中国整体历史进程一脉相承的。

第一，中国博协整体建设是一个重要方面。

这四十年有很多的事情值得我们回忆和总结，就我个人而言，我是从2006年开始参与中国博协工作的，那时我在国家文物局博物馆司工作，博协成了我工作中一个非常重要的部分，我与博协有很好的合作，参与了博协的整体建设。2011年，我继张柏同志之后担任中国博协的理事长，与博协的同仁一起为博协的发展积极努力地工作。如果说有什么成绩，我想更多的是我们各个博物馆、每一位会员和理事以及秘书处每一位工作人员共同努力的结果。比如，在2006年至2015年近十年时间里，中国博协的一个重大变化就是行业影响力不断增强。在这十年里，中国博协除了秘书处的工作得到加强，博协秘书处的人员构成也从全职员工较少、兼职人员居多，逐渐发展为由专业的全职员工团队组成，为博物馆行业提供了更好的服务。各个专业委员会的建设也是这一时期发展壮大的，成为推动中国博物馆事业发展的重要协同力量。各专业委员会在这十年的时间开展了大量工作，如博物馆的宣传教育、博物馆藏品、博物馆建筑，从某个角度上来讲，正好契合了我们中国博物馆十年发展的一些需要，博物馆人越来越把为社会服务视为自己重要职责和使命。

第二，中国博协不断提升的国际化影响力也是一个重要的方面。

中国博协这十年的发展可以讲是一个跨越式的发展，其中一方面就是整个国际化的水平不断提高。2010年举办的国际博协上海大会非常成功，从大会的筹备到最后取得的成效和对中国博物馆的影响，都是具有历史性的。比如，当时为了对接国际博协的各个专业委员会，国内成立了对应的各个专业委员会。上海大会之后，在中国又建立了国际博协的培训中心，它是国际博协在巴黎总部之外唯一的机构，在故宫博物院和各个方面的支持下，现在也成了国际博协具有影响力的一个品牌。中国博协的安来顺同志作为中国博物馆的代表当选国际博协副主席，实际上也代表了中国在国际博协中影响力的增强。每一届国际博协大会中，中国代表的参会人数和为大会举办的活动都具有非常大的影响力。

此外，中国博协跟美国博物馆联盟、亚太国家之间的联系也更加密切。我们与美国博物馆联盟签署了合作备忘录，以促进两个国家博物馆之间的合作和人员之间的交流。2019年，中国博协与加拿大洛德文化资源公司联合出版了《中国博物馆发展》一书，向世界推介中国博物馆事业的发展。

第三，促进中国博物馆的能力建设。

中国博协在整个建设过程中不断提升服务会员的能力。为促进中国博物馆发展，我们鼓励博物馆进行创新，从2012年起，协会每年举办"全国最具创新力博物馆"推介活动。在这个活动过程中，我们既要考虑到大型博物馆，同时也要考虑到中小型博物馆，所以从一开始我们就确定了，被推介的博物馆中同时选出一个大馆和一个小馆。大馆可能有大馆的经验，小馆也有小馆的经验。这些博物馆的创新实践都能促进中国博物馆全行业的整体创新发展。

此外，中国博协为了服务会员以促进博物馆发展还举办各类培训。在上海博物馆、复旦大学的协助下，我们每年都面向会员单位举办免费的新入职人员培训班，费用由中国博协承担，为会员单位减少了自行举办培训的成本，同时，也让新入职人员了解博物馆事业发展全面情况、从业人员基本道德要求和行业规范。各个专业委员会也在各个领域举办不同的培训，中国博物馆的专业水平得以大幅度提升。

为对中国博物馆事业有杰出贡献的人员嘉奖，协会提出了设立"中国博物馆终身成就奖"。这个奖项目前仅授予了中国国家博物馆研究馆员、《中国博物馆》的原主编苏东海先生。苏先生的一生是为中国博物馆奋斗的一生，他并没有担任过多么高的职务，也没有担任过博物馆的主要领导，但他的一生都是在为博物馆奋斗。特别到了 80 岁之后，他还在思考博物馆如何发展、博物馆如何进行理论创新等问题。从这个角度上来讲，苏东海先生应该成为我们中国博物馆人的一面旗帜，是博物馆行业择一而终、敬业奉献的典范。中国博协授予苏先生终身成就奖，也是想表达我们博物馆人只要是在这个行业里持续奋斗，就一定能为博物馆事业发展做出非凡的贡献，博物馆行业和社会也会对他们的贡献给予积极的认可。

秘书处：在您的领导下，中国博协主办的中国博物馆及相关产品与技术博览会改变了原有模式，经过一些年的发展成为现在中国博协的品牌项目。您能跟我们分享一下这样改变的初衷吗？

宋新潮：我在任中国博协理事长期间，代表中国多次参加了国际博协的年会，了解到了国际博协大会的举办模式。此外，我还曾于 2011 年和 2013 年参加了美国博物馆联盟的年会，认真深入地学习国际博物馆行业年会举办的形式。所以，我们在办博博会的时候，受到国际博协大会和美国博物馆联盟年会模式的影响。目前，我们的博博会实际上应该达到了国际水平，而且是国际前沿水平。

我们在会上举办各种专委会会议、学术会议的做法，也是受到以上两个国际机构举办年会的影响。基本上每一届博博会上大概有 20 多个专业委员会同期举办活动，还有联合组织的一些国际性会议。这样，通过博博会把整个行业的力量都调动起来，为大家提供了行业之间，还有与行业之外相关产品、设施设备和展览交流的一个平台。

秘书处：您提到的能力建设方面，让我想到您发起的与美国克莱蒙特研究生大学盖蒂领导力学院的合作。中国博协自 2014 年起与该学院合作，共同推荐和资助中国博物馆学员赴美参加博物馆高级管理人员培训项目，此后又将青年领导力项目引进国内。您能跟我们分享一下当时是什么样的契机让您决定与学院进行合作吗？

宋新潮：美国博物馆联盟年会每一年都会为盖蒂领导力学院设置一个专场，有一次在我参加联盟年会时，联盟主席问我是否愿意去参加学院的这个专场活动，我欣然同意，与他一同前往，参加之后我大为震惊。因为美国基本上一大半的馆长都经过领导力学院的培训，也有不少亚太地区博物馆参加过，但是当时，除了香港地区之外，几乎没有任何一个中国的博物馆人参加过这样的培训。所以当时我就跟学院负责人商量，我是否也可以派博物馆负责人参加盖蒂领导力学院的培训，他们马上表示欢迎。后来，我提出我们的培训费用能不能少一点。在商谈之后，双方达成协议：由中国博协推荐被录取的学员，一半费用由协会资助，一半费用由学院承担。

更重要的是当时我们还有一个考虑，中国博协要与国际博协、故宫博物院举办国际博物馆培训中心，我们需要有人真正对国际博物馆的课程进行整体了解，包括组织方式等各个方面。因此，第一批推荐学员选择了故宫博物院的果美侠同志，不仅因为她能力优秀，符合项目的所有要求和条件，而且我们也希望，作为国际博物馆培训中心的重要负责人员，她能去学习和借鉴领导力学院的培训方法。

自2014年到2020年，有十几名学员赴美参加培训，2017年和2019年中国博协又与盖蒂领导力学院合作在西安、苏州举办青年领导力培训，授课人中也有我国博物馆的教师。从提高中国博物馆年轻一代专业能力和管理能力的方面来讲，这个培训项目的影响是很深远的。虽然这是中国博物馆走向整个世界的一条小路，但是通过这条合作之路，中国博物馆人逐渐融入了国际博物馆界。

秘书处：您认为中国博协最突出的特点和亮点是什么？

宋新潮：中国博物馆应该说走过了辉煌的四十年。中国博协在最近二十多年里最大的亮点就是在不断地创新，不断地发展，成为整个文物博物馆行业越来越有影响力的机构。我想我们每一位在中国博协工作的同志，谈到曾经服务于博协都能真正感到自豪。

秘书处：对于中国博协的未来，您能为我们送上一句寄语吗？

宋新潮：祝愿中国博物馆协会越办越好，我们一起努力为中国博物馆事业的发展做出越来越大的贡献！

（采访和文字整理：艾静芳）

国家文物局党组成员、副局长关强同志访谈录

2016年9月至2020年9月，国家文物局党组成员、副局长关强全面主持中国博物馆协会工作，兼任国际博协中国国家委员会主席。中国博协成立四十周年之际，他接受了中国博协秘书处的专访，摘录如下：

秘书处：请问您从什么时候开始分管中国博协相关工作的？请谈谈令您印象最深的事情？

关强：自2016年9月起，我开始分管博协相关工作。近年来，中国博协出色地完成了全国博物馆评估、十大陈列展览精品评选推介、最具创新力博物馆推介、中国博物馆及相关产品与技术博览会筹办等重要工作，在加强行业自律、强化示范引领、搭建交流平台、保障会员利益等方面发挥了积极作用，为推动我国博物馆事业取得历史性、开创性成就做出了积极贡献。在分管中国博协的六年时间里，我印象比较深刻的事情主要有以下几个方面。

第一，在扩大我国博物馆事业影响力方面，中国博协发挥了很好的推动作用。

一是持续举办中国博物馆及相关产品与技术博览会（简称"博博会"）。博博会是我国文博界最具影响力的盛会，是展示博物馆领域发展成果、增强中华文化自信、促进文博科技融合发展、扩展博物馆服务社会功能、推动国内外博物馆务实合作、开拓博物馆文化产业发展新领域的重要平台。

博博会由中国博协筹办，每两年举办一次，已成功举办了8届，让我印象最深的是2016年第七届和2018年第八届博博会。

2016年，我刚分管中国博协工作不久，就参加了第七届成都博博会，此届博博会是历届会议中举办规格最高的一次。

从参会嘉宾看，这是国际博协高层出席历届博博会最为集中的一次。2016年7月，国际博协刚刚换届，时任国际博协主席的苏埃·阿克索伊，以及国际博协两位副主席、两位执委和国际博协亚太地区联盟主席，都把出席成都博博会作为履新以后的首次官方活动。同时，国家文物局、工业和信息化部、中国科协、四川省和成都市等国家部委或地方政府领导都出席了会议。此外，国际博物馆协会、美国博物馆联盟等国际博物馆组织的出席也引人关注。

从会议内容看，聚焦"一带一路"等国际国内广泛关注的重大议题。此届博博会举办了"丝绸之路与博物馆合作国际论坛"，来自中国、意大利、韩国、印度等国的5位专家就丝绸之路的文化遗产特征、一带一路沿线国家战略合作等内容做了专题发言，并呼吁丝绸之路沿线国家在尊重文化多样性基础上，进一步整合文化遗产资源，把国际性、区域性合作推向一个新的高度。本次论坛扩大了"一带一路"倡议影响力，也为丝绸之路沿线国家务实合作带来了许多新机遇。此外，博博会期间，国家文物局主办了"国际博物馆高层圆桌会议"，邀请联合国教科文组织和其他国际专家，全面解读联合国教科文组织《关于保护和加强博物馆与收藏及其多样性和社会作用的建议书》，20多个国家和地区的与会代表结合各自国家情况进行了热烈讨论，共同为落实建议书内容献计献策。

2018年，我们在福州举办的第八届博博会，是历届会议中规模最大的一次。此次博博会以"博物馆：新时代·新征程"为主题，深入贯彻十九大报告关于推动文化事业和文化产业发展的重要精神，围绕国家文化战略，发挥平台功能，促进博物馆与科技、教育、旅游、设计、知识版权、文创产业等行业的深度融合。5万多平方米的展览空间共有600多家企业和博物馆参展，来自39个国家和地区的40多个博物馆及文博组织的近万名专业人士和企业代表参加了博博会，展出期间的观众人数超过了9万人次，展览面积、参展单位、参会人数和接待观众等均是博博会创办以来最多的一届。此次展会期间，我们还和国际博协联合主办了"首届国际博物馆青年论坛"，吸引了39个国家和地区的70多名青年博物馆代表参加，取得了很好的反响。我关注到从这次论坛之后，国际博协和各大机构逐渐开始关注博物馆青年的培养和发展。

二是参加2019年国际博协京都大会。2019年9月，国际博协在日本京都召开了第二十五届大会，近130个国家和地区的4 000余名博物馆专家和管理者参会，我率领中国代表团参加了会议。大会期间，对"新的博物馆定义"进行了投票，30多个国际委员会、多个区域联盟及工作组围绕"作为文化中枢的博物馆：传统的未来"主题，进行了多角度、多学科研讨，达成了许多重要共识。在中国博协的积极组织下，100多名中国博物馆人参加了大会。其中，中国博协和中国电科联合制订了国际博协京都大会青年学术资助计划，资助我国50名青年博物馆代表参加国际博协大会的各个分会，他们进行了异彩纷呈的发言，展现了中国博物馆人的风采与中国博物馆界的风貌，展示了中国博物馆学术研究水平和实践经验成果，加深了国际代表对中国博物馆事业发展的深入了解。此外，中国博协副理事长安来顺同志，在此次会议高票连任国际博协副主席，还有一些专家学者被选为各个专业委员会理事、副主席等，深度参与国际博物馆领域相关事务。

三是承办2021年国际博协藏品保护委员会第十九届大会。国际博协藏品保护委员会（ICOM-CC）是国际博协最大的委员会。2017年，在国际博协支持下，经国务院批准，我国成功申办ICOM-CC第十九届大会。中国博协按照国家文物局要求，历经近四年，经受了疫情和技术的重重挑战，圆满承办了本次大会。2021年5月，ICOM-CC第十九届大会顺利召开。本次大会是ICOM-CC大会首次在线举办，以全球视野多维度集中展现藏品保护各个专门领域最新研究成果，共有67个国家和地区的1 527名文保专家在线参加了本次大会，158名专家在线发表学术论文，组织了44场在线互动问答，可以说是国际博协历史上历时最长、同时在线人员最多、规模最大的一次线上会议。其中，中国学者的突出表现，彰显了藏品保护的"中国智慧"和"中国方案"。ICOM-CC主席凯特·西蒙称，"此次大会获得巨大成功，将载入史册"。此外，会议期间，在首都博物馆还推出了"万年永宝——中国馆藏文物保护成果展"，在全国范围内选择代表性展品50余件（套），全面展示我国馆藏文物保护最新成果，充分展现文物保护中国理念和中国实践，该展入选了"中国十大科普作品"。

第二，在拓展博物馆领域国际合作方面，中国博协发挥了较好的示范作用。国际博协中国国家委员会，在国家文物局的指导下，积极拓展交流合作的深度和广度，深化同法国展望与创新基金会等国际博物馆组织机构的交流合作，完成《亚太地区博物馆发展现状调查研究报告》《中国博物馆发展》等重要成果的出版发布，举办"一带一路"国际博物馆合作学术研讨会等一系列国际学术活动，给我印象较深的有以下两件事。

一是2019年同法国展望与创新基金会签署合作备忘录。早在2018年12月，我在北京与基金会主席、法国前总理拉法兰先生有过初步的接触和交流。2019年4月，在我和拉法兰先生的见证下，中国博协同法国展望与创新基金会在北京签署合作备忘录。此次合作是双方落实2018年《中国国家文物局局长同法国文化部部长关于文化遗产领域合作行政协议》的具体行动，对中法在博物馆管理、展览交流、藏品保护、专业能力建设等方面的务实合作做出了机制性安排。此后，中国博协组织了国内部分博物馆前往法国巴黎、图尔等地参加法国博博会，中国博协有关专家学者在法国博博会上做主旨发言，介绍中国博物馆事业发展情况，并与法国多家博物馆进行了交流研讨，深化学术研究、藏品保护、展示传播等博物馆领域的全方位合作。

二是2019年与加拿大洛德文化资源公司合作出版《中国博物馆发展》一书。为让世界更好了解中国博物馆发展，搭建中外博物馆交流平台，2017年，中国博协与加拿大洛德文化资源公司启动了联合编辑出版《中国博物馆发展》的计划。本书收录了来自不同国家24位杰出作者的精彩文章，包括博物馆理论研究者、重要博物馆的馆长、卓有成就的建筑师，涵盖中国博物馆发展多元背景分析、博物馆与中国现代社会文化、中国博物馆走向世界的进程等内容，有回顾和分析，也有对问题和挑战的讨论，更不乏许多鲜活生动的博物馆案例分析。此书是近年来对中国博物馆发展的客观总结以及对未来发展的美好展望，2019年8月在美国正式出版。同年，中国博协在国际博协京都大会上正式发布了《中国博物馆发展》，时任国际博协主席苏埃·阿克索伊以及多个国家委员会的主席、博物馆专家到场祝贺。

第三，在推动博物馆行业发展方面，中国博协发挥了重要的平台作用。中国博协作为政府与行业之间的桥梁和纽带，近年来，不断完善各专业委员会，加大博物馆各领域支持力度，尤其是在推动非国有博物馆发展以及博物馆行业人才培养等方面，做出了积极贡献。

一是发挥专委会作用。专委会是中国博协的重要组成部分。自2018年开始，中国博协每年拿出100万用于支持专委会在各自专业领域开展学术研究，包括课题、培训、出版及活动等内容。至2020年，共资助了藏品保护专业委员会的文物保护国际培训班、登记著录专业委员会的"中国智慧博物馆建设课题"等36个项目，激发了专委会活力，也增强了博协整体的、全面的学术研究力量。

比如非国有博物馆专委会的组建。非国有博物馆作为我国博物馆体系的重要组成部分，在我国博物馆事业发展中扮演着愈发重要的角色，已成为社会主义公共文化服务体系的重要组成部分。中国博协于2009年成立了非国有博物馆专委会，但在一段时间内作用发挥不是很明显，会员单位也一直停留在发起成立时的30余家。2017年，在国家文物局指导下，博协组织专委会进行了改组换届。随后，专委会推出了大量活动，会员单位达到500余家。我记得在2018年博博会上，他们还组织了专门的活动，发布了《中国非国有博物馆发展倡议书》。这几年来，这个专委会也为中国博协发展做出了贡献，不仅积极团结会员单位，而且推动了非国有博物馆事业健康可持续发展。

二是推动人才培养。中国博协一直将青年博物馆人才培养作为重要发展战略，每年举办全国博物馆新入职员工培训，赞助青年学者到盖蒂领导力学院等国际著名博物馆机构进修深造，资助近百名年轻会员参加国际博协米兰大会和京都大会。中国博协与国际博协、故宫博物院共同发起成立国际博协培训中心，累计培训了74个国家和地区434名学员。

早在2013年，中国博协就开始与设在美国克莱蒙特研究生大学的盖蒂领导力学院展开合作，并签署合作备忘录，每年推荐并支持博物馆专业人员前往美国培训，并引进青年博物馆领导力培训班落地中国。截至2020年底，累计培养博物馆高级管理人才10余名，有的已经独当一面，成为所在博物馆的骨干力量。鉴于这个培训班反响很好，经与学院协商，中国博协在2017年、2019年又引进了两期青年领导力培训班，分别落地西安和苏州，共计培训70余人，取得不错的效果。目前，中国博协正积极推进线上线下结合的授课模式，有望2022年再次举办青年领导力培训班。

与此同时，为进一步推动我国文物博物馆事业和文物保护装备产业发展，培养跨学科文物保护复合型专业人才，2017年，中国博协与中国电科签署协议，合作建立中国电科青年人才培养与奖励基金，协议期为三年，中国电科每年出资100万元支持跨学科文物保护复合型专业人才建设。在这个基金的支持下，中国博协完成了"十二五"文物保护科学和技术创新奖表彰、"首届国际博物馆青年论坛"国内代表资助等工作，并举办了青年领导力、高级领导力、全国博物馆系统新入职员工、2018年国际文物保护专业培训等系列培训班，为博物馆领域培养和输送了大批人才。其中，全国博物馆系统新入职员工培训班着力聚焦职业道德和专业素养提升，自2011年起连续举办了10期，为250余家博物馆累计培训学员700余名，为提升博物馆系统人才队伍整体素质奠定良好基础。

秘书处：您对新时期中国博协的定位和作用有什么建议？

关强：当前，我国正处于实现"两个一百年"奋斗目标的历史交汇期，我国博物馆事业正在向高质量发展阶段加快迈进，中国博物馆协会作为行业组织，要更好成为政府决策的重要贡献者、行业发展的重要引领者、国际交流的重要组织者。

一要搭建政府和社会的桥梁。要深入开展调查研究，搜集整理行业中普遍存在的共性、制度性、法规性问题，为国家文物局制定博物馆领域相关政策提供决策咨询，积极推动博物馆行业法制化、规范化发展。

二要服务行业发展。中国博物馆协会作为全国性的博物馆行业组织，要系统调查、收集、研究、整理国内外有关博物馆行业的信息、资料，积极提供行业培训、交流、咨询服务。要发挥各专业委员会作用，服务博物馆不同领域发展需求。要广泛听取各种类型会员的意见与建议，积极反映博物馆行业的利益诉求，切实帮助会员单位提升发展质量和水平。根据维护博物馆行业发展环境的要求，立章立规、规范行业秩序，加强职业道德建设和诚信建设，完善博物馆行业评价体系，积极推动博物馆行业健康、有序发展。

三要增进国际交流。不断深化与国际博物馆行业组织的沟通协作，积极搭建我国博物馆与国际博物馆界合作交流的平台，通过国际博协相关活动，如举办"5·18国际博物馆日"中国主会场活动等，加强宣传推介，向世界博物馆发展贡献中国方案和中国智慧。要积极参与国际博物馆事务，有效维护中国博物馆利益，争取更大话语权，为推动中华文化走出去、扩大中华文化影响力发挥积极作用。

秘书处：对于中国博协的未来，您能为我们送上一句寄语吗？

关强：回首四十年，中国博协成绩卓著；展望未来，愿中国博协再创辉煌！希望中国博物馆协会在国家文物局的领导下，在全体会员的共同努力下，继续开拓进取，创新求实，更好地发挥桥梁纽带作用，为推动我国博物馆事业高质量发展，更好满足人民美好生活需要，建设社会主义文化强国做出新的更大贡献！

（采访和文字整理：顾婷）

部分中国博物馆协会老领导访谈摘录

中国博物馆协会四十年的开创、探索、发展和繁盛，凝聚了历届数百名老领导的激情、智慧和奉献。虽然他（她）们中有的已经作古，有的年事已高，但广大会员对他（她）们崇高的敬意不会因岁月流逝而褪色。为此，本书编辑办公室围绕部分老领导个人在学会（协会）的经历、印象最深的人或事，以及他们对中国博协未来的期望进行了采访。囿于诸多主客观条件限制，这里仅对其中六位受访者的采访做了整理摘录。

六位受访者是：

秦兴汉（第一届、第二届副理事长） 朱诚如（第四届副理事长） 马自树（第四届副理事长）

李象益（第四届副理事长） 陈燮君（第四届、第五届副理事长） 张柏（第五届理事长）

请问您何时在什么情况下参与中国博协领导工作的？

秦兴汉：新中国成立后，博物馆的数量越来越多，需要有一个组织进行管理，国家文物局也在考虑建立一个组织来推动博物馆的发展。为此我们酝酿了很久，大约在20世纪80年代，大家认为时机成熟了。我们也讨论过，这个组织叫博物馆协会还是博物馆学会，后来还是认为叫学会好些，显得谦虚一些。这样中国博物馆学会就（在1982年）组织起来了，我担任副理事长。

朱诚如：我参与中国博协的工作，主要是在我担任故宫博物院主持工作的常务副院长期间（1998—2003），某种程度上是职务行为。当时博协理事长是国家文物局局长张文彬先生，博协的秘书处挂靠在故宫博物院，因此我就成为博协的副理事长，作为文彬同志的助手来管理中国博协。当时我主要负责的工作就这么几件事情。第一件是中国博协的日常管理工作，包括与全国博物馆的联系。第二件是办好《中国博物馆》杂志，我还兼任主编。第三件是要为博协的工作提供经费支持，因为当时中国博协的经费都是由故宫博物院出的。这三件事情，我认为我完成得毫不含糊。

马自树：我是1989年底到国家文物局，在局里有一项工作就是分管博物馆。我记得1991年中国博物馆学会换届，当时我就分管这个事。换届大会在荆州开，吕济民先生当选新一届的理事长，我也参加了换届大会，从那时开始就跟中国博物馆学会有联系了。2000年我退休了，2002年学会换届，国家文物局局长张文彬当选为新一任理事长，我作为副理事长参加学会工作。这时候苏东海先生年纪大了，他负责的《中国博物馆》《中国博物馆通讯》两本刊物就交给我管了。因为苏先生在前面办得非常好，所以我就按照他的路子继续走下去。负责编辑的安来顺、孙葆芬和秦贝叶，都有很强的能力，所以这个刊物办得比较顺利。这两本刊物团结了不少青年作者，也培养了一些学术研究人才，所以一直延续下来。这两本刊物不仅代表着学会的形象，而且在联系整个博物馆界、培养人才和学术交流方面起了很大的作用。2008年换届我就卸任了，跟中国博协的联系比较少了，但是有时候还会写些稿子发表。我非常关心博物馆的动态，协会也很关照我，每次都给我寄刊物，让我了解中国博协和博物馆的发展动态，这非常好。

李象益：1992年，我首先担任了中国自然科学博物馆协会的理事长。当时中国博物馆协会的理事长是吕济民先生。那时这两个协会有一个约定——交换领导人，中国自然科学博物馆协会的理事长要当中国博物馆协会副理事长，吕济民先生就要当中国自然科学博物馆协会的副理事长。这样的一个机制就说明了两个协会考虑到怎样来加强互相亲密的合作，所以当时关系一直很好。因此，我从1992年开始担任中国博物馆协会的副理事长。从此，我与中国博物馆协会有了三十年的情，所以我对博物馆和我们中国博物馆事业，也一直怀着深深的感情。

陈燮君：虽然我在上海图书馆工作期间就与中国博物馆协会有来往，但真正参与中国博物馆协会工作是1999年。因为1999年初我调到上海博物馆主持工作，并担任中国博协副理事长和上海文博协会理事长。上海文博协会和上海博物馆的工作都是在国家文物局和中国博物馆协会的领导下开展的。上海博物馆的蓬勃发展直接反映了中国博物馆协会四十年工作的宏观思路和亮点。四十年来，中国博协的发展顺应了中国改革开放的推进大潮。

张柏：我是2008年到中国博协任理事长的，当时我还担任国家文物局副局长，分管博物馆司工作。那几年在中国博协工作很愉快，很难忘。为什么？我觉得主要有两条。第一条，那个时候正好是博物馆事业发展很快的一个时期。中央很重视博物馆事业，各个方面都在发展，形势非常好。第二条，我去中国博协以后，组建了一支优秀的人才队伍，在原来的基础上又增加了一些同志，包括顾婷、艾静芳、樊怡，还有八九位都是从社会上招聘，通过考试任职的。我记得那时候社会大众对博物馆还是很重视的，招聘公告一发出去，有1 000多人报名，审核以后有几百人参加考试，考的成绩都不错。最后优中选优招来的同志所组成的队伍很精干，工作兢兢业业，当时在一起工作很愉快，做出了不少成绩，这都是大家努力的结果。除了社会招聘以外，还从全国文博系统请了几位老同志担任协会的领导，所以我们这支队伍是很好的。在中国博协工作的这一段时光给我留下了非常深刻的印象，有一些事对博物馆事业的发展是很有意义的，对于我们国家的文化事业发展，应该说都是浓墨重彩的一笔。

可以请您分享一些您在参与中国博协工作中印象深刻的人、事或经历吗？

秦兴汉：中国博物馆学会在当时（即第一届——编者注）的任务是什么？总结起来有两点：交流经验和协助帮助。交流就是举行会议和活动，分享经验和体会。而协助则是帮助博物馆的建设和发展。我认为对中国博物馆学会影响最大的人是胡乔木。1983年，学会举办迎春座谈会，他在座谈会上讲博物馆应该怎样建设，还重点谈论了军事博物馆的建设和发展问题。当时古代文物需要从全国征集，各级领导都很重视，国家部委和国家文物局都发了通知，专家们也都来帮忙，中国人民革命军事博物馆才从一个研究革命的专题类博物馆，变成一个讲述上下五千年的中国军事历史的综合性博物馆。所以，胡乔木的讲话对我们影响很大，对学会的发展也有很大的启发。

朱诚如：我觉得张文彬理事长是一位真正的学者型的文物局领导，而且是一名真正合格的党员干部。他对工作认真负责，廉洁奉公，同时又博览群书，学识渊博，是我们那一代人的楷模。他非常重视博物馆事业，尤其是对革命纪念馆很关注。全国各地很多重要的博物馆都是在他任职时期建设发展起来的。那个时候国家经济上比较困难，因为博物馆本身不挣钱，经费比较紧张，在这种情况下能够把博物馆办好，不是容易的事情。我觉得那个时期张文彬同志确实尽自己的努力，全力以赴地来推进文物保护工作，推进博物馆事业的发展。这在老一辈的文博工作者中到现在还是有口皆碑的。他不仅是一位老领导，而且是一位学者，他知道问题在哪，也能够努力去解决。另外，他非常平易近人，非常沉稳，有什么问题无论谁找他，他能帮你解决就帮你解决，没有一点领导干部的架子。

除了文彬同志，在博物馆行业来说，我还很佩服苏东海同志。但我们除了编印刊物，接触并不多。当时他因为缺少资金或缺人，时不时找我帮忙。苏东海先生是个工作认真负责的人，他编辑刊物多年，是个专家，在博物馆理论上有研究，我觉得他的精神和学术水平都没问题。像这样的老专家，在我们博物馆行业里头也不是很多。另外一个我很佩服又接触较多的是罗哲文先生。他是古建专家，在博物馆古建筑物的保护、修缮和利用上有许多贡献。

我在担任中国博协副理事长期间做过的最主要的事情之一，是参加筹备和举办国际博协亚太地区委员会2002年在上海举办的大会，那次会议是在2010年国际博协大会之前，国际博协在中国召开的重要会议。那一次会议，亚太地区的一些国家和国内的主要博物馆都参加了，我代表中国博协做了一个主旨报告，我记得讲的是博物馆与非物质文化遗产保护的问题，在当时，这还是一个博物馆界的前沿问题。尽管后来我不在中国博协工作，但多年来一直都和博物馆系统有联系。我在国家清史编纂委员会修清史，也需要大量的图像资料，即文献、档案和实物。我们20年收集了25万张图片，包括遗址和博物馆的，这些图像资料主要来源于博物馆、图书馆、档案馆。我建议博物馆专家将历史图像资料当成文物对待。博物馆一定要收藏此类物品，因为它们也是将来实证历史的一个很重要的证据，本身就是文物。

马自树：张文彬局长担任理事长期间，做了不少工作。现在他已经不在了，我很怀念他。印象深刻的事，比如说2005年在南通召开的"南通博物苑一百年暨中国博物馆事业发展百年纪念大会"，由学会主办，当时的一些领导同志出席了这次大会。另一件印象深刻的事情是，中国博物馆学会改成协会。从2006年到2010年，我也是一直在努力，最终在2010年正式把学会改为协会。再一件事就是交流学习，我们去了一次香港和澳门，还组织代表团与韩国博协进行过交流。我曾经担任过国际博协亚太地区委员会副主席，这就说明咱们国家在国际有些影响了。再后来李象益担任了国际博协的执委，我们在国际上发言权更大了，影响力也更大了。中国的博物馆走向世界，发挥在世界博物馆界的影响作用，这是我们国家包括博物馆行业发达的一个标志。

关于追索海外流失文物的事，跟我们中国博物馆协会也有关系。1996年，我和安来顺参加了国际博协在德国召开的一个会议。会后我在瑞士拜访了一位朋友。这个人是大收藏家，在国外非常有名气，在大英博物馆、阿尔卑斯博物馆和美国的博物馆办过展览，也提出过想到中国来办他的私人展览，我去他家跟他接洽此事。我们看到他收藏有中国西汉时期的青铜器，我说这是中国的，他说没错，是你们中国的，马承源先生看过这件文物，我觉得应该把它送还给中国。2002年他在病重之际把这件器物捐了回来，现在收藏在中国国家博物馆。1998年，我们国家利用司法的和行政的手段，从英国追回3 400余件走私文物，这是我国第一次大规模从国外追溯回来走私文物，为此在中国历史博物馆专门举办了一个展览。这件事打击了盗窃分子和走私分子的嚣张气焰，保护了国家的主权，在国内和国际上都有很大的影响，开了一个好头。所以后来不断地有文物回归。我觉得一方面是我们的国家强大了，在国际上有发言权了，另一方面是这些追索文物的案例，起着很好的示范作用。

李象益：在中国博协成立这几十年过程当中，和我的经历联系起来，我的印象也是比较深刻的。我就想讲一件事情，就是迈向国际舞台的中国博物馆。中国博物馆协会和国际博协的关系日益密切，2004年国际博协召开第二十届汉城大会的时候，我当选了国际博协的执委。当时我想既然汉城能开国际博协大会，中国作为一个博物馆的大国，也完全应该有能力开。

2005年我以国际博协执委的名义，邀请了国家文物局、中国自然科学博物馆协会、中国科协、北京市文物局等单位，在中国科技会堂开了一个带有酝酿性的协调会，讨论是否愿意申办第二十二届国际博协大会。会上大家一致赞成，我们应该争取，因为召开一次国际大会，不但有很大的国际影响，而且可以把我们中国博物馆和世界的联系，更进一步地推向一个新的阶段。在征得大家同意后，我向时任中国博协理事长的张文彬先生做了汇报，他很支持，于是中国博协就上报了国家文物局，单霁翔局长也非常支持，于是我们就开始找愿意承办的城市。先是找了北京市副市长范伯元，他非常热情并表示愿意承办，上海市政府也特别积极。张文彬理事长非常关注这件事，多次到上海进行交流和协商，前后至少有两个副市长会见了我们。2005年，在"南通博物苑一百年暨中国博物馆事业发展百年纪念大会"上，我们把当时的国际博协主席阿利桑德拉·库敏斯以及秘书长请来进行进一步的沟通。2006年，在法国巴黎的国际博协执委会扩大会议上进行了一个初选，我们的争取迈进了一大步。当时申办工作主要是国家文物局牵头的，中国博协、中国自然科学博物馆协会，还有上海的同志也进行了多次交流。同时，我们也得到了很多国际友人的帮助。

申办工作带动了中国博物馆建设进一步的提高。例如，国际博协有30多个专业委员会，而那时候我们只有几个，所以我们要积极和国际接轨，因为国际博协大会是按专业委员会来开的。又如，当时我们在西安、上海还有其他地方都召开了一些会议，谈论有关国际博协的章程、规则以及开大会所必须要了解的情况，进行相应的培训工作。所以通过这些务实的工作，我们和国际博物馆界的接触就有了比较扎实的基础。中国博协派了一个比较强大的代表团参加2007年在维也纳召开的第二十一届大会，主要任务是去申办第二十二届大会。我记得会上气氛很紧张，我的心都怦怦跳。当时俄罗斯播放了他们博物馆的一个片子，内容很好，展现了很多经典的东西，博物馆色彩比较浓，而上海的申报短片充满活力，反映了中国改革开放的新面貌，赢得了众人的支持，最后投票结果是我们以5票胜出。现在我还保留着很多照片，都是各国博物馆界的朋友们热烈祝贺我们取得举办权的。这一段经历，说明了申办国际博协大会的过程也是凝聚力量、加强我们自身建设的结果，可以说是为中国博物馆界迈向国际舞台做了一些扎扎实实的工作。第二十二届大会的召开，也为世界博物馆事业做出了很好的贡献。2010年大会在上海召开的时候，博物馆界的世界要人都参加了会议。大概有将近4 000人出席大会，会议开得非常隆重，也非常圆满，不但是博物馆界盛事，也是提高我们国家地位的一个重要事件。可以说第二十二届大会以后，我们和国际的交往更紧密了，交了很多的朋友，并且从那以后中国博物馆和中国博物馆事业，应该说是进入了一个新的阶段。国际交流更加频繁，我们的学科方面也有更进一步的扩展，无论在理论上和实践上，对中国博物馆事业不仅有推动，而且中国博物馆作为一个整体，更加融入了世界博物馆的大家庭。

陈燮君：四十年来，中国博物馆协会积极整合资源，特别是对展览、论坛资源的整合，其成效有目共睹，一些优秀的展览，都是在国家文物局与中国博物馆协会的领导与支持之下举办的，已成为中国博物馆协会当年的工作重心和业绩亮点。因为国家文物局及中国博物馆协会领导中国博物馆事业蓬勃发展，所以吸引了国际博物馆同行来中国参加大型国际论坛。特别难忘的还有中国 2010 年上海世博会，组织者是中国，在上海落地。那么多博物馆同行为这次世博会出力，共同举办了一次成功、精彩、难忘的世博会，这是中国博物馆协会成功的工作范例之一。

国际博物馆协会第二十二届大会暨第二十五次全体会议的筹备、组织是一个大的文化项目，国家文物局和中国博协决定落地在上海。临近国际博协大会开幕时，中国博协出面在上海组建办公室，就设在上海博物馆。中国博协四十周年，国际博协大会占有重要一席之地。最主要的是，通过多年的筹备，使得中国文博界知道国际上有博物馆专业组织，知道国际博协是很大的国际组织。在筹备期间，中国博物馆协会组建了 30 多个专业委员会。如博物馆管理专业委员会，我担任过主任委员，许多博物馆馆长都加入了这个专委会。志愿者是在改革开放后逐渐被我国博物馆所了解的，在博物馆发展中起到重要作用，如果没有国际博协大会，志愿者工作委员会也不会及时成立。我国美术馆与博物馆本身行政隶属不同，也正是国际博协促使我国的美术馆成立了专业委员会。这些都直接促进了我国博物馆事业的发展，各专业委员会既有围绕中国博协的"公转"，也有"自转"，向心力、凝聚力很好。原上海分管文化的副市长曾说，哪有像 ICOM 大会的国际会议，主要是国外同仁朋友参加。为了编好国际博协大会纪念册，我们请了多名专业摄影师，从代表踏入上海就开始跟踪拍摄，最后代表们每人拿到的画册里面都有自己拍得很自然的照片，多的人有十多张，少的也有几张。半年后，我和国家文物局、中国博协的领导一起去法国巴黎国际博协总部出席总结会议，会上外国同行友人对这次大会的组织和中国博物馆同行评价都非常高，说中国太用心了，以后太难学了。除此以外，我们设计了很多细节。会议开幕时，刚好上海世博会才结束一周，这次国际博协大会把世博会最好的场馆都用上了。

张柏：最大的事情，是中央决定全面实行博物馆免费开放。这是中国乃至世界博物馆领域的大事情。因为有专门的论述，我就不在这里多说了。我简单说几件具体事情吧。

第一件事是中国博物馆学会更名为中国博物馆协会。实际上，早在 20 世纪 30 年代我们就有个中国博物馆协会，马衡先生是会长，他当时兼任故宫博物院的院长。1982 年，中宣部同意成立中国博物馆学会。但学会和协会还是有区别。我到学会以后，专家们都提出来，学会的职能不能变，但是如果从行业联系的角度看，还是协会的行业性更强一点。我们给国家文物局打报告，给民政部打报告，民政部还找我去谈了一次，要求我给出几条理由，因为民政部那时候对协会控制得还是很严的。协会和学会不一样。协会不仅负责学术研究、全国博物馆的联系这些职能，更重要的是加强了整个系统的行业性，也能受主管部门委托，做一些管理性的服务工作。我们这些理由很充分，民政部就同意改称协会了。

第二件印象很深刻的事，是国际博协第二十二届大会在中国召开。国际博协大会每三年召开一次，会员国有100多个，所以轮上不容易。我记得当时我们比莫斯科多了5票，获得了会议举办资格。大家都很高兴，这样的机会很难得，在我们国家是第一次。这次大会是规模很大的国际大会，会场设在上海世博会中国馆。我记得开幕式是11月7日，那天正好是我的生日，所以我记得很牢。这次会议的规模比较大，这么多国家的代表云集上海，我们国内博物馆界也去了一些代表，他们很多人是第一次参加这样的大型会议。会议开了五六天，收获颇丰。会议当时讨论的主题是"博物馆致力于社会和谐"，正符合当时提出的科学发展观、社会和谐、以人为本的理念和理论。博物馆界怎么来考虑这些问题？博物馆应该发挥什么作用？那次会议讨论的主题影响很大，世界需要讨论这样一个主题。那次会议有好多专家谈了自己的观点，有助于大家互相交流启发。

这次大会产生了许多成果，我当选国际博协亚太地区联盟主席。这次会议也组织与会代表参观了中国的展览，在这样一个世界性大会上，宣传了我们自己，向世界的朋友们介绍我们博物馆事业发展的情况。当时正好上海世博会刚结束，各国场馆基本都没撤，便对各国展馆也都进行了参观，等于各个国家又做了一次交流，所以会议收获特别大。另外会议组织得很好，除了中国博协以外，上海世博会的工作人员全部来为这次大会服务，组织安排得很好，代表们都很满意。大会闭幕那一天出了一本书，记录了会议过程，甚至包括闭幕式上的照片，送给每位与会代表做纪念。代表们非常满意，说开了这么多次国际博协大会，唯有这一次离开的时候获得一本记录整个会议情况的书。总之，这次大会组织工作细致周到，代表们很满意，领导也满意。对于中国博物馆事业发展来说，这应该是一次里程碑式的会议，对于我们中国博物馆协会四十年而言，这也是目前唯一一次世界性的大规模的高规格的会议，所以我对此印象很深刻。

第三件事，是我在中国博协那几年，也做了几件基础性工作和开创性工作。第一项基础工作是博物馆定级评估。过去没有博物馆定级评估，后来博协做了一些调查研究，决定在我们国家开展博物馆定级评估的活动，现在实际上已经成为行业管理的一种手段了。第一次博物馆定级工作中评定的国家一级博物馆是83个，有很多省级博物馆都没定上，因为正在建设，所以没定级，但有些好的县级博物馆都评了一级博物馆。我们是以实事求是、认真科学的态度讨论博物馆定级，对博物馆发展起了很大的促进作用。第二项基础工作就是十大精品推介活动。在全国每年2万个展览中选出10个，是一件很光荣的事情，而且能促进博物馆陈列展览互相交流、互相学习。这是一项基础性的工作，现在也成了管理展览的一种手段。所以博物馆事业发展还真得有这样的基础工作。现在博物馆数量增加了，质量如何？这是很关键的问题，所以就要从基础工作抓起。第三项工作是人才培养。我记得那时候我们自己办了三个培训中心，另外我们还办了三期研究生班，是和中国社会科学院研究生院联合办的，因为研究生班要到教育部去申请名额才行。中国博协出老师和专家，中国社会科学院去报批和提供教室。每一期是40个人，三期共120个人，对于当时培养人才、提高队伍的人才素质确实起到了作用。第四项工作是组织交流融入社会。第一届和第二届博博会举办得比较成功，因为它做到了几点融合。一是博物馆和博物馆之间的交流融合加强。参会博物馆众多，每个博物馆有一个展台展位，大家互相参观，互相交流。二是博物馆和文化企业的交流。因为有好多展览设计公司也来参加展览，这些公司可以观看博物馆的陈列展览，博物馆也可以跟他们交流，在那里还可以签订一些合作协议，也给这些公司的发展带来机遇。文化企业的交流和一般企业交流还不一样，没有一定的文化水平，无法满足博物馆的需求。博博会正好为博物馆融入社会、融入文化企业，提供了互相交流、提高发展的一个平台，这个平台要把它建好。第五项就是我们行业内部的互相交流的工作，比如说讲解员大赛。我记得很清楚，当时在沈阳举办了一次讲解员大赛，在全国产生了较大的影响，不仅有中文组，还有英文组，并且还给获奖者发奖金。通过比赛，讲解员之间进行交流学习。

关于中国博物馆协会，我还有一个很深刻的认识，是关于内部建设的。协会有一些二级机构，即专业委员会，我记得那时候有二十几个。其实我们中国博物馆协会工作人员也就十几个人，还得靠二级机构发挥作用。所以要办好协会，必须依靠上边的领导和下面的社会力量，必须依靠专家队伍。同时，内部的这些机构要发挥作用。在第二十二届大会上也有一些专业委员会的专刊发挥了作用。另外，我们自己内部建设最核心的还是秘书处，协会不是机关、政府部门，也不是企业，而是社会团体，而社团最核心的就是秘书处，所以要把秘书处的作用发挥好。当然更重要的还是要依靠全体会员，还要听取理事的意见。

我原来是学考古的，脑子里都是考古，分管博物馆这块以后，就到中国博物馆协会兼任理事长了。当了几年理事长，把博物馆这块的课补上了，也算是一种人生的圆满吧。

在博物馆快速发展的大形势下，您认为中国博协还有哪些工作可以做，或者您对中国博协有哪些希望和建议？

秦兴汉：中国博物馆协会应根据中国的发展而发展，不要故步自封，要跟上新时代。去年是中国共产党成立100年，也是我非常难忘的一年。中国博物馆协会的领导要学习历史，懂得历史，才能把工作做好。给我启发最大的是习近平总书记在参观"复兴之路"展览的重要讲话，现在，大家都在讨论中国梦，我以为，实现中华民族伟大复兴，就是中华民族近代以来最伟大的梦想。中华民族的昨天，可以说是"雄关漫道真如铁"，中华民族的今天，正可谓"人间正道是沧桑"，中华民族的明天，可以说是"长风破浪会有时"。勿忘昨天的苦难辉煌，无愧今天的使命担当，不负明天的伟大梦想。我们要把红色的资源利用好，要把红色的传统发扬好，要把红色的基因传承好。祝中国博物馆协会开拓发展，大展宏图！

朱诚如：随着博物馆事业的发展，中国博物馆协会的工作地位越来越重要，博物馆里保留着中国几千年的文明史，包括物质文化遗产和非物质文化遗产，博物馆有收藏功能，收藏以后要保护，保护以后就是传承。不光是物质本身，更要保护和传承中国的优秀传统文化，增强我们的文化自信。发挥好中国优秀传统文化的教育功能，这是中国博物馆，也是博协的光荣使命，这是非常重要的。博协团结着全国博物馆系统的专家，要积极引导和指导专家投身文化的传承与弘扬。国家文物局应该重视中国博协这一块的工作。国家应把力量统一起来，我觉得这样可能对保护和传承更得力一些。因为国家行政主管部门的领导作用和社会团体的指导作用还是不一样的。

马自树：首先，中国博物馆协会承担着国家文物局关于博物馆发展的一个重要的参谋和助手的职责，对中国博物馆的任务工作，是全力支持并参与落实。这一点，从一开始中国博协就发挥得比较好。第二点，中国博物馆协会与广大的博物馆界同仁联系密切，因此能够听到很多基层的呼声和要求，而且这些建议也能够通过中国博物馆协会反映给国家文物局和上级机关，供其加以考虑，甚至采纳或者落实。第三点，中国博物馆协会和社会上博物馆相关的一些机构，以及一些爱好文物、博物馆工作的人士有沟通和联系，起到沟通社会的桥梁作用。所以我觉得中国博物馆协会的存在和发展，对整个文博事业是很大的支持和帮助，应该把中国博协办得更好，给予更大的投入和支持，使得我们整个的事业能够更全方位的发展。因为中国博协是一个群众组织，好处之一是比较灵活，没有那么多条条框框，自主性比较强一点，在遵守国家政策法令的前提下，能够自主地开展一些活动，这样能够提供更多的新鲜血液、更多的新鲜空气，丰富博物馆的资源，促进博物馆事业的发展。

习近平总书记非常关心文物工作，关心博物馆事业的发展，对博物馆工作有很多的论述，为我们提供了行动指南。在好的经济形势之下，博物馆事业发展得很快，现在我们国家的博物馆数量增长速度很快。在此情况之下，我觉得更好地提升质量是很重要的。质量的提升是根本性的。数量的发展，只要靠物质力量就可以了。但是质量的发展不仅要靠物质力量，更重要的要有思想和智力的投入，要有一种创新和创造性的思维能力，软实力投入更重要一些。所以我觉得在博物馆数量发展的前提下，要想办法提升博物馆的质量，这是我们一个重要的工作。

我认为，博物馆还应该做到"三贴近"，即贴近群众、贴近生活、贴近现实，要更多地跟群众和社会产生联系，更多地为社会和观众服务。我看到有些博物馆的工作人员对观众的态度不够好，服务不够人性化，还是有一些"衙门"的作风。我觉得学术交流要更加强一些，跟国外的交流，跟观众、高校、科研机构、社会其他团体的交流都要加强。特别是一些志愿者，都是爱好博物馆事业的人，把他们吸收进来，让他们更多地参与我们的工作。现在的志愿者在讲解方面做得不错，但是志愿者不仅是讲解员，很多志愿者有很多方面的学问和专业能力，可以更多地参与我们博物馆工作，例如博物馆学术研究、文物保护等。有一次我去美国南部的一个州，那个地方有一个科研机构，很多专业能力很强的退休人员到博物馆来，帮助博物馆做研究，帮助博物馆进行文物保护修复，给博物馆做了很大的贡献。所以我们应该更开放一些，吸收社会的力量，把我们的事业向前推进。

最后一点，要培养我们的新人力量，加强博物馆的后备力量的培养。要培养一个强大的博物馆专家队伍以及学术研究队伍，全方位地开展博物馆学、科技、博物馆保护、博物馆管理等各方面的研究。补充一点，博物馆要有些文物修复的技术力量，例如工匠。故宫博物院有个很火的纪录片叫《我在故宫修文物》，其实成为文物修复大师是很难的，没有几代人的培养是不行的。在这方面，我想一些大的博物馆要花力量来培养后备力量，要传承工匠精神。这里有个问题，一般人他不愿意搞修复，这是技术性的工作，待遇低且自身业务评定各方面也都有所限制，不如写文章。所以我认为应该提高这些修复人员、技术人员的待遇，让他们看得见出路，让他们安心工作，能够很好地培养一批技师和工程师、甚至修复大师，我觉得做这些工作非常必要。

李象益：我在担任中国博协副理事长的时候，同时也是中国自然科学博物馆协会的理事长，至今也依然期待加强文物系统博物馆和科学类博物馆之间的交流合作。中国博物馆协会和中国自然科学博物馆协会，是在改革开放以后20世纪80年代初先后又重新成立的。如果追溯到过去的话，中国博物馆协会最早的前身成立于1935年，也是我们国家博物馆界的"老大哥"，无论从发展的数量还是规模等各个方面，我觉得可以说是引领了中国博物馆事业的。随着科学技术的发展，自然科学方面的博物馆也很有特点，比如说现在中国科技馆事业发展不错，也列为全国的文明城市建设的标准之一。我觉得中国自然科学博物馆是综合性的自然科学类的，而中国博物馆协会偏重社会科学，但自然科学类博物馆也有很多专业委员会，包括最早的天文馆，自然历史博物馆，还有各个专业馆，比如农业、交通、航空、煤炭、铁路馆等。

自然科学博物馆经常强调不仅知道"是什么"，还要知道"为什么"，强调深度学习和深度教育，强调从知识层面提高到思维层面，提高到思想方法层面。在某种程度上，对于我们国家现在建设强国战略、培养创新人才也是有很大适应性的。中国博物馆协会应该进一步促进社会科学和自然科学加强交流，因为两者目标都是一致的。自然科学博物馆讲究的素质教育就包括科学的精神价值观，从这一点来说，也强调人文科学和自然科学的高度融合，比如说价值观的教育，是两个协会更有结合点的地方。我觉得中国博物馆协会和中国自然科学博物馆协会，今后的关系必然会更加密切。最近经常一起开一些学术会议，都是互相交流有联系的，为了我们共同的目标，即实现建设科技强国战略，我觉得从博物馆的理念、目标、手段、技术、方法各方面有很多可以交流的空间，今后还应该继续加强交流。

（采访和文字整理：顾婷　王思怡　黄洋）

部分中国博物馆协会老专家访谈摘录

作为全国性博物馆行业和学术组织，中国博物馆协会在过去四十年中通过其专业委员会等分支机构积极推动博物馆事业发展和学术研究，众多在不同专业领域成就卓著的专家学者见证并参与了这些工作，做出了特殊的贡献。为此，本书编辑办公室围绕部分老专家个人在学会（协会）的经历、印象最深的人或事，以及他们对中国博协未来的期望进行了采访。囿于诸多主客观条件限制，这里对五位受访者的采访做了整理摘录。

五位受访者是：

夏书绅（陈列艺术委员会原主任委员）

周士琦（陈列艺术委员会原副主任委员）

梁吉生（第二届理事）

齐吉祥（社会教育专业委员会原主任委员）

秦贝叶（《中国博物馆通讯》原责任编辑）

请问您是从什么时候在哪种情况下参加中国博协相关工作的？主要集中于哪些专门业务领域？

夏书绅：1982年，中国博物馆学会成立大会在北京京丰宾馆召开，我参加了大会。但真正参与学会工作应该是1983年的青岛会议，会上我发表了两篇文章，第一篇文章的主题是博物馆立体开发整体规划，第二篇文章的主题是全景画。1984年，在宁波开的学术讨论会上我们决定成立陈列艺术研究会。学会常务理事会讨论后，决定要跟国际博协统一起来，所以，正式定名为陈列艺术委员会。成立大会上代表讨论得非常热烈，他们一致推选我为陈列艺术委员会的主任。一是因为我在北京，二是因为我的工作时间较长，所以一做就做了二十年。这中间换届选举了一次，因为专委会的挂靠单位是中国人民革命军事博物馆（简称"军事博物馆"），馆长又很支持，开展工作方便，大家还让我继续当主任委员。

艺委会的会议大部分都在军事博物馆举行，特别是编写陈列艺术的专著，相关费用都由博物馆来负责。军事博物馆是博协的发起单位之一，秦兴汉馆长是博协的副理事长，所以军事博物馆对艺委会一直很支持。陈列艺术委员会的职责，严格来讲有六个。第一个也是我们陈列艺术委员会的宗旨，即学术研究。过去的学术研究是各个省市分散研究，有了艺委会这个总平台以后，各地的陈列艺术工作者都到这里进行学术交流。第二个是培训。陈列艺术的学术培训我认为很好也很重要。我们算是比较老一代的搞陈列艺术的人，同样需要学习和培训。因为那个时候院校里没有专门的陈列艺术与设计这门课，都是从学美术开始的，我也是，所以需要再培训。我觉得必须要经过系统的培训，学习理论知识，理论指导实践，通过实践再来总结升华理论研究。第三个是咨询论证。20世纪80年代，一些正在新建或者改陈的博物馆需要有专业人士去参加论证。陈列艺术委员会的成员大部分都是比较资深的设计师，参加这些咨询论证，一方面对博物馆有帮助，另一方面对我们自身也有所提升，因为需要针对各种类型的博物馆进行研究，才有发言权。第四个是出版，即出版陈列艺术的专著。世界在发展，科技材料都在更新，但是基本设计理念、设计原则是不变的，所以作为我们中国博物馆学的基础，陈列艺术委员会出版了《中国博物馆陈列艺术图集》。这本书出版以后，全国博物馆陈列艺术设计工作人员几乎一人一本，对博物馆的发展，特别是对博物馆陈列艺术的提升起到一定的作用。除书以外，我们还制作了图集、幻灯片等，当时出国考察的人很少，我和费钦生去了欧洲很多国家，把这些资料集中起来出版，主要为了帮助大家开阔视野，方便交流。除此之外，我们还和企业合作，完成了很多博物馆的录像，目的是为提升陈列艺术设计提供研究资料。第五个职责就是支援新建的馆。陈列艺术委员会的成员都是积极参与的，会担任一些重要的设计职务。第六个是参与一些法规、标准的制定，例如艺委会的费钦生同志参与了编写《博物馆建筑设计规范》，这是个比较重要的项目，之后还有其他一些法规，艺委会的一些同志们都参加了。

周士琦：我是1947年考入北平艺专（现中央美术学院），1951年毕业时，我们做了一块匾，上面写着"坚守岗位，永不掉队"，由我代表送给徐悲鸿先生。这句话引领了我的一生。毕业后我被分配到中央美院展览工作室工作，1955年调到中国革命博物馆筹备处，1959年中国革命博物馆新馆建成，我担任美工部设计组组长。中国博物馆学会1982年的成立大会，我就参加了。后来，1984年中国博协陈列艺术委员会成立了，这是协会建立以后第一个专业委员会。我参与了陈列艺术委员会的筹备工作，并参加了成立大会。后来先后担任过艺委会的秘书长、副主任委员。学会秘书处有一段时间挂靠在中国革命博物馆，这样工作起来就非常方便，艺委会和秘书处有什么想法都随时可以交流沟通。

当时艺委会的一项重要任务就是协助全国各地筹建新馆、策划展览，我认为做陈列设计一定要深入当地的生活，不同的纪念馆都有不同的个性历史，包括地域的影响。作为设计师，要对纪念的对象、主题深入理解，才能利用艺术设计的技巧，创造出有特色的纪念馆。我举三个例子，比如在设计安源路矿工人运动纪念馆展览时，因为我是1980年代去的安源，当时那个环境还不完全是现代化的，还保留了当时历史的面貌。我觉得历史环境非常好，所以我就住在那里，体会有意义的历史空间。有了体验以后，我在设计的时候情感就不一样了，才能创作出符合当时历史情境的展览。在做西藏博物馆的展览时，我也是去了好几次西藏，除了看许多有关西藏的图册，借阅过一本书叫《古格王朝》，我还把当时布拉达宫的修缮报告学习了一遍，通过看这些书，我对西藏的文化、对藏式建筑的这些结构装饰都有所认识。我觉得我们搞陈列设计，需要这类体验，如果只是在电脑上画图，是不行的。另一个我觉得印象深刻的是侵华日军第七三一部队罪证陈列馆，因为它从市级文物保护单位、省级文物保护单位升级到国家重点文物保护单位，以及新馆建设展陈设计的方案讨论，包括2012年申请中国世界文化遗产预备名单，我都参与了，这个也很难得。

梁吉生：我是1981年10月在北京得到成立中国博物馆学会的消息的，那时我正在中国历史博物馆和中国革命博物馆研修博物馆学。当时中国博物馆协会筹备委员会内定的秘书长，是中国革命博物馆陈列部副主任齐钟久先生。他担负起了负责具体的筹划成立事宜。我作为他的系友，并且以博物馆学研修者的身份，帮助齐秘书长做了力所能及的事情，成了不挂名的"义工"。

1982年3月23日，中国博物馆学会成立大会在北京京丰宾馆举行。大会邀请我与南开大学历史系文物博物馆学专业主任王玉哲先生作为高等学校代表出席成立大会，这是对新生的大学博物馆学教育的支持和重视。王玉哲先生在大会发言，并且当选为理事会理事。我后来也成为理事会理事，并且被聘为中国博协会刊《中国博物馆》的编委。大会开始选举理事时，我被大会推举为监票人和宣布选举结果的唱票人。我还参加了1982年3月23日至27日的首届学术研讨会，宣读了自己的论文。能够作为高等学校的博物馆学研究者跻身成立大会，我很高兴也非常荣幸。新中国成立以来，终于成立了博物馆学会这样发挥行业组织的功能，将全国各类型博物馆和支持博物馆事业的社会各界团结在一起，增强博物馆同行之间的交流、协作和凝聚的平台。博协重新成为政府和行业之间的重要桥梁和纽带，也预示了中国博物馆学自我意识的觉醒。所以，我感到特别自豪和欣慰。

齐吉祥：我参与中国博物馆学会的工作，应该说从成立大会的那天就开始了，我是当时的代表之一，所以我从中国博物馆学会诞生的第一天就参与了学会的工作。最早学会在策划社会教育专业委员会的时候，是想发挥全国的力量，最初是想由吉林的同志牵头策划，但两三年也没有筹备起来。到了1987年，当时学会的秘书长齐钟久同志找了我，希望由我来筹备社教专业委员会。1988年就很顺利地在北京成立了社教专业委员会。专业委员会成立以后，我们就要考虑在学会的领导下开展活动。所以我一直认为专业委员会必须是按照学会的整体部署，在行业领域去开展专业活动。当时我们开展的专业活动，归纳起来有这么几项。一项是学术讨论会，我们想通过这种方式给大家一个交流的机会。讲解员那时候很少有出差的机会，所以我们希望通过这个学术讨论会，让一些优秀的讲解员进行交流和探讨。还有一项是中国博物馆学会与国家文物局联合举办了第一届全国讲解比赛。最后一项就是编写了《博物馆社会教育》这本书，为讲解工作提供理论指导和规范。

秦贝叶：我是1982年2月底到博协的，原来在中学教书。有一个朋友问我，愿不愿意搞文博工作，我说挺好呀，我本来就是学文史的，专业还比较对口，我也比较喜欢，所以就来了，而且一干就是26年，一直是做《中国博物馆通讯》的编辑工作，但是其他活动也参加，我们主要搞学术活动。我们编杂志平常也会召开许多专业的研讨会。头一次是1982年10月在青岛召开的，不是说随便来，而是必须要先投稿，我们再将投稿分类整理好，哪些稿件比较好，就发邀请函请作者来参加会议。后来我们就分专业进行活动，比如专门做社会教育的，他们也成立了专业委员会，还搞了几次讲解大赛，影响也挺好的。有些会，我们可以跟北京博物馆学会联合，或者和各地的政府部门一起合办。当时中国博物馆学会秘书处就7个人，可是我们举办的活动特别多，挺不容易的，需要靠外援来支撑一下，有时候人不够了，国家文物局博物馆处也来帮忙。另外我们还出过论文集，反响也挺好。还出过整个的博物馆介绍的大册子，博物馆年鉴不好弄，当时弄起来又需要钱，又需要照片，催不来稿还得去当地，挺麻烦的。有时候我们自己出差，分管的省份靠自己跑，我自己一个人出差去山西、内蒙古约稿，挺不容易的。这些论文集、年鉴都是我们的成绩。

在协会秘书处工作倒也说不上有多么自豪，反正就是踏踏实实干事，那时候让干什么就干什么，老老实实地完成任务就行了，而且一点不敢耽误。我曾经参加过故宫博物院退休处组织的一次旅游，结果不小心摔到好几根肋骨，有的是裂了，有的是折了，在桂林住了一个星期的医院。但是我心里惦记《中国博物馆通讯》这个刊物，非常着急。没有办法坐火车，我就自费坐飞机。那时候飞机不让随便坐的，还要开证明。我坐飞机回来，又继续为刊物工作，基本上不到一个月就上班了。按道理一个月根本没养好伤，而且还要挤公共汽车，我一上车就喊，我骨折了，离我远点，生怕谁再碰一下，我又折了。那段时间真是挺难的，但是我一直没耽误工作。那段时间，我妈妈也生病了，我又在医院陪床，就坐在病床旁校对改稿。每天只敢请半天假，晚上我找了一个小姑娘帮忙看护。这几个坎都熬过来了很不容易。

您可以与我们分享一些您对中国博协印象比较深刻的人、事或经历吗？

夏书绅：作为艺委会的资深专家，我一直没有脱离艺委会的工作，退休后直到80岁我还不断地在工作。这么多年，令我印象比较深刻的有六个人。第一个人是张文彬理事长，我不单把他当作局长、理事长来看待。我认为，作为一名专家，他对博物馆学研究得很透彻，而且真正是个文人，所以印象深刻。我们一起开过几次会，他的发言很不错，是一位真正的学者。第二个人是马自树，他也是博物馆学的专家，也是博物馆社会工作积极参与者。他虽然是国家文物局的副局长，但工作很积极，而且我很认同他的理论观点。第三个人是苏东海，这也是位真正的学者。作为《中国博物馆》杂志的主编，他很有水平，花费很大精力，把《中国博物馆》杂志办得很好。第四个人是杨伯达，故宫博物院的副院长，他是搞陈列艺术的，对陈列艺术委员会积极支持，相关会议都参加了，人也很不错，对博物馆的贡献很大。第五个人是积极支持艺委会工作的军事博物馆馆长秦兴汉。他的特点是积极支持参与兄弟馆的建设。艺委会挂靠到军事博物馆，他是做出贡献的，以后的馆长都向他学习，对艺委会的工作热心支持。今年他已经97岁了。第六个人是中国博物馆协会秘书处的安来顺，是现在比较年轻的专家。他担任过陈列艺术委员会的副秘书长，现在是博物馆专业的博士生导师，还是国际博物馆协会的副主席。他对于中国博物馆协会做出很大贡献，特别是对外交流方面，在与国际博协的联系中出了很大的力。

中国博协主办的"全国博物馆十大陈列展览精品"推介活动是从1997年开始的，这20多年来，我觉得对博物馆的发展，尤其是陈列艺术的提升起到很重要的作用。首先，博物馆是通过陈列去开展教育活动的，十大精品活动的举办，吸引了很多人去博物馆参观展览。第二，对于博物馆人来讲，做陈列艺术设计和展览陈列的同志就一定要争取达到精品水平。要做一个精品展览，指导思想、艺术水平、辅助展品都要到位。第三，陈列展览的施工也很重要，甚至于所用材质、材料都要适合，这样才能成为一个精品展览。从这些方面来看，十大精品推介活动20年来对推动博物馆的发展起到了重要的作用，今后还应该继续做好。

周士琦：在参与博协工作中，苏东海先生给我留下了深刻的印象。苏先生在学会刚成立的时候，做了很多工作，他原来是北大哲学系毕业的，后来参军，参与过抗美援朝战争，1959年调到中国革命博物馆，我们一起工作。他那篇关于逻辑思维形象思维的文章，我是第一个读者，他在稿纸上写完了就给我看。包括他后来出的两本《博物馆的沉思——苏东海论文选》，都是我给他设计的封面。我觉得苏先生对博物馆事业无论从理论研究各方面，负责编辑《中国博物馆》杂志，都做了很大贡献。现在的协会副理事长安来顺，我过去老叫他小安，他那时候在我们艺委会还当过副秘书长，他一直在学会编辑部工作，后来去国外做访问学者，有时候我有什么想法去跟他聊聊，写文章的时候请他帮我看看，特别是外语相关的，所以他对我是帮助非常大的。

陈列艺术委员会在中国博协和中国博物馆事业中扮演了重要角色。艺委会是中国博协成立以后的第一个专业委员会，在培养人才方面发挥了重要作用。艺委会在扬州办过几次培训班，培养的一些人才后来都担任了一些博物馆的重要职务。所以，这个培训班是提高设计师能力的一个重要抓手。另外，艺委会组织学术交流，包括帮助地方博物馆在建馆之际搞好陈列工作。从中国博协的角度来讲，不同专业委员会，如和艺委会同时期成立的社会教育专委会、保管专委会都做出了很多成绩，所以我想，中国博协正是通过这些专业委员会来更好地为全国博物馆来服务。

梁吉生：中国博协的第一任秘书长齐钟久先生给我留下了十分深刻的印象。学会筹备时，他当时面临的主要工作有：考虑理事会成员的构成、《中国博物馆学会章程（草案）》的修订、中国博物馆学会成立的具体事宜等等。这些都离不开他协调、部署、统筹、推进。齐钟久本来只是革博的中层业务专家，一下子面临了这样一大堆事情，他身上的担子是可想而知的。他曾经对我说："成立中国博物馆学会是一件大事，关系到中国博物馆界的大融合、大团结，只能全力干好。"齐老师勇于担当，从不叫苦。我每次到他办公室，见到的都是他繁忙的样子，不是在修改文件，就是在打电话，有时都来不及跟我打声招呼。他这种勇于担当、任劳任怨、不辞辛苦的精神，有力地推动了筹备工作，为成立大会的顺利召开打下了坚实的基础。齐钟久先生是中国博协开辟先路的贡献者，是中国博协的奠基人之一。当我们纪念中国博协成立四十周年之际，应该缅怀齐钟久等老一辈铺路人，学习他们的无私奉献精神和兢兢业业服务的忘我品质。

让我感到难忘和自豪的一件事，是参加国际博协第十三届大会。那是学会成立的第二年，即1983年7月，我作为中国博物馆学会代表团的正式成员，出席了在英国伦敦召开的那届大会。这是国际博协首次接纳中国为正式成员。中国代表团一行5人，我是唯一来自大学博物馆学教育的代表。中国代表团在大会上第一次发出了中国的声音，博得大会的热烈掌声，向国际博物馆界展现出阳光、开放的国家形象。我是这一重要时刻的参与者和见证人，这也是我第一次作为中国博物馆学会成员出席国际会议。我作为高等学校的代表，作为中国的博物馆学研究者，与各国博物馆代表团欢聚在一起，参与世界博物馆的交流、合作与相互学习，特别是与日本、苏联及我国台湾代表的接触，使我进一步增强了从事博物馆学教育和研究的自信心。我向国际博协第十三届大会提交了《中国大学博物馆学专业设置及教育》的论文。在这之前，联合国教科文组织A级刊物——国际博物馆协会会刊《博物馆》聘请我为亚非特约撰稿人。我被邀请撰写的《中国博物馆的专业训练》一文，以多种文字发表在《博物馆》第156期上。这篇文章曾经引起国际博物馆学界的重视，得到不少转载。

参加国际博协的伦敦大会，是我作为中国博协会员的高光时刻，对于我的博物馆学研究与教学工作无疑是一个重要的促进。第一，扩展了中国博物馆学的国际影响，密切了南开大学博物馆学专业与国际博物馆学界的交流与合作。第二，进一步密切了大学博物馆学专业与中国博协的合作。我回国以后，受中国博协会员单位或博物馆的邀请，连续在北京、天津、吉林、湖南、河南、江苏等地做"国际博物馆协会与博物馆学研究"的报告，为中国博协的学术活动尽了自己的一点努力。中国博协成为我不断强化博物馆理论和学科建设的内在动力。

让我高兴的是，中国博协坚持学术性，坚持服务性，积极推动协会成为中国博物馆领域的学术中心。我在这一良好的环境下，先后在《中国博物馆》《中国博物馆通讯》《东南文化》《博物馆研究》《中原文物》《文博》等20多家刊物发表博物馆学文章50余篇。我还为全国博物馆人员培训编撰了《博物馆学纲要》，为大学博物馆学专业编辑了《博物馆学参考资料》（1—4册）、《博物馆学书刊目录索引》、《建国以来文物法令汇编（1949—1981）》、《中国博物馆介绍》（1—3辑）及《新中国博物馆事业三十年纪事》等教学辅助性资料，促进了学术研究和馆际交流。

齐吉祥：在中国博协的许多经历是令人难忘的。先说说学会1982年的成立大会吧！成立大会是在丰台一个宾馆召开的，全国各省代表来参加会议，大家的心情可以用格外激动来形容，因为这是新中国成立以后咱们博物馆界的一件大事，要成立学会，大家特别重视。在讨论第一届理事人选的时候，大家讨论特别热烈，提了好多问题，我记得特别清楚的一个意见是男委员多，女委员少。第二个意见是没有讲解员的代表，都是搞陈列和研究的。第三个意见更尖锐，历史类的馆占比大，革命类的馆代表特别少。这是代表们最集中的三个意见。在讨论过程中有一个人进入大家的视线，她一个人就能解决这三个问题。她就是黑龙江的王继红。她在大会发言的时候，提到讲解员怎么练声发声，并给大家读了几段绕口令，声音清脆，因此给所有人留下了深刻的印象。后来大家想到，如果王继红同志进入咱们的理事会，革命类馆员、女同志、讲解员三个问题不都解决了吗？所以王继红同志就被选为理事。大概一年以后我去黑龙江，黑龙江省博物馆的老馆长因为这个事情还有点不高兴，意思是他干了这么长时间博物馆，连个理事都不是，她一个讲解员却成了常务理事。因为黑龙江只有一个名额，我就跟老馆长解释，因为她正好一个人能解决这三个问题。老馆长高风亮节，也就不计较这个问题了。

1988年有一个非常好的大形势，整个中国博物馆社教事业在1986年至1988年迈了三大步。什么意思？1986年在天津召开了中国第一次关于社会教育的全国性学术会议，这是前所未有的。更重要的是这个会议以文化部名义发了一个纪要，会议纪要里有几个关键句子解决了一些长期困扰社教工作的问题。其中之一是，讲解员应享受业务干部待遇，这句话太关键了。因为在此之前，有些地方的讲解员是业务干部待遇，有些馆的讲解员还是工人待遇，而且这个面还相当广。这个纪要发放以后，全国的讲解员都转干了。另一个是，三包不利于讲解工作的开展。三包是什么？从20世纪60年代开始，讲解员既是展厅的讲解员，又是展厅的保管员，还是展厅的清洁员。有的讲解员最重的思想负担是什么？怕丢东西。展厅里弄丢东西，讲解员就要担责任，而保证展品安全会影响讲解工作。所以这句话提出解决三包问题以后，讲解员的工作被独立出来，讲解工作也上了一个大台阶。1987年中国博物馆学会在板仓举办了第一届讲解员骨干培训班，参加这期培训班的人，后来几乎都成了各博物馆的主任或是副馆长，这是过去没有过的事情。而且这个培训班的课程时间将近一个月。当时国家文物局有几个培训中心，其中一个就在板仓杨开慧的故居。

在博物馆快速发展的大形势下，您认为中国博协还有哪些工作可以做，或者您对中国博协有哪些希望和建议？

夏书绅：我很希望中国博协在两个方面进一步加强引导和促进，一是展陈业务工作中对传统的继承，二是年轻展陈设计人员的能力建设。我觉得做博物馆陈列艺术工作，或者说做博物馆工作首要的一点是事业心，一定要把陈列艺术工作作为终身事业，你才能够全心全力投入到工作中。我的体会，做博物馆工作应该有事业心，如果没有，不能全身心投入，也不可能把工作做好。第二是学术交流，可以扩大知识面，互相启迪。陈列艺术不是单纯搞美术设计，它涉及方方面面，必须要学习，要交流，要多看，开阔视野。特别是我们举办陈列艺术的培训班，大家除了系统学习理论以外，带着任务去搞设计，互相来讨论，互相启迪，效果更好。第三点就是创新。创新是搞设计的灵魂，可以说没有创新也就谈不上设计。设计师根据文物主体，通过艺术手段把它形象化展示给观众，观众从中受到启发、教育和熏陶。所以设计师要不断更新自己的设计理念，因为社会是发展的，科技也在发展，要大胆地创新，要做出特色鲜明的展示艺术。

中青年展陈设计人员很重要，因为现在在职的就是这一代人。所以对这一代人的培养要重视。一方面培养他们的设计理念，另一方面培养他们的绘画基础。我们那个时候没有电脑，既要会设计也要会绘画。我的原则是完成设计本职工作的前提下，工作人员去画画、去参观都可以，所以对中青年设计师的培养一定要重视能力提升。提升方法一是系统学习陈列艺术设计理论，二就是多参观、多实践、多互相交流。现在有很多大学举办博物馆专业的培训。我不太清楚有没有关于博物馆陈列艺术的培训，如果有的话，希望除了理论研究外，也突出实践和交流。陈列艺术一定要实践，光有理论不讲实践、不会设计是不行的。我总说博物馆陈列艺术是陈列艺术学。不仅是美术设计，很多边缘学科都要熟悉、要了解。不是让你成为各方面的专家，但是建筑、景观、光、音效等都要熟悉。我们的博物馆类型多样，有历史类、科技类、革命类等，培训班课程中都要涉及一点，开阔一些。最后，我主张陈列艺术要有特点，个性鲜明，要有手法，突出展品和文物，简约大气，我搞了几十年的陈列艺术设计就是这样，突出这四个字。

周士琦：中国博协在专业指导方面作用很大，希望协会能在博物馆继承、打破、提高等方面发挥引领作用。现在新技术应用挺多，这是一个好事情，因为展览不再是单纯完全静止状态，但是这些东西作为一个辅助陈列的手段，怎么把握得更科学、更准确，不是凑热闹，是要在设计上全面掌握的。年轻人怎么去学传统，怎么继承，继承什么？有人说拿来主义，那么多东西拿哪个合适，不是随便拿，你自己没有水平，没有能力，你怎么敢拿？原来我的老师讲一生"杂抓"，其实"杂抓"现在我理解是要求你很全面，有动手能力，也有辨识能力，这样你才能够将某个传统进行应用，照猫画虎可不行。要学习和吸收，然后在这个基础上再去创新。这是一个整体，不是一个零碎的东西。所以，作为年轻人，还是要加强研究和学习。

协会通过举办十大精品推介活动，从展览内容到形式，包括施工等方面，提高大家的认识和能力，全面提升全国博物馆的陈列水平，起到了很好的促进作用。因为大家很难有机会看遍各地的展览，通过十大精品推介活动，大家了解到哪个博物馆的展览办得好，好在什么地方，通过交流学习，去提高陈列展览的水平，这个很关键。

齐吉祥：我就围绕着全国讲解大赛这个话题谈些感想和希望吧。我是第五届全国讲解大赛的主评委，曾向国家文物局博物馆司的司长提了一个建议，为了使讲解比赛的评比更公正一些，一个省市派出一个评委，不宜过多，建一个评委库，各省推荐评委人选，在评委库里随机选择，一省选一个，再选到同一个省市就换一个。每次讲解比赛比完后，我们会出一个小册子，把参赛的讲解文章都发表出来，那是讲解员互相学习的一个非常好的材料。我在参加一些非全国性讲解比赛的时候，讲解员比赛完了，专家对这些讲解员的讲解进行一个有针对性的点评，比如稿子哪点不好，主题跑了，是逻辑性不强还是用词不当等。这种指点，我认为对大家的帮助特别大。如果只是简单地对大家表示祝贺，说大家讲得不错，这种话没用。讲解比赛就是要给大家提供一个学习和交流的平台，是高档次的、精英之间的交流学习。我建议以后举办讲解比赛分一下组别。我很支持举办一次志愿者的讲解比赛，因为现在很多博物馆都跟我谈，志愿者成了博物馆的讲解主力，而且我听了以后，有个结论，不是百分之百，应该说多半志愿者讲得比讲解员还有深度，他们还真是下功夫。而且志愿者应该是从咱们整个精神文明层面来讲，是一个提倡的方向。博物馆志愿者讲解比赛，既符合我们国家精神文明建设层面的大方向，也符合博物馆的现状。而且我建议比赛完了以后，一定得出一本讲解稿的合集，给大家提供一个学习的资料。这里我说的志愿者不是在校的学生、小孩，而是五六十岁的成年人志愿者。希望能够制定一项政策，在全国博物馆讲解比赛中获得名次的讲解员，要优先转正。咱也先别说马上转正，优先转正，提供一个机会，就挺好的。

梁吉生：四十年来，中国博协沐浴改革开放的春风，紧扣行业组织的功能定位，主动适应党和国家的决策部署和我国博物馆事业发展的新要求，逢吉振奋，克扬伟业。特别是近些年来，彰显社会责任，秉承习近平总书记关于文物博物馆工作的重要论述和重要指示精神，凝心聚力，举旗开路，有力地促进中国博物馆事业快速健康发展，取得举世瞩目的成就，走出一条与发达国家不同的发展道路。我是中国博物馆协会的创始会员，同时也是中国博物馆学建立和起步的参与者和见证人。伴随着协会走过了昂扬奋进的四十年，我目睹了协会坚持正确政治方向，提高政治站位，坚持习近平新时代中国特色社会主义思想，促进中国博物馆事业繁荣发展的丰功伟绩。我希望协会高扬学术性，加大学术引领力度，更加有效地成为中国博物馆的学术中心；希望大力加强协会各专业委员会的主动性，让博物馆工作者把协会当成学习之家，成为博物馆间交流合作、协同共创中心；希望协会一如既往地关心支持高等学校博物馆学教育，促进博物馆学科建设，为推动新时期我国博物馆高质量发展提供人才和智力支撑。我以小诗热烈祝贺中国博协成立四十周年：弹指一挥四十春，举旗开路育新人。初心不忘服务志，守正创新日日新。

（采访和文字整理：顾婷）

国际博物馆协会前主席汉斯-马丁·辛兹教授访谈录

汉斯-马丁·辛兹（Hans-Martin Hinz）教授 2010 年至 2016 年担任国际博物馆协会主席。中国博物馆协会成立四十周年之际，辛兹教授接受了本书编辑办公室的专访，现摘录如下：

首先，可以请您谈谈第一次和中国博物馆协会的同事们一起工作的情况吗？

首先，我要先祝贺中国博物馆协会成立四十周年，参与博协工作的每一个人，每一位会员和每一位同事，都会为中国博物馆事业在这些年的蓬勃发展感到无比自豪。祝贺中国博协。

跟中国博协的最初接触要追溯到二十年前，二十年都相当于中国博协历史的一半时间了。那是 2002 年，我要去青岛出差，因为我所工作的柏林博物馆和青岛博物馆进行了合作，共同举办展览、交流和会议。当时我是国际博协德国国家委员会的主席。国际博协德国国家委员会是国际博协最大的国家委员会。我借此机会在北京做了停留，见了中国的各位同事，还有中国博协理事长和国际博协中国国家委员会主席，以及后来成为秘书长的安来顺教授。这是我们在北京的初次见面，并且交谈甚欢，自此，便开启了我在任职国际博协德国国家委员会主席期间，与中国同事之间的长期友谊与合作，以及在这段美好时光中的精彩对话。

您可以谈谈国际博协德国国家委员会和中国同行之间的合作吗？过去的二十年里大家是否有合作？

我们的合作并没有什么具体的项目，而是大家慢慢走得更为紧密。几年后，国际博协德国国家委员会与国际博协欧洲委员会、中国博协和国际博协中国国家委员会在中国进行了合作。一批德国和欧洲同行来到中国，受到了热情接待，他们前往不同的城市，参观一些新建的博物馆。这是中国博物馆蓬勃发展的开始，也是欧洲同行的兴趣所在。这就是双方合作的原因，后来，只要国际博协或中国博协举办会议，德国会员通常都会参加。

在您看来，中国博协、国际博协中国国家委员会与其他国家委员会之间有什么区别吗？

有的。各个博物馆协会和国际博协国家委员会的共同点是，它们都在为社会和社会的发展服务。但是，由于世界是如此的多样化，不同国家面临的挑战也是多种多样的，这就意味着世界各地的博物馆协会面临着完全不同的挑战，相应的也有不同的项目。但这是自然的。把全世界团结在一起，保护和保存有形和无形遗产是博物馆共同的责任。这就是为什么世界各地的博物馆，所有的展览，不仅仅是科研展，还有其他的展览和活动，都试图在其工作中尽可能做到包容性和可持续性。它们有共同点，同时又面临着各自的挑战。

您知道，中国博协和国际博协中国国家委员会有点像双胞胎。两家机构的大部分成员是一致的，工作人员也在两边都有任职。这在国际博物馆界常见吗？国际博协德国国家委员会和德国博物馆协会是如何运作的，是否有类似中国博协的机构呢？

我们有德国博物馆协会。这个机构更为古老，早在第一次世界大战后或 1917 年底就已经成立，而国际博协是在七十五年前第二次世界大战后，即 1946 年在巴黎成立的。因此，这两个协会有不同的历史，长期以来一直是这样。在战后的几年时间里，它们之间有过密切的合作。但是当世界变得更国际化、更全球化时，国际博协德国国家委员会开始独立于德国博物馆协会，拥有自己的范畴。国际博协德国国家委员会有独立的项目，专注于国际主题、国际博物馆主题、文化政策主题和国际合作；而德国博物馆协会的工作主要是德国国内的相关主题。对于在德国博物馆工作的博物馆同行们来说，这是一个很好的机会，有两种不同的选择，他们可以任选其一。

您愿意和我们分享一下在与中国博协共事期间，那些让您印象深刻的时刻吗？

我想最重要的时刻是当我就任国际博协主席时，在北京创建国际博协培训中心。当时我已经不再是国际博协德国国家委员会主席，而是国际博协主席。还记得 2010 年在上海召开的国际博协大会吗？就在那次大会上，我当选为国际博协主席。我们决定与国际博协中国国家委员会和中国博协合作，在北京建立这样一个培训中心，东道主是故宫博物院。这对国际博协来说确实是一大进步，因为在过去的几年里，ITC 即国际博协培训中心举办了很多致力于能力建设的项目和研讨会。我们共同书写了一个了不起的成功故事，来自世界各地的年轻的博物馆从业者和中国的年轻同行一起学习、交流观点和经验，并保持着密切的国际沟通。

后来，许多在北京初次相识的同行们仍然保持着密切的联系，他们交流经验，共同工作。我听说有几个项目或展览在北京启动，你知道，他们可以继续交流和相聚，所以，这的确是一个成功的故事。我认为这很了不起，也很重要。我想这正是中国博物馆协会和国际博协要设立这个精彩项目的主要原因之一，让中国博物馆的工作人员与世界各地的同行们相互交流，了解对方的工作内容，反过来也是一样。许多国家的博物馆同行对中国博物馆的发展现状和当前工作一无所知。所以，这对我来说真的是一个值得互相学习的地方。我很高兴这个项目将继续下去。前面五年，我们已经取得了出色的成绩。

不幸的是，由于新型冠状病毒，我们不得不暂停该项目，已经两年没有召开研讨会了，但我希望，如果疫情得到更好的控制，就可以重新启动该计划。那样就太好了。

能否请您谈谈您提到的2010年的上海国际博协大会？那是您被选为国际博协主席的一年。在那段时间里有什么令人印象深刻的事情吗？

是的，我认为第一次在中国召开的国际博协大会给人留下了深刻的印象，这真是一个伟大的盛会，它让许多人对中国博物馆的工作有了深刻的认识。因此，这对所有与会人员来说都是一次非常重要的会议，会议的组织无可挑剔，所有参加会议的人都非常开心。这是一次在东亚举行的大会，而一直以来，会议常常在欧洲召开。在这二十年间，已有一些会议放在东亚举行，不仅是2010年上海国际博协大会，还有2004年汉城国际博协大会，以及三年前举办的2019年京都国际博协大会。因此，了解东亚曾经的故事以及那里的博物馆发展状况，对于每个人来说，都十分重要。

那么，从您的角度来看，中国博协对国际博协的工作做出了哪些贡献？

中国博协对国际博协的贡献体现在内部机制上。正如我们之前所说的，中国博协和国际博协中国国家委员会多少有点像双胞胎。它们都态度积极并协作共进。从传统意义上来讲，国家的协会负责国内事务，而国际博协则负责国际事务。但这一点同时也发生了一些变化。为了顺应挑战的变化，双方都在开展国际工作。目前，要迎接时代的挑战，必须要开展合作，并且启动开放的项目，这点很重要。

中国博协或国际博协中国国家委员会在与国际博物馆界接轨时会面临着哪些挑战呢？

一方面，中国博协长期以来一直为中国的博物馆提供帮助，也为中国博物馆的同行提供能力建设方面的项目，或在博物馆的其他领域提供帮助。另一方面，随着全球化的加剧，全球化的世界对每个人日常生活的影响、挑战也发生了变化，中国博协对国际工作持开放态度。而七十五年来，国际博协一直致力于国际性工作，有着丰富的经验。因此，在这样一个全球化背景之下，合作并共同努力，力求为博物馆行业做出最大的贡献，对双方都十分必要。我印象中它们做得很出色。

我认为每个人都在尽自己最大的努力使博物馆工作取得成效。正是这个原因，我们才有如此大的动力去开展如此出色的合作。如果我们最终成功了，那将是一个伟大的时刻。

随着国际环境越来越复杂，特别是新冠疫情的影响，您认为中国博协面临的挑战是什么？

世界面临着很多问题，当然，新冠疫情危机是目前最重要的，但这不是唯一的问题。还有像气候变化等其他危机，全世界，特别是年轻一代，都在强烈地呼吁政治家们应该采取更多的措施来保护世界。全球的博物馆都有责任对此做出反应，正如我一开始所说的，博物馆要为社会服务。这是一个大问题，是整个世界面临的一个大问题。因此，世界各地的博物馆都在举办展览，目的是让人们了解气候变化的成因，以及社会、个人可以采取怎样的行动，让世界更加安全，在训练逻辑思维能力方面、提供教育培训方面，博物馆也应承担起相应的责任。

世界的"去殖民化"，是目前全球热议的另一个问题。我们可以想想殖民时期所发生的事情，特别是在18—19世纪和20世纪中叶。而殖民时期藏品的归属问题，成为这场"去殖民化"辩论的一个争论点。要知道，在欧洲、美国、澳大利亚或者其他各地博物馆内保存的一些民族类藏品，属于非洲国家的社会和群体，其中有许多被带走或出现类似的情况，因此，博物馆必须去了解这些藏品的情况，然后与这些前殖民地国家的博物馆同行交流，并找到解决方案，例如，非洲博物馆能够通过博物馆藏品解释自己的过去与文化。这些藏品目前仍然待在欧洲或美国的博物馆里，当然，其中一些需要归还，这是博物馆要做的工作，博物馆有责任帮助政治决策者成功地找到问题的解决之道。对于这两个主题，我认为中国博协或国际博协中国国家委员会的博物馆专家或学者可以投入更多的精力或重视，这可以让他们更多地参与国际社会的问题。

您对中国博物馆协会的未来发展有何建议？

我想我不需要提出任何建议，因为多年来，我在访问中国以及与中国博协和国际博协中国国家委员会的同事们接触时，学到了很多。与四十年前相比，这里已经具备了极高的专业水准，大家知道，中国博协和国际博协中国国家委员会为中国博物馆的蓬勃发展做出了令人难以置信的巨大贡献。它们的努力真的带来了巨大的成功，我认为反过来，我们能够从中国博物馆事业的发展中学到很多，特别是想到这个国家的博物馆历史，并不如欧洲或北美一般悠久。

中国的第一座博物馆成立于一百多年前。从20世纪80年代和90年代开始，中国在全国范围内启动庞大的博物馆发展计划。现在，几乎在每个城镇都新建了很多很棒的大型博物馆，我想对于这一点，我能做的就是向所有人表示祝贺。因为在如此短的时间内，中国博物馆就有如此了不起的飞跃，这真是太棒了，我只想道声祝贺。

亲爱的中国博物馆的同事们，中国博物馆协会和国际博协中国国家委员会的同事们，在中国博物馆协会成立四十周年之际，我很高兴地带来衷心的祝贺。

这是一个重要的日子，来回顾过去四十年中发生的事情，当您回顾过去，您会看到博物馆工作的惊人发展。四十年前，中国的博物馆里乏善可陈，当然，除了一些大的博物馆。但是从那时起，每个城市、每个省、很多乡村都新建了博物馆，它们建筑精美、设计非凡，人们在博物馆中可以了解到很多中国文化、中国历史，以及人类的国际话语，例如世界的多样文化。

这是一项非凡的社会服务。中国博物馆协会和国际博协中国国家委员会都做了大量的工作。现在，是时候来为这项工作欢庆了。2022年，在中国博物馆协会成立四十周年之际，让我们借这个美好的时刻来庆祝博物馆的事业。祝贺中国博协生日快乐！

（采访和文字整理：王思怡）

国际博物馆协会前主席苏埃·阿克索伊教授访谈录

苏埃·阿克索伊（Suay Aksoy）教授2016年至2020年6月担任国际博物馆协会主席。中国博物馆协会成立四十周年之际，阿克索伊教授接受了本书编辑办公室的专访，现摘录如下：

首先，能否请您谈谈与中国博物馆协会以及国际博物馆协会中国国家委员会的同行之间的首次合作情况呢？

我第一次见到中国同行是2010年在上海举办的国际博物馆协会全体大会，会议的主题是"博物馆致力于社会和谐"。这次大会是国际博协发展历程中的一个转折点，也是我人生中的转折点，对中国博物馆协会也是如此。

在这次活动中，我认识了中国博物馆界的很多专家和学者，其中最知名的是时任上海市历史博物馆馆长的张岚先生。我当时还没有看到过新的上海历史博物馆，但他所在的博物馆——旧馆，真是很吸引人。它没有奉行新博物馆学理念，但有着很独特的风格和叙事方式，从传统的方法、丰富的文物，到数不清的城市案例，无不让人着迷。因此，上海国际城市博物馆藏品与活动委员会（CAMOC）会议项目做出了十分丰厚的学术贡献。许多来自西方以及中国的参会人员，都发表了精彩的演讲。其中就有阮仪三教授，他是世界知名的城市保护和古城研究学者。所以对我们来说，这非常了不起。我们在会议结束时，惊讶地收到已经打印好的会刊，方便我们离开时随身带走。这真的太棒了。在上海，我第一次近距离接触到中国博物馆界专家。而在成都，我真正开始与中国博物馆协会的同行第一次展开密集和广泛的合作。

在您看来，中国博物馆协会与其他国家博物馆协会有什么区别？

有区别，但也有相同之处。中国博物馆协会是一个很好的例子，它是全国性组织，却完全做到了与其国际同行——国际博物馆协会中国国家委员会协调合作。尽管许多国家既有全国性的博物馆协会，也有国际博协国家委员会，但它们不会始终达成一致、相互合作。有时候，它们对事情的看法并不一致，其中一些甚至存在相互竞争。你们的中国体系是合力的源泉。而且，我知道这种协作对双方机构都有益。中国博物馆协会和国际博协中国国家委员会携手，真的太棒了。

此外，中国博协和国际博协中国国家委员会与其他国家委员会的不同之处在于"统一动员的精神"。这种动员精神，是它们所特有的，是能够被感受到的，从远处都能感知到。它们齐心协力，调动中国各大博物馆和博物馆专业人士，努力在各个方面趋于完善，比如，从博物馆建设到策展实践，从建立联络网到沟通，在它们希望超越和动员的每一个领域，无论国内还是国外，这真是太令人称赞了。我认为这是相当独特的、值得称道的中国方式。两家机构相互交叉或互为交集，在中国内外都如此和谐、富有成效地开展合作。我想这就是我们所说的营销术语——"独特的卖点"，这就是中国机构的"独特卖点"。是的，也许这就是区别所在。两家机构协同工作，产生合力。

根据您的经验，是否有其他国家的博物馆协会采取与中国博物馆协会相同的运作模式？

这是一个很好的问题，我不了解所有国家的内部运作方式。虽然有的国家/地区的方式相当奏效，但我从未遇到过像中国这样的例子。因为在很多国家存在两个机构，博物馆协会和国际博物馆协会国家委员会。如在德国，有德国博物馆协会，还有国际博协德国国家委员会，它们之间的合作非常顺畅，但与中国博物馆协会和国际博协中国国家委员会相比，还是存在差距。

我认为中国的做法非常了不起，但我不确定其他国家是否也这样。如在土耳其，也有国际博协土耳其国家委员会和土耳其博物馆协会。它们合作并不频繁，是完全不同的协会，所以（运作模式）不一样。有时候，这样也不错，让两个不同的协会互相竞争并不是坏事，但大多数情况下会无法协作形成合力。因此，我认为这是中国同行可以引以为豪的一点，它运行得如此之好。

能否请您分享一些与中国博协或国际博协中国国家委员会合作时，让您印象深刻的时刻呢？

太多了。我的博物馆博览会（"博博会"——编者注）之旅非常美妙。我想先介绍一下2016年9月在成都举办的第七届中国博物馆及相关产品与技术博览会。那时，我刚刚当选国际博协主席几个月，那也是我第一次出国参加大型国际会议。因此，中国博物馆协会确实带来了我人生中的一些"第一次"，这要感谢当时参与的每一位，特别是富有远见的同行安来顺教授。我曾与他一起在国际博协执行委员会任职。而当时的国际博协中国国家委员会主席关强先生，也和我一起合作，共同主持了一次国际圆桌会议。在会上，我们讨论了 2015 年联合国教科文组织关于博物馆社会角色的建议，从此这便开始成为我们一个非常重要的议题，到现在也仍然是。

2016 年苏埃·阿克索伊教授参加第七届中国博物馆及相关产品与技术博览会

参会代表来自亚太地区的各个国家委员会。这可能是我第一次认识到中国博协和国际博协中国国家委员会是如何发挥其重要作用来调动整个地区的资源。此前我从未意识到这一点。当然，它也让我不禁想到亚洲，大家知道，我说的亚洲是指从伊朗到太平洋再到中南半岛和太平洋岛屿。继而让我想到"一带一路"或"丝绸之路"。所以，这就像丝绸之路理论在文化上的体现。中国博物馆协会的战略让我眼界大开。总的来说，我认为文化政策可以朝着这个方向发展。

中国博物馆协会主办的第八届中国博物馆及相关产品与技术博览会，也令我印象深刻。那届博博会于 2018 年 11 月在福州举行。我应邀发表了几次主题演讲，但最让我难忘的是我在"首届全球博物馆青年论坛"上与年轻人的对话，这样的对话在博览会上是首次。我相信这是中国博协与国际博协共同开展的最为重要的盛事之一。我很荣幸能与来自世界各地的年轻人分享整个博物馆行业，以及我自己的职业生涯。这真是一次很棒的经历，对这些年轻人来说，不仅可以观看精彩的博览会，在不同的展馆欣赏到最新的科技产品，而且还可以与来自其他地方的人们展开对话。在某种程度上，他们眼中的世界代表着正在中国以外所发生的事情。因此，我们通过中国博协举办的博博会，从行业、业界以及博物馆专业人士和同事那里学到了很多东西。那真的是非常生动的时刻，一直萦绕在我脑海之中。

如果让我再提一个特别的时刻，我会说是参观整个杭州古城。我必须说，这是一座美妙又美丽的城市，拥有博物馆、湖泊、柳树、现代化的住宅区和美食。直到现在，我脑海中仍然保留着也会一直保留着杭州和杭州一些博物馆的画面。首先我要提到的是中国丝绸博物馆。这是一个华丽的、世界级的博物馆，拥有一流的藏品和各种各样的活动，这些根本不可能发生在澳大利亚、欧洲或非洲等世界其他地方。所以，它真的非常具有世界级水准，并且令人印象深刻。当时的馆长很了不起，操办着博物馆的各项事务。

当然，中国茶叶博物馆也是一间极其出色的当代博物馆，而且实际上它四周都是茶园，因而显得如此独特。当然，你同样可以在英国建立一间茶叶博物馆，因为在英国茶叶很重要，也非常受欢迎。

但你绝不可能把它建在茶园中，建成一座像中国茶叶博物馆一般极具当代意义的博物馆。我在大学任教时经常会想到它。我会向学生展示这些博物馆，或者有时候在讲解时把它们拿来举例。

我还想到了杭州历史博物馆，我想它已经更名为杭州博物馆，这对我来说更好，因为我是一个城市博物馆人。这是一座有关杭州的城市博物馆。当我走近它时，会发现一些非常有趣的东西。因为是面向整个区域而建的，它还拥有特殊的地域风情。这座城市博物馆认为自己是整个地区的代言人。我希望他们保留这个特质，因为它位于城市腹地，并且很好地向游客说明了这一点。他们肯定做了些更好的工作，但我还没有办法看到。所以这是我想再回杭州、了解它现状的一个很好的理由。

在这里，我还想要感谢一些无名英雄，我一直没有忘记国际博协培训中心的那些年轻同事，自中心成立以来，他们在每年春秋两季都会组织非常成功的培训。我会想起他们，也一直记得他们，虽然没法说出每一个人的名字。但我希望他们能通过某种方式看到这个采访，会知道我指的就是他们。

是的，他们会看到的。让我们进入下一个问题。在您看来，中国博协对国际博协的工作做出了哪些贡献？

我认为最为重要的是，中国博协和国际博协中国国家委员会通过各种合作项目、活动和各种事业，加强了我们与中国以及整个亚洲之间的联系，为国际博协的国际化做出了贡献。我认为这是一个非常重要的贡献。在这方面，国际博协培训中心每年开展的两次活动，发挥了重要作用。它让来自世界各地的博物馆青年专家和中国同行相聚一堂，围绕博物馆学主题开展研讨。国际博协学术委员会的专家们汇集在此，参加研讨会，举办各种讲座。所以它确实是一个知识和实践滋养中心，这是我必须重点指出的。我本人也在国际博协培训中心开过讲座，这真的非常有意义，我在北京待了整整一个星期，每天与这些年轻人讨论不同的主题，然后，他们又满载着知识和经验，以及新的联系回到自己的国家。所以这真的非常令人振奋，非常鼓舞人心。这就是我所说的良好的学习和连接，也是国际博协培训中心正在做的事情。我还应该补充一点，我们在非洲也做得很成功。我始终不会忘记这一点，非洲的培训突破了中国的疆域。中国是一个伟大的东道主，中国博物馆协会也是。但有时作为一个客人

2018年苏埃·阿克索伊教授在"首届全球博物馆青年论坛"做主旨发言

也非常不错，不用总是提供招待，有时也可以做些拜访。在非洲开展这些研讨会是很好的例子。

另外，正如我之前提到的，在福州举行的"首届全球博物馆青年论坛"，这是中国博物馆协会以另外一种方式，服务于国际博物馆协会的使命，它为国际博物馆协会这个世界性的组织吸纳了年轻的专家。青年论坛计划每两年举办一次，可能同时会举办中国博物馆及相关产品与技术博览会。但因为新冠疫情的影响，世界各地的各种会议都无法召开，这一论坛也延期举办了。我希望我们能在条件允许的情况下尽快恢复这项工作。我认为这十分重要，因为这是一个很好的平台，可以让年轻人和同行们一起相互交流新的想法和新的博物馆实践活动。博博会为这种碰撞提供了绝佳的环境。与会人员可以探索最先进的设备和装置，学习和讨论新的规则和工作。因此，我相信这是中国博协和国际博协中国国家委员会可以携手培育的一个非常有前途的领域。

无论是任何合作项目，中国博协和国际博协中国国家委员会都是国际博协无可挑剔的组织者和长期合作伙伴。没错，就是这种种一切，让我印象深刻。

谢谢您对中国博协和国际博协中国国家委员会的认可，那么您认为中国博协在与国际博物馆委员会或国际博物馆社区的沟通中面临着怎样的挑战呢？

我认为，中国博协在与国际博物馆界和博物馆专业人士沟通时不存在任何实质性问题，但如果能有更多精通英语的同事，将会是件好事，因为这样能促进交流。虽然有不少中国同事的英语说得非常流利，但他们通常不是我们学术委员会的成员。这些学术委员会是国际性的委员会，其成员都来自不同的专业知识领域。

中国的博物馆专家们可以从自己的专业领域或兴趣出发，在参与国际委员会时发出自己的声音，比如文物保护或考古学、城市博物馆、博物馆管理或伦理规范，任何你能够想到的领域。这些委员会的年度会议，是成员之间交流想法、问题和经验的好平台。会议每年在不同的国家召开，为与会者提供机会，看到一些新的博物馆，了解一种新的文化。所以我想补充说，国家委员会是其身体，各国际委员会才是真正的大脑，是我们与博物馆世界相遇的小小平台。我认为，一方面，通过国际委员会，中国博物馆协会成员可以拓展人脉，开展一些合作项目，另一方面，他们也可以参与到国际博协的各级管理中去，我认为这是一个方向。

您对中国博物馆协会的未来发展有什么建议呢？他们应采取怎样的措施，才能更加可持续地发展，并在国际博物馆专家队伍中更为活跃，或者说更积极地参与一些活动或项目呢？

我的答案很简单：继续开展已经取得成功的计划和项目，并寻找新的机会，因为无论如何，已经有这么多的、进行中的成功项目。国际博协培训中心是我首先想到的其中一个。我建议把这个项目扩展到中国的其他一两个城市，也可以探寻一下在非洲的可能性。我还将坚持刚才提到的青年论坛项目，可以与国际博协和国际博协国家委员会合作，每年在中国和其他国家轮流举办一次。这也是我建议国际博协着手去做并一直坚持下去的事情。我认为举办国际博物馆青年论坛是一个很好的想法，值得进一步培养。

事实上，新成立的国际博协国际博物馆研究与交流中心（ICOM-IMREC），是中国博协和国际博协中国国家委员会将继续推进的最为重要的事业。我很高兴也很荣幸，与这两家机构一同致力于这一倡议，看到它得以成真，真是太美妙了。但我确实需要强调，因为疫情从根本上改变了我们的行为，而其中一些改变将会继续伴随我们。即使一切恢复正常，博物馆也将保留在此时期不得不采用的虚拟空间，并继续扩大。

虚拟空间会继续存在，将与实体空间和实地参观共同存在。所以，我们会在网上继续我们的生活，我们走出博物馆已经有一段时间了。此外，对博物馆社会角色的认识将会鼓励博物馆走出自己的领地，不仅仅是待在自己的建筑里面，而是走出去，与所在的社区打成一片。

所以，还有另一个空间，无论是虚拟的还是物理的。它在博物馆之外，会一直继续。这一发展将博物馆的研究和学习功能带到了最前沿。博物馆一直是做收藏，做博物馆经典或传统上一直致力的最重要的事情——展览。当然，我们的藏品使我们不同于其他机构。藏品非常重要，但我们一直在寻找、开辟新的服务领域，并始终贴合博物馆本身的意义。

我们开始更多地关注社区的福利或健康。我们开始担心自己到底是艺术博物馆、历史博物馆还是科学博物馆。我们开始担心气候变化等所有的事情。相对于展览和收藏功能，这略有些超前，而且，我们还把它们与所有涉及的问题结合起来。我们必须带着这种新思路去适应新的变化。所以我要强调，研究和学习功能非常重要。

国际博协国际博物馆研究与交流中心这个项目来得十分及时，我认为这就是未来的趋势。国际博协国际博物馆研究与交流中心是未来的发展方向，我相信中国博协和国际博协中国国家委员会已经意识到了这一点，并采取了相应措施。最后，我希望看到更多的中国专家、中国博物馆专业人士加入国际博协国际委员会，并参与国际博协的管理。这就是我想看到的，我相信中国博协和国际博协中国国家委员会已经在致力于此事。

正如2022年的国际博物馆日主题：博物馆的力量，它实际上关注的是博物馆和社区，以及博物馆如何为社会包容、社会正义以及为社会做出贡献。在这个方面，根据您的观点或您的工作经验，中国博协将如何为2022年新的国际博物馆日主题做出自己的贡献呢？中国怎样才能发出自己的特别的或重要的声音，参与到这一主题中来呢？

我们生活在一个非常全球化的环境中。我指的是我们有手机，有社交媒体，不管我们想不想，我们都彼此相连，所以我们能立刻知道世界各地正在发生的事情。这一点非常重要。当我一想到博物馆和社会公正的时候，例如，令人无法忽略的移民问题，在欧洲或美国，我们与墨西哥人等不同的人密切生活在一起。这些移民的出现不仅是出于经济需要或政治需要，也更是出于未来一段时间内的需要。这也是气候变化的结果。要知道，人们为了躲避洪水和干旱而逃离家园，前往未知之地。他们努力去被接纳、被融入。所以博物馆是非常值得信任的机构，也许比媒体更值得信任，比军队更值得信任，也比很多其他组织更值得信任。

因此，博物馆可以做些什么来解释这些事情，把这些新来者联系起来，这非常重要，也十分有效。而这个项目正在进展之中。因为我最了解城市博物馆，我知道这一切正在城市博物馆中展开，与城市博物馆共同成长。历史博物馆、艺术博物馆、科学博物馆也是如此，因为我们每一位都无法逃脱这个世界的一切力量所带来的影响。

所以我认为任何地方的博物馆以及中国的博物馆，都需要把问题阐述清晰，向我们的人民、管理者和年轻人，向每一个人展示真实的一面，以及我们需要怎样行动，才能确保生活在一个和平的环境与社会之中。只有一个世界，我们互相影响着彼此。所以，我想中国博物馆可以从这一角度来看待这个问题。可以从具体的、有形的事件开始，讨论它们如何影响社区，以及我们如何在这种情况下保持社会公正和理解。

谢谢您这番话，非常鼓舞人心。最后，在中国博协成立四十周年之际，能否请您向中国博协送上美好的祝愿？

是啊，成立四十周年了。值此中国博物馆协会成立四十周年之际，我谨致以衷心的祝贺。近十年来，我见证了它的辉煌成就，令人深深惊叹。

在担任国际博协主席期间，我有幸与国际博协副主席安来顺教授、国际博协中国国家委员会主席关强先生共事。我必须说，我非常感谢他们，也感谢其他中国同事。在他们的帮助下，两大机构之间建立了紧密的联系，并且合作极其富有成效，也极其愉快。

这是一段鼓舞人心、收获颇丰的旅程，我相信这段旅程将继续下去，并将蓬勃发展。祝愿新任中国博物馆协会理事长刘曙光先生，在新的时期取得伟大的成功和成就，带领两家机构迈向一个全新的高度。祝你们好运，祝中国博物馆协会永远年轻！

（采访和文字整理：王思怡）

青年博物馆学人谈"我与中国博协"

中国博物馆协会始终关注年轻博物馆工作者的进步，不少有志于博物馆事业的青年才俊也在中国博物馆的舞台得到了锻炼和成长。特别是近十几年来，中国博协进一步推出一系列青年博物馆人才支持计划，效果明显。部分青年博物馆学人畅谈了他们与中国博协的故事。

我的初心与成长
艾静芳

2009年研究生毕业后，我应聘到博协工作。回想起当年面试考官问我为什么选择到博协工作，我的回答从参观首都博物馆"世界文明珍宝——大英博物馆之250年藏品"展说起，详尽地阐述了自己对博物馆的热爱。正是这份初心和热爱，走过的这些年我总是充满动力，积极向上。

十三年来我主要负责博协的外事工作，从外事秘书到副秘书长，有幸见证和参与了国际博协上海大会（2010）、米兰大会（2016）、京都大会（2019），以及国际博协藏品保护委员会第十九届大会（2021）等活动，配合国际博协、故宫博物院参与国际博协培训中心相关工作，与盖蒂领导力学院共同组织领导力培训项目，与加拿大洛德文化资源公司合作组织专业人员培训及出版等。印象比较深刻的是在国外组织的几次会议和活动，如2015年在菲律宾伊洛伊洛组织国际博协亚太地区联盟的年会，2016年在米兰组织国际博协亚太地区联盟的年会及选举工作，2019年在京都组织国内青年代表参加国际博协大会。还有2021年组织完成的国际博协藏品保护委员会线上线下结合的大会，以及深度参与的《亚洲地区博物馆发展现状与公众需求调查报告》《中国博物馆发展》等项目。大部分的活动和项目在进行时，因各种现实情况，对我的能力都提出了巨大的考验，但经过各方的不懈努力，最终都幸运地顺利完成了，我的能力也在这一过程中得到快速提升。

我的感受是，这些年，在国家文物局的指导下，博协确实为提升中国博物馆的国际影响力和话语权、促进与国际各相关机构之间的交流和合作做了很多工作，同时，也竭尽所能为青年博物馆人才培养创造了各种条件。我很荣幸是这些工作的见证者和参与者，也很开心能够为我所钟爱的博物馆事业奉献一份力量。令人欣喜的是在这个过程中，我认识并受教于很多前辈、专家，也结识了很多的朋友。

盛年不重来，一日难再晨。从一个初出校门的学生到一个可以独当一面的博物馆人，是博协给予我试错的机会、成长的平台，让我得以走到更广阔的天地中拓宽视野，增长见识，找到方向。回忆过往，感激博协给予我的机遇，让我总是有"捷径"向行业内最好、最有经验的领导和专家学习，让我总可以在最富有挑战的工作中得到锻炼。怀着对博物馆行业深深的热爱，我希望博协为更多的青年人创造发展的机会，助力博物馆行业更好的未来！

今年是中国博协成立四十年，我将继续与博协同行，和博协秘书处的小伙伴们一起为博协的发展奉献青春！

我与中国博协的故事
李晨

2003年，我从学校毕业后在基层博物馆工作，开始了解作为全国博物馆行业组织的中国博物馆学会，并从学会的会刊《中国博物馆》上学习博物馆专业知识。2005年，我获批准，成为中国博物馆学会的个人会员，经常参加学会组织的各类学术活动，在学会的支持下不断丰富知识，成长进步。2008年，我以志愿者的身份来到中国博物馆学会秘书处协助工作。2009年，正式成为学会的一名工作人员，为学会服务。2012年，我成为《中国博物馆》的一名编辑。

十年来，作为《中国博物馆》编辑部的一名成员，在中国博协的领导下，我参与了40多期刊物的编辑工作，并参加了国际博协大会、近十次博物馆专业评估以及数不胜数的学术论坛、研讨会等专业学术活动。在十年的编辑工作中，我和编辑部的领导、同事们始终不渝地践行着《中国博物馆》"推动中国博物馆学科建设，指导各地博物馆实践，培育博物馆学人"的基本宗旨，根据不同时期博物馆建设的理论需求，结合博物馆业务工作实践和学科发展中的热点难点问题，依托博协大家庭的力量，积极联络各地博物馆同行，收集、遴选、推荐各类的博物馆学术成果，努力为博物馆的学术世界增色添彩。

十年来，在中国博协这个大家庭里，我有幸接触到许许多多博物馆领域的专家学者，比如说我们的老主编苏东海先生和各位老一辈博物馆专家前辈，他们的渊博学识给我带来很大的收获，他们严谨的治学精神、良好的工作作风和高尚的道德情操，如春风化雨般感染着我，潜移默化地改变了我为学、为事、为人的方式和态度。与此同时，我也见证了很多年轻学者的发展进步，他们从我们刊物中的青年作者，逐步成长为一线的博物馆学者，不断地推出新的学术成果，为中国博物馆学科添砖加瓦。当然，在十年的编辑生涯中，我见到更多的是推动中国博物馆学发展创新的学术论文和学术著作，从生态博物馆到智慧博物馆，从藏品保护技术到青少年教育创新，伴随着中国博物馆事业的快速发展，《中国博物馆》涉猎的领域越来越宽泛，许多当时看似前卫的理论观点，在博物馆业务实践中得到引用借鉴，落地生根，成为中国博物馆事业发展理论体系中的重要内容，推动了博物馆事业改革发展的新作为、新突破。作为一名编辑，我能通过中国博协搭建的创新思辨的学术平台，将这些新理念、新观点及时推荐给全国博物馆同行，为广大基层博物馆业务工作提供指引，助推我们的博物馆事业改革创新，使得博物馆学科不断发展，让我感到与有荣焉。

回望既往，中国博协一直是我职业生涯上的一面旗帜，为我指引着前行的方向。面向未来，希望我们的中国博协越来越好，我们的《中国博物馆》越办越好，成为每一位中国博物馆人的精神家园。

拥"博"而谋"协"

杨瑾

我了解中国博物馆协会时间很长了。可以说，它是我近三十年博物馆职业训练与学术研究的灵感与素养来源，也是我目前从事文博教学与科研的机构性支撑。回顾起来，有以下三方面的感悟。

一、参加中国博协组织的多种活动。作为参与者，我参加了各种学术研讨会、专题培训等活动，如中国博协十周年国际学术研讨会、宁波藏品保管学术研讨会、ICOM-ITC培训、盖蒂领导力学院博物馆高级管理人员培训项目，以及ICOM《中国濒危文物红色目录》编撰等。作为合作者，在2013年至2017年担任中国博协区域博物馆专委会秘书长期间，我按照规划，组织博物馆行业人员参与国际培训班、中国博物馆青年领导力培训班以及博博会期间的国际论坛等。

二、不断提升自身职业发展能力。2014年在中国博协支持下，我赴美国参加盖蒂领导力学院博物馆高级领导力培训。此次培训可谓我从事博物馆工作以来一次重要的思维拓展，极大地提升了博物馆管理工作的国际视野。对于美国博物馆运行体制有了较为全面的理解。首先，了解慈善（philanthropy）作为美国博物馆思想生成的关键元素。当时在课堂上我问了这样一个问题，在博物馆语境下，"philanthropy"与"charity"（charity亦译为慈善）有何区别？老师回答说，二者虽与宗教有关，但起于文艺复兴和有启蒙运动积淀的"philanthropy"可谓哲学性指导思想，而"charity"是社会性具体行动，博物馆就是基于二者结合体的非营利性机构。这种合乎历史语境的解释对我有很大启发。其次，博物馆使命（mission）与使命宣言（mission statement）作为界定与衡量博物馆绩效的根本遵循。在老师的指导下，观察博物馆最重要的视角就是要看其活动是否与使命直接关联，且是否围绕使命展开，这样一来，每个博物馆都是个性化、特色化发展。再次，设计思维作为一种思维方式。一个以人为本的、强调过程的创造性解决问题和创新过程。这种过程化、人本化的思维将博物馆作为一个过程、一个整体，体现出一种理性态度和历史观念。

三、希望中国博协拥广"博"而谋大"协"。加强自身建设，促进行业发展，特别要发挥"人本"

作用。首先，加强协会管理者的"人本"作用。增强其对于协会整体的形塑作用，力争做到个人情趣与整体需求相投，做到爱之如一。其次，增强协会作为博物馆行业助力者与从业者个人之间的黏性，力争构建人本化行业发展模型，促进博物馆整体协调发展。

中国博协通过四十年的努力奋进，机制体制不断完善，统合性引导与服务能力不断提高，致力于行业发展的同时也为推动我国社会经济发展起着重要作用。值得注意的是。随着数字社会的全面推进，数字型协会建设速度也需要进一步加快。

缘，妙不可言——我与中国博协共成长
郑奕

知晓中国博物馆协会，始于我 2002 年秋开始在复旦大学文物与博物馆学系就读。从本科到博士的十年间，我参与过多场博协专委会会议。2009 年，在读博士生的我被推选为国际博协第二十二届大会专业委员会联络人，于西安参加了第二期国际文博合作项目协调人培训班。2010 年，我圆满完成了人员培训专业委员会（International Committee for the Training of Personnel）在沪举办的、为期近一周的会议及选举工作。这也是由复旦大学文物与博物馆学系牵头的专委会会议，与会嘉宾来自全球各地，近 50 人。陆建松教授与我代表中方在会上进行了发言。

与中国博协的真正结缘，则始于 2012 年秋我留母校母系工作。从 2012 年至今，我一直担任国家文物局、中国博物馆协会"中国博物馆定级与运行评估"专家，并有幸成为第一位"80 后"评委。2012 年，我也加入了中国博协博物馆学专业委员会担任委员，今年则因为复旦大学博物馆馆长一职加入了高校博物馆专委会担任常委会委员。此外，从 2016 年至今，我还担任《中国大百科全书》第三版博物馆学科"博物馆职业与伦理分支"副主编，协助陆建松教授统筹复旦文博系牵头的本分支词条编撰工作。值得一提的是，2019 年我幸运地申请到了中国博物馆协会"京都大会学术资助项目"，并在大会期间被遴选为国际博物馆协会博物馆学专业委员会亚太分会常务理事，是唯一的中国大陆代表。此后，又被国际博协博物馆学专委会旗下的期刊（*ICOFOM Study Series*）遴选为编委，同样是唯一的中国大陆代表。同年，我还申请到了美国克拉克艺术学院的访问学者项目，有幸成为全国业界的三名代表之一。因为疫情，访学现推迟至明年夏天。如果条件成熟的话，我将代表学校和院系与克拉克艺术学院、威廉姆斯大学商谈未来的正式合作。

复旦文博系、复旦大学博物馆作为中国博协的团体会员，始终支持协会的工作。也感谢协会的引领，给予我们青年人机会，举办首届国际博物馆青年论坛等活动。与此同时，从求学到工作，我一直给《中国博物馆》投稿，深感荣耀，也恭喜它升级为全国中文核心期刊并即将改版为双月刊。

求学十年、工作九年多，春华秋实的日子见证了我的成熟，亦见证了我与中国博协的共同成长。在未来，愿我们继续携手精进，共创和美！

打开国际视野　聚焦创新思维

郑晶

中国博物馆协会自建立以来，一直促进我国博物馆与国际博物馆领域的学术业务交流与合作，特别在助推博物馆青年专业人才培养服务方面不遗余力。2015年，作为一名博物馆青年教育工作者，我亦有幸经中国博协推荐，参加中国博协与国际博协组织的、在故宫博物院举办的国际培训课程。2017年，再次由中国博协推荐，我赴美参加了中国博协与美国盖蒂领导力学院联合组织的博物馆高级管理人员培训项目，这一系列培训课程安排紧凑，涵盖面广，有的放矢地探讨了诸多博物馆管理方面的重点、难点问题，给我留下了深刻印象，拓宽了我的国际视野，将创新的理念深植我的脑海指导我以锐意进取的精神投入博物馆事业发展的滚滚洪流。

培训归来后，就我个人的博物馆工作实践而言，中国博协与我的联系越发紧密。我逐渐成为一名博物馆管理人员，也成为中国博物馆协会下属多个专委会的副主任委员和委员，先后多次参加了中国博协的专业委员会会议与专委会培训班。在参加中国博协的会议与培训期间，经反复的讨论与交流，与各位专家学者和专委逐渐形成一个共识，即一家好的博物馆，不一定要有艳惊四座的建筑外观，也不一定要有铺天盖地的营销宣传，但必须要拥有自己独特的"灵魂"。如何塑造这样的独特灵魂？这是考验新时期博物馆管理者创新思维的一个重要课题。如我2021年发表在《中国博物馆》上的《博物馆儿童教育展览模式的建构与应用》等文章，应可以提供部分有益的参考。

值此中国博协成立四十年之际，概括我之前交付中国博协的培训总结中所言：博物馆只有遵循文化事业发展的客观规律，以满足公众不断增长的文化需求为目标，发挥好中国博协的桥梁与纽带作用，持续不断地变革创新和调整适应，在包括品牌设计与建立在内的诸多观念上紧跟时代的步伐，用先进的教育、展陈、管理理念引领长效发展，才能在新时期更好地生存和成长，才能不负这个伟大时代赋予博物馆人的重任与嘱托。当然，中国博协肯定会一如既往地指导与帮助我们将博物馆工作与党和国家的新理念、新战略、新要求紧密结合，打开国际视野，聚焦创新思维，进而携手推动我国博物馆事业的高质量发展。

在国际博物馆合作中提升能力、增强信心

果美侠

我知道中国博协是在我从大学毕业来到故宫博物院工作之后，只要进入博物馆工作，就意味着已经进入了中国博协大家庭。这个过程中一些人和事对我的职业生涯产生了重要影响，尤其是在拓宽国际化视野，提升国际合作能力方面。

2014年，中国博协和当时的盖蒂领导力学院有一个合作项目，选派了4名中国博物馆的同行去美国培训，我就是其中之一。那个项目对我影响非常大，迄今已经七八年时间了，在处理日常工作中依然时不时地受益那次培训，让我能够在工作实践当中去应用这些理论，反思我的工作，并带领一个团队去有效工作。

国际博物馆协会国际博物馆培训中心（ICOM-ITC）是国际博协、中国博协和故宫博物院三方共同合作建立的培训机构，每年都会举办两期专业培训，是难得的与国际博物馆界交流的机会，一半中国学员，一半外国学员，大家一起上课，一起分享博物馆工作的经验，一起探讨博物馆关注的核心问题。除了在北京每年举办两期培训班以外，我们还曾举办过一期非洲博物馆的特别培训班。这个项目让我们走进非洲，去了解非洲当地的风土人情，能够跟非洲的朋友们一起去沟通博物馆的一些工作业务。让我印象特别深刻的是，培训班的举办地坦桑尼亚阿鲁沙虽然经济条件落后，但博物馆同行们有一些很好的工作理念，博物馆也有比较好的结构，所以在分享案例的时候，能够清晰地感受到他们在怎么样的国际框架体系下运营博物馆。那是一次特别好的机会，使我们能够在不同文化背景下进行沟通和交流，把各自的实践案例放在一起讨论。

ICOM-ITC建立以后，我们每年都需要到国际博协的大会上去做一个汇报，包括咨询委员的会议。因为这个场合国际博协所有机构的主席都在场，压力和挑战是显而易见的，不过我们和中国博协代表团齐心协力，取得了非常好的效果。我到大会主席台上做这样的汇报有两三次，很自豪把中国博物馆人所做的重要国际贡献展现给全球博物馆界，自己也在这样重大的国际场合经受了锻炼，增强了信心，此番经历确实是可以终身受益的。2019年京都国际博协大会的情况非常不同。前面在讨论博物馆的新定义，各方辩论非常激烈，导致整个会议议程严重延时，轮到我们团队汇报时已经接近午饭时间。但是我们采用一个比较讨巧特别的方式，不仅仅是简单汇报工作内容，而是准备了非常丰富精彩的视频。我印象非常深刻，我们的视频开头应该是做了倒计时，类似于54321直接进入到我们整个培训班，记录下整个培训班的一些点点滴滴，包括授课场景、怎么样开始开课的，学员之间进行了怎样的热烈讨论等，场面非常好看，而且我们给出了一些非常翔实的数据，让国际博物馆协会的朋友们都能够感受到培训班的力量，感受到培训班的交流活动多么有意义。

在当今博物馆领域，中国博物馆人尤其年轻人需要更多的国际沟通与交流，相互促进，共同发展。中国博协作为中国博物馆对外交流最重要的平台，要不断给年轻人提供国际交流合作的机会。我相信，中国博协将成为更多青年博物馆学人锻炼、进步和成长的舞台。

中国博协给我带来的"国际化"
傅翼

从 2013 年开始,我的很多研究和教学工作逐渐围绕博物馆展开。在这个过程中,我自然而然地开始了解中国博协。但是,比较深入地参与中国博协举办、召开的活动可能是在 2017 年之后了。尽管我和中国博协结缘比较晚,但是享受到了很多福利,受益良多,尤其是在个人的博物馆研究的"国际化"方面。

2019 年,中国博协资助我参加了两次国际化的活动,分别是在故宫博物院举办的关于博物馆藏品管理的国际培训班,以及在日本京都召开的国际博协大会。在这两次活动中,我和众多的国内博物馆人与国际同行就一些共同面临的博物馆问题展开了深入的沟通和交流,有时甚至是非常激烈的讨论。因为各个国家的博物馆发展现状、治理模式、管理体制等差异巨大,大家的博物馆哲学、观念、方法都有很大的不同。这样的国际平台既开阔了中国博物馆人的视野,也帮助我们把独特的中国声音传递出去。

在那之后,当我处理一些博物馆领域相对普世的研究问题时,总是有意无意地进行跨国别的比较分析,这对透过一些"博物馆现象"探究其本质很有帮助,比如中外博物馆的注册(或/及认证)以及治理方式的不同直接影响了各个国家博物馆统计数量的差异,物权的观念和"藏品"理念深刻地影响着藏品的具体管理方法等等。

当我们的国家站在"两个百年"的交汇点,党的十九大报告指出:"文化是一个国家、一个民族的灵魂。文化兴国运兴,文化强民族强。没有高度的文化自信,没有文化的繁荣兴盛,就没有中华民族伟大复兴。要坚持中国特色社会主义文化发展道路,激发全民族文化创新创造活力,建设社会主义文化强国。"只有真正做到"知己知彼",中国博物馆才能构建足够的文化自信,发出自己的声音,从而为国际博物馆文化贡献力量。

我希望未来有更多的青年博物馆人能通过中国博协提供的国际化平台,享受更多跨文化的理念碰撞、知识沟通的福利,这将有助于中国的博物馆事业走向一个更具有国际格局、产生更广泛的国际影响力的新阶段。

更上层楼：博物馆职业发展

王芳

生活在这样的时代并选择在博物馆工作，是很幸运的。我们见证了中国博物馆快速发展的新时代，欣喜地看到博物馆教育的概念发生着翻天覆地的变化，并参与了推动这一变化的过程。感谢中国博物馆协会提供的博物馆培训学习和研讨机会，让我从文博"菜鸟"成长为专业的研究馆员。2003年，我参加了中国博物馆协会组织的南京博物院院庆活动和社教专委会研讨会，感受到了找到组织的喜悦，认识了郭俊英馆长和张希玲馆长等很多行业精英，他们在我日后的工作中给予了很多指导和帮助。此后，我多次参加了中国博物馆协会组织的培训，例如，在复旦大学举办的"博物馆馆长培训"，每一次都收获满满，汲取了充足的能量来应对工作中遇到的挑战。

最让我印象深刻的是在2015年初看到中国博物馆协会发布的遴选博物馆人员参加盖蒂领导力培训的通知，机会难得，我铆足了劲填写各类申请表格，观看网络视频，回答各类问题，提出自己在工作中产生的困惑，发表自己对于博物馆行业未来发展的观点与想法。前期的积极准备让我很幸运地通过层层审核，获得了这次培训机会。但这仅仅是"魔鬼训练"的前奏！接下来的在线学习和实地课程可谓是对脑力、体力的集中考验，我切身体会到美国博物馆馆长工作的高强度。

盖蒂领导力培训项目从全球艺术机构中遴选了26名国际学员，再加上10名来自美国博物馆的馆长，总计36名学员，体现了真正的"国际范"。我很佩服美国同行参与讨论的热情，他们总是问为什么，总是思考是否有更好的解决方案，总是抢着把自己的见解分享给大家。在课后讨论中，美国博物馆的评估体系遭到了非英语国家同行的一致反对，大家认为这套体系太"以美国为中心"了，完全不顾其他国家的文化背景和价值观念差异。来自欧洲的意大利、荷兰和来自中东阿联酋的同行纷纷表示不能同意这样的评估结果，展现了敢于说"不"的勇气。

得益于这段学习经历，当美国印第安纳波利斯艺术博物馆馆长决定在博物馆改陈之际将最经典的欧洲绘画藏品送到中国巡展时，我们在与美国的交流展览谈判中据理力争，依据专业标准和行业规范表达出我们的意见，为"欧洲绘画500年"展览签订了权利平等的合同。同样受这次培训的启发，我筹划了"南越玩国""文物动物园"等儿童专题展览，后者获得了2017年全国博物馆十大陈列展览精品推介优胜奖。在中国博物馆协会的培养下，我在2009年当选中国博物馆协会社会教育专委会副主任，2010年参与组织国际博物馆协会上海大会之教育专委会的工作，多次组织欧美博物馆专家来华进行培训，推动博物馆教育国际交流。2020年开始，我担任广东省博物馆协会秘书长，希望在中国博物馆协会的引领下，与广东省内博物馆同仁一起努力，不断提高广东省内博物馆的发展水平。

亦师亦友的陪伴

肖飞舸

2019年春天，通过层层选拔，我有幸得到中国博物馆协会的支持，成为参加盖蒂领导力学院组织的"博物馆高级管理人员培训项目"的三位中国学员之一。其实，早在2011年，在与国外同行的交流中，我就对这个面向来自全球的博物馆高级管理人员的培训有所耳闻，虽然知道培训费用不菲，仍申报了当年的培训。当时我入行时间尚浅并未被录取，但在次年成功申请了"2012年博物馆青年领导力培训"（Museum Leadership – NextGen 2012），成为中国大陆地区第一个参加该培训的博物馆从业人员。犹记得，当时一位华裔培训老师对我说，她刚代表盖蒂基金会从中国考察回来，为即将到来的合作进行前期调研。时隔七年，在中国博协的支持下终于得偿所愿，能与来自世界各地的博物馆同行们一起学习、交流，我的心情既兴奋又忐忑。虽然培训强度非常大，不仅有海量的英文资料阅读、线上培训的时差、新知识新理论的吸收，到了实地培训阶段，还需要突破文化差异与老师同学们交流，然而这确是职业生涯中最难以忘怀的经历。短短两个月，培训以生动的方式教给同学们一套系统的方法论。这种分析问题的方法，后来多次帮助我解决工作中的实际问题，从纷繁复杂的情况中理清思路，找到突破口。此外，培训期间对于个人性格、管理特点和风格的分析，让我有机会从他者的角度观察自己的优势与问题，这是非常难得一个机会。随着工作岗位的变化，当自己需要承担更多综合协调及管理发展工作的时候，才愈发感受到管理能力、领导力的培训，对于个人综合素质的重要性。

知识与技巧，只是培训的一部分收获，更重要的是友谊与鼓励。这次培训的同学来自全球10余个国家和地区，虽然有不同的文化背景，但作为博物馆从业人员，大家面临类似的机构发展问题，以及职业发展瓶颈、个人发展困惑，更同样具有对职业的热爱和情怀，这样一群人相聚在一起，在讨论问题的过程中，更增加了沟通、理解、鼓励和友谊。培训期间恰逢我的生日，同学们聚在一起，让我度过了一个最特别、最难忘的生日。

从美国培训回来以后，我又受中国博协的邀请，以"同行导师"的身份参加了由中国博物馆协会、美国盖蒂领导力学院主办，苏州博物馆承办，在故宫学院（苏州）举行的"2019年中国博物馆青年领导力培训"（NextGen China 2019）。在为期一周的培训中，与来自全国的30余名青年同行们围绕领导力评估、战略及战略规划、观众参与和思维设计、领导高效团队等话题交流学习。与美国版的培训相比，"中国博物馆青年领导力培训"更贴合我们的现实条件，而年轻的从业人员展现出来的创新力、思考力、理想与情怀，让人感到中国的文博行业是一个朝气蓬勃、充满活力的"朝阳行业"。正如参加培训的学员所说，这次培训，是大家职业生涯中的"高光时刻"。

早在2018年，我就受中国博协之邀担任"首届国际博物馆青年论坛"的分论坛主持人，这一论坛为来自世界五大洲39个国家和地区的近70名国际博物馆青年代表提供了展示自己的思考和实践的平台，凸显了青年在博物馆发展中所担当的重要角色。从天马行空却稚嫩莽撞的行业新人，到独当一面的管理人员，在我的职业发展中，一直有着中国博协亦师亦友的陪伴。

中国博协不仅为文博人才能力建设提供丰富的培训，更为年轻的从业人员创造展示自我的平台，并且通过同行交流的契机，让新一代的文博人在相互启发和鼓励中，信念坚定、满怀激情地不断成长。

再忆春风化雨时
宋娴

2016年，我第一次受到中国博协和英国文化协会的支持，去英国进行为期两周的培训，我记得当时的主题是"博物馆文化创意产业"。五年前，国内的文创市场还没有现在这么繁荣，这样的培训很有前瞻性。我们在英国参观了十几家博物馆、音乐厅、美术馆、艺术中心，甚至还有足球俱乐部，了解他们的经营与文创设计，真是很难得的体验。这些文创经营的案例也给上海科技馆的文创经营带来了很多启发。有意思的是，2007年我还是个学生的时候，曾在英国文化协会的伦敦总部实习过三个月，时隔近十年，又在中国博协和英国文化协会的共同资助下参与了这么有意义的培训。不得不感慨，人生的很多际遇有时就像一颗颗散落的珍珠，要到很多年后回望，才能清晰地看见它们之间的连接。谢谢中国博协让我能够看到这个浪漫的连接。

2017年，我很荣幸被中国博协推荐，参与了中国博协与盖蒂领导力学院合作支持的"博物馆高级管理人员培训项目"，为期两周紧凑的课程、实训以及参观座谈为我提供了一个不同的视角，让我对中西方博物馆不同的管理方式、发展路径有了整体性的认识。这次高质量的培训一方面提升了我的管理能力与带队伍的能力，另一方面也让我在做博物馆相关研究时能够更加聚焦核心和本质。近五年，我负责并参与了展览、教育、规划研究等各种类型的博物馆工作，做出了一系列较高质量的科研成果，也入选了上海市青年拔尖人才等重要的人才计划。

我想这次盖蒂领导力学院培训不仅仅提升了我的管理能力，更多的是让我对博物馆人这个身份有了深深的认同。时代赋予了我们这些博物馆人文化的身份和符号，我们就有责任以理性的思考、客观的思维来促进这个社会的进步，这既是博物馆人的责任，也是当代知识分子的使命。希望中国博协能够把更多的年轻人推向国际舞台，参与各类协会、各种行业交流等，打开国际视野才能更好地看清我们自己，而这些年轻的"我们"，应该都会是博物馆的未来。

机遇同样属于基层博物馆的年轻人

惠露佳

我与博物馆的缘分，始于初中收看CCTV-11《探索·发现》节目关于考古系列纪录片引发的职业规划启蒙。高中时代的我期待成为一名考古学家，本科专业选择了与之相关的文物与博物馆学，可谓梦想逐渐照进现实。对中国博物馆协会的了解也是从大学时期开始的。闲暇时光阅读《我不在家，就在去博物馆的路上》一书，更新了我对博物馆的看法，打算前往更广阔的世界看看，本科毕业后便赴英国攻读博物馆学专业硕士学位。出于对博物馆事业的热爱，学成归国后回到家乡，从事了博物馆陈列展览工作，更与中国博物馆协会有着千丝万缕的联系。

2015年12月，中国博物馆协会在官网发布《关于推荐相关人员参加美国盖蒂领导力学院2016年博物馆高级管理人员培训项目的通知》，单位领导建议我报名试一试。美国盖蒂领导力学院被誉为"全世界最专业的博物馆高级管理人员培训机构"，与全球的博物馆专业人士进行竞争，谈何容易，一是过于年轻，二是经验不及前辈，但我也决定知难而进。有趣的是，在结业后与培训组织方的聊天中，我才得知，"年轻"正是我的加分项。申报时间十分紧张，我至今清晰地记得2016年元旦当日还在单位准备相关申报材料的情景。付出终有回报，在中国博物馆协会的推荐和支持下，我顺利通过了该培训项目的资格审查及多项考核，成为中国最终入选人之一。培训期间，我与来自全球知名博物馆的36名学员，包括行政管理者，以及策展、教育、公共关系等博物馆各方面的专家，进行了交流与分享，向各国同行介绍了中国博物馆的发展近况，讲述中国故事，推介常州博物馆的优秀展览。

中国博物馆协会始终支持青年博物馆人的发展，我就是受益者之一。这一段珍贵又难忘的经历对我的职业生涯产生了深远的影响。我始终认为应当将中国的博物馆、中国博物馆的展览置于世界发展的大格局之中，不忘初心，与时俱进，冲破藩篱，创新前行。自2016年培训结束至今，我将所学的博物馆界最前沿的理念与实践灵活运用到工作之中，独立策划了"壶阁传芳——常州画派女画家精品展""中国龙文化特展""记录伟大历史——常州革命史料展"等多个原创大型展览，收获颇丰。

青年是博物馆创新发展的探索者，愿中国博物馆协会组织更多的文博专家们走进中学、走进高校，宣讲博物馆在当下的意义，并为更多在校的考古、文博专业学生搭建国际交流的平台，让博物馆关注青年人，更让社会听见他们的声音。最后，祝中国博物馆协会四十周岁生日快乐，继续带领一代代青年博物馆人扛起青春的责任，放飞青春的梦想。

打开了一扇窗

李晓帆

2017年对我而言是崭新的一年,这一年在中国博物馆协会的鼎力支持下,我走出了国门,开启了一段前所未有、耳目一新的学习之旅。

2016年底,我一如既往地翻看着中国博物馆协会的公众号,在这里我可以了解到博物馆行业发展的最新情况,以及展览交流、学术培训等信息。浏览过程中,我看到了《关于推荐相关人员参加美国盖蒂领导力学院2017年博物馆高级管理人员培训项目的通知》,抱着试一试的想法,我按照中国博协细致的通知要求精心准备了材料并发送邮件,但并没有抱太大希望,毕竟全国仅遴选两位博物馆界的同仁参加培训,且地处边疆的我们在各个方面条件都不如发达地区的同行。2017年初,我惊喜地收到了美国洛杉矶克莱蒙特研究生大学盖蒂领导力学院的录取通知书并被告知减免了一半的学费,然而于我而言,一半的学费和往来机票也是一笔不小的开销。正准备放弃的时候,中国博协的老师告诉我,我已经被录取了,另一半的学费由中国博协来承担,并让我安心准备培训的前期事宜。这一消息让我这个来自欠发达地区中小博物馆的代表欣喜若狂,备受鼓舞。

培训虽然短暂,但收获满满,可以说是中国博协帮我打开了一扇认识世界、认识自己的窗户。我们共有35名学员,其中中国2名,中国香港1名,澳洲2名,欧洲7名,美国23名,学员都来自世界各地博物馆,多为艺术博物馆与综合类博物馆,部分为高校博物馆、数字类博物馆。通过培训期间的沟通和交流,我对世界各地各类博物馆的现状有了一些初步的了解,对当今博物馆发展变化的新趋势、博物馆发展的经验与探索有了一定的感受和认识。

整个培训是一个静下心来思考的过程。在平时的工作生活中,我们像无法停止的陀螺一样不停地旋转,被各种外力驱赶,无暇思考。有时就是忙于应付应接不暇的工作,没有时间静下心来审视一下自己。培训前我们收集来自上级、同级、下属的问卷调查帮助全面认识自我,然后通过多维度的自我评价、自我剖析,通过情景模拟、角色扮演、导师指导、教练帮助,思考自身的优势和劣势,确定自己今后的发展目标和改善方向。对博物馆发展的思考也贯穿在其中,整个培训中所有的方法和手段都帮助我们自主地进行思考,以解决所在博物馆面临的挑战和困难。

通过培训,我认识到,随着全球化趋势的不断深入,博物馆更是对外沟通和交流的前沿阵地,只有确立更高的定位和目标,与世界加强联系沟通,才能相互借鉴、共同发展。

希望有更多的博物馆同仁能通过中国博协提供的机会和平台,打开自己拥抱世界、拥抱未来的那扇窗。

附录

中国博物馆协会大事记（1982—2021）

1982 年
3 月 23 日至 27 日，中国博物馆学会在北京成立，孙轶青任理事长。大会通过了《中国博物馆学会章程》并召开了首届学术讨论会。

1983 年
2 月 4 日，召开迎春座谈会，胡乔木在会上发表题为"中国博物馆事业要逐步有一个大的发展"的重要讲话。
3 月，编辑出版《中国博物馆论集》第一辑。
4 月 8 日，召开常务理事扩大会，筹备下一次理事会暨第二届学术讨论会。
6 月，邀请美国博物馆专家莫莉博士来华讲学。
7 月 24 日，中国博物馆学会加入国际博协，为中国国家委员会。
7 月 25 日至 8 月 2 日，理事长孙轶青率代表团参加国际博协在伦敦召开的第十三届大会。
10 月 6 日至 12 日，1983 年理事会暨第二届学术讨论会在青岛召开。
12 月 2 日，召开《文物保护法》座谈会。

1984 年
2 月 5 日，陈列艺术委员会在北京成立，秘书处挂靠中国人民革命军事博物馆。
4 月，出版第一期《博物馆》杂志。
8 月 11 日至 15 日，在哈尔滨召开"博物馆群众工作学术讨论会"。
9 月 22 日，召开常务理事会，会议通过由王宏钧代理理事长。
11 月 11 日至 16 日，在无锡召开"博物馆科学管理学术讨论会"。
11 月 13 日，国际博物馆协会秘书长蒙吕尔访华，讨论进一步加强国际博协中国国家委员会与国际博物馆协会合作事宜。
12 月 5 日至 10 日，在宁波召开"博物馆陈列形式设计学术研讨会"。

1985 年
3 月 8 日，召开常务理事会，决定将会刊《博物馆》改名为《中国博物馆》，聘请苏东海兼任主编。
7 月 1 日至 4 日，胡骏代表中国国家委员会参加国际博协在巴黎召开的咨询委员会第二十四次会议及执行委员会第五十九次会议。

11 月 6 日，在北京召开第二届会员代表大会，沈庆林任理事长。文化部文物局局长吕济民到会，并对中国博物馆事业发展问题做了重要讲话。

1986 年
1 月 21 日，在北京召开第二届理事会第二次常务理事会会议，讨论 1986—1988 年工作设想，决定高荣光担任专职副秘书长。
3 月 11 日，会刊编辑委员会正式成立，聘请苏东海任主任委员。
4 月 11 日至 19 日，受联合国教科文组织赞助、中国联合国教科文组织全国委员会委托，与中国文物保护技术协会在北京联合举办"亚洲地区文物保护技术讨论会"。
7 月 29 日至 8 月 3 日，在长春举办"博物馆社会效益与服务学术讨论会"，文化部党组成员徐文伯、文化部文物局局长吕济民出席会议，中共中央宣传部领导同志到会并讲话。
10 月 10 日，完成《八十年代的博物馆——世界趋势综览》译丛的翻译工作并出版。
10 月 26 日至 11 月 4 日，沈庆林率中国国家委员会代表团出席在布宜诺斯艾利斯举行的国际博协第十四届大会。
11 月 7 日至 24 日，派遣秘书处安来顺赴日本参加"亚太地区中级文化人员培训班"。
12 月 1 日，地质博物馆专业委员会在北京成立，秘书处挂靠中国地质博物馆。

1987 年
1 月 14 日，召开第二届理事会第四次常务理事会会议，听取国际博协中国国家委员会代表团参加国际博协第十四届大会汇报和学会秘书处 1986 年工作汇报，讨论 1987 年学会工作设想。
2 月 12 日，会刊编委会举行会议，传达常务理事会的工作安排，进一步明确会刊编辑工作方向。
2 月 28 日、3 月 5 日和 3 月 8 日，会刊编委会在上海举行三次"读者、作者、编者座谈会"，对会刊《中国博物馆》和《中国博物馆通讯》编辑发行工作征求意见建议。
3 月 2 日至 16 日，与复旦大学联合邀请国际博协执行委员、日本法政大学教授鹤田总一郎访华，分别在复旦大学和北京讲学交流。
4 月 16 日，会刊编委会在天津举行"读者、作者、编者座谈会"。
5 月 13 日，会刊编委会在福州举行"读者、作者、编者座谈会"。

7月22日至25日，明清宫陵露天博物馆专业委员会筹备组在承德召开座谈会，协商召开学术讨论会和专业委员会成立事宜。

8月18日，召开第二届理事会第五次常务理事会会议，讨论筹备中的专业委员会、外事活动和出版发行事宜。

10月24日至28日，保管专业委员会成立暨学术讨论会在成都举行。

10月26日至29日，副理事长、国际博协亚太地区委员会委员王宏钧出席在东京召开的国际博协第三届（1987—1989）亚太地区委员会第一次会议。

10月，决定编辑《中国博物馆辞典》并向全国各博物馆及其他入选单位发出征稿通知。

11月9日至13日，地质博物馆专业委员会在桂林召开地质博物馆陈列艺术讨论会。

12月15日，会刊编委会在北京召开1987年第二次编委会，分析中国博物馆学研究现状，讨论今后两年会刊工作。

截至1987年底，学会团体会员及个人会员登记建卡工作结束。共办理团体会员证141个，个人会员证1 420个。

1988年

1月13日，第二届理事会第六次常务理事会会议在北京召开，听取各专业委员会工作汇报，听取王宏钧出席国际博协亚太地区委员会会议的报告，审议外事、会员发展和财务工作报告，讨论筹备第三次会员代表大会事宜。

2月3日至16日，派中国革命博物馆曹欣欣参加在日本举办的"1988年亚太地区文化人员培训班"。

2月20日，齐钟久与国际博协执行委员、国际博协亚太地区委员会助理主席鹤田总一郎会谈，讨论在北京召开第四届亚太地区大会事宜。

3月15日，保管专业委员会与北京市文物局、北京市博物馆学会联合举办"博物馆保管人员业务培训班"开班。

3月16日，保管专业委员会在北京召开常务理事会，研究编辑出版保管工作手册等事宜。

7月31日至8月5日，保管专业委员会第二次学术讨论会在呼和浩特召开。

8月28日，沈庆林、齐钟久接待国际博协执委鹤田总一郎，就召开第四届亚太地区大会的有关问题进行会谈。

9月13日至19日，地质博物馆专业委员会在乌鲁木齐召开第三届学术年会。

9月21日至25日，在北京召开社会教育专业委员会成立大会及学术讨论会，围绕着"在改革开放中博物馆社会教育的地位和作用"展开学术交流。

10月14日，第二届理事会第七次常务理事会会议在北京召开，听取各专业委员会工作汇报，听取国际博协第四届亚太地区大会筹备工作汇报。

10月25日，沈庆林、齐钟久会见澳大利亚国家博物馆馆长麦克米歇尔博士，就亚太地区博物馆会议进行协商。

11月6日至10日，陈列艺术委员会第二届会员代表大会暨第二次学术讨论会在锦州召开。

11月8日，沈庆林、齐钟久会见英国博物馆协会主席帕特里克·波依南，就双方博物馆界的学术交流进行座谈。

截至1988年底，学会办理团体会员证152个，个人会员证1 720个。

1989年

3月1日至7日，由国际博协中国国家委员会和中国博物馆学会联合举办的国际博物馆协会第四届亚洲太平洋地区大会在北京召开。国际博协亚太地区第三届理事会第二次会议也同时召开。大会正式代表32名，观察员37名。大会主题为：亚洲、太平洋地区博物馆学研究的现状及其发展趋势，博物馆在亚太地区社会教育中的作用，国际博协与亚太地区的关系。

3月7日，来北京出席国际博协第四届亚太地区大会的联合国教科文组织《博物馆》杂志主编阿瑟·吉雷特与《中国博物馆》《中国博物馆通讯》编辑部进行座谈，就如何办好博物馆刊物及共同感兴趣的博物馆学问题进行了探讨。

5月3日至7日，应邀参加在北京召开的全国文物工作会议。

10月17日至18日，保管专业委员会华北地区藏品保护工作研讨会在天津举行。

11月6日至11日，地质博物馆专业委员会在西安召开换届及学术讨论会。

12月2日至6日，齐钟久应邀参加由中宣部和国家文物局在长沙召开的"全国革命文物宣传工作座谈会"。

1990年

3月2日，第二届理事会第八次常务理事会会议在北京召开。会议研究了换届改选问题，听取各专业委员会工作汇报，同意成立革命博物馆（纪念馆）专业委员会，同意吸纳古代服饰研究会为学会下属专业研究会。

4月2日，陈列艺术委员会第二届委员会在京部分常务委员在中国人民革命军事博物馆举行工作会议，讨论编写《中国博物馆陈列艺术设计教材》等事宜。

6月20日至7月20日，与国家文物局在泰安联合举办"博物馆藏品保管工作研讨班"暨"博物馆藏品保管手册初次编审会"。

10月10日至16日，地质博物馆专业委员会在自贡、成都召开第五届学术讨论会。

10月20日至22日，陈列艺术委员会在合肥召开工作会议，重点讨论《陈列艺术设计》一书的编写提纲和编写计划以及艺委会三年工作计划。

11月24日至12月4日，与国家文物局联合在桂林召开"中国博物馆学会保管专业委员会换届与学术讨论会暨博物馆藏品保管手册编审会"，就"藏品定名与藏品设计"展开研讨。

1991年

2月9日至3月11日，派遣故宫博物院冯贺军参加"亚太地区博物馆中级文化人员培训班"。

3月4日，沈庆林应邀赴印度加尔各答参加国际博协亚太地区委员会会议。

6月11日，第二届理事会第九次常务理事会会议在北京召开，讨论并通过第二届学会工作报告，及修改学会章程的建议。

6月15日，会刊编委会在北京召开。

7月5日，第三届会员代表大会在湖北荆州召开。

8月7日至20日，地质博物馆专业委员会在石家庄召开博物馆学研讨会。

8月11日至15日，保管专业委员会与国家文物局博物馆处联合举办的全国博物馆藏品建档研讨会在西宁举行。

1992年

3月23日，在故宫召开专家会议，研究讨论中国博物馆学会成立十周年纪念会暨学术研讨会及编辑《中国博物馆志》的有关事宜。

4月8日，第三届理事会第三次常务理事会会议在故宫博物院漱芳斋召开，听取中国博物馆学会纪念会暨学术讨论会的准备情况及论文评选情况的汇报，决定了召开纪念大会的具体时间、日程安排等。

5月14日至19日，中国博物馆学会成立十周年纪念会暨学术讨论会在西安召开。出席会议的有学会理事、特邀代表、论文作者及国际博协亚太地区委员会和香港来宾等共123人。

5月15日，第三届理事会第四次常务理事会会议在西安召开，初步决定1993年秋在江苏太仓召开学术研讨会，主题为"博物馆与改革"和"博物馆与社会进步"，讨论了编辑《中国博物馆志》的有关事宜。

9月18日至22日，与国家文物局联合举办的首届"我爱家乡文物"讲解比赛在南京博物院举行。全国26个省(自治区、直辖市)的64名代表参加了决赛。

9月19日至26日，吕济民出席在加拿大魁北克举行的国际博协第十六届大会并当选为国际博协亚太地区委员会主席。

12月11日至12日，第三届理事会第五次常务理事会会议在北京召开，听取吕济民等出席国际博协第十六届大会的情况报告，就编辑出版《中国博物馆志》等有关事项进行研究。

1993年

2月5日至14日，与南开大学联合举办国际博物馆学术研讨会，吕济民、王树卿与国际博协人员培训委员会主席、荷兰莱茵瓦尔德学院院长比·鲍尔博士和国际博协博物馆学委员会主席、莱茵瓦尔德学院博物馆学教授彼得·冯·门施博士进行会谈，双方就1994年在中国举办国际博协博物馆学委员会年会和与中国联合举办博物馆管理人员研讨班等事宜达成初步协议。苏东海就当代博物馆学理论研究中的热点问题同客人进行了学术对话。

2月，《中国博物馆学会成立十周年纪念暨学术讨论会文集》编辑出版。

5月29日至6月1日，吕济民、王树卿、张泰昌在北京接待国际博协亚太地区委员会书记兼司库比斯沃斯，就人员培训、互访做出了决定。

8月7日，第三届理事会第六次常务理事会会议在北京召开。会议研究了《中国博物馆志》编辑工作和筹备"国际博协博物馆学委员会1994年年会"等事宜。

8月11日至17日，与南开大学和美国史密森学院等单位联合在南开大学主办"中美博物馆研讨班"。

9月24日至27日，吕济民以国际博协亚太地区委员会主席的身份出席了在澳大利亚悉尼召开的国际博协第五届亚太地区大会，并做"中国博物馆的困惑与希望"的主旨演讲。

9月27日至10月4日，《中国博物馆》参加中宣部和新闻出版署主办的"1978年至1993年中国报刊业发展成就博览会"。

11月25日，纪宏章接待斯洛文尼亚共和国博物馆协会主席、亚非欧文化博物馆馆长洛夫·西卜拉克。

1994年

3月1日，第三届理事会第七次常务理事会会议在北京召开，听取吕济民汇报出席国际博协亚太地区委员会会议的情况，审议了1993年工作报告。

5月10日至30日，与国家文物局、国际博协人员培训委员会、荷兰莱茵瓦尔德博物馆学会联合在国家文物局泰安培训中心举办"中国博物馆中高级管理人员国际研讨班"。来自全国18个省(自治区、直辖市)的47名学员参加学习。

5月，高等学校博物馆专业委员会在北京成立，秘书处挂靠北京大学赛克勒考古与艺术博物馆。

9月12日至18日，与国际博协博物馆学委员会联合举办的国际博协博物馆学委员会1994年年会在北京召开，来自15个国家和地区的28名博物馆学者出席会议。会议主题是"实物与资料"和"博物馆与社区"。

9月16日，常务理事会工作会议在北京召开，着重研究《中国博物馆志》的出版问题。

1995 年

1月24日，常务理事工作会议在北京召开，研究《中国博物馆志》编辑出版、会费交纳和学会换届准备工作等事宜。

6月25日至7月12日，与挪威开发合作署合作开发的中国第一批生态博物馆被纳入《1995—1997年中挪文化交流项目》。项目主持人苏东海、协调人安来顺应挪威政府邀请赴挪威进一步磋商贵州项目开发事宜，并进行学术交流。

6月，学会编辑的《中国博物馆志》由华夏出版社出版，开始面向社会征订。该书共收录全国各省（自治区、直辖市）以及港澳台博物馆和具有博物馆性质的重点文物保护单位、历史遗址、古代园林、动植物园、自然保护区、烈士陵园和省市级博物馆学（协）会1 400余个。

7月2日至7日，王树卿率国际博协中国国家委员会代表团12人出席在挪威斯塔万格召开的国际博协第十七届大会。王树卿被推举为大会主席团副主席。在亚太地区委员会会议上，吕济民被聘请为顾问，王树卿被选举为理事。

11月24日，常务理事工作会议在北京召开，听取王树卿、苏东海关于出席国际博协第十七届大会情况的报告，讨论了《中国博物馆志》的发行工作。

1996 年

1月，学会主编的我国第一部全国性博物馆志书——《中国博物馆志》正式出版发行。

5月10日至20日，国际博协博物馆学委员会在巴西里约热内卢召开，安来顺参加会议。

5月18日，国家文物局、中国博物馆学会和北京市文物局、北京市博物馆学会在北京联合举行了纪念国际博物馆日的活动。国家文物局局长张文彬、学会理事长吕济民参加了庆祝活动。

6月24日至7月26日，挪威对外开发署高级顾问拉丁希森来华，与学会代表苏东海、项目协调人安来顺协商对生态博物馆捐款事宜。

8月至11月，《中国博物馆通讯》为纪念国际博协成立五十周年，连续四期刊登纪念文章和资料。

9月6日，王树卿应邀出席在马来西亚举行的东南亚地区博物馆网络建设会议。

1997 年

5月18日，国家文物局、中国博物馆学会和北京市文物局、北京市博物馆学会在北京联合举办纪念国际博物馆日活动，主题为"与文物的非法贩运和交易行为进行斗争"。

6月17日至7月2日，安来顺出席在法国举行的国际博物馆协会博物馆学委员会1997年年会，列席国际博协第五十六次咨询委员会会议。

9月9日，常务理事会议在北京召开，听取国际博物馆日活动汇报及国际反映，听取国际博协咨询委员会第五十六次会议及国际博协博物馆学委员会1997年年会情况汇报，听取贵州省生态博物馆建设项目的进展汇报。

9月20日至25日，马自树出席在柏林举行的国际博协博物馆安全委员会1997年年会并做主旨发言。大会主题为"人工和技术相结合的博物馆安全"。

10月23日，国家主席江泽民、挪威国王哈拉尔五世、王后宋雅、国家文物局局长张文彬、副局长马自树、学会理事长吕济民，学会理事、项目领导小组组长苏东海出席在北京人民大会堂举行的中国博物馆学会和挪威政府合作开发的中国第一座生态博物馆——贵州省梭嘎生态博物馆的协议签字仪式。国家文物局局长张文彬、挪威外交大臣沃勒拜克分别代表中挪两国政府在协议上签字。

11月11日至13日，吕济民出席在菲律宾马尼拉举行的国际博协亚太地区大会并做主旨发言。大会主题是"走向21世纪——博物馆与社区建设"。

12月，与国家文物局联合主编的《博物馆陈列艺术》一书由文物出版社出版。

1998 年

8月3日，国际博协秘书长布林克曼代表国际博协致函国际博协中国国家委员会主席吕济民，对我国遭受洪灾地区的博物馆工作者表示慰问，并对受灾地区的文物状况表示关注。

9月，与中国文物学会和北京东方收藏家协会联合举办北京古今收藏品鉴赏研修班。

10月9日至16日，吕济民、马自树率代表团出席在澳大利亚墨尔本举行的国际博物馆协会第十八届大会。大会的主题是"博物馆与文化多元性：古老的文化，崭新的世界"。马自树当选亚太地区委员会副主席，李象益当选科技博物馆委员会副主席，戴志强当选钱币与银行博物馆委员会理事，安来顺当选博物馆学委员会理事。

10月20日至24日，史前遗址博物馆专业委员会在西安召开成立大会暨首届全国史前遗址博物馆学术研讨会，秘书处挂靠西安半坡博物馆。

12月29日，第三届理事会第十三次常务理事会会议在北京召开，听取国际博协中国国家委员会代表团出席国际博协第十八届大会的情况汇报，研究了学会的换届改选等事项。

1999 年

3月16日，继中挪学者与贵州省合作开发贵州梭嘎生态博物馆之后，学会与挪威开发合作署签署了继续合作的《关于贵州省文化遗产活动的意向书》，就挪威开发合作署为贵州省的文化遗产活动提供进一步帮助等问题达成一致。意向书由挪威环境大臣与中方项目领导小组组长苏东海签署。

3月29日，第三届理事会第十四次常务理事会会议在北京召开，集中研究学会换届选举和召开第四届会员代表大会的有关事宜。

4月20日至22日，与国家文物局、中国文物报社联合主办的"1998全国十大陈列展览精品颁奖大会暨学术研讨会"在长沙举行。

5月16日至20日，吕济民应韩国博物馆学会邀请，出席"韩国博物馆大会暨亚洲博物馆现状及课题学术会议"并做主旨发言。

9月11日至12日，为庆祝中华人民共和国成立五十周年，与国家文物局共同主办的"龙华杯"讲解比赛在上海龙华烈士纪念馆举行。

2000年

5月18日至21日，与国家文物局、北京市委宣传部、北京市文化局、北京博物馆学会等单位在北京联合举办国际博物馆日纪念活动，活动主题为"致力于社会和平与和睦的博物馆"。

5月，与国家文物局和中国文物报社联合举办的"1999全国十大陈列展览精品"颁奖大会在中山举行。

7月13日，与北京电视台联合录制了大型知识竞赛专题节目"博物馆文化知识"。

11月22日至26日，在北京举办"多种宣教形式与市场经济"研讨会。

2001年

6月，与国家文物局和中国文物报社联合主办的"2000全国十大陈列展览精品"颁奖大会在杭州举办。

7月1日至6日，国家文物局副局长董保华、国际博协中国国家委员会主席吕济民率领中国代表团26人，出席了在西班牙巴塞罗那会议宫召开的国际博协第十九届大会暨第二十次全体会议。会议主题是"驾驭变革，面临经济和社会挑战的博物馆"。国家文物局博物馆司司长孟宪民被选举为国际博协亚太地区委员会副主席，董保华在博物馆学委员会"博物馆学、社会和经济发展"专题研讨会上做主旨发言。会议期间中国代表团会晤了国际博协秘书长曼努斯·布林克曼、国际博协亚太地区委员会主席奥尔马·加拉、国际博协会员事务主管艾露伊萨·泽利，商定2002年9月至10月间在中国举行国际博协亚太地区大会，会议主题初步定为"面向未来：文化遗产与博物馆"。

8月22日至26日，由学会主办，陕西省文物局、陕西省博物馆学会、延安革命纪念地管理局协办的全国革命纪念馆"延安杯"讲解邀请赛在延安举行。

9月17日，常务理事会在北京召开扩大会议，听取出席国际博协第十九届大会暨第二十次全体会议的报告，决定2002年在中国召开国际博协亚太地区大会，同意国际博协科技馆委员会、钱币银行博物馆委员会在中国举办年会，听取"延安杯"讲解邀请赛工作汇报，研究纪念中国博物馆学会成立二十周年活动计划，决定聘任牛燕为中国博物馆学会副秘书长，主持秘书处日常工作。

2002年

1月21日，与挪威开发合作署《关于贵州生态博物馆群项目的协议》第三阶段签字仪式在北京举行。根据双方协议要求，国家文物局和贵州省已将生态博物馆群建设列入2002年工作重点。

4月3日，常务理事扩大会议在北京召开，听取第三届理事会11年来的人员状况及学会秘书处的工作情况汇报，研究学会换届大会的筹备工作，听取秘书处挂靠故宫博物院11年来的财务报告，讨论《中国博物馆学会第三届理事会工作报告》和《中国博物馆学会章程》的建议说明讨论稿以及第四届理事名额分配方案。

4月28日至29日，第四届会员代表大会在北京举行，听取并审议通过了吕济民理事长代表第三届理事会所做的工作报告，审议并原则通过《中国博物馆学会章程（草案）》，审议通过《国际博协中国国家委员会工作条例（草案）》。选举产生第四届理事112名、常务理事29名、理事长1名、常务理事长1名、副理事长8名、秘书长1名。张文彬当选为理事长，朱诚如当选为常务副理事长。

5月18日，与国家文物局和北京市文物局等9家单位联合主办的2002年国际博物馆日庆祝活动在北京举行。

6月9日至16日，国际博物馆协会秘书长布林克曼和国际博协亚太地区委员会主席加拉应邀来华进行工作访问，具体协商10月份在上海举行"国际博协亚太地区第七次大会"的有关事宜。

7月23日，第四届理事会第二次常务理事会会议在北京召开，对《中国博物馆学会章程（草案）》做进一步的修订，研究制定《中国博物馆学会2002年—2004年工作计划纲要》，审议通过《中国博物馆学会秘书处工作管理办法》，表决通过增补朱诚如、陈燮君为国际博协中国国家委员会副主席，听取秘书处关于第七次国际博协亚太地区大会筹备情况的汇报，决定对会费标准进行适当调整。会议还批准了"关于建立中国博物馆学会文博书画院的建议"。

10月20日至24日，与国际博协亚太地区委员会联合主办的"国际博协亚太地区第七次大会暨博物馆与无形文化遗产国际学术研讨会"在上海举行。中共中央政治局常委、国务院副总理李岚清发来贺信，国家文物局局长单霁翔和上海市人民政府副市长周慕尧分别在开幕式上致辞。会议分6个小组分别就博物馆与无形文化遗产、博物馆与无形文化遗产的档案记录、博物馆与无形文化遗产的管理、博物馆与无形文化遗产的保护、博物馆与宣传无形文化遗产、博物馆的协调与合作等6个议题进行了热烈的讨论，通过了以保护亚太地区无形文化遗产为宗旨的《上海宪章》。

2003年

2月19日，第四届理事会第四次常务理事会会议在北京召开，通报2002年工作进展，研究2003年工作计划。

6月，在国际博协第六十四次咨询委员会全体会议上，学会副理事长、中国自然科学博物馆协会理事长李象益被确定为国际博协执委会（2004—2007）委员候选人。

7月20日，国家文物局主办，中国博物馆学会和中国文物报社承办的"2001—2002年度全国十大陈列展览精品"评选结果在北京揭晓。

11月28日至30日，中国博物馆学会数字化专业委员会成立大会暨首届学术研讨及成果展示会在北京召开，秘书处挂靠故宫博物院。

2004年

4月13日，为纪念《中国博物馆》创刊二十周年，《中国博物馆》编辑部在故宫博物院召开座谈会。

5月16日，保管专业委员会在北京成立，秘书处挂靠故宫博物院。

5月18日至21日，经国家文物局批准，由中国博物馆学会、中国自然科学博物馆协会、北京市文物局联合主办，中国农业博物馆承办的首届博物馆及相关产品与技术博览会在北京举行，同期举办了2004国际博物馆馆长论坛。

9月5日至8日，经国家文物局批准，学会主办的"雷锋杯"全国博物馆讲解大赛在抚顺举行。

10月2日至8日，国际博物馆协会第二十届大会暨二十一次全体会议在韩国汉城召开，李文儒率28名成员组成的代表团参会。大会的主题为"无形遗产与博物馆"。会上，李象益当选为国际博协执委会执委，这是中国代表首次进入国际博协的最高管理层，张文彬当选为亚太地区委员会副主席，王渝生、戴志强分别当选科技馆委员会和钱币银行博物馆委员会理事。

2005年

3月16日，第四届理事会第六次常务理事会会议在北京召开，听取2004年工作总结和2005年工作计划报告。

5月16日至18日，第六届（2003—2004年度）"全国十大陈列展览精品"最终评选活动在辽宁沈阳举行。

5月，就申办国际博协第二十二届大会事宜向国家文物局提交请示，经文化部和外交部会签，并报请唐家璇、陈至立国务委员批准，申办工作正式立项。

6月4日至6日，国际博协执行委员会第一百零七次会议在巴黎举行，推举安来顺担任国际博协跨文化事务特别委员会委员。

9月24日，第四届理事会第二次会议在南通召开，研究决定增补副理事长、常务理事、理事事宜，通报学会组织机构及领导分工，审议通过学会工作报告和关于加强组织建设和会员发展工作的决议以及2005年年会暨学术研讨会议程。

9月24至25日，"南通博物苑一百年暨中国博物馆事业发展百年纪念大会"活动在南通举行。会议期间举办了"回顾与展望——中国博物馆事业百年"学术研讨会，"中国博物馆事业发展百年展"向社会正式开放。

9月，国际博协执委会审议了6个申办城市后，确认上海申办国际博协第二十二届大会资格，上海与希腊雅典和俄罗斯莫斯科进入第二轮竞争。

12月23日，"中国博物馆学会成立七十周年纪念日"（以1935年老中国博协的成立时间计算——编者注）在北京举行。

2006年

1月20日，本年度第一次理事长会议在北京召开，决定2006年的重点工作是：全力以赴做好国际博协第二十二届大会的申办工作，组织协调好博物馆日纪念活动，办好"2006博物馆及相关产品与技术博览会"，举办"博物馆新馆建设与管理研讨会"和着手准备《中国博物馆志》修订工作。

2月6日至9日，邀请韩国博物馆代表团一行四人访问上海，介绍申办和筹备国际博协2004年大会的经验。

2月17日，民族博物馆专业委员会在北京成立，秘书处挂靠民族文化宫博物馆。

3月8日至12日，与上海市有关部门接待国际博协执委会评估组，对上海申办国际博协第二十二届大会各方面的条件的实地考察，并得到非常满意的评价。国家文物局、上海市政府主要领导见评估组成员。

5月29日至31日，国际博协第六十八次咨询委员会大会在巴黎举行，张文彬率11人代表团参会，主要任务是上海申办国际博协第二十二届大会。5月29日，张文彬、安来顺代表中国代表团在国际博协咨询委员会大会上做申办国际博协第二十二届大会陈述。5月31日，国际博协咨询委员会以无记名投票方式，决定上海为国际博协第二十二届大会举办城市。

6月8日，服装专业委员会在北京成立，秘书处挂靠北京服装学院民族服饰博物馆。

9月2日，美术馆专业委员会在北京成立，秘书处挂靠中国美术馆。

10月，经各有关单位协商并报国务院领导同意，确定由文化部、国家文物局、中国科协、上海市政府牵头，上海市文管会、中国博物馆学会（国际博协中国国家委员会）、中国自然科学博物馆协会联合有关单位共同组织开展国际博协第二十二届大会筹备工作。

11月，钱币与银行博物馆委员会在北京成立，秘书处挂靠中国钱币博物馆。

12月，名人故居专业委员会在上海成立，秘书处挂靠陈云纪念馆。

2007年

1月15日，市场推广与公共关系专业委员会在北京成立，秘书处挂靠故宫博物院。

1月19日，博物馆数字化专业委员会2006年会在南京博物院举行，主题为"数字博物馆建设"和"多媒体在展览陈列中的应用"。

4月17日，受国家文物局博物馆处委托，民族博物馆专业委员会承担的"民族文物界定、分类、定级办法"课题在北京启动。

5月10日，国际博协第二十二届大会筹委会在北京召开第一次会议，审议筹备工作方案。

5月18日，国家文物局主办，中国博物馆学会、中国文物报社承办的第七届（2005—2006年度）"全国博物馆十大陈列展览精品"评选结果揭晓，在西安举行颁奖仪式。

5月18日，与北京市委宣传部、北京市科学技术委员会、北京市文物局、北京博物馆学会等单位联合主办2007年国际博物馆日纪念活动，主题为"博物馆和共同的遗产"。

5月20日，纪念馆专业委员会在北京成立，秘书处挂靠中国人民抗日战争纪念馆。

5月21日至29日，由学会主办、香港博物馆协会协办的"2007港澳与内地博物馆传播技术培训研讨班"在北京、香港和澳门举办。

5月23日至30日，国际博协博物馆学委员会主席希尔德加德·维尔格一行来访，为2008年在中国举办该委员会年会做前期调研和准备。

7月9日，国际博协第二十二届大会筹备委员会执行委员会第一次会议在上海召开，贯彻落实大会筹备委员会第一次会议的精神，研究部署2007年至2008年筹备工作。

7月10日，博物馆管理专业委员会筹备会议及成立大会在上海召开，秘书处挂靠上海博物馆。

7月28日，藏品保护专业委员会在北京成立，秘书处挂靠中国国家博物馆。

7月，城市博物馆专业委员会在上海成立，秘书处挂靠上海历史博物馆。

8月4日至7日，高校博物馆专业委员会主办的第九次全国高校博物馆学术研讨会在大连召开。

8月19日至25日，国际博协第二十一届大会在维也纳举行。

国家文物局、上海市政府、国际博协中国国家委员会组成联合代表团参会，在大会闭幕式上国际博协中国国家委员会和上海市接受国际博协会旗，标志着国际博协第二十二届上海大会筹备工作进入新阶段。会上，李象益连任国际博协执行委员会委员，张文彬被推举为国际博协亚太地区委员会名誉主席，安来顺当选国际博协博物馆学委员会副主席，潘政当选国际博协自然历史博物馆委员会副主席，徐延豪当选国际博协科技与技术博物馆委员会理事，张岚当选国际博协城市博物馆委员会理事。

8月24日，国家文物局副局长张柏、上海市副市长杨定华、国际博协中国国家委员会主席张文彬会见了库敏斯主席等国际博协高层官员，正式建立2010年国际博协第二十二届大会筹委会与国际博协的联系与协商机制，努力将国际博协第二十二届上海大会办成一届精彩、成功的大会达成一致意见。

11月13日至21日，接待国际博协秘书长波尔来访，就2008年12月在上海召开国际博协执委会会议进行沟通协商。

11月27日，与民族文化宫博物馆和中央民族干部学院共同主办的"全国民族文物界定、分类、定级专题研修班暨民族博物馆专业委员会年度工作会议"在北京召开。

12月18日，区域博物馆专业委员会在长沙成立，秘书处挂靠首都博物馆。

2008年

3月25日至26日，区域博物馆专业委员会主办的西安论坛暨2008年年会在西安召开，通过了《中国区域博物馆合作与发展宣言》。

5月9日，传媒专业委员会成立大会暨"古老的中国，崭新的博物馆——中国博物馆发展论坛"在北京召开，秘书处挂靠中国文物报社。

5月12日，国际博协主席、国际博协咨询委员会主席、国际博物馆学委员会主席、国际博协总秘书处，以及荷兰、美国、俄罗斯等国家委员会主席致函国际博协中国国家委员会，慰问遭遇汶川地震灾害的博物馆，并表示愿意随时提供尽可能的帮助。

7月19日至25日，在北京举办"文物拍卖企业专业人员培训班"。

9月1日至12日，在中国博物馆学会讲解员培训基地举办第一期"国际文博合作项目协调人培训班"。

9月14日，博物馆学专业委员会在长沙成立并举办学术研讨会，秘书处挂靠故宫博物院。

9月14日至21日，与国际博协博物馆学委员会联合主办的国际博协博物馆学委员会2008年年会在长沙举行，主题是"博物馆、博物馆学与全球交流"。会议通过了《长沙宣言》。

9月17日，纪念馆专业委员会主办的"机遇与挑战——新形势下中国纪念馆发展论坛"在长春举办。

10月30日，国际博协第二十二届大会筹委会和执委会在北京召开第二次会议。

11月9日，博物馆安全专业委员会在郑州成立，秘书处挂靠河南博物院。

11月29日，与中国自然科学博物馆协会和北京市文物局联合主办的2008博物馆及相关产品与技术博览会在北京开幕，同期还举办了以"当代博物馆与文化创意产业"为主题的2008国际博物馆馆长论坛。

12月5日，与宁波市人民政府联合主办的"携手2010年：宁波国际博物馆高峰论坛"在宁波举行，通过《宁波宣言》。

12月9日，第五届会员代表大会在北京召开，审议通过了第四届理事会工作报告和章程修订草案，推举张文彬为第五届学会名誉理事长，选举张柏为理事长，安来顺为秘书长。

2009年

2月5日，受国家文物局委托，承担2008年度文物拍卖许可证的年审工作。

2月9日至13日，张文彬、张柏和安来顺出席在日本东京召开的"第一次中日韩博物馆协会圆桌会议"，并就2010年国际博协第二十二届大会的筹备工作做了专题报告。

2月17日，受国家文物局委托，承担《文物进出境责任鉴定员管理办法》起草工作。

2月18日，第五届理事会第二次常务理事会会议在北京召开，讨论中长期发展规划，审议并原则通过《中国博物馆学会第五届理事会工作规划》，批准了《中国博物馆学会常务理事会议事规则》《中国博物馆学会秘书处工作规则》《中国博物馆学会财务管理办法》等一批规章制度。

4月13日，专业委员会工作座谈会在北京召开，国际博协亚太地区委员会主席张仁卿、国际博协韩国国家委员会主席裴基同应邀介绍2004年国际博协汉城大会工作经验。

4月13日，批准成立考古与遗址博物馆专业委员会，秘书处挂靠秦始皇兵马俑博物馆。

5月7日，中国博物馆学会西安培训中心揭牌仪式在西安举行。

5月7日至18日，第二期"国际文博合作项目协调人培训班"在西安培训中心举办。

5月11日，与国际博物馆"精品在线"负责人在北京会晤，就亚欧博物馆网络项目合作进行协商。

5月18日，2009年国际博物馆日主会场活动在重庆举行，同期举办"博物馆与旅游"重庆高峰论坛。

5月22日至25日，李文儒代表学会参加在首尔举行的韩国博物馆协会第三届大会，介绍筹备国际博协第二十二届上海大会相关情况。

5月26日至27日，与浙江省文物局和余姚市人民政府共同主办的国际遗址博物馆河姆渡峰会在余姚举行，通过了关于遗址博物馆的《余姚共识》。

5月29日，聘任香港SML集团主席孙文为中国博物馆学会荣誉副理事长，聘任仪式在北京举行。

6月7日至12日，张柏、安来顺赴巴黎出席国际博协第七十二次咨询委员会会议。

6月13日至15日，张柏、安来顺应荷兰民族博物馆馆长邀请，出访荷兰，就虚拟博物馆领域开展合作项目做进一步商谈。

6月19日，受国家文物局委托，承担《文物拍卖许可证年审规定》起草工作。

7月2日，国际博协第二十二届大会专业委员会及联络人员工作座谈会在上海召开。

7月13日，民政部下发《社会团体法定代表人变更通知书》同意学会法定代表人由李文儒变更为张柏。

7月21日，批准成立文物流通专业委员会，秘书处挂靠中国文物信息咨询中心。

7月21日，《中国博物馆学会专业委员会组织规则》下发至各专业委员会试行。

9月14日，第五届理事会第三次常务理事会会议在宁波召开，聘任张世平、汪继祥为学会名誉副理事长，批准成立志愿者专业委员会，秘书处挂靠宁波博物馆。

9月15日，受国家文物局委托，开展博物馆陈列展览评价指标体系专题研究。

9月16日，召开秘书长办公会，讨论同意成立中国博物馆学会党支部，推举赵永芬为临时支部书记，决定成立中国博物馆学会工会，推举顾婷为工会主席兼妇女工作委员会主任。

9月23日至24日，"中国博物馆学会纪念新中国成立六十周年会员代表座谈会"在北京举行。

9月29日，决定命名四川省成都市大邑县安仁镇为"中国博物馆小镇"。

10月10日，受国家文物局委托，开展国家文物进出境审核机构体制调研工作。

10月16日至18日，由国家文物局主办，中国博物馆学会、中国文物报社共同承办的第八届（2007—2008年度）"全国博物馆十大陈列展览精品"评选终评会暨颁奖仪式在北京举行。

10月19日，学会人员培训工作会议在北京召开。

10月21日至22日，与中国文物信息咨询中心、中国文物保护基金会和中国安防协会联合举办"首届中国文化遗产安全对策高峰论坛暨全国优秀文物安防消防系统展览"。

10月30日，受国家文物局委托，开展"全国社会文物流通工作"课题调研工作。

10月，与中国文物保护基金会、中国文物报社联合编撰的《中国文物保护社会服务手册》出版。

11月9日，与国际博物馆"精品在线"负责人在上海签署"精品在线"合作备忘录。

11月11日，受国家文物局委托，开展《国家博物馆事业"十二五"发展规划》前期研究。

11月20日，国家文物局同意安来顺为2010—2013年国际博协执委会委员候选人。

11月30日，受国家文物局委托，开展"国家一级博物馆运行状况评估"工作。

11月30日，受国家文物局委托，开展博物馆藏珍贵文物征集、陈列展览项目方案的评审工作。

12月4日，"中国博物馆学会志愿者工作委员会成立大会暨2009年中国博物馆志愿者论坛"在宁波召开。"牵手历史——首届中国博物馆十佳志愿者之星"颁奖仪式在宁波举行。

12月27日，张柏出席了在四川省成都市大邑县安仁镇举行的"中国博物馆小镇"授牌仪式。

12月28日，文学博物馆专业委员会在北京成立，秘书处挂靠中国现代文学馆。

2010年

1月16日至19日，兵器与军事历史专业委员会在景洪成立，同期举办第一次学术研讨会。

4月11日至15日，博物馆安全专业委员会在北京举办安防系统管理员培训班。

4月22日，博物馆数字化专业委员会在河南召开2010年学术年会。

4月23日，民办博物馆专业委员会在北京成立，秘书处挂靠全国工商联古玩商会。

5月13日至15日，区域博物馆专业委员会在南京举办"区域博物馆专业委员会2010年会暨'区域博物馆与和谐社会'学术研讨会"。

5月18日，2010年国际博物馆日主场活动在广州举行。

6月20日至25日，展览交流专业委员会在乌鲁木齐成立，并举办馆长论坛。

7月12日，登记著录专业委员会在成都成立，秘书处挂靠中国文物信息咨询中心。

7月19日，民政部批准中国博物馆学会更名为中国博物馆协会。

8月30日，中国博物馆协会特别会员代表大会在北京召开，履行协会更名程序，修改协会章程。

9月3日至7日，丝绸之路沿线博物馆专业委员会在兰州成立，秘书处挂靠甘肃省博物馆。

9月26日，博物馆建筑空间与新技术专业委员会在南京成立，秘书处挂靠南京博物院。

11月6日，国际博协第二十二届大会筹委会和国际博协举行新闻发布会。

11月7日至12日，国际博协第二十二届大会暨第二十五次全体会议在上海举行，这是国际博协成立64年来首次在中国举行会员代表大会，大会主题是"博物馆致力于社会和谐"。大会通过《关于博物馆致力于和谐社会发展的上海宣言》，大会决定在中国建立国际博协培训中心，安来顺当选新一届国际博协执行委员会委员。

11月8日，首届"全球博物馆志愿者开放论坛"在上海举行，主题为"交流·创新·进步——21世纪博物馆志愿文化与志愿精神"，发布了《全球博物馆志愿者开放论坛倡议》。

2011年

3月2日，第五届理事会第六次常务理事会会议在北京召开，选举宋新潮为协会理事长。

3月25日，第五届理事会第七次常务理事会会议在济南召开，会议传达了国家文物局党组对协会工作的新要求，并就协会领导机构、会费标准和缴纳要求、秘书处工作与财务管理，以及协会章程修改等事项做出部署。

3月，启动与非洲博物馆协会战略合作计划。

3月，配合上海博物馆接受并通过"国际博协第二十二届大会"专项审计。

4月13日至16日，安来顺应邀赴法国参加国际博协执委会第一百一十九次会议。

4月，委托文物出版社负责《中国博物馆志》的编辑、出版和发行工作。

5月18日，承办"5·18国际博物馆日"沈阳主场城市系列活动，并举办"博物馆与记忆高峰论坛"。

5月20日至21日，接待到访北京的国际博物馆协会主席汉斯-马丁·辛兹。

5月22日至25日，宋新潮出席在休斯敦举行的美国博物馆协会2011年年会。

5月，重启官方网站改版工作。

6月6日至9日，宋新潮率团出席在巴黎召开的国际博协第七十五次咨询委员会会议和国际博协2011年年会，安来顺参加国际博协执委会第一百二十次会议。

6月18日至19日，第五届第二次会员代表大会暨"博物馆与记忆"学术研讨会在西安召开。

7月，启动2010年度国家一级博物馆运行评估工作。

8月9日至11日，与美国博物馆协会联合主办"中美博物馆标准及最佳做法研讨会"。

9月6日，华侨博物馆专业委员会在北京成立，秘书处挂靠中国华侨历史博物馆。

10月16日至18日，举办"中国地市级博物馆体制改革与创新"学术研讨会。

10月19日，与加拿大洛德文化资源公司签署《关于在中国博物馆领域开展战略合作的谅解备忘录》。

11月16日，与山东省文物局联合主办的"博物馆免费开放与公民文化权益保障"亚太地区馆长高层论坛暨国际博协亚太地区联盟理事会2011年会议在济南举行。

11月27日，与河南省文物局联合主办的"2011中国博物馆志愿者河南论坛暨牵手历史——第三届中国博物馆志愿者十佳之星颁奖仪式"在郑州举行。

12月3日至18日，在上海举办"全国博物馆系统新入职员工培训班"。

2012年

1月15日，协会新版网站上线仪式暨2012年新春联谊会在北京举行。

2月3日，受国家文物局委托，开展国家二、三级博物馆评估备案复核工作。

3月5日，与加拿大洛德文化资源公司合作在苏州博物馆举办国际博物馆高级管理人员研修班。

5月18日，参加承办在南宁举行的2012国际博物馆日中国主场场活动，授予上海博物馆和孙中山故居纪念馆2012年度"全国最具创新力博物馆"称号。

5月21日，在中国国家博物馆为苏东海举行中国博物馆终身成就奖荣誉证书颁发仪式。

5月，根据国家文物局的部署，在全国范围内开展博物馆免费开放最佳做法推介活动。

6月3日至8日，宋新潮、安来顺赴法国出席国际博协第七十六次咨询委员会会议及2012年年会。

6月10日至24日，在上海举办"全国博物馆系统新入职员工培训班"。

7月4日，与中国文物学会修订的《中国文物、博物馆工作者职业道德准则》发布。

7月至11月，受国家文物局委托，开展第二批国家一级博物馆定级评估工作。

8月27日至9月7日，在协会西安培训中心举办"中国博物馆协会2012年讲解员培训班"。

8月至11月，受国家文物局委托，开展2011年度国家一级博物馆运行评估工作。

8月至11月，受国家文物局委托，与中国文物信息咨询中心联合组织开展"全国博物馆文化产品创意设计推介活动"。

9月23日，与非洲博物馆协会在武汉签订合作谅解备忘录。

9月23日至27日，与湖北省文化厅、湖北省文物局在武汉联合举办国际博协亚太地区联盟2012年大会。来自24个国家和地区的130名代表参会，宋新潮当选国际博协亚太地区联盟新一任主席。

9月26日，乐器专业委员会在湖北武汉召开成立大会，秘书处挂靠湖北省博物馆。

10月4日，宋新潮在北京会见俄罗斯博物馆协会主席托尔斯泰一行。

10月28日至30日，2012博物馆及相关产品与技术博览会在北京举行。

11月14日至18日，与国际博物馆协会安全委员会联合主办的"2012（海口）国际博物馆安全应急高级研讨班"在海口举行。

12月，受国家文物局委托，组织开展第二批国家二、三级博物馆定级评估工作。

2013年

1月15日，与故宫博物院在北京举行签约仪式，合作组建国际博物馆协会国际博物馆培训中心。

1月，启动"亚洲地区博物馆发展现状与公众需求调查"项目。

1月，受国家文物局委托，开展为期7个月的2012年度国家一级博物馆运行评估工作。

3月，与江苏译林出版社合作修订《中国博物馆指南（英文版）》。

4月12日，国际博协执委会正式批准在中国建立国际博协培训中心。中心由国际博协、国际博协中国国家委员会（中国博协）和故宫博物院合作建立，地点设在故宫博物院，是国际博协在其巴黎总部之外设立的唯一培训机构。

4月26日，与中国国家博物馆共同主办的"2013年国际博物馆照明趋势专家研讨会"在中国国家博物馆举行。

5月18日，2013年"5·18国际博物馆日"主场城市活动在济南举行，协会正式开通网络视频会议系统，山西博物院和苏州博物馆被协会授予2013年度"全国最具创新力博物馆"称号。

5月18日至24日，宋新潮一行赴美国参加美国博物馆联盟2013年年会。

5月21日，文创产品专业委员会在北京成立，秘书处挂靠首都博物馆。

5月，受国家文物局委托，承担2013年国际博物馆日宣传工作。

7月1日，国际博协培训中心在故宫博物院挂牌成立。

7月2日至3日，国际博协培训中心举行学术研讨会，确定培训中心的学术定位与课程设置。

8月10日至17日，国际博协第二十三届大会在巴西里约热内卢举行。宋新潮率团出席，段勇、安来顺等参加会议。安来顺连任国际博协执行委员会委员。8月13日，宋新潮在里约热内卢主持国际博协亚太地区联盟大会，并连任亚太地区联盟主席。

8月13日，协会主持的《亚洲地区博物馆发展现状与公众需求调查报告》在里约热内卢首发。

8月16日，在国际博协第二十三届大会全体会议上，张文彬被推选为"国际博协荣誉会员"，成为第一位获此殊荣的中国博物馆人。

8月26日至9月6日，由协会主办、西安培训中心承办的"中国博物馆协会2013年第一期讲解员培训班"在西安举办。

9月2日至17日，在上海复旦大学举办2013年"全国博物馆系统新入职员工培训班"。

10月10日至11日，第五届理事会第八次常务理事会会议暨《中国博物馆》杂志创刊30年学术研讨会在长春举行，审议通过《中国博物馆协会博物馆陈列展览设计施工资质管理办法》，通过了《关于推进博物馆学研究与博物馆学学科建设的长春建议》。

10月17日，与中国文物保护技术协会受国家文物局委托开展文物保护科技优秀青年研究计划的遴选工作。

11月4日至13日，国际博协培训中心第一期培训班在故宫学院举行。

2014年

1月16日，协会2013年工作总结会在北京举行。

3月，受国家文物局委托，承担文物保护法修订研究课题。

5月18日，国际博物馆日主会场活动在南京举行，第十一届（2013年度）全国博物馆十大陈列展览精品终评颁奖，故宫博物院、南京博物院和宁波博物馆被协会授予2014年"全国最具创新力博物馆"称号，协会授予肯尼斯·贝林"中国博物馆友好使者"荣誉称号，并接受其捐赠轮椅500台分发给全国100家博物馆，协会微信公众号正式上线。

5月31日至6月7日，宋新潮、段勇、安来顺赴巴黎出席国际博协第一百二十九次执行委员会会议暨国际博协2014年年会。

6月12日至27日，在上海举办"全国博物馆系统新入职员工培训班"。

6月26日，航海博物馆专业委员会在上海成立，秘书处挂靠中国航海博物馆。

6月，第六届理事会第一次常务理事会会议批准启动法律专业委员会筹备工作。

6月，受国家文物局委托，开展2013年度国家二、三级博物馆运行评估工作。

6月，受国家文物局委托，开展文物保护科技优秀青年研究计划遴选工作。

6月，启动首届"中国博物馆教育项目示范案例"评选活动。

8月2日至7日，安来顺作为国际博协主席特别代表出席在美国洛杉矶召开的第七届国际包容性博物馆大会。

10月8日至19日，在西安培训中心举办"中国博物馆协会2014年讲解员培训班"。

10月15日至18日，在西安主办"博物馆与法律"学术研讨会。

11月23日至26日，第六届会员代表大会暨2014博博会在厦门举行。宋新潮当选新一届协会理事长，安来顺当选秘书长。本届博博会规模和参与程度远超往届。

2015年

2月6日，协会在中国华侨历史博物馆举行2015年新春座谈会。

4月21日，法律专业委员会在北京成立，秘书处挂靠故宫博物院。

4月27日，第六届理事会第二次理事长会议批准《中国博物馆协会博物馆陈列展览设计施工单位资质管理办法》。

5月18日，国际博物馆日中国主会场在石家庄举行。第十二届（2014年度）全国博物馆十大陈列展览精品推介活动终评颁奖，福建博物院和建川博物馆被协会授予2015年"全国最具创新力博物馆"称号。

6月1日至5日，宋新潮、段勇、安来顺赴巴黎参加国际博协咨询委员会会议、国际博协2015年年会和国际博协培训中心（北京）第二次管理委员会会议。

6月2日至16日，在上海举办"全国博物馆系统新入职员工培训班"。

6月5日至7日，宋新潮、段勇、安来顺出访设在克罗地亚的"国际最佳遗产利用"组织总部，双方签署合作谅解备忘录。

6月8日至16日，受文化部委托，与故宫博物院联合举办"中国—南亚博物馆高级管理人员研修班"。

6月9日，与加拿大洛德文化资源公司合办的博物馆高层管理人员研讨会在北京召开，主题为"已建成的博物馆是否需要规划和再规划"。

6月23日至7月4日，在西安培训中心举办"中国博物馆协会2015年第一期讲解员培训班"。

6月至9月，在团体会员单位中开展2015年"博物馆陈列展览设计、施工单位资质评估推介"工作。

8月31日至9月9日，国际博协培训中心非洲特别培训班在坦桑尼亚阿鲁沙举行，主题为"今天的博物馆：从收藏到营销"，安来顺赴阿鲁沙授课。

9月17日，由协会主办，博物馆学专业委员会、《中国文物报》和《中国博物馆》联合承办，中国知网协办的"全国博物馆学优秀学术成果评选"活动在哈尔滨启动。

10月16日至27日，在西安培训中心举办"中国博物馆协会2015年第二期讲解员培训班"。

11月26日至28日，在南通召开"反思·前瞻：博物馆在中国——纪念中国博物馆事业110周年"学术研讨会。

12月3日至7日，国际博协亚太地区联盟2015年大会在菲律宾伊洛伊洛市召开，主题是"文化、博物馆与可持续发展""文化、博物馆与城市可持续发展""博物馆与跨文化交流"和"创造可持续发展的博物馆和社区"，宋新潮、安来顺参会。

12月15日，与加拿大洛德文化资源公司合作举办的2015年博物馆高层管理人员研讨会在北京召开，主题为"城市、博物馆和软实力"。

2016年

1月28日，2016年新春座谈会在国家典籍博物馆召开。

5月13日，与加拿大洛德文化资源公司合作举办的"为儿童规划博物馆"学术研讨会在北京召开。

5月18日，国际博物馆日中国主会场活动在呼和浩特举行。第十三届（2015年度）全国博物馆十大陈列展览精品推介终评颁奖，广东省博物馆、常州博物馆被授予2016年"全国最具创新力博物馆"称号，"全国博物馆学优秀学术成果评选"结果同时揭晓。

6月1日，受国家文物局委托，研究编制《文物信息资源知识产权管理办法》。

6月14日，与中国大百科全书出版社在北京召开《中国大百科全书》第三版博物馆学科第一次编委会会议。

7月1日，国际博协培训中心（北京）第三次管理委员会会议在意大利米兰召开，宋新潮、安来顺等参会。

7月3日至9日，国际博协第二十四届大会在米兰召开，以协会展位为首的中国博物馆展团集中亮相，由协会主办的展览交流服务平台正式推出，安来顺高票当选国际博协副主席。

7月5日，国际博协亚太地区联盟在米兰举行全体会议，由协会主持、相关各国协助的"亚太地区博物馆现状与公共需求调查项目"报告正式出版并发布。

9月14日，《中国大百科全书》第三版博物馆学科编委会第二次会议在成都召开。学科主编宋新潮和学科各分支方向主编、副主编、重要成员以及中国大百科全书出版社相关负责人出席会议。

9月14日，流动博物馆专业委员会在成都正式成立，秘书处挂靠四川博物院。

9月14日至19日，2016中国博物馆及相关产品与技术博览会在成都举办，规模、规格及影响力都实现了新的突破。

9月15日，第六届理事会第二次会议在成都举行。宋新潮做工作报告。会议通过了理事长和副理事长调整人选，宋新潮不再担任协会理事长，关强全面负责协会工作。

9月16日，2016博博会的主论坛"丝绸之路与博物馆合作国际论坛"在成都举行。

9月17日，2016博博会活动之一"国际博物馆高层圆桌会议"在成都举行。该会议得到联合国教科文组织全力支持，由国家文物局主办，协会承办，集中研讨联合国教科文组织《关于保护和加强博物馆与收藏及其多样性和社会作用的建议书》的贯彻落实议题。

10月20日至31日，在西安培训中心举办"中国博物馆协会2016年讲解员高级研讨班"。

10月31日，在西安培训中心举办博物馆业务培训工作座谈会，关强出席并讲话。

10月至12月，受国家文物局委托，组织实施第三批国家一级博物馆定级评估工作。

11月8日至19日，在西安培训中心举办"中国博物馆协会2016年讲解员培训班"。

11月10日至12日，由联合国教科文组织主办的国际博物馆高级别论坛在深圳召开。协会受邀为论坛提供学术支持，参与起草《深圳宣言》及会议学术文件，并参加会议。

11月15日，受国家文物局委托，组织开展2016年度国家一级博物馆运行评估。

11月21日至12月6日，在上海举办"全国博物馆系统新入职员工培训班"。

2017年

1月17日至22日，由国际博协区域博物馆委员会、尼泊尔博协、中国博协、日本博协、台湾地区博物馆学会联合主办的"区域博物馆在震灾后社会重建中扮演的角色"主题研讨会在加德满都召开，陈建明代表协会出席并做主旨发言。

1月19日，第六届理事会第七次理事长会议在北京召开。

2月10日，"中国故事——全国博物馆优秀讲解案例展示推介活动"正式启动。

3月11日，与河南省文物局联合主办的"记录　见证　参与：当代社会进程中博物馆的角色与使命"馆长座谈会在郑州召开。

3月17日，在北京与中国电子科技集团就合作建立"中国电科青年人才培养与奖励基金"签署协议。

4月2日至11日，国际博协培训中心2017年春季培训班在故宫博物院举办。

4月16日至26日，在西安培训中心举办"中国博物馆协会2017年第一期讲解员高级研讨班"。

4月20日，第六届理事会第八次理事长会议在北京召开。

4月21日，发布《中国博物馆及相关产品与技术博览会申办办法》。

5月13日，文学博物馆专业委员会换届选举及工作会议在广州召开。

5月18日上午，2017国际博物馆日中国主会场活动在首都博物馆举行，第十四届（2016年度）全国博物馆十大陈列展览精品推介终评颁奖，浙江自然博物馆和四川博物院被授予2016年度"全国最具创新力博物馆"称号。当天还揭晓了"中国故事——全国博物馆优秀讲解案例展示推介活动"的评选结果，"丝绸之路国际博物馆联盟"宣布成立。18日下午，在国家文物局指导下，与北京市文物局联合举办"一带一路"国际博物馆合作学术研讨会。

5月23日至27日，博物馆安全专业委员会在银川举办"2017年全国博物馆安全管理及技术培训班"。

6月5日至10日，国际博协中国国家委员会主席关强率团赴巴黎出席国际博协2017年大会、国际博协第八十三次咨询委员会会议，以及国际博协培训中心的相关会议。

6月10日，航海博物馆专业委员会主办"运河文化与海上丝绸之路"学术年会。

6月18日至7月3日，在上海举办"第七期全国博物馆系统新入职员工培训班"。

6月21日，城市博物馆专业委员会与郑州市文物局联合主办的第九届学术年会在郑州开幕，主题为"城市博物馆规划与建设"。

7月2日至14日，由协会主办，乐器专业委员会、湖北省博物馆与中国民族博物馆承办的第四届国际音乐考古培训班在武汉举办。

7月6日，与加拿大洛德文化资源公司联合主办的博物馆高层管理人员研讨会在南京召开。

8月15日，第六届理事会第九次理事长会议在北京召开。

8月24日，博物馆学专业委员会2017年年会暨"经济环境变化与博物馆应对"学术研讨会在太原召开。

9月3日至8日，安来顺出席国际博物馆协会藏品保护委员会（ICOM-CC）第十八届大会，就中国申办ICOM-CC 2020年第十九届大会做陈述发言，大会一致支持中国承办ICOM-CC第十九届大会并决定2020年9月在北京举行。

9月12日，市场推广与公共关系专业委员会主办，北京市文物局、北京市贸促会支持的第十二届中国北京国际文化创意产业博览会"文博+科技——博物馆未来之路"研讨会在北京举办。

9月18日，区域博物馆专业委员会承办的2017年"博物馆未来发展"学术研讨会在西安召开。

9月19日，与美国克莱蒙特研究生大学盖蒂领导力学院主办，陕西历史博物馆和陕西师范大学历史文化学院承办的2017年中国博物馆青年领导力培训班在西安举办。

9月20日，流动博物馆专业委员会2017年年会暨业务培训班在广州举办。

9月25日，志愿者工作委员会、上海博物馆和宁波博物馆联合主办的2017年博物馆志愿者论坛暨中国博物馆协会志愿者工作委员会年会在上海召开。

9月27日至10月2日，安来顺代表国际博协参加在克罗地亚举行的"国际最佳遗产利用"组织会议并做主旨发言。

10月9日至21日，在西安培训中心举办"中国博物馆协会2017年第二期讲解员高级研习班"。

10月30日，博物馆数字化专业委员会在自贡召开"2017年年会暨中国博物馆'互联网+博物馆'案例分析与信息化应用实践培训"。

10月31日至11月3日，安来顺应邀参加在伊朗查巴哈举行的主题为"亚太地区的博物馆教育与水资源短缺"的国际博协亚太地区联盟2017年大会并做主旨发言。

11月2日，社会教育专业委员会2017年年会暨"品牌——博物馆教育的追求与活力"研讨会在开封举行。

11月5日至14日，国际博协培训中心2017年秋季培训班在故宫博物院举办。

11月27日至28日，藏品保护专业委员会主办"绿色博物馆——文化遗产保护的可持续性发展与风险管理"国际学术研讨会。

12月1日，名人故居专业委员会2017年年会暨学术研讨会在四川仪陇召开。

12月11日，乐器专业委员会2017年年会在北京召开。

12月13日，保管专业委员会第二十二届学术研讨会在广东省博物馆举办。

12月18日，民办博物馆专业委员会第二届会员大会在西安举办。"民办博物馆专业委员会"更名为"非国有博物馆专业委员会"，挂靠单位为西安大唐西市博物馆。

12月26日，编委会主任关强在长春主持召开《中国博物馆》编辑委员会2017年会议。

12月26日至28日，与中国文物报社、吉林省文物局联合主办的"新时代博物馆文化传播与公众服务理念的探索和实践研讨班"在长春举办。

12月，组织开展2014—2016年度国家一级博物馆运行评估工作和第三批国家二、三级博物馆评估定级复核备案工作。

2018年

1月22日，第六届理事会第十一次理事长会议在北京召开。

1月22日，关强在北京主持召开2018年专业委员会工作座谈会。

2月6日至11日，安来顺赴巴黎参加国际博协战略资源配置审核委员会会议。

3月27日至29日，由中国博物馆协会法律专业委员会、中国文物学会法律专业委员会和中央文化管理干部学院联合举办的文博单位制度建设法律培训班在中央文化管理干部学院举办。

4月8日至18日，国际博协培训中心2018年春季培训班在北京举行。

4月27日，第六届理事会第十二次理事长会议在北京召开。

5月18日，2018国际博物馆日中国主会场活动在上海举行。第十五届（2017年度）全国博物馆十大陈列展览精品推介活动终评颁奖，重庆中国三峡博物馆和河北博物院被授予2018年度"全国最具创新力博物馆"称号，"手机中的博物馆记忆"优秀作品揭晓。

5月20日，博物馆图文典籍与金石拓片专业委员会成立，秘书处挂靠河北博物院。

5月29日至6月3日，博物馆安全专业委员会在西宁举办"2018全国博物馆安全技术及管理培训班"。

6月1日，由区域博物馆专业委员会和天津博物馆联合举办的"天津博物馆成立100周年暨区域博物馆专业委员会2018年会"在天津召开。

6月12日，航海博物馆专业委员会2018年年会在武汉召开。

7月9日至26日，在上海举办"第八期全国博物馆系统新入职员工培训班"。

8月31日，博物馆管理专业委员会2018年年会在上海召开。

9月5日至7日，由协会法律专业委员会、中国文物学会法律专业委员会、秦始皇帝陵博物院主办的"2018年年会暨文博法律学术研讨会"在西安召开。。

9月10日至14日，民族博物馆专业委员会在中央民族干部学院举办"中国民族和民族地区博物馆管理人员高级研修班"。

9月11日，非国有博物馆专业委员会与英国独立博物馆协会联合承办的"中国博物馆协会非国有博物馆专业委员会·英国独立博物馆协会交流座谈会"在西安举行。

9月18日，协会公布第三批国家二、三级博物馆名单。

10月10日，《中国博物馆》入编《中文核心期刊要目总览》2017年版（即第8版）之"博物馆学、博物馆事业"类核心期刊。

10月10日至12日，博物馆建筑空间与新技术专业委员会2018年会暨"博物馆建筑与建筑空间利用学术研讨会"在宁波举行。

10月10日至21日，西安培训中心举办"中国博物馆协会2018年第一期讲解员高级研讨班"。

10月11日至12日，名人故居专业委员会2018年年会暨学术研讨会在上海举行。

10月16日，第六届理事会第十三次理事长会议在北京召开。

10月29日至11月1日，"社会教育专业委员会2018年年会暨博物馆教育的初心与担当研讨会"在重庆召开。

10月30日，由博物馆学专业委员会主办、天津自然博物馆和浙江省博物馆共同承办的"中国博物馆协会博物馆学专业委员会2018年度'理念·实践——博物馆变迁'学术研讨会"在天津召开。

11月13日至26日，国际博协培训中心2018年秋季班在福州举行。

11月19日至21日，由协会主办，藏品保护专业委员会、福建博物院承办的2018年国际文物保护专业培训在福州举行。

11月21日，编委会主任关强在福州主持召开《中国博物馆》编辑委员会会议。

11月22日，国际博协藏品保护委员会2020年第十九届大会中方组委会与ICOM-CC正式签署合作协议。

11月22日，第六届理事会第四次理事会会议在福州召开。

11月23日至26日，2018第八届中国博物馆及相关产品与技术博览会在福州市举办。近万名国内外博物馆专业人士和企业代表参加了同期举办的展览、主论坛、专题论坛、专委会会议、公共讲座及推介会。协会与国际博物馆协会联合主办"首届国际博物馆青年论坛"。博博会期间，协会与巴基斯坦博物馆协会签署备忘录。

11月27日至12月4日，安来顺赴日本参加国际博协亚太地区联盟2018年大会及日本博物馆协会年会。

11月28日至12月1日，艾静芳赴意大利罗马参加意大利博物馆博览会并发表主旨演讲。

2019年

1月24日，第二届全国博物馆学优秀学术成果评选初评会在浙江杭州召开。

1月25日，关强在北京主持召开2019年专业委员会工作座谈会。

2月10日至15日，安来顺赴巴黎参加国际博协战略资源配置审核委员会资金评审会。

2月20日，协会名誉理事长张文彬因病在北京逝世。

3月29日，与中国文物报社主办的"新时代博物馆定义研究"学术研讨会在常州博物馆召开。

4月10日，国际博协培训中心2019年春季培训班在故宫博物院开班。

4月16日，开展"博物馆在移动"视频征集活动。

4月16日，博物馆安全专业委员会主办的2019年全国博物馆安全技术及管理培训班在桂林开班。

4月24日至27日，安来顺、艾静芳参加在赫尔辛基召开的国际博协藏品保护委员会理事会会议，并就ICOM-CC第十九届大会筹备情况进行沟通。

4月29日，同法国展望与创新基金会在北京签署合作备忘录。

4月30日，在西安培训中心举办"中国博物馆协会2019年第一期讲解员高级研讨班"。

5月10日至7月10日，接受国家文物局第一巡视组常规巡视。

5月17日，与中国文物报社、中国文物交流中心共同主办的"当代中国博物馆策展人论坛（2019）"在长沙市博物馆举行。

5月18日，2019国际博物馆日中国主会场活动在长沙举行。第十六届（2018年度）全国博物馆十大陈列展览精品推介活动终评颁奖，北京汽车博物馆、天津博物馆和中国丝绸博物馆被协会授予2019年度"全国最具创新力博物馆"称号，协会与中国移动咪咕平台联合推出的"博物馆在移动"项目正式上线。

5月20日至6月6日，"第九期全国博物馆系统新入职员工培训班"在上海举办。

6月14日，《中国大百科全书》第三版博物馆学科编纂工作会议在北京召开。会议决定编纂办公室由湖南省博物馆转至上海大学。

6月24日至7月1日，作为国际博协副主席和国际博协的官方代表，安来顺赴里约热内卢参加"文化遗产火灾风险管理国际研讨会"。

7月8日至9日，民族博物馆专业委员会2019年年会暨学术研讨会在恩施召开。

7月18日至19日，协会党员参加"不忘初心、牢记使命"主题教育党课，参加"不忘初心、牢记使命"主题教育总结暨警示教育大会。

7月，与中国文物学会、中国文物报社联合主办的"全国革命文物保护利用优秀案例宣传推介活动"启动。

8月8日，国家文物局第一巡视组召开巡视情况反馈会议，正式对协会提出整改意见，协会向巡视组提交了整改报告。

9月1日，国际博协第八十五次咨询委员会会议在京都召开，关强、罗静参加会议。

9月2日至7日，国际博协第二十五届大会在京都举行，关强率中国代表团出席大会。受协会"国际博协京都大会青年学术资助计划"支持的50名博物馆代表参加各国际委员会会议，协会与加拿大洛德文化资源公司联合编辑出版的《中国博物馆发展》英文版举行新书发布仪式，国际博协培训中心召开第六次管理委员会会议，安来顺连任国际博协副主席，魏峻连任国际博协亚太地区联盟理事。

9月12日，召开巡视整改专题民主生活会会议。

9月17日，法律专业委员会2019年年会暨学术研讨会在合肥召开。

9月18日，在西安培训中心举办"中国博物馆协会2019年第二期讲解员高级研讨班"。

9月18日至20日，博物馆学专委会2019年年会暨"新时代博物馆专业能力建设"学术研讨会在成都召开。

10月14日至21日，由协会与美国盖蒂领导力学院联合主办的"2019年中国青年领导力培训"在苏州举行。

10月22日，"第十期全国博物馆系统新入职员工培训班"在上海开班。

10月29日至31日，乐器专业委员会2019年年会暨"社区文化系统中的馆藏乐器"学术研讨会在长沙举行。

11月5日至7日，城市博物馆专业委员会第十一届学术会议暨"记忆与活力——城市博物馆的魅力"学术研讨会在长沙举行。

11月5日至14日，国际博协培训中心2019年秋季培训班在宜兴市博物馆举办。

11月9日，博物馆图文典籍与金石拓片专业委员会2019年年会暨"从传统走向未来"学术研讨会在宁波召开。

11月11日，名人故居专业委员会2019年年会暨学术研讨会在绍兴召开。

11月15日至16日，博物馆安全专业委员会2019年年会暨"新时代文博安全历史重任"学术研讨会在上海召开。

11月17日，《中国大百科全书》第三版博物馆学科编纂会议在上海召开。

11月19日，"2019年智慧文博论坛"在湖南长沙召开。

11月19日至20日，展览交流专业委员会2019年年会在海南召开，大会主题是"互联互通 合作共赢——博物馆展览交流体系构建与完善"。

11月19日至21日，藏品保护专业委员会第三届代表大会暨2019年学术研讨会在北京举行。

11月21日，文创产品专业委员会年会暨馆藏资源授权论坛在上海博物馆举行。

11月24日至29日，博物馆图文典籍与金石拓片专业委员会在石家庄举办"博物馆图文典籍保护利用及人才成长计划培训班"。

12月9日，由协会和中国人民革命军事博物馆主办，陈列艺术委员会承办的"博苑掇英——全国博物馆陈列艺术成果交流展（2009—2019）"在中国人民革命军事博物馆开幕。

12月17日至19日，由社会教育专业委员会、市场推广与公共关系专业委员会、河南博物院、平顶山市文化广电和旅游局共同主办的"全国博物馆研学旅行培训暨优秀课程与优秀线路交流会"在平顶山举行。

12月18日，"牵手历史——第十届中国博物馆十佳志愿者之星"推介活动暨"讲中国故事，展志愿精神"宣讲活动在宁波博物馆举行。

12月25日，编委会主任关强在北京主持召开2019年度《中国博物馆》编委会会议。

12月26日，协会与文化和旅游部恭王府博物馆、中国文物报社共同主办的文博学术期刊发展恭王府论坛暨《中国博物馆》创刊35周年纪念座谈会在北京举办。

2020 年

1月6日，专业委员会2020年座谈会在中国人民革命军事博物馆召开。

1月15日至17日，艾静芳参加在法国巴黎市和图尔市举行的法国博物馆博览会及相关活动并做主旨发言。

1月24日，协会发表致武汉及各地新冠肺炎疫情防控一线同仁的慰问信。

1月28日，国际博物馆协会主席苏埃·阿克索伊就武汉疫情向国际博协中国国家委员会主席关强致慰问信。

1月，博物馆安全专业委员会受协会资助，开展博物馆双重预防体系现况调研，完成《博物馆安全风险隐患双重预防体系建设调研报告》。

2月12日，与北京鲁迅博物馆、中国移动咪咕文化科技有限公司合作推出"云博物馆"5G直播公益活动。

3月4日，文创产品专业委员会向全体会员单位发起为湖北武汉社区群众捐献文化文创产品的活动。

3月6日，采购3万只口罩和1000套防护服，捐赠给湖北省60余家团体会员单位，并组织党员和党外人士参与为疫情防控一线自愿捐款活动。

3月19日，采购1万只口罩，支援韩国博物馆协会。

4月29日，第六届理事会第十九次理事长会议在北京召开。

5月13日，华侨博物馆专业委员会召开视频大会，通过《中国博物馆协会华侨博物馆专业委员会管理办法》，选举新任主任委员。

5月17日，《中国博物馆》杂志在国家哲学社会科学文献中心（中国社会科学院图书馆）2019版《国家哲学社会科学文献中心学术期刊数据库用户关注度报告》中，在图书馆、情报与档案学类期刊中排名第二，被评为"最受欢迎期刊"。

5月18日，2020国际博物馆日中国主会场活动在南京举行。第十七届（2019年度）全国博物馆十大陈列展览精品推介终评颁奖，成都金沙遗址博物馆、伪满皇宫博物院和江西省博物馆被授予2020年度"全国最具创新力博物馆"称号，协会与中国移动咪咕平台联合推出的"博物馆在移动5·18文创节"上线。

6月12日，第六届理事会第十二次常务理事会会议以通讯方式召开，投票通过《中国博物馆协会章程》修改草案以及会费标准调整建议。

6月15日，委托上海大学开展"中国博物馆协会2020—2025年发展规划"调研起草工作。

6月23日，响应国家文物局定点扶贫号召，拨付河南省周口市淮阳区人民政府定点扶贫资金15万元，用于开展党建扶贫、教育扶贫、医疗扶贫、住房安全保障扶贫、基层干部和专业技术人员培训等工作。

6月24日，安来顺参加国际博物馆协会"疫情中及疫情后博物馆"在线学术研讨会，并做主旨发言。

7月7日，登记著录专业委员会受协会资助，通过问卷调查、实地调研、会议研讨等方式，进行数据采集和分析、文献收集和整理，形成《我国智慧博物馆发展调研报告（2016—2019）》，完成"中国智慧博物馆课题研究"项目。

7月16日，经国家文物局批准，组织开展第四批全国博物馆定级评估工作。

7月16日，华侨博物馆专业委员会受协会资助，出版《华侨博物馆专业委员会涉侨文物精品集萃系列》之《泉州华侨历史博物馆馆藏侨批精萃》。

7月22日至24日，关强、安来顺等参加在线上召开的国际博物馆协会第三十五次全体大会、第八十七次咨询委员会及相关会议。

8月14日，博物馆管理专业委员会受协会资助，出版《中国博物馆协会博物馆管理专业委员会论文集（2018—2019年）》。

8月27日，以在线直播方式举办第四批全国博物馆定级评估咨询交流会。

9月17日，第六届理事会第二十次理事长会议在北京召开，审议通过理事会工作报告及财务报告、《中国博物馆协会章程》修改草案、调整会费标准的建议，审议通过第七届会员代表大会议程、选举办法、选举总监票人及监票人名单。

9月18日，第七届会员代表大会在北京召开。大会审议通过第六届理事会工作报告和财务报告，表决通过《中国博物馆协会章程》修订草案、关于调整会费标准的决议，选举产生新一届领导机构和理事会成员。选举刘曙光为新一届理事长，丁鹏勃等19人为副理事长，李金光为秘书长。大会结束后，召开了第七届理事会第一次理事会会议和第一次理事长会。

9月19日，刘曙光及部分副理事长赴故宫博物院调研座谈。

9月23日，刘曙光考察调研中国博物馆协会西安培训中心。

9月24日，文创产品专业委员会主办的2020年文创产品专业委员会年会暨"跨界与融合：博物馆文创发展新动能"论坛在西安举行。

10月22日，博物馆学专业委员会2020年年会暨"博物馆与中国特色话语体系构建学术研讨会"在镇江召开。

10月23日，法律专业委员会、敦煌研究院主办的法律专业委员会第二次会员大会暨学术报告会在敦煌莫高窟召开。

10月24日，考古与遗址博物馆专业委员会2020年年会在西安召开。

10月30日，博物馆建筑空间与新技术专业委员会联合其他机构主办的"后疫情时代博物馆新媒体新技术应用"研讨会在泰州召开。

11月6日，协会专业委员会座谈会在杭州召开。

11月16日至17日，由协会、安徽省文化和旅游厅主办，志愿者工作委员会、安徽博物院、宁波博物院承办的全国博物馆志愿者培训班在合肥举办。

11月19日，"牵手历史——第十一届中国博物馆十佳志愿者之星"推介活动仪式在合肥举行。

11月23日，协会专业委员会座谈会在北京召开，集体学习中国共产党十九届五中全会精神，并围绕全会提出的"十四五"规划和2035年远景目标展开讨论交流。

11月24日至27日，关强、艾静芳参加在线上举行的第一届世界博物馆论坛。关强做题为"中国智慧博物馆建设的实践与思考"的大会发言。

11月26日，纪念馆专业委员会2020年年会暨"纪念馆与红色基因传承"学术研讨会在长沙开幕。

11月27日，由国家文物局、协会指导，北京市教育委员会、北京市文物局、北京博物馆学会、中国传媒大学、中国地质大学（北京）主办的"第六届中国高校博物馆馆长论坛暨2020年全国高校博物馆优秀讲解案例展示颁奖仪式"在中国传媒大学举行。

11月28日，由国家文物局指导，协会、复旦大学主办的高校博物馆专业人才培养工作座谈会在上海召开。

11月29日，乐器专业委员会2020年年会暨馆藏古琴保护利用国际学术研讨会"在青岛市博物馆通过线上线下相结合的形式举行。

11月30日，史前遗址博物馆专业委员会2020年年会暨"史前遗址博物馆陈列布展学术研讨会"在杭州召开。

11月，受国家文物局委托，开始《博物馆藏品保护英汉词汇手册》编译工作。

11月，受国家文物局委托，开展"博物馆研学发展与政策研究"项目。

12月2日，协会专业委员会座谈会在郑州召开。

12月3日，由国家文物局指导，协会主办，市场推广与公共关系专业委员会、社会教育专业委员会承办的"全国博物馆研学旅行优秀课程及优秀线路推介活动"终评产生"最佳课程""最佳线路""优秀课程""优秀线路"。

12月10日，华侨博物馆专业委员会2020年年会在潮州召开。

12月14日，经国家文物局直属机关党委批准，中国共产党中国博物馆协会支部委员会成立，艾静芳为党支部书记。

12月15日，协会党支部组织党员和积极分子赴中国人民革命军事博物馆参观学习。

12月19日，陈列艺术委员会2020年年会暨"讲故事的人——新时代博物馆展览与设计高端研讨会"在南京举行。

12月21日，发布第四批全国博物馆定级名单。

12月23日至25日，展览交流专业委员会2020年年会在长春召开。

12月25日，市场推广与公共关系专业委员会2019—2020年度工作会议在长春召开。

12月28日，流动博物馆专业委员会2020年年会暨"流动博物馆建设与发展研讨会"在海南召开。

12月28日，协会组织召开党支部扩大学习会，学习贯彻全国文物局长会议精神。

2021年

1月18日，第七届理事会第二次理事长会议以线上线下结合的形式召开。

1月21日，第七届理事会第二次理事会会议、第一次常务理事会会议以线上线下结合的方式召开。

1月22日，艾静芳在线参加国际博协第八十八次咨询委员会会议。

1月25日，2021年度《中国博物馆》编委会会议在北京召开。

3月26日，服装博物馆专业委员会全体会议在中国丝绸博物馆召开。

3月28日至4月7日，与新疆维吾尔自治区文化和旅游厅（文物局）联合主办的新疆博物馆纪念馆讲解员培训班在西安培训中心举办。

3月，《中国博物馆》杂志入选《中文核心期刊要目总览》2020年版（即第9版）文化理论/信息与知识传播（除图书馆事业、信息事业、档案事业）类核心期刊。

4月14日，由协会、河南省文物局、洛阳市人民政府共同主办的"东方博物馆之都"研讨会在洛阳召开。

4月18日，刘曙光在上海大学参加《中国大百科全书》第三版博物馆学科编纂工作第十七次工作会议。

4月19日，刘曙光在复旦大学与文博学院师生座谈。

4月21日，刘曙光在郑州主持召开第九届中国博物馆及相关产品与技术博览会组委会办公室工作会议。

4月26日，第七届理事会第三次理事长会议、第二次常务理事会会议以线上线下结合的形式召开。

5月8日，《中国博物馆》2021年第二次编辑工作会议在北京召开。

5月17日至19日，由国家文物局和北京市人民政府共同主办，协会和北京市文物局承办的国际博物馆协会藏品保护委员会第十九届大会在北京开幕。67个国家和地区的1 527名文物保护专家、工作者及研究人员通过视频会议系统在线参加活动。

5月18日，2021国际博物馆日中国主会场活动开幕式在北京举行。第十八届（2020年度）全国博物馆十大陈列展览精品推介终评颁奖，河南博物院、侵华日军南京大屠杀遇难同胞纪念馆和首都博物馆被授予2021年度"全国最具创新力博物馆"称号。

5月24日，协会与中国移动咪咕公司联合主办的"庆祝中国共产党成立100周年全国博物馆讲解大赛"决赛在嘉兴举办。

5月25日，博物馆安全专业委员会主办的2021年全国博物馆安全技术及管理培训班在扬州开班。

5月，经中国博物馆协会第七届理事会第二次常务理事会会议审议通过，"服装博物馆专业委员会"更名为"服装与设计博物馆专业委员会"。

6月1日，协会联合北京博物馆学会在北京召开学习贯彻落实《关于推进博物馆改革发展的指导意见》座谈会。

6月3日，文创产品专业委员会在首都博物馆召开京津冀地区博物馆学习贯彻《关于推进博物馆改革发展的指导意见》座谈会。

6月17日，艾静芳在线参加国际博协咨询委员会第八十九次会议。

6月18日，艾静芳在线参加国际博协第三十六次全体大会、国际博协2021特别全体大会。

6月20日，区域博物馆专业委员会、陕西历史博物馆（陕西省文物交流中心）主办的"使命与生命——时代变革中的博物馆"国际学术研讨会在西安召开。

7月7日，为庆祝中国共产党成立100周年暨纪念全民族抗战爆发84周年，在纪念馆专业委员会及中国人民抗日战争纪念馆的组织协调下，全国14个省（自治区、直辖市）的20余家纪念馆共同举办纪念活动。

7月8日，华侨博物馆专业委员会主办的"红色情结永驻侨心——华侨博物馆专业委员会华侨革命文物纪念展"在泉州开幕。

7月13日，由协会主办，志愿者工作委员会承办的2021年全国博物馆志愿者管理人员培训班在陕西历史博物馆开班。

7月15日，关强、刘曙光参加吕济民先生遗体告别仪式。

7月22日，区域博物馆专业委员会在陕西历史博物馆召开第四届全体会议。

8月16日，"中国博物馆终身成就奖"荣誉获得者苏东海因病在北京逝世。

8月19日，关强主持召开第九届中国博物馆及相关产品与技术博览会工作协调会，决定第九届博博会延期至2022年4月举行。

9月27日上午，由协会联合中国文化遗产研究院等机构主办的"四海通达——海上丝绸之路（中国段）文物联展"在广州开幕。

9月28日，协会专业委员会培训班在苏州举办。

9月29日，第七届理事会第三次常务理事会会议以线上线下结合的形式举行。

10月24日，陶瓷专业委员会成立大会在景德镇中国陶瓷博物馆举行。

11月2日，《中国博物馆》杂志与《博物院》杂志在北京举办座谈会。

11月10日，航海博物馆专业委员会召开2021年视频年会暨2021年中国涉海类博物馆馆长论坛。

11月17日，李金光参加丝绸之路国际博物馆联盟年会，并发表"疫情时代中国博物馆的实践与思考"主旨演讲。

11月18日至19日，刘曙光、艾静芳在线上参加国际博物馆协会咨询委员会第九十次会议。

11月24日，刘曙光、李金光、艾静芳在线上参加国际博协亚太地区联盟2021年年会。

12月17日，民族博物馆专业委员会在民族文化宫博物馆召开第四届会员代表大会。

12月22日，华侨博物馆专业委员会在中国华侨历史博物馆召开2021年年会，年会以视频形式进行。

12月24日，刘曙光、李金光及第九届博博会承办及运营单位相关负责同志前往郑州，主持召开组委会办公室会议。

12月30日，协会以线下与线上相结合的方式在福州召开2020年度全国博物馆十大陈列展览精品拓展研讨会，刘曙光参加。

12月30日，陈列艺术委员会2021年年会在福州召开。

中国博物馆协会历届理事会名录（第一至第七届）

（按姓氏笔画排序）

第一届理事会 1982—1985 年

理 事 长　孙轶青（1982 年 3 月至 1983 年 12 月）

副理事长　王宏钧（1984 年 1 月至 1985 年 11 月为代理事长）　姚迁 　秦兴汉 　徐仁

秘 书 长　胡骏（1982 年 6 月至 1985 年 11 月为代秘书长）　吕济民

常务理事　王宏钧　吕济民　孙轶青　杨伯达　陈乔　胡骏　姚迁　秦兴汉　徐仁　高振西　梁丹　董谦

名誉理事　李文信　杨振亚　吴仲超　张作人　董聿茂　傅振伦　裴文中

理　　事　王宏钧　吕济民　祁超　孙轶青　杨伯达　何正璜　陈乔　胡骏　姚迁　秦兴汉　徐仁　高振西　梁丹　董谦

第二届理事会 1985—1991年

理事长　沈庆林（1985年11月至1991年7月）

名誉理事长　王振铎

副理事长　王宏钧 　杨伯达 　沈之瑜 　秦兴汉 　贾士金 　徐仁

秘书长　齐钟久

常务理事	王宏钧	王英	王继红	朱世力	齐钟久	苏东海	杨伯达	沈之瑜
	沈庆林	陈安泽	胡骏	秦兴汉	贾士金	徐仁	梁丹	

名誉理事	王玉哲	王冶秋	王振铎	冯先铭	吕济民	孙轶青	李兆炳	李何林
	杨仁恺	汪小川	张作人	陈乔	武伯纶	单士元	徐邦达	徐仲舒
	徐彬如	高振西	董聿茂	董谦	傅振伦			

理事	于坚	王宏钧	王英	王继红	王镜如	文浩	史树青	朱世力
	齐钟久	阮家新	孙克成	孙觉	苏东海	李成章	李仲元	李灿
	李经汉	杨伯达	吴大为	吴怡如	吴梓林	何正璜	何直刚	沈之瑜
	沈庆林	张心智	张甫民	张松龄	陈龙	陈安泽	陈登贵	陈瑞德
	罗歌	周昌富	郑永镇	赵其昌	胡振东	胡骏	侯良	费钦生
	秦兴汉	贾士金	徐仁	徐秉琨	殷德明	高和	黄玉质	黄然
	曹锦炎	皎守基	阎中恒	阎树声	梁太鹤	梁丹	梁白泉	梁吉生
	梁隽	屠忠琳	斯拉菲尔	蒋廷瑜	韩绍诗	黑延昌	程鹤轩	甄朔南
	滕壬生							

第三届理事会 1991—2002 年

理 事 长

吕济民
（1991 年 7 月至 2002 年 4 月）

副理事长

马承源　　王树卿　　阮家新　　贾士金

秘 书 长

纪宏章

常务理事	马承源	王 英	王树卿	王继红	邢裕盛	吕济民	朱世力	齐钟久
	阮家新	纪宏章	苏东海	张春祥	张泰昌	陈全方	周国兴	郑广荣
	俞伟超	贾士金	魏文藻					

名誉理事	于 坚	马自树	王玉哲	王宏钧	王振铎	文 浩	史树青	冯先铭
	孙铁青	李兆炳	杨仁恺	杨伯达	何正璜	汪小川	沈庆林	陈 乔
	武伯伦	罗 歌	单士元	胡 骏	秦兴汉	徐 仁	徐邦达	高振西
	梁 丹	董 谦	傅振伦					

理 事	丁义忠	马希桂	马承源	王仁波	王 英	王树卿	王奎三	王继红
	云希正	尤翰青	邢裕盛	吕济民	朱凤翰	朱世力	伊斯拉菲尔·玉苏甫	
	刘品三	刘豫川	齐吉祥	齐钟久	阮家新	孙克成	纪宏章	苏东海
	李才垚	李昆声	李继平	杨陆建	吴大为	吴玉贤	吴梓林	邱钟仑
	初世宾	张永溪	张甫民	张松龄	张春祥	张泉双	张泰昌	张 展
	张献哲	陆九皋	陈 龙	陈全方	陈瑞德	陈锡欣	范成煜	林子平
	林 荃	周国兴	周昌富	郑广荣	郑永镇	郑名桢	项春松	赵承告
	胡悦谦	钟 侃	侯 良	俞伟超	费侃如	袁 伟	贾士金	贾 克
	夏书绅	铁玉钦	徐秉琨	殷德明	高 和	高荣光	涂传圣	黄正之
	梁白泉	蒋英炬	韩绍诗	傅传仁	傅举有	舒之梅	裘之倬	
	解廷琦	谭用中	黎显衡	滕壬生	潘德延	魏文藻		

第四届理事会 2002—2008 年

理 事 长　张文彬
（2002年4月至2008年12月）

副理事长　马自树 　朱凤瀚 　朱诚如 　李文儒 　李象益 　陈燮君
　　　　　　范世民 　孟宪民 　袁 伟 　夏燕月 　郭得河 　舒 乙 

秘 书 长　陈连营 　袁南征

常务理事

马自树	王 平	王渝生	古运泉	田立坤	朱凤瀚	朱诚如	朱德明
李文儒	李象益	李耀申	杨力舟	吴永琪	宋向光	张文军	张文彬
陈丽华	陈连营	陈燮君	范世民	孟宪民	袁 伟	夏燕月	徐湖平
高大伦	郭得河	韩 永	程利伟	舒 乙	舒小峰	雷于新	戴志强

理　　事

马自树	王 平	王 莉	王晓田	王绵厚	王景春	王 然	王渝生
牛 燕	仁青次仁	邓炳权	邓晓华	古运泉	厉 华	田立坤	由少平
朱凤瀚	朱诚如	朱德明	伊斯拉菲尔·玉苏甫		刘小何	刘广堂	刘超英
刘 毅	刘豫川	齐贤德	安来顺	许 成	孙家骅	苏 俊	杜根成
李云丽	李文儒	李进增	李 钢	李修松	李健民	李家璘	李象益
李智信	李嘉琪	李黔滨	李耀申	杨力舟	杨志刚	更 堆	吴永琪

谷同伟	宋向光	张文军	张文彬	张世杰	张立柱	张礼智	张永康
张连章	张承钧	张懋镕	陈中行	陈文锦	陈　龙	陈克伦	陈丽华
陈连营	陈建明	陈爱兰	陈漱渝	陈燮君	邵清隆	范世民	林淑英
罗华庆	罗伯健	罗葆森	周天游	周　英	郑秀山	郑国珍	孟宪民
赵文刚	胡欣民	段成桂	俄　军	袁　伟	贾雪虹	夏　路	夏燕月
钱公麟	倪兴祥	徐湖平	徐德明	凌振荣	高大伦	高崇理	郭得河
消燕翼	黄启善	曹国庆	梁　伟	董贻安	蒋迎春	韩　永	覃　溥
程利伟	舒　乙	舒小峰	鲁文生	谢沫华	谢辟庸	雷于新	雷　鸣
霍　巍	戴志强	魏学峰					

第五届理事会 2008—2014年

理 事 长

张　柏
（2008年12月至2011年3月）

宋新潮
（2011年3月至2014年11月）

名 誉 理 事 长

吕章申 　　张文彬 　　张　柏 　　郑欣淼 　　单霁翔

名 誉 副理事长

汪继祥 　　张世平

副理事长

马宝杰 　　王川平 　　方　勤 　　石金鸣 　　包东波 　　成建正

向荣高	 齐忠亮	 安来顺	 李文儒	 束为	 张文军
 张春雨	 陈成军	 陈丽华	 陈建明	 陈浩	 陈燮君
 段勇	 徐延豪	 郭小凌	 郭得河	 戚锦芳	 龚良
 董琦	 程武彦				

秘 书 长　　安来顺

常务理事	马宝杰	王川平	王红星	王红谊	方勤	石金鸣	包东波	成建正
	向荣高	齐忠亮	安来顺	孙毅	李文儒	李玉华	李铁柱	束为
	宋新潮	张文军	张春雨	张柏	陈成军	陈丽华	陈卓	陈建明
	陈浩	陈燮君	范迪安	孟庆金	段勇	徐延豪	郭小凌	郭得河
	戚锦芳	龚良	董琦	程武彦				

理　　事	丁勇	于学岭	于湘	马宝杰	王川平	王平	王红光	王红星
	王红谊	王毅	韦荣慧	厉华	石金鸣	由少平	丘刚	白文源
	白坚	包东波	达瓦扎巴	成建正	吕军	吕建富	伊斯拉菲尔	

向荣高	刘广堂	刘 宁	刘加量	刘庆平	刘沛中	刘 涛	刘超英
刘 毅	齐贤德	齐忠亮	安来顺	孙英民	孙家骅	孙 毅	李云丽
李文儒	李玉华	李立夫	李荣胜	李虹霖	李恩佳	李铁柱	李耀申
杨永安	束 为	肖洽龙	吴伟峰	谷同伟	汪志刚	宋向光	宋新潮
张文军	张连章	张春雨	张 柏	陆建松	陈成军	陈同乐	陈丽华
陈 坤	陈 卓	陈官忠	陈建国	陈建明	陈 浩	陈菊兴	陈 啟
陈燮君	武 斌	范迪安	罗葆森	周庆明	郑国珍	孟庆金	赵景琦
胡欣民	胡 浩	段 勇	段晓明	俄 军	祝 君	莫志东	倪兴祥
徐延豪	郭小凌	郭俊英	郭宪曾	郭得河	黄锡全	黄德建	戚锦芳
龚 良	盛建武	康明章	彭明瀚	董贻安	董 琦	蒋迎春	程存洁
鲁文生	戴宗品	魏国英					

第六届理事会 2014—2020 年

理事长

宋新潮
（2014年11月至2016年9月）

主管领导

关强
（2016年9月至2020年9月）

副理事长

马宝杰 　方勤 　石金鸣 　田凯 　成建正 　任万平

齐忠亮 　安来顺 　杨志刚 　束为 　陈成军 　陈丽华

陈建明 　陈浩 　陈燮君 　郑世钧 　段勇 　徐元亭

殷 皓	郭小凌	龚 良	程武彦	强 跃			

秘 书 长　安来顺

常务理事

于志勇	马宝杰	王志强	王明钦	王振芬	王 颋	王 毅	车 宁
方 勤	石金鸣	田 凯	史永平	丘 刚	付宏政	们发延	白文煜
成建正	曲 珍	朱 军	朱良津	刘庆平	刘春杰	齐忠亮	安来顺
严洪明	李云丽	李 刚	李进增	李宗远	李恩佳	李耀申	杨 源
束 为	吴为山	吴伟峰	吴志跃	吴凌云	宋向光	宋沛然	宋新潮
张礼智	张亚钧	陈成军	陈丽华	陈 卓	陈宗良	陈建明	陈 浩
陈瑞近	陈燮君	邵海卫	苑 荣	林守钦	罗华庆	罗向军	周卫荣
周晓波	庞学臣	郑世钧	郑 亚	孟庆金	赵 丰	段 勇	祝 君
高力青	郭小凌	郭思克	郭俊英	黄克力	戚迎春	龚 良	康金凤
隋永琦	塔 拉	彭明瀚	程武彦	曾 敏	谢虎军	强 跃	褚晓波
戴宗品	魏 峻	魏 瑾					

理 事

丁炯淳	丁毓玲	于志勇	于 湘	万 一	马小青	马迎霞	马宝杰
马笑然	王小玲	王立华	王先福	王兴科	王 军	王进先	王志强
王明钦	王 凯	王宝春	王艳玉	王振芬	王晓谋	王 梅	王新生
王新宇	王新宇	王 颋	王 毅	韦荣慧	车 宁	牛 耕	方 勤
巴桑罗布	石金鸣	叶 杨	田 凯	史永平	丘 刚	付宏政	们发延
白文煜	白劲松	冯克坚	成建正	曲 珍	吕冬梅	吕建中	年继业
朱成山	朱 军	朱良津	朱建华	朱 晞	刘友军	刘庆平	刘 林
刘 炜	刘春杰	刘绣华	刘 毅	齐忠亮	闫宏斌	关 键	汤毅嵩
安来顺	孙志刚	严建强	严洪明	李云丽	李文昌	李玉环	李宁民
李 刚	李进增	李希海	李金光	李宗远	李虹霖	李晓东	李恩佳
李跃进	李穗梅	李耀申	杨卫东	杨中奎	杨正宏	杨 君	杨 源
杨 蕊	束 为	肖小勇	肖邮华	肖承云	吴义勤	吴为山	吴 伟
吴志友	吴志跃	吴 春	吴晓力	吴凌云	何 民	谷 媛	宋向光
宋沛然	宋建文	宋新潮	张凤礼	张文立	张礼智	张亚钧	张自娟

张建雄	张建儒	张春芳	张胜利	张校瑛	张爱莉	张琳	张霆
张黎明	陆建松	陈永耘	陈成军	陈会学	陈丽华	陈呈	陈松
陈卓	陈学斌	陈宗良	陈建明	陈亮	陈峻	陈浩	陈理娟
陈启	陈琪	陈瑞近	陈履生	陈燮君	陈麟辉	邵海卫	苑荣
范丽红	范迪安	林守钦	林建春	林健	欧阳辉	罗永赋	罗华庆
罗向军	罗雄	和桂华	金辉	金燕	周卫荣	周晓波	周景春
庞学臣	郑世钧	郑亚	郑建华	孟庆金	赵力光	赵丰	赵志英
赵耀双	郝东晨	胡玮	胡家豪	胡祥	胡锤	钟仕民	段勇
段晓明	侯宁彬	俞莉	施昌成	姜晔	宣繁秋	祝君	袁亚平
贾兰	钱奇	倪云	徐忠文	凌皆兵	高力青	高爱东	郭小凌
郭长虹	郭阳	郭春修	郭思克	郭俊英	郭宪曾	郭继宾	唐春松
陶颖	黄纪凯	黄克力	黄铁坚	萧润君	梅鹏云	曹志君	戚迎春
龚良	康金凤	康静波	梁金生	屠杰	隋永琦	塔拉	彭明瀚
蒋加珍	程存洁	程州	程红	程武彦	焦红心	鲁杰	曾广庆
曾敏	游庆桥	富永军	谢平	谢虎军	谢辉	强跃	阙显凤
窦志斌	褚晓波	谭士俊	谭前学	谭粤红	黎方银	潘林荣	潘悦
潘路	戴宗品	魏峻	魏瑾				

第七届理事会　2020年9月—

理事长

刘曙光
（2020年9月— ）

副理事长

丁鹏勃 　马萧林 　白杰 　吕建中 　任万平 　刘超英

安来顺 　杜鹏飞 　李洪军 　杨志刚 　吴为山 　张元成

	陈瑞近	 罗 静	 庞晓东	 段晓明	 侯宁彬	 傅柒生	

秘 书 长

李金光

常务理事	丁鹏勃	于志勇	马文斗	马萧林	王 军	王进先	王奇志	王明钦
	王建平	王 玲	王效军	王海明	韦 荃	车 宁	方 勤	巴桑罗布
	邓志喜	艾静芳	叶 杨	叶 蓉	史永平	白 杰	吕建中	任万平
	刘 宁	刘华彬	刘林德	刘超英	刘强敏	刘曙光	汤毅嵩	安来顺
	杜鹏飞	李 飞	李 刚	李 岗	李金光	李建毛	李洪军	李 游
	李耀申	杨志刚	肖海明	吴为山	吴伟峰	吴志跃	吴凌云	何 飞
	辛礼学	宋沛然	张元成	张东苏	张荣祥	陈水华	陈永志	陈 亮
	陈 启	陈瑞近	罗向军	罗 静	金瑞国	庞晓东	赵 丰	胡 敏
	段晓明	侯宁彬	姜开峰	贾建威	贾铁英	徐也力	郭思克	黄雪寅
	曹志君	康国义	傅柒生	谢虎军	谢 辉	褚晓波	谭 平	

理 事	丁方忠	丁鹏勃	丁毓玲	于志勇	马小青	马文斗	马 宁	马迎霞
	马晓丽	马笑然	马萧林	王力军	王卫清	王 丹	王正前	王立华
	王 军	王进先	王志强	王奇志	王明钦	王 迪	王 凯	王建平
	王建平	王 玲	王勇超	王振芬	王晓君	王效军	王海明	王 辉
	王瑞华	王献本	韦 荃	扎西本	车 宁	车志红	方 勤	巴桑罗布
	邓志喜	甘 霖	艾静芳	石明秀	叶 杨	叶 蓉	史永平	史建儒
	付志勇	白劲松	白 杰	吉树春	吕冬梅	吕 军	吕建中	朱 军
	朱建军	朱家可	朱章义	任万平	任 舸	刘 宁	刘华彬	刘 林
	刘林德	刘 洪	刘晓斌	刘绣华	刘超英	刘强敏	刘曙光	刘 鹭
	齐 锐	闫宏斌	汤毅嵩	安来顺	孙 凯	孙春林	阳国利	杜忠义
	杜鹏飞	杜嘉乐	李 飞	李云丽	李文初	李宁民	李民涌	李 刚
	李传递	李 军	李声能	李 芳	李 岗	李金光	李学良	李建毛
	李洪军	李举纲	李冠龙	李晓军	李宽生	李萌迪	李鄂权	李 锐
	李 游	李耀申	杨卫东	杨仲英	杨志刚	杨 岭	杨 波	杨建杰
	杨 健	杨 蕊	束家平	肖 炜	肖承云	肖海明	吴为山	吴伟峰

吴志跃	吴 健	吴凌云	吴瑞虎	邱 山	邱玉胜	何 飞	何 青
何晓雷	辛礼学	辛 海	宋沛然	张小灵	张元成	张凤礼	张东苏
张 弛	张希玲	张荣祥	张 琳	张 喆	张 霆	陆玮琦	陆建松
陈水华	陈永志	陈会学	陈 亮	陈洪庆	陈晓文	陈 啟	陈 斌
陈瑞近	邵海卫	邵 颖	茆梅芳	范丽红	林 健	杭 侃	欧阳辉
罗华庆	罗向军	罗 静	金 花	金明华	金宵航	金瑞国	周卫荣
周 凯	周 珩	周景春	庞晓东	郑 亚	郑安新	赵 丰	赵 纲
胡 江	胡宝清	胡 敏	段晓明	侯宁彬	俞 莉	施昌成	姜开峰
洪 卫	宣繁秋	姚 练	贺 阳	耿 秉	贾建威	贾铁英	顾苏宁
顾 恒	倪 婉	徐也力	徐 明	徐 雷	高力青	高宇峰	高启新
郭思克	黄 虎	黄 洋	黄健敏	黄海妍	黄雪寅	黄 琛	曹志君
曹 鸿	曹静杰	康文伟	康国义	隗建华	彭喜才	斯琴塔娜	蒋齐琛
韩文亮	韩立森	韩国民	覃 劲	程 州	傅光明	傅柒生	鲁 杰
童方明	曾广庆	曾超群	游庆桥	谢文博	谢 平	谢晓鹏	谢 辉
雷岩平	鲍彦芬	解立新	褚晓波	臧杰斌	谭 平	谭前学	谭粤红
樊建川	霍 巍	魏清福	魏德勋				

后记

2021年7月，中国博物馆协会第七届常务理事会决定编辑出版《同心协契 笃行致远——中国博物馆协会四十年》，并将其列为中国博协四十周年系列纪念活动的重点项目之一。

该书从方案策划到资料收集整理，从稿件撰写到编辑出版，前后近八个月的时间。这是一项时间紧、任务重、复杂程度高的任务，来自众多机构的领导、专家以不同方式为该书提供了宝贵的支持和帮助，相关工作人员不懈努力，辛勤工作，确保了该书按计划与广大读者见面。

中国博协理事长刘曙光同志任编委会主任，由中国博协各位副理事长和博协各专业委员负责同志组成编委会，对该书的编辑定位和框架设计进行了严格把关。多位业界知名学者为该书的不同章节或专题撰文，确保了相关内容的权威性。安来顺同志承担了统稿工作，刘曙光同志终审了全书文字与用图。

中国博协各分支机构、有关部门或会员单位高度重视，组织专门力量搜集整理资料，提供了大量原始素材。由于客观原因这些资料提供者未能在书中一一署名。他们是：王东、王加册、王雨凤、王金华、王建平、王勇、王圆圆、王硕、王瑞昌、孔利宁、白婧、朱鸿文、刘晶晶、刘静宜、刘德发、孙芮英、李文昌、李政育、李娜、李哲、杨文妍、吴明、吴健、张小朋、张鹏宇、陈百超、邵红、武世刚、林磊、郑伟军、房博、赵莉、钟新淼、夏鑫、钱卫、高游、高颖、陶颖、黄哲京、黄琛、曹宏、常峥、梁敏、谌强、韩国军、程希、褚晶晶、蔡琴、樊俊娇。

中国博协秘书处和上海大学文化遗产与信息管理学院联合组建的编辑工作办公室，是编辑出版业务的组织协调单位，始终得到中国博协李金光秘书长和上海大学段勇副书记的大力支持，他们在人力物力上给予充分保障，为项目的顺利推进奠定了坚实基础。中国博协秘书处的艾静芳、顾婷、樊怡、丁治国、曹文心和上海大学文化遗产与信息管理学院的黄洋、王思怡、宋汉泽同志在图片收集、大事记整理、沟通协调、稿件统筹等方面做了大量基础性工作。

江苏凤凰文艺出版社的编辑团队高竹君、费明燕、胡雪琪等同志始终与编辑办公室紧密协作，及时地解决各种问题，展现了良好的专业精神和严谨的工作作风。

在此谨向所有在台前和幕后为该书做出贡献的人们表示诚挚的谢意。

由于时间仓促和主客观条件的局限，书中尚存一些不准确、不全面甚至错漏之处，祈望得到广大读者的谅解！

《同心协契　笃行致远——中国博物馆协会四十年》编辑工作办公室

2022年3月